中小企業オーナー
のための

財産・株式管理と
承継の法律実務

今川嘉文 著

Yoshifumi Imagawa

弘文堂

はじめに

　本書は、中小企業オーナー（中小企業のオーナー経営者または当該企業の支配的株主）のために、①判断能力の低下・喪失に備える時期またはそれが現実となった時期の財産（不動産・金品等）・株式管理と対策、②死後の関連事務と相続手続、③民事信託、④経営承継円滑化法の活用による当該管理と承継に係る課題を考察する。

　中小企業オーナーの判断能力が高齢・病気により低下または喪失すると、会社の経営および意思決定に甚大な影響を及ぼす。相続時または二次相続時に株式がより分散すれば、①意図する後継者に経営権が承継されない、②経営者間または株主間の派閥争いが大きくなる等の問題が生じる。

　認知症対策（財産の凍結回避）、株式・財産および事業の承継対策（財産減少・経営権放出の回避）、争族対策（相続人間の紛争回避）をいかに講じるかは、オーナーだけでなく、社会的に要請される課題である。私は研究・実務経験を通じ、現場のニーズに即した具体的対策を講じることの重要性を痛感し、現場の混乱・模索を見てきた。法律・税務専門職等の実務家が直面する事案では、法務および税務の多様な課題が入り混じり、連続した事象のなかで各当事者の複雑な利害が交錯し、様々な要素を勘案した、より妥当な解決策の提案が求められる。

　本書は中小企業オーナーが株式・財産管理と承継に関し対応すべき内容を、「点ではなく線」の視点から執筆したものである。オーナー等が短期迅速に取り組むべき実務上の対処を示すとともに、長期にわたる計画の策定を提言する。

　執筆に際し、弁護士の平田元秀先生、京谷周先生、杉本大樹先生、税理士の佐藤敏充先生、岩垣陽一先生から貴重なご指摘を賜った。松波伶奈さん、橋本勇一さん（龍谷大学法学部）には校正作業をお手伝いいただいた。厚く御礼を申し上げる。出版に当たり、弘文堂の北川陽子氏には多大のご尽力を賜った。心から感謝を申し上げる。

　本研究は次の研究助成を頂いた。本書はその研究成果の一部である。

　独立行政法人　日本学術振興会　JSPS 科研費　JP18K01377

　一般社団法人　信託協会 2016 年・2017 年度研究助成

　公益財団法人　かんぽ財団 2017 年度研究助成

　　2019 年 12 月

　　　　　　　　　　　　　　　　　　　　　　　　　　　今川　嘉文

第2章 **オーナーの株式・株主管理と対応策（2）** 51
〜議決権の管理と代表者に係る課題〜

第3章　経営承継円滑化法による株式・財産承継　　92

第4章　民事信託による財産・株式管理と承継　　148

第2章　実家が空き家になる対策　　　　224

第4章　オーナー死後の関連事務と相続手続　　277

第 1 編

オーナーの
株式・株主管理と
承継

第 1 章

オーナーの株式・株主管理と対応策（1）
〜株式の集中化と株主管理〜

　中小企業オーナー（中小企業のオーナー経営者または当該企業の支配的大株主。以下、「オーナー」）の判断能力に問題が生じると、会社の経営および意思決定に甚大な影響を及ぼす。相続等を契機に株式分散が進めば、円滑な事業承継が困難となり、派閥争いが発生または拡大するおそれがある。

　高齢となったオーナー自身に加え、推定相続人、オーナーと委任関係にある士業関係者および後見人等は、オーナーの健常時、判断能力の低下・喪失時、相続時・二次相続時というライフステージにおいて、オーナーが有する株式および財産をその意図に即して適切な管理をすることに加え、円滑に承継することが求められる。

　本章では、オーナーの判断能力の低下・喪失、事業承継、争族の各対処の観点から、オーナーまたは当該会社による株式・株主の管理、株式の集中化と対応策について考察する。第1に、株主管理として、大株主の判断能力の欠如対応、所在不明株主、株主名簿・株主リストの整備等、少数株主対策と株式の集中化に関する問題を考察する。第2に、株式管理として、株式の準共有、名義株式、譲渡制限株式の譲渡等の対処に関する問題を考察する。

●時系列

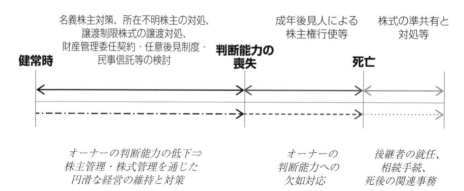

●株式の集中化と株主管理

関係当事者	対象時期	具体的内容
オーナー本人、各株主、士業関係者等	オーナーの健常時〜判断能力の低下	オーナーの判断能力の低下対策、名義株主対策、所在不明株主の対処、譲渡制限株式の譲渡対処、財産管理委任契約・任意後見制度・民事信託等の検討
本人、後見人、士業関係者等	オーナーの判断能力の喪失	成年後見人による株主権行使、財産管理委任契約・成年後見・任意後見・民事信託の発動等
本人、各株主、士業関係者等	後継者対策	少数株主対策と株式の集中化、株主名簿の名義書換・株主リストの整備等
相続人、各株主、後見人、士業関係者等	オーナーの死亡	株式の準共有と対処、後継者の就任、相続手続、死後の関連事務等

第Ⅰ節 ▶オーナーの判断能力の低下・喪失と対応

1 判断能力の低下・喪失の事前対応

(1) 事前対応の具体的内容

　中小企業オーナーの判断能力が低下・喪失した場合[1]、合理的な意思決定・円滑な事業承継が困難となり、会社経営がデッドロック状態に陥ることがある。例えば、オーナーXの判断能力低下に備える方法としては、①Xが有する自社株を無議決権株式にする、または、②後継候補者が決まり次第、Xの自社株を譲渡しておく等がある。しかし、これらの対処ではXは支配権を失うため、前向きに取り組むのか疑問である。一方、Xの判断能力が低下してからでは効果的対処が困難である。①では総会決議等を要し、Xの判断能力の低下後にそれを強行した場合、総会決議の瑕疵、不実登記になりかねないため、次のような事前対応を検討する必要がある。

　第1に、Xと士業関係者等の間で財産管理の任意代理契約を締結し、契約書は公正証書とする。Xの財産管理のため、任意後見制度を併用することが考えられる。管理の内容は、例えば、株式管理・処分、議決権代理行使等について、具体的方法を定めておく。株主総会の代理権授与は、株主総会ごとに行う。

　第2に、Xを委任者・受益者、親族等を受託者、Xの財産（自社株等）を信託財産

---

1)　東京地判平17・9・29判タ1203-173は、法律行為における判断能力・意思能力の事実認定について、「意思能力があるかどうかは、問題となる個々の法律行為ごとにその難易、重大性なども考慮して、行為の結果を正しく認識できていたかどうかということを中心に判断されるべきものである」と述べる。

として、民事信託契約を締結する。Xの権利内容が明白になり、受益権（議決権行使・利益配当等）はXが意図する者に承継させる。また、士業関係者を信託監督人に選任する。民事信託はその利用が急増し、種類株式の活用と異なり株主全員を巻き込むことにはならないが、受益権の承継と遺留分、受託者の適格性等の課題がある（本編**第3章第Ⅲ節**参照）。

　第3に、Xの自社株を定款で属人的種類株式とする。定款に、「株主Xが、認知症、病気、事故、精神上の障害等により判断能力の低下または喪失が生じた場合、株主Yは当会社の株主総会において、1株につき100個の議決権を有する。」等と定める[2]。本例では、株主Yは後継候補者であり、Yの総議決権数をXの議決権数およびYが従来保有する議決権数の合計数とする。

　第4に、Xと後継者（後継候補者を含む）との間で、自社株に係る停止条件付譲渡契約等の株主間契約を締結する。契約違反の項目を詳細に検討する必要がある。

(2) 成年被後見人と取締役の欠格事由の改正

　成年被後見人・被保佐人は、取締役・監査役の欠格事由であった（旧会331条1項2号・335条1項）[3]。令和元年会社法改正により、「成年被後見人が取締役に就任するには、その成年後見人が、成年被後見人の同意（後見監督人がある場合にあっては、成年被後見人及び後見監督人の同意）を得た上で、成年被後見人に代わって就任の承諾をしなければならない。」と規定された（改正会331条の2第1項）。被保佐人が取締役に就任するには、その保佐人の同意を得なければならない（同条2項）。これら規定は、監査役について準用する（改正会335条1項）。

2　成年後見人による株主権行使

(1) 成年後見人による株主権行使

　成年後見人は、被後見人である中小企業オーナーが有する自社株の株主権行使をできるのか。成年後見人は、被後見人の財産に関する法律行為に関する包括的な代理権を有する（民859条1項）。被後見人保有の株式に係る株主権のうち、自益権は被後見人の財産変動に直接的に関わり、代理行使により生じる経済的利益は被後見人に帰属する。自益権行使の放置は本人財産の減少となり、後見人は自益権を代理

---

2)　後藤孝典＝野入美和子＝牧口晴一ほか『中小企業における株式管理の実務』（日本加除出版・2015）98頁。

3)　法制審議会の会社法制部会「会社法制（企業統治等関係）の見直しに関する要綱案」（平成31年1月16日付）、審議会第10回会議議事録「取締役等の欠格条項の削除に伴う規律の整備の要否」部会資料17参照。成年被後見人の取締役としての行為は行為能力の制限による取消しができない。

行使すべきである。他方、共益権は会社の機関としての資格に基づく権利であり、自益権とは異なる視点からの検討を要する。

(2) 議決権代理行使の範囲と課題

第1に、共益権（議決権および監督是正権）のうち、成年後見人による議決権の代理行使が現実的課題となる。中小企業オーナー X の判断能力が著しく低下した場合、後見人を選任して議決権の代理行使をすることが考えられる（会310条1項）。後見人の代理権は法定代理権であり、定款による代理人資格の限定に服さないと解される[4]。第2に、成年後見人による議決権行使の範囲が課題となる。決算承認等では問題はないであろうが、重要な経営判断（合併の承認決議等）に関わる決議事項における後見人の議決権行使が妥当かどうか。例えば、合併等の組織再編が総会の議題になっている場合、持株比率の大幅な変更に加え、株主地位の喪失の可能性がある。被後見人 X が支配株主である場合、会社組織の基本事項の変更を、後見人の判断に委ねる事態になりかねない[5]。

しかし、現行法には、「成年後見人による議決権行使」の範囲を制限するような規制はない。株式の管理は換価処分を行うことが想定されているから、議決権の行使が直ちに株式を処分し、または株式の内容を変更することになるとしても、必ずしも反対することが義務付けられているわけではない[6]。後見人は被後見人 X の身上監護のための財産管理として適切な内容を、関係者と協議して判断することになろう。必要であれば財産管理委託契約等で、後見人が就任した場合における議決権行使の範囲を確認する等の対処が求められよう（**第2編第1章第Ⅰ節**参照）。

3　後継者等による株式買取

成年後見人を選任して、適正価格で後継者等が中小企業オーナー X から株式を買い取ることが考えられる。X の判断能力が低下した場合、後見人が被後見人 X の株式を後継者に売却することは、直ちに否定されるものではない。株式の管理においては、換価処分を行うことも想定されているからである。

後見人による財産の保存・維持行為はリスクを最小化するため順次処分し、預金等として管理することが考えられる。株式を処分する場合、発行会社の業績・株式

---

4)　阿多博文「成年後見と株主権の行使」金法 2031 号 5 頁。

5)　会社側に株主が成年後見に付されていることを確実に把握できる仕組みを求める見解がある（吉田夏彦「成年後見人による議決権行使の問題点」政教研紀要 27 号 16 頁）。

6)　公正な対価を得られるのであれば、株式の処分または株式内容を変更となる議案であっても、賛成することが考えられる（阿多・前掲注 4）5 頁）。

価値の推移、Xの従前の意向等を考慮する必要がある（**第2編第1章第Ⅳ節4**参照）。Xの従前の意向が後継者等に売却する意思を明確に示していた事案、または株式保持が損失の著しい拡大となることが明白でありXの利益に資する事案、家庭裁判所の意向を確認している等が前提となろう。

第Ⅱ節 ▶株式の準共有の対処

1 準共有者の地位

(1) 問題点の所在

株主の死亡により、当該株式が2人以上の者に相続されると、相続財産である株式は共同相続され、これらは共同相続人の準共有になると解される（民898条・264条）。株式の準共有が生じる局面として、①株式の相続、②株式の共同引受、③組合による株式所有等がある。[7] 相続株式の発行済株式総数に占める割合が小さい場合、共同相続人間に意見の対立があっても、会社運営においては深刻な問題にはならない。しかし、中小企業オーナーまたは創業者一族の株主が死亡した場合、相続株式が誰の手に渡り、その過程でいかなる紛争が生じるのかという問題は会社経営に大きく影響する。

(2) 株式の共同相続

株式が複数の相続人に相続される場合、共同相続され遺産分割されるまで準共有になるのか、相続分に従い分割承継されるかの議論がある。[8] 最判平26・2・25民集68-2-173は準共有説に立つ。[9] 株式共有者の地位を民法上の組合と考えれば、株式の準共有者全員で株主1名となる。例えば、100株の相続に対し相続人が4名いる場合、各1株が4名の共有関係にある。被相続人の死後に生じた配当支払請求権は、相続開始により当然に分割されるものではないとされ、その行使のためには相続人間の協議を要するとされる。[10]

---

7) 準共有株式に関する総合的な研究書として、仲卓真『準共有株式についての権利の行使に関する規律―事業承継の場面を中心に』（商事法務・2019）がある。
8) 吉本健一「株式の共同相続と権利行使者による議決権行使の効力―共同相続株式の権利行使に関する判例法理の検討（1）」神戸学院法学47巻1号4頁以下参照。
9) 最判平26・2・25が準共有説とする理由として、株主はその地位に基づき自益権と共益権を有し、株式に含まれる権利内容・性質に照らせば、共同相続された株式は相続開始と同時に当然に相続分に応じて分割されることはないとする。
10) 野々山哲郎＝沖隆＝浦岡由美子編『Q&A 未分割遺産の管理・処分をめぐる実務』（新日本法規・2018）226頁。

2　権利行使者の選定

(1) 権利行使者の定款記載と選定方法

ア）定款記載　株式共有者が会社に対し株主として権利行使するためには、権利行使者 1 名を選定して、会社に通知することを要する（会 106 条本文）。定款に当該方法を記載する場合、「株式を共有する株主は、その代表者 1 名を定め、その共有代表者の氏名または名称および住所を届け出るものとする。」等とする。

イ）過半数説　最判平 9・1・28 判時 1599-139 によれば[11]、権利行使者の選任方法について共同相続人が持分の価格に従い、その過半数で決めるとする。準共有者の全員が一致しなければ権利行使者を指定することができないとすると、1 人でも反対すれば議決権行使ができず、会社運営に支障を来すおそれがある。共同相続人の 1 人が協議に応じないとしても、相続人間において権利行使者の指定は不可能ではなく、権利行使者を指定して届け出た場合、会社が受理を拒絶したとしても、会社に対する権利行使は妨げられないとされる。

(2) 持分少数派の保護

過半数説が最高裁判例および通説であるが、持分少数派への利益配慮が求められる。大阪高判平 20・11・28 判時 2037-137 によれば、共同相続人による株式の準共有状態は、共同相続人間において遺産分割協議または家庭裁判所での調停が成立するまでの一時的状態にすぎないため、議案内容の重要度に応じて然るべく協議をすることが求められる[12]。

権利行使者が準共有者間の合意・決定に反して自己の利益のために権利行使をした場合、権利行使に瑕疵があることを、持分少数派は悪意の会社に主張できると解される。閉鎖的な同族会社では、創業者株主や経営者株主が死亡すると、概して代表取締役または総会議長が共同相続人の 1 人であり、共同相続人の合意・決定等の事情を知っていることが通常といえる。

内部的合意等に違反した権利行使者の議決権行使が、会社との関係で総会議長の悪意等を理由として効力を否定されると、これに基づく総会決議の効力は、総会決議の方法（議決権行使による賛否の算定方法）に法令違反があるものとして、決議取

---

11)　最判平 9・1・28 によれば、権利行使者の指定・通知を欠くときは、権利行使者の選定が困難ではない等の特段の事情がない限り、社員総会の決議不存在確認の訴えに係る原告適格を有しない。持分の準共有者間において権利行使者を定めるにあたっては、持分の価格に従い過半数をもってこれを決することができるものと解すると述べる。

12)　当該判旨に対し、深刻な相続争いをしている事案では、冷静な実質的協議を期待することが果たして現実的かという問題が指摘されている（吉本・前掲注 8）16 頁）。

消原因（会831条1項1号）になると解される。[13]

3　権利行使者の未指定と株主の地位

(1)　会社の対応

　株式の共同相続人が権利行使者を定めておらず、会社に指定・通知を欠いても、例外的に株主としての権利行使が認められるのかが問題となる。名義書換がなく権利行使者の指定がないときは、遺産分割成立前の共同相続人に対し会社は株主としての議決権行使を拒否できる。原則として遺産分割を受けた共同相続人は、「相続および遺産分割の内容を証明する書面等」の提供により、単独で議決権行使をすることが考えられる。[14]

(2)　発行済株式の全部保有

　最判平2・12・4民集44-9-1165は、共同相続人が権利行使者の指定・通知を欠く場合、特段の事情がない限り、株主権を行使することができないと判示した。しかし、本件では共同相続人が全発行済株式を保有する等、「特段の事情が存在」することをもって、各共同相続人が株主としての原告適格を有するとした。[15]特段の事情の基準の曖昧さは否定できないが、共同相続人が全発行済株式を保有するという要素は、特段の事情に値しよう。

(3)　発行済株式の過半数保有

　ア）役員選任決議　　大阪高決平3・4・11判時1400-117は、発行済株式総数の55%相当の株式が共同相続され準共有となり、権利行使者の選定・通知がなく役員選任決議がなされた事案である。共同相続人の1人が総会決議不存在確認の訴えを提起するとともに、これを本案とする取締役職務執行停止の仮処分の申立てをした。大阪高裁は仮処分を認めなかった地裁決定に係る抗告を棄却した。本件では、取締役選任決議の定足数が発行済株式総数の3分の1に緩和されており、「特段の事情」が認められなかった。

　イ）合併決議　　最判平3・2・19判時1389-143は、合併当事会社の株式を準共有する共同相続人らが権利行使者の指定・通知を欠く場合でも、共同相続人の準共

---

13)　吉本・前掲注8) 21〜23頁。
14)　島田志帆「株式の譲渡と株主名簿制度」商事2207号27頁。
15)　最判平2・12・4は、「共同相続人間において権利行使者の指定及び会社に対する通知を欠く場合であっても、右株式が会社の発行済株式の全部に相当し、共同相続人のうちの一人を取締役に選任する旨の株主総会決議がされたとしてその旨登記されている本件のようなときは、前述の特段の事情が存在し、他の共同相続人は、右決議の不存在確認の訴えにつき原告適格を有する」と判示する。

有に係る株式が発行済株式総数の過半数を占め、合併契約書の承認決議がされたことを前提とした合併登記がされているときは、合併無効の訴えに原告適格を有するとした。「共同相続人が発行済株式総数の過半数」を有することが特段の事情に当たるかは、共同相続人が総会決議の結果により影響を受ける地位・状況に照らし、総会の議案（役員選任議案・組織再編等）ごとに検討する必要があろう。

(4) 発行済株式の約40%保有

東京高決平13・9・3金判1136-22は、権利行使者指定の協議が成立していない状況下で、共同相続人が会計帳簿の閲覧謄写を求めた事案である。本件では、共同相続人により準共有となっている相続株式数は発行済株式総数の約40%に相当し、抗告人の法定相続分は相続株式の4分の3に相当する。東京高裁は抗告人が共有持分の過半数を占めている場合には、会計帳簿の閲覧謄写請求ができるとした。[16]

4 準共有株式の議決権行使

(1) 準共有者の意見の相違

権利行使者の選定が各共有者の持分の価格に従い、その過半数で決せられたとしても、決議事項に関し準共有者間の意見が異なることがある。権利行使者が全員の合意なしに、または他の準共有者の意見と異なる議決権行使をした場合、当該決議の効力が問題となる。最判昭53・4・14民集32-3-601は、権利行使者を選定・通知した場合、準共有者間に意見の相違があっても、権利行使者は自己の判断に基づき議決権を行使できるとする。

(2) 変更行為と全員の同意

ア）全員の同意　最判平27・2・19民集69-1-25は、株式の処分（組織再編等）または株式内容の変更を伴う総会議案については、特段の事情があるとして、準共有株式の議決権は共有者の持分の過半数で決しえないとする。[17]会社解散、重要な事

---

16)　共有者間の対立に解消の見込みがなく、共有持分の過半数を有する者の意思が明らかな事案では、権利行使者の指定・通知を要しない特段の事情を認めても実質的に不都合はないという指摘がある（伊藤靖史「本件判批」商事1731号76頁）。

17)　本件では特例有限会社Y社の発行済株式3,000株のうち2,000株をXとAが半数ずつ共同相続した（本件準共有株式）。議決権行使の協議が行われず、Y社臨時総会において、Y社の同意に基づき、Aの代理人は本件準共有株式の全部について議決権行使をした。Xは総会決議取消しを求めて提訴した（原告勝訴）。最高裁によれば、共有に属する株式について会社法106条本文の規定に基づく指定・通知を欠いたまま当該株式の権利行使された場合、権利行使が民法の共有に関する規定に従ったものではないときは、株式会社が同条ただし書の同意をしても、当該権利の行使は、適法となるものではない。共有に属する株式についての議決権の行使は、特段の事情のない限り、株式の管理に関する行為として、民法252条本文により、各共有者の持分の価格に従い、その過半数で決せられるとされた。

業譲渡、組織再編、キャッシュ・アウトを実現する総会事項等が考えられる。当該議案に対する準共有株式の議決権行使は、管理行為ではなく変更行為（民251条）に該当するため、持分の過半数で決することはできず、「準共有者全員の同意」[10]を得て行う必要があろう。

イ）事前確認　株式の準共有者間で議決権行使について何ら協議が行われていない場合、議決権行使に関する会社の同意があっても、準共有者の一部の者による議決権行使は不適法である（最判平27・2・19参照）。会社は権利行使者の通知のない株式の準共有者に敢えて議決権行使を認める場合、会社はあらかじめ協議内容（誰が権利行使者であるのか等）を確認すべきことになる。[19]

(3) 会社法106条但書の解釈

ア）最高裁の判断　最判平27・2・19によれば、会社法106条本文は、準共有に属する株式の権利行使方法について民法の共有に関する規定に対する特別の定め（民264条但書）を設けたものであると指摘する。準共有株式について、会社法106条本文の規定に基づく選定・通知を欠いたまま権利行使がなされた場合、権利行使者が各共有者の持分の価格に従い、その過半数で決せられておらず、権利行使が民法の共有に関する規定に従ったものでないときは、特段の事情のない限り、会社が準共有者の一部の者による議決権行使を認めたとしても、当該権利の行使は適法ではないとする。なお、準共有株式に係る議決権行使は、民法252条本文により、各準共有者の持分価格に従い、その過半数で決せられるものと解するのが相当であるとされた。

イ）具体的事案の検討　Y社の発行済株式総数は1,000株であり、株主X₁（取締役）が700株、X₂が300株を保有しているとする。X₁が死亡し、配偶者X₃、子X₄・X₅がX₁のY株を相続した。X₃らの間で遺産分割協議に争いがあり、権利行使者を定めることなく3名とも総会に出席した。Y社はX₃らに議決権行使を認め、X₄を取締役に選任する議案にX₂～X₄が賛成し、X₅は反対した。本事案では、X₃・X₄が賛成していても、Y社は単純にX₃の350株、X₄の175株の計525株が賛成票になるものとして扱うことはできない。X₃ら各準共有者の持分の価格に従い、多数決により取締役選任に係る議決権行使を決めたとき、Y社は計525株を賛成票として扱うことになる。当該手続がない場合、本件では株主総会の決議取消事由とな

---

18)　福島洋尚「本件判批」金判1470号6頁。最判平27・2・19の当該判断が妥当するのは、管理行為の場合に限定されるとする（藤原俊雄「本件判批」金判1480号18頁）。

19)　弥永真生「準共有株式に係る議決権行使」ジュリ1480号3頁。

20) ろう。

5　株主地位の争いと名義書換の仮処分

　当事者間で株主たる地位等について争いがある場合、株主の地位を保全するために、株券の引渡しまたは返還請求をする者は株式の名義書換の仮処分を求めることが多い。仮処分には、①株券占有者を債務者として特定株券の処分を禁止し、会社を第三債務者として債務者からの名義書換をしてはならないとするもの、②会社を債務者、または株券占有者と共同債務者として、会社に対し特定の株式の名義書換をしてはならないとするもの、がある。

第Ⅲ節　▶名義株式の課題と対策

1　名義株式の課題
(1)　名義株式の発生要因
　名義株式とは、株主名簿上の名義（名義株主）と実質上の株式引受人（実質株主）が一致していない株式のことである。名義株式の発生要因として、①株式会社の設立に際し発起人による株式引受け（設立時の発起人集め等）、②相続税対策としての名義分散、③新株発行の引受け等がある。①に関して、平成2年改正前商法においては株式会社設立に7名以上の発起人を要し、親族・従業員等にその名義を貸与してもらう等の事情が多かった。②に関して、オーナー等が有する自社株に係る相続税額を低く抑えたいため、当該株式を従業員等の他人名義にする等の事情があった（最判平23・9・13民集65-6-2511参照）。

(2)　名義株式放置の問題点
　オーナーが実質株主であり、名義借りの必要がなくなった後も、真の所有者に名義変更がなされずに放置されている場合、次の問題が生じる。
　第1に、名義株主の悪用である。①名義株主が真実の所有者の意図に反する行為をとる、②名義株主が実質株主の存在を知りながら株主総会への出席を強行し、実質株主の権利妨害をする等がある。第2に、会社の悪用である。会社が実質株主を知りながら、名義株主に株主総会の議決権行使をさせた場合、実質株主による株主総会決議の瑕疵が主張される可能性等がある。第3に、名義株式の不明・分散であ

---

20)　経営紛争研究会『経営権争奪紛争の法律と実務Q&A』（日本加除出版・2017）47頁参照〔野崎大介〕。

る。①名義株主の長期放置により、名義人が所在不明になる、②名義株主に相続が発生して株式が分散する、③名義人の相続人等が真正な第三者として対象株式を相続財産として認識して相続する、④実質株主の相続財産の把握が困難となる、⑤名義貸与が行われたことが事実であるかの証明が困難となる、⑥組織再編が円滑に実行されない等がある。

(3) 名義株式の調査

株主名簿記載の株主名が実際と異なる場合、真実の株主の確定作業を要する。次の方法で確定作業を行っていくことが考えられる[21]。①会社関係者・顧問税理士等へのヒアリング（名義株発生時の状況、株式の相続の有無等）、②会社設立時の原始定款で発起人の確認（公証人役場で原始定款の謄本請求等）、③保存されている過去の総会議事録・取締役会議事録等で出席株主数または株式譲渡承認手続等の有無の確認、④決算書の「同族会社の判定に関する明細書」に記載されている株主の確認、⑤株主リストを作成して名義株を整理、等である。

2 判例にみる名義株式の扱い

(1) 実質株主を株主として扱うことの許容

会社は株主名簿記載の株主を株主と扱えば足り、株主名簿に記載がある株主住所に通知等をすればよい（会126条1項）。しかし、名義株主ではない実質株主が、総会出席を求めることがある。このような場合、他人名義で株式を有する者を、会社が株主として取り扱うことは許容されるのか。

ア）実質株主を認識　東京地判昭32・5・27判タ70-109によれば、会社が実質株主を知りながら、名義株主に議決権行使をさせた場合、会社は総会招集手続の瑕疵が問われることがある[22]。

イ）実質株主でなかった場合　大阪高判昭41・8・8判タ196-126によれば、会社が進んで実質関係を認め自己の危険において、株主名簿に記載なき者を株主として取扱うことは妨げないとされる（最判昭30・10・20民集9-11-1657参照）。しかし、会社が株主名簿に記載なき者を実質株主と認めて株主権の行使を許容しながら、当該者が実質株主でなかった場合、その株主権行使は無効になる。実質株主に議決権行使を認めるには総会に出席しても総会が攪乱されること等がなく、議決権行使を

---

21)　山田美代子=小田桐史治『「株式分散」問題と集約をめぐる整理・対策ポイント』（清文社・2108）187頁。

22)　東京地判平27・2・18判時2267-114は、実際に出資をした者の意思等が総会決議で反映されるべきことを指摘する。

させなければ意思形成が実質的に阻害される等の証明を要するであろう。

(2) 名義株主による買取請求権の行使

名古屋地判平 8・1・26 判時 1564-134 は、X（実質株主）が株主名簿に自身の名義ではなく、417 名の架空名義に分散して単位未満株主として登録したが、発行会社 Y は単位未満株の買取りを拒絶した事案において、「計画的に複数の架空名義に分散して登録すれば、一見して架空名義であることが明白であっても、発行会社は買取請求に応じなくてはならなくなり、かくては株主の恣意によって容易に自己株式取得の禁止の原則を潜脱する」と述べて、X の請求を棄却した。架空名義を用いた単位未満株の買取制度の濫用は許容されていない。[23]

3　実質株主の認定基準

(1) 実質説の採用

最判昭 42・11・17 民集 21-9-2448 は、名義貸与者と名義借用者のいずれが株主かに関し、「他人の承諾を得てその名義を用い株式を引受けた場合において、名義人すなわち名義貸与者ではなく、実質上の引受人すなわち名義借用者がその株主となる」と判示する（実質説）。その理由は、「真に契約の当事者として申込みをした者が引受人としての権利を取得し、義務を負担するものと解すべき」だからである。大阪高判平 29・12・21 金判 1549-42 は、有限会社の設立に際し他人名義の払込みがあった場合にも、実質説を採用している。[24]

(2) 認定基準

株主であることを会社に主張するためには、株主としての認定を受ける必要がある。実質説を採用した場合、誰が実質上の引受人・払込人であるかを判断する必要がある。東京地判昭 57・3・30 判タ 471-220 は、実質株主の認定基準として、①株式取得資金の拠出者[25]、②名義貸与者と名義借用者との関係、その間の合意内容、③株式取得（名義変更）の目的、④取得後の利益配当金・新株等の帰属状況、⑤名義貸

23）架空名義が明白な場合、会社は名義書換請求を拒否できると考えられる（小林量「本件判批」ジュリ臨増 1113 号 95 頁）。

24）旧有限会社においては、その設立に際し原始社員による払込みが求められ（旧有限会社法 12 条）、定款の作成と出資の引受行為が結合しているため、定款の記載により形式的に社員が確定すると解される（松元暢子「本件判批」ジュリ 1531 号 91 頁参照）。大阪高判平 29・12・21 は、原始定款に記載された社員を実質上の出資者と認めつつ、「他人の承諾のもとにその名義を用いて出資払込みをした場合には名義貸与人ではなく実質上の出資払込人が出資払込人としての権利を得、義務を負い社員となる」と判示した。

25）水戸地土浦支判平 29・7・19 判タ 1449-234 は、実際の出捐者と名義人との間で、明示的に出資金の立替払いをすることに関する準委任契約の締結を認定した。

与者および名義借用者と会社との関係、⑥名義借りの理由の合理性、⑦議決権の取扱い・行使状況等を挙げている。

4　名義株式の維持と実質株主の対処

　株式会社の設立時または相続時等に、他人名義を借りて名義株式を維持する場合、名義貸与人の名で「名義貸与承諾書」を作成し、名義貸与株式である事実関係を明確にする。名義貸与承諾書には、「株主名簿に記載の私Y名義の貴社株式の実質所有者は、X氏であり、私Yは貴社創立にあたり名義を貸したにすぎません。貴社に対して何ら権利請求をしない旨、本日この承諾書を提出します。令和○年○月○日　住所および氏名（署名・実印)」等と記載する。

　しかし、名義貸与承諾書を作成・所持しているオーナーは少なく、改めて名義人に対し名義貸与承諾書の作成を求めなければならないことが多い。当該作成に際しては、公証人役場において、名義貸与承諾書を作成したことの事実および年月日を明確にする確定日付を受ける。承諾書には名義貸与者の自署・押印を求め、押印は実印として印鑑証明書を添付する。

　名義株式を存続させる場合、名義貸与承諾書を作成するとともに、名義株主と実質株主が「株主間契約」を締結することが検討される。その内容は株主権行使および株主利益の各帰属、名義株主の死亡・行方不明時の対処等である。

5　「事実上の権利推定」法理
(1)　事実上の権利推定とは

　東京高判平24・12・12判時2182-140では、「株主名義を有しない者が株主であるとして権利の存在を推認し得る間接事実のいかなる主張立証により、『事実上の権利推定』ができるのか」が問題となった。事実上の権利推定とは、不動産登記がなされている場合、反証のない限り、「登記簿の記載事項から登記名義人が対象不動産の所有者である」旨を推定するものである。[26]そのため、登記以外にも、事実上の権利推定法理が認められるのかが問題となる。

(2)　東京高判平24・12・12事案

　Xは亡A（S企業グループ創業者）の法定相続人であり、B社はY社らを含むS企業グループの事実上の持株会社である。Xの主張によれば、B社の株式の大半は、株

---

26)　最判昭34・1・8民集13-1-1、最判昭39・1・23判時365-62、最判昭46・6・29民集25-4-711参照。

主名簿記載の株主（名義人）ではなく、Ａの未分割遺産としてＸを含むＡの相続人およびその承継人に帰属している。しかし、Ｙ社らは実質株主Ｘを無視して、名義人を株主と扱い、創業家を排除する形で、Ｓ企業グループの組織再編を強行した。そのため、ＸはＹ社らに対し、Ｓ企業グループの組織再編等に関する総会決議の不存在確認または決議取消しを求める訴えを提起した。

　一審判決は、Ｘが株主であるとは認められず原告適格を欠くとして訴えを却下した。東京高裁は、次の理由から控訴を棄却した。すなわち、一般法理として、事実上の権利推定を否定する理由はない。Ｘが主張する間接事実ではＡによるＢ株所有を推定するに十分なものとはいえず、Ｂ社およびＳ企業グループを従前、創業家が支配してきたという事実からすると、ＡがＢ株の相当程度のものを借用名義株として実質的に所有していた可能性はないとはいえないが、高度の蓋然性があるという証明はできなかった。

(3) 間接事実の検討

　本件で、Ｘが主張した間接事実として、①ＡのＢ社およびＳ企業グループ支配の意思の強固性、②昭和15年公正証書の存在、③Ｓ企業グループのうちのＳ鉄道の管理株の存在、④自認名義人の存在、⑤Ａの自己資金、がある。これらに関し、東京高裁は次のように述べる。

　①に関し、ＡのＢ社支配の意思が強固であった事実から、ＡのＢ株の権利推定をするには十分とはいえない。②に関し、Ａは公正証書により昭和15年6月に第三者名義の株を所有する旨の認識を有しているが、Ａが当該株を所有していたという認識が実体を伴うかは客観的な裏付けを欠く。

　③に関し、Ｓ鉄道に借用名義株があったのと同様に、Ｂ社に借用名義株があった可能性はある。しかし、名義人によるＢ株の名義書換請求書、新株券引受請求書、住所変更届の書類が提出され、名義人の議決権行使がなされて、名義人に利益配当がなされていた。Ｓ鉄道の管理株の存在をもって、ＡのＢ株の借用名義株の存在を認識するには十分ではない。

　④に関し、自己名義のＢ株が借用名義株を自認する名義人が複数存在することは有力な間接事実である。しかし、自認名義人は株主としての行動をしており、名義を貸す対価として配当金を受領する合意は認められない。⑤に関し、Ａが昭和35年頃までにＢ株を買い集めていた可能性はあるが、自己資金によるかは伝聞証拠しかない。

　創業家ＡがＢ社およびＳ企業グループを支配していた事実はあるが、支配の方法

は様々な選択肢があり、直ちにAの所有株を借用名義株としたと推認することはできないとされる[27]。借用名義株を利用して会社支配する場合、その性質上証拠を残さないようにしていることが多く、AによるB株所有を推認するに足りる間接事実の立証は困難であろう。

6 税務上にみる名義株式の扱い

(1) 実質主義の採用

　税務は実質主義を採用している（所税12条、法税11条参照）。名義株式に関し、税務通達は、「（株主等とは）株主名簿に記載されている株主等をいうが、株主名簿に記載されている株主等が単なる名義人であり、当該名義人以外の者が実際の権利者である場合には、その実際の権利者をいうことに留意する」と述べる[28]。株式の帰属判定に税務当局と見解相違がある場合、税務否認につながる可能性がある。

　法人税申告書にある法人税別表2には、株主の名前、株式数、住所、判定基準となる株主との続柄等を記載する。これは非公開会社では株主名簿の代替として便宜上使われるが、全株主の記載が要求されておらず、すべての株主異動を把握できていないことがある。株主名簿の管理を定期的に実施することが求められる。

(2) 真正な株主の確定方法

　名義株式の株主が多数にのぼる場合、名義株主全員の名義貸与承諾書の受領は困難であろう。株式評価が高額で名義株主の株式資産が多額になっている場合、実質株主が名義貸与承諾書の提出を要請しても拒絶される可能性が高まり、有用な対策が求められる。例えば、①実質株主に対して剰余金の配当の支払いを実施して、実質株主に振込み等で支払って配当所得の申告を行う、②法人税申告書別表2の株主名を訂正する、等がある。

　法人税申告書別表2の訂正および法人税調査では、株主名簿の変更理由の質問がなされる。税務当局は真正な株主は訂正前の株主であり、贈与税・相続税を免れるために名義株式として処理したのではないかと疑念をもつかもしれない。実質株主への剰余金配当の支払実績・配当所得申告等の事実により、贈与等でないことを税務当局に説明できる。剰余金配当がありながら名義株主から何らかの要求がないの

27）　加藤新太郎「株式の所有権（株主権）について事実上の権利推定はできるか」NBL1083号91頁。二羽和彦「本件判批」リマークス48号122頁は、事実上の権利推定法理に批判的である。
28）　租税特別措置法通達（所得税関係）31の3-24・35の2-6、租税特別措置法通達（法人税関係）66の6-2・68の2の3（1）-1、租税特別措置法通達（連結納税関係）68の89の2-3、相続税法基本通達9-9、連結納税基本通達3-1-1等。

は、名義株式である旨の証明といえる。

7　名義株式の解消

(1)　株主名義変更の合意書作成

　実質株主は名義株式の解消、株主名簿の名義書換をすることにより、対会社関係において真正な株主としての権利を主張できる。名義貸与承諾書がなくとも名義株主との個別交渉により、株主名義変更の合意書を作成できる。個別会社が株主名簿を正式に作成しておらず、剰余金配当の支払先が「オーナー等の実質株主」であること等で確認証明できる場合、その旨を説明することで株主名義の変更を認めさせる。剰余金配当の支払いを受けたオーナー等の実質株主は、原則として確定申告書に配当所得を申告していなければならない。

(2)　実質株主による名義株主からの譲渡

　名義株主が既得権化により名義変更に応じない場合、実質株主が強制的な方法で名義株主から株式を有償取得することが考えられる。譲渡価格が株式の時価より低い場合等、課税負担への配慮を要する。実質株主が特別支配株主である場合、株式等売渡請求（会179条1項）を行使できる。総会決議は不要である。

(3)　自己株式の取得と対策

　会社は名義株主の株式を買い取ることが考えられる。特定株主から自己株式を取得するためには、①総会の特別決議による取得条件の承認（会160条1項・156条）、②他の株主による売主追加請求権（会160条2項3項、会施規28条・29条）に係る対応（株主全員の同意により、「売主追加請求権を排除する」旨を定款にあらかじめ規定しておく（会164条））、③分配可能額の範囲内による取得（会461条1項2号）という手続を要する。自己株式を消却せず処分する方法は、株式引受人の募集（会199条以下）・取得請求権付株式等の取得対価として交付（会108条1項5号）・組織再編の対価として交付（会749条1項2号）、等が考えられる[29]。他方、株式の消却は総会決議（取締役会設置会社では取締役会決議）による（会178条）。株式の消却により、発行済株式総数は減少するが、再度、新株式の発行は可能である。

(4)　会社による名義株主からの強制取得

　第1に、名義株主の相続人に対し譲渡制限株式の売渡請求をして取得する（会155

---

[29]　自己株式の処分は発行済株式総数に変動を及ぼさないので、募集事項の決定に際し増加する資本金・資本準備金に関する事項を定める必要はない。

条6号・176条1項)。相続人と株式譲渡の交渉が進展しない場合に備え、定款に売渡請求条項を規定する（会174条）。第2に、名義株主の所有株式が1株未満となる株式併合を実施して、端数を生じさせて株式を買い取る（会155条9号・234条4項）。第3に、名義株主が所在不明株主となっている場合、会社は所在不明株主の株式買取権（会155条8号・197条3項）を行使する。第4に、発行株式のすべてを全部取得条項付種類株式に変更し（会155条5号・171条1項）、名義株式に端数が生じるように対価を交付する。当該変更は登記を要し、差止請求（会171条の3）の対象となる可能性がある。なお、いずれの方法においても、財源規制等の問題がある。

第Ⅳ節　▶所在不明株主の対処

1　所在不明株主の発生
（1）発生原因と放置の課題
　中小企業において所在不明株主は少なくないとされる。発生要因は会社と疎遠になっているからであり、①当初の株主から相続等が発生して、誰が株主（相続人）になっているのか不明の事案、②株主の住所変更等があり、会社から連絡がつかない事案、③最初から名義株主である事案等がある。所在不明株主の放置により、発行会社は、①株主管理コストの負担増、②所在不明株主以外の株主が有する各議決権の価値の相対的な増加による総会決議への影響等の問題を抱えることになる。

（2）通知・催告の不要
　会社は次の場合、その対象株主に対し、それ以後の通知・催告を要しない。[31] すなわち、①株主名簿上の株主に対する通知催告が5年以上継続して到達していない（会196条1項）、または、②取得条項付新株予約権を会社が取得し、その対価として当該会社の株式が交付されるにもかかわらず、無記名の新株予約権証券が会社に提出されない（会294条2項）、という場合である（所在不明株主）。
　①は株主名簿上の質権者（登録株式質権者）に対しても準用される（会196条3項）。②は会社が当該株式の株主となる者を把握できないためである。株主の申出により通知等を行っていない場合は対象外である。発行会社は所在不明株主への通知・催

30）　対象相続人は、売渡請求を決議する株主総会で議決権行使はできず（会175条2項）、定足数の算定基礎から除外される（会309条2項）。会社は相続その他一般承継があったことを知った日から1年を経過したときは、売渡請求ができない（会176条1項但書）。
31）　通知には総会の招集通知、新株割当通知、自社パンフレット、株主優待制度に基づく物品の送付を含む。催告には新株引受権者に対する失権予告付の株式申込催告等を含む。

告義務および剰余金配当の送付義務を免れるが、他の義務まで免除されない。剰余金配当請求権等の株主権利に影響はないが、会社の債務履行の場所は、株主の住所ではなく、会社の住所地（本店所在地）となる（同条2項）。

2 所在不明株主の株式の対処

(1) 所在不明株主の株式売却

通知催告が5年以上継続して到達しない等の株主が、継続して5年間、剰余金の配当を受領していない場合、会社は所在不明株主の株式を売却することができる（会197条1項）。不到達の要件を満たすことの証明責任は会社側にある。[32] 当該要件が課されている趣旨は、通知等が5年間到達しない株主であっても、指定口座への振込みにより剰余金等を受領している事案があるためである。

株主は剰余金が受領できれば、住所変更を理由とする株主名簿の名義書換をしないことがある。通知等が到達しないだけで、直ちに当該株式を会社が売却し、または買受けることができるとするのは問題がある。5年間、会社が全く剰余金配当をしておらず、かつ株主・質権者への各通知が5年以上継続して到達しない場合（会196条1項3項）、所在不明株主の株式売却は可能である（通説）。

(2) 株式併合による対処

株式併合により、所在不明株主の株式について1株に満たない端数を生じさせ、端数処理を行うことができる（会234条）。当該方法では5年要件（会196条1項）がなく、総会決議により対応できる。取締役は株式併合をする場合、必要な理由（株主管理の観点など）を総会で説明する義務を負う（会180条4項）。

(3) 特定株主による対応

ア）特別支配株主による株式等売渡請求　　所在不明株主の存在により事業承継・事業再編等に多大な障害が生じるのであれば、特別支配株主がいる場合、株式等売渡請求権（会179条1項）の行使により強制的に所在不明株主の株式を取得して、株式の集中化を図ることができる（本章**第Ⅲ節3**参照）。

イ）属人的定めによる対処　　所在不明株主の株式の競売・売却措置は5年を要し、事業承継等に迅速な対応ができない場合、オーナー保有の株式に属人的定めを設け（会109条2項）、議決権を集中化させる。特殊決議（会309条4項）に加え、目

32）　不到達の証明のため、返戻された郵送物の現物すべてを保管することが考えられる。しかし、管理コストとの関係から、返戻された郵便物の種類、現物の写真、返戻の日付、返戻事由などをデータ化して残すことが考えられる（大阪株式懇談会編『会社法 実務問答集Ⅰ（下）』（商事法務・2017）278頁〔前田雅弘〕）。

的の正当性・手段の相当性が求められる（本編**第2章第Ⅱ節2**参照）。

(4) 民法上の対処

所在不明株主に関する民法上の対処として、次が考えられる。

第1に、不在者財産管理人の選任を申し立て（民25条）、会社は不在者財産管理人との交渉により所在不明株主の株式を解消する。第2に、株主に相続人がいない、または不明の場合、相続財産管理人を選任（民952条）して、相続財産管理人との交渉により所在不明株主の株式を解消する。第3に、利害関係人の請求により家庭裁判所が失踪宣告（民30条）をした後、所在不明株主の死亡を擬制して、相続を開始させて相続人との交渉により所在不明株主の株式を解消する。

3 所在不明株主の株式売却前の対処

(1) 公告・通知後

会社が所在不明株主の株式を競売・売却する場合、一定事項を公告し、個別の通知を行う（会198条1項）。公告・通知により、株主または登録質権者に対して売却を拒絶する最後の機会を付与するためである。一定事項とは、①所在不明株主その他の利害関係人が一定期間内（3ヵ月以上）に異議を述べることができる旨、②法務省令（会施規39条）で定める事項である。会社は異議催告の手続を省略することはできない（会198条4項）。

当該公告・通知後、所在不明株主の株式を競売・売却する時期については明文規定がない。代表取締役は取締役会決議に基づき、財務状況等に照らし、会社に有利な時期を選択して、対象株式を競売・売却する。

(2) 株券の無効手続

株券発行会社の場合、所在不明株主の株式を売却するには、既発行の株券を無効としなければならない。株式売却に異議があれば、株主は公告・通知に基づき一定期間内にその旨を述べる必要がある。異議を述べる者がいない場合、一定期間の満了のときに株券は無効となる（会198条5項）。

(3) 売却株式の選択

所在不明株主のうち、一部の株主を選択して異議催告手続を行い、対象株式を売却することは、株主平等原則（会109条1項）との関係から可能であるのか。所在不明株主の株式売却に際し、株主平等原則は適用されるが、会社に株主管理コストの大きな株主の株式だけを売却対象とすることは、合理的必要性があるため認められるであろう。

4 　他者への株式売却方法

　売却の方法は、原則として競売による。異議催告手続による所在不明株主の確定後、会社は対象株式を競売し、かつ代金を従前の株主に交付することができる（会197条1項）。株式事務の合理化のためであり、費用は会社負担となる。競売以外の売却方法としては、次のようなものがある（同条2項）。

　ア）市場価格のある株式　　市場価格のある株式は市場価格として法務省令（会施規38条）で定める方法により算定される額で売却できる。対象株式を複数日にわたり異なる価格で売却せざるをえない場合、売却代金の合計額を按分し、株主平等原則に配慮して交付する。

　イ）市場価格のない株式　　市場価格のない株式は、裁判所の許可を得て、競売以外の方法で売却できる。株式売却許可申立ての添付書類は、①登記事項証明書、②定款、③官報公告、④催告書・発送が確認できる資料、⑤株価鑑定書、⑥連続した6事業年度分の通知書・過去5年分の送付書類・配達が不在となった返戻封筒、⑦全取締役の同意書（取締役が2名以上の場合）、⑧買受書（発行会社以外の買取）・取締役会議事録（発行会社の買取）、⑨株主名簿等である[33]。

5 　会社による株式買取方法

　会社は、所在不明株主の株式の買取りが可能である（会197条3項）。対象株式に市場価格がなく、買受人がいない場合、発行会社が買い取ることは合理的である。会社法は、異議催告の手続を設け、売却価格を決定する等の方法で所在不明株主の保護を図り、自己契約禁止（民108条）の例外を認めている[34]。

　手続として発行会社の取締役会において、①取得する株式の数・種類、②株式の取得と引換えに交付する金銭の総額を決議する（会197条4項）。市場価格のある株式の売却価格は法務省令（会施規38条）で定める方法により算定される。市場価格のない株式は、裁判所の許可を得て、株式売却許可申立てをする。

　自己株の取得であるため買取の効力発生日の分配可能額を超えてはならないが（会461条1項6号・462条1項4号）、株主総会の決議は不要である。所在不明株主の株式は概して数量が限られ、株主総会の授権なしに自己株式取得を認めても、弊害が生じにくいからである[35]。

---

33)　松田亨＝山下知樹編『実務ガイド　新・会社非訟〔増補改訂版〕』（金融財政事情研究会・2016）324頁。
34)　大阪株式懇談会編・前掲注32）282頁〔前田〕。
35)　当該自己株式取得に際し、取締役会の承認決議は事後的でもよい。会社が株式取得の無効主張をすることは考えにくい（大阪株式懇談会編・前掲注32）271頁〔前田〕）。

6 売却代金の支払い

(1) 支払いの相手方

　所在不明株主の株式を売却した場合、代金を従前の株主に支払う必要がある（会197条1項柱書）。支払いの相手方には受領権限を有する代理人等が含まれる。株主以外の者から会社に対し売却代金の請求があった場合でも、合理的な利害関係を証明する書類および本人確認書類による確認を行っていれば、当該支払いは有効になろう（民478条参照）。

　株式売却制度により、株主の地位は、発行会社に代金支払いを請求できる債権者の地位に代わる。債務者である発行会社は弁済（売却代金の支払い）の準備をしている旨を債権者（従前の株主）に通知し、債権者が代金の受取りに来るのを待つ。しかし、所在不明株主に株式売却代金の支払いをすることは不可能に近く、多くの場合に会社は供託をして債務を免れる（民494条）という手続をとる。供託された株式売却代金は消滅時効（10年）が経過すれば（民166条1項）、国庫に帰属する[36]。

(2) 旧株券の提示

　売却代金の支払請求者が旧株券を提示した場合、会社は支払いに応じる必要があるのか。株券発行会社では株券の所持人は株主であると推定され、会社は当該者を株主として扱えば、悪意・重過失がない限り免責される（手40条3項類推）。

　所在不明株主の株式売却に際し、異議申述期間の末日に、異議のなかった株式は無効となる（会198条5項）。しかし、株券としての効力は喪失するが、売却代金の支払請求権を表章する有価証券（改正民520条の2以下）としての効力は有すると解される。旧株券を提示した者が受領権限を欠いていたとしても、会社が仮に支払いに応じた場合、悪意・重過失がなければ有効な支払いとなろう。

第V節　▶譲渡制限株式の譲渡に係る課題

1 譲渡制限株式の定款規定

　会社法は譲渡制限株式の譲渡承認を通じ、新たに株主になろうとする者または各株主の持株数の増減等についての各判断を会社に認めている。しかし、①一定数の株式譲渡を行う場合にのみ譲渡制限を設けること、または、②特定の属性を有する株主の株式にのみ譲渡制限を設けること等は、株主平等原則に反する[37]。

---

36) 山下友信編『会社法コンメンタール4 株式 [2]』（商事法務・2009）247頁〔山本爲三郎〕参照。
37) 山下友信編『会社法コンメンタール3 株式 [1]』（商事法務・2013）381頁〔山本爲三郎〕参照。

譲渡制限株式の譲渡承認機関は、原則として、取締役会非設置会社では株主総会、取締役会設置会社では取締役会であるが、定款に別段の定めを設けることができる（会139条1項但書）。例えば、別段の定めとして、取締役会設置会社では、「株主総会とする」ことが考えられる。取締役会非設置会社では、「特定の属性間の株式譲渡は代表取締役または取締役の過半数の同意等とする」ことが考えられる。特定の属性間の株式譲渡とは、①既存株主間の株式譲渡、②株主から役員への株式譲渡等である。

会社を支配する株主が自らの判断により、定款変更を行って、「仲間として信頼できるもの」の選択を他の機関に委ねることが直ちに法の趣旨に反するとまではいえない[38]。しかし、譲渡承認機関を会社と無関係の第三者とすることはできない[39]。

●株式の譲渡制限に関する定款変更手続

区 分	具体的内容
株式の内容	全部の株式（普通株式・種類株式）の内容（会107条1項1号）として譲渡制限を定款に定める場合、総会の特殊決議（会309条3項・466条）
種類株式	種類株式の内容として株式譲渡制限を定款に定める場合、総会の特別決議および種類株主総会の特殊決議が必要（会111条2項・309条・324条3項）。複数の種類株式発行に際し、一部種類の株式にだけ譲渡制限を設けることは可能
承認機関	株式譲渡・取得の承認機関を、代表取締役から取締役の過半数の同意等に変更する場合、定款変更に係る総会の特別決議が必要
株式の譲渡担保	株式を譲渡担保に供した場合、共益権の帰属は、株式の内容、譲渡担保契約に至る経緯・契約内容等を考慮して、契約当事者の合理的な意思解釈により決定（最決平17・11・15刑集59-9-1476）

2 譲渡承認・不承認・請求撤回

(1) みなし譲渡承認とその判断基準

株式の譲渡承認請求（会136条・137条1項）の日から、会社が2週間以内に譲渡承認等の通知（会139条2項）をしない場合等、みなし譲渡承認となる（会145条）。社会通念上、株式譲渡人の意思に基づく譲渡承認請求があったと判断しうるものでなければ、会社法145条1号にいう「会社法137条1項の規定による請求」があっ

---

38) 弥永真生＝岩倉正和＝太田洋＝佐藤丈文監修・西村あさひ法律事務所編『会社法実務相談』（商事法務・2016）103頁〔佐藤丈文＝神保寛子＝小俣洋平〕。

39) 相澤哲＝葉玉匡美＝郡谷大輔編著『論点解説 新・会社法―千問の道標』（商事法務・2006）63頁、辺見紀男＝武井洋一＝山田美代子編『同族会社実務大全』（清文社・2015）132頁。

たと認めることはできず、みなし譲渡承認は成立しないとされる（東京地判平24・1・25 LEX/DB25490985）。

(2) 株式譲渡の不承認時の対応

　会社が株式譲渡等を承認しない場合、会社は自ら買い取るか、または指定買取人を定める必要がある（会140条1項4項）。会社が対象株式を買い取る場合、総会の特別決議を要し、当該決議では譲渡等承認請求者は議決権を行使できない（同条2項3項）。また、指定買取人を定める取締役会決議（同条5項）において、当事者の取締役は議決権を行使できない。[40]

　譲渡承認請求者は、会社の買取通知または指定買取人の買取通知を受けた後は、会社または指定買取人の承諾を得た場合に限り請求を撤回できる（会143条1項2項）。指定買取人が株主に株式売渡請求をするまでは、買取人指定請求を撤回することが可能である（最決平15・2・27民集57-2-202）。指定買取人の売渡請求により、指定買取人と株主間に株式売買が成立するためである。[41]

3　譲渡承認と特別利害関係

　譲渡制限株式の取引当事者が発行会社の取締役であり、特別利害関係人となっている場合、その対処が問題となる。

(1) 代表取締役が承認機関

　取締役会非設置会社において、「既存株主間の株式譲渡では代表取締役を承認機関とする」旨の定款規定がある場合、代表取締役が株式の譲渡人または譲受人となることがある。承認機関が自分自身となる場合に備えて、「代表取締役が当会社の株式を譲渡または取得する場合、承認をしたとみなす」旨の定款規定を置くことが考えられる（会107条2項1号ロ）。定款にその旨の規定がない場合、総会決議をもって承認する。

(2) 取締役全員が特別利害関係

　譲渡制限株式の譲渡承認請求に際し、発行会社の取締役全員が特別利害関係を有する場合、議案は各取締役に対し個別審議をする。株式譲受人が会社にとって好ましくないと思われる場合でも、譲渡対価が高額であれば、取締役は会社の利益を無

---

40)　未行使の新株予約権があり、新株予約権の目的となる株式全部に譲渡制限を付する場合（会118項1項1号）、新株予約権の目的となる種類株式を譲渡制限株式または全部取得条項付とする場合（同項2号）、新株予約権者は当該新株予約権の買取請求権を有する。

41)　株主は指定買取人の指定請求を選択でき、株主は売渡請求後には指定請求の一方的な撤回はできないことになる（山本爲三郎「本件判批」ジュリ1269号105頁）。

視して、自己の利益を実現するために譲渡承認に賛成するかもしれない。このような場合に、会社に対する忠実義務を誠実に果たすよう期待することは困難である。

(3) 取締役の一部が特別利害関係

特別利害関係を有する取締役は、取締役会の審議において除外する。例えば、次の事案が考えられる。第1に、取締役3名（X_1〜X_3）の取締役会設置会社A社（非公開会社）では、承認機関が取締役会である。取締役X_1がY_1（非取締役）にA株を譲渡する場合、承認請求に際しX_1は特別利害関係を有し、取締役会決議の定足数に算入しない（会369条2項）。残余の取締役2名が取締役会で決議承認する。A社において、取締役X_1が取締役X_2にA株を譲渡する場合、残余の取締役X_3が承認する。[42]

第2に、取締役3名（P_1〜P_3）の取締役会非設置会社B社は、承認機関が取締役の過半数の同意である。取締役P_1がY_2（非取締役）にB株を譲渡する場合、承認請求に際しP_1は特別利害関係を有し、当該決定の定足数に算入しない。B社では、取締役P_1がP_2にB株を譲渡する場合、残余の取締役P_3が承認する。[43]

●特別利害関係と株式譲渡承認の具体例

構　成	取引内容	株式の譲渡承認手続
A社＝取締役会設置会社 取締役X_1〜X_3	取締役X_1→Y_1にA株譲渡	取締役会で取締役X_2・X_3が決議承認
	取締役X_1→X_2にA株譲渡	取締役会で取締役X_3が決議承認
B社＝取締役会非設置会社 取締役P_1〜P_3	取締役P_1→Y_2にB株譲渡	取締役P_2・P_3の同意による承認
	取締役P_1→P_2にB株譲渡	取締役P_3による承認（慎重を期すために、総会で承認決議）

4　株券不所持と株式譲渡

株券発行会社では株式の譲渡は、当該株式に係る株券を交付することにより効力を生じる（会128条1項）。しかし、株券発行会社でも、譲渡人が株券を保有していないことがある。原因は、①株券発行の請求がない、②株券不所持の申出があった、

42）　譲渡制限株式の譲渡当事者である取締役は、特別利害関係人（会369条2項）になる（山下編・前掲注37）395頁〔山本〕）。
43）　慎重を期すために、「取締役の過半数の同意」を承認要件とする場合でも、取締役が特別利害関係を有し、2分の1の賛成しかないという批判に対処するため、別途、株主総会で譲渡承認の決議を行うとする考えがある（弥永ほか監修・前掲注38）106頁〔佐藤＝神保＝小俣〕）。

③株券を紛失した、④他者が株券を占有している、等がある。

　株券不所持における対応策として、次のことが考えられる[44]。①・②に関し、株主は会社に株券の発行を請求することができる（会217条6項）。発行費用は株主の負担となる[45]。③に関し、株主は株券喪失登録制度の利用により、株券の再発行を受けることができる（会221条）。再発行は株券喪失登録日の翌日から起算して1年の経過を要する（会228条1項）。④に関し、株主は株券の占有者に引渡しを要請する。

5　譲渡制限株式の評価

(1) 評価方法と考慮要素

　非上場株式の評価は、譲渡、贈与、自社株式の購入、組織再編等において問題となる。組織再編等に際し、反対株主は発行会社に対し、自己の有する株式を「公正な価格」で買い取るように請求できる（会469条1項）。他方、譲渡制限株式の売買価格の決定では、譲渡等承認請求の時における株式会社の資産状態その他「一切の事情」を考慮しなければならない（会144条3項）。

　評価しようとする株式を発行する会社（以下、「評価会社」）の同じ株式であっても、株主の支配力・属性等により評価額は異なる。株式評価方法としては、類似業種比準方式、純資産価額方式、収益還元方式、配当還元方式があり、実務上、会社の事業規模・特殊性、株主の支配力等の多様な要素が考慮されるため、これらの評価方法を併用することが多い。

(2) 各方式の特徴

　　ア）類似業種比準方式　　評価会社の類似業種に属する複数の上場会社の株式価額の平均価額および当該複数の上場会社の3要素（1株当たりの配当金額・1株当たりの利益金額・1株当たりの純資産価額）と評価会社のそれとを比準させる。流通性が劣るため大中小会社の各区分に応じて、一定割合を減じる（非流動性ディスカウント[46]）。

　　イ）純資産価額方式　　会社を清算・解体したと仮定し、どの程度の残余財産を分配できるかを検討する。細分化すれば純資産価額方式は、純資産簿価方式、純資

---

44)　譲渡人が株券の交付を受けるまで、当事者間で株式譲渡契約を締結し、株券の交付と引き換えに、最終的な決済とするなどの特約を設けることが考えられる（経営紛争研究会・前掲注20）61頁〔高木裕康〕）。

45)　会社が不当に株券発行を拒絶している場合、会社は株券発行前であることを理由に、株式譲渡の効力を否定できない（最判昭47・11・8民集26-9-1489）。

46)　近年の裁判例では非流動性ディスカウントを加えることは減少している（大阪地決平25・1・31判時2185-142、東京地決平26・9・26金判1463-44等）。

産時価方式、純資産処分価額方式がある。個別具体的な利害対立下においては、貸借対照表の資産および負債の各項目を再検討する。[47][48]

ウ）収益還元方式　将来会社にもたらされる利益が会社の株式価値を決定するという考えに基づく。収益還元方式は直接還元法およびDCF法がある。直接還元法は将来予測される1株当たりの税引後純利益を資本還元率で除し、これをさらに発行済株式総数で除する。資本還元率とは、将来得られると予想される金銭（リターン）をリスク勘案し、一定の割引率で還元するための係数であり、元本としての株式の評価である。[49]DCF法は将来の予想される年度別の現金純流入額を合計し、それを複利現価率で割り引いて、発行済株式総数で除して算出する方法である。中小企業では利益配当をせずに内部留保をする傾向にあり、配当還元方式を利用すれば株式の評価が過小になる場合、DCF法がふさわしいとされている。

エ）配当還元方式　（その株式に係る年配当金額÷10％）×（その株式の1株当たりの資本金の額÷50円）という算定式による。[50]今後、どのような配当を得ることができるのかという観点から評価する。[51]同族株主等ではない少数株主に期待できるのは配当しかないという考えによる。配当還元方式を応用したゴードン・モデルがある。[52]

(3) 税法上の株式評価

税務上、取引相場のない株式に関し、原則的評価方式として、①純資産価額方式

47）　第1に、純資産簿価方式は簿価という会計帳簿上の記録に基づく。第2に、純資産時価方式は個々の資産の再取得価格（再調達価格）の総計である。会社が一体として、他の経済主体に移転され、再びそこで使用されると仮定した場合、会社が現状の姿で新たに設立されるとすれば、どの程度の自己資本の価額を必要とするかを示す。第3に、純資産処分価額方式は会社が解散したと想定して、個々の資産を処分する場合の売却価額である。

48）　次のような課題がある。①純資産簿価方式では資産の客観的交換価値を正当に表現しているとは限らない、②純資産時価方式では、各資産から生ずる収益を評価していない、③純資産処分価額方式に関し、利用価値が配慮されるべきであるが、会社が継続企業であることを考えると、純資産時価方式が全く不適当であると認めることはできない。

49）　ここでは、株式の売買当事者が、配当額よりも企業利益そのものに関心を有しているかどうかが問われる。継続企業価値が収益力を超えて過大評価されるおそれがある（東京地判平7・4・27判時1541・130）。

50）　現実の利益配当が不当に低い場合、他の方式を斟酌することになる。配当還元方式において考慮される要素として、①将来的な配当政策はどうか、②安定的な配当期待が見込めるか、売主が支配株主かどうか、株式保有リスクはどうか、③配当の特殊要因（特定年度の記念増配等）の排除、等がある。

51）　配当還元方式には、次のような課題がある。①将来の配当期待の長期予測が困難である、②株主が役員の場合、利益配当ではなく、役員報酬または役員に付随する有形・無形の得得を考慮する必要がある。

52）　ゴードン・モデルは、①会社の成長性、②会社の収益構造、③自己資本からの利益と借入資本からの利益、④借入金利の負担、⑤対象株式の特性・リスクを考慮する。留保利益が会社によって運用され、その運用益の一部がさらに翌期以降の配当として支払われるとして、配当金が毎期一定の割合で増加していくという仮定に基づく。

または②類似業種比準方式、もしくは③前記の併用方式が認められている[53]。また、特例的評価方式として，配当還元方式がある[54]。原則的評価のうち、いずれの評価方式によるのかは、会社の規模（大会社・中会社・小会社）により異なる[55]。例えば、大会社では原則、類似業種比準方式によるが、納税者選択により純資産価額方式が可能である。小会社では原則、純資産価額方式によるが、納税者選択により類似業種比準方式×0.5＋純資産価額方式（80％評価可）[56]×0.5が可能である。

(4) 併用方式の傾向

ア）各方式の短所　いずれの評価方法にも一長一短があり、1つの方法だけを用いると短所が増幅される危険がある。ここに加重平均による併用方式を用いる意義がある。短所として前述した内容に加え、次のことを指摘できる。第1に、継続企業価値の評価方法としては、会社の解散を前提とする純資産方式よりも、収益還元方式の方が理論的に優れている。第2に、収益還元方式は、資本還元率のわずかな差によって評価額に大きな違いが出る。また、当該方式により算出される株式・持分評価が、純資産方式による評価を下回ることが少なくない。第3に、簿価が時価を大きく下回る場合等では、純資産方式では継続企業価値が収益力を超えて過大評価されるおそれがある（東京地判平7・4・27判時1541-130参照）。

イ）併用方法　第1に、収益状況等から会社の継続可能性が高いと考えられる場合、インカムアプローチの割合が高くなる傾向がある。第2に、少数株主の保有株式ではマイノリティ・ディスカウントが加えられ、配当還元方式を重視する傾向があり、支配株主の保有株式ではインカムアプローチのなかでも、時価純資産法および収益還元方式またはDCF法が併用される傾向がある[57]。ただし、加重平均による併用方式においても、どのように加減するかは明確ではないという課題は残る。当事者を説得できる合理的理由が求められる。

---

53)　議決権割合が50％超かつ同族株主のいる会社、議決権割合が30％以上50％以下かつ同族株主のいる会社、議決権割合が30％未満かつ同族株主のいない会社の区分がある。
54)　配当還元方式は1株当りの資本金等の額を50円で除し、配当金額が2円50銭未満または無配の場合、2円50銭とする。
55)　デトロイト トーマツ税理士法人編『Q&A 事業承継をめぐる非上場株式の評価と相続対策〔第9版〕』（清文社・2017）176頁以下参照。
56)　株式の所有者とその同族関係者の有する議決権の合計数が評価会社の議決権総数の50％以下である場合、純資産価額の80％により評価することができる（評価通達185）。
57)　久保田安彦=湯原心一「譲渡制限株式の売買価格（上）—事前の観点を重視して」商事2190号5頁。DCF法の有用性は支持されているが、インプットデータの違いが結果に大きな差異を生じさせる等の問題点がある（柳明昌「『公正な価格』の判断枠組みとマーケット・チェックの意義・射程」商事2207号35頁）。

第Ⅵ節 ▶株主名簿の名義書換・株主リストの整備

1 株主名簿の名義書換対処

(1) 名義書換の成立時期と株主名簿記載事項証明

株主名簿の名義書換は、会社が名義書換の請求を受理した時に成立する。[58] 書換手続の完了まで一定期間を要しても、請求の受理時以降、一定の場合には株主は権利行使ができる。[59] 会社が株主に提供すべき株主名簿記載事項証明書には、①所有株式数、②取得株式数、③喪失株式数、④原因年月日（売買・増資等）、⑤受付年月日、⑥備考（誰からの譲受か、募集株式発行か等）を記載する。当該証明書には代表取締役の署名・記名押印を要する（会122条2項3項）。

(2) 基準日以後の名義書換

基準日制度（会124条）は、株主名簿に記載された「一定時点における株主」に権利行使を認めるものである。招集通知を受け取る者と議決権行使をする者とは一致することが望ましいからである。基準日以後に名義書換を受けた株主には、原則として、当該年次の株主総会における議決権行使は認められない。

しかし、議決権行使の基準日については、同日後に株式を取得した者の全部または一部に権利行使を認める旨を定めてもよいとされる（同条4項）。これは基準日後の組織再編行為等により新たに株主になった者が、取締役選任などにつき総会で議決権を行使できるようにすることが要請されるからである。[60]

(3) 株式の買取請求と名簿名義書換制限

株券不発行会社（振替株式発行会社でない会社）では、一定事由により株主が会社に株式買取請求をする場合、当該株式に係る株主名簿の名義書換が制限される（会116条9項・182条の4第7項・469条9項・785条9項・797条9項）。買取請求者が請求後に株式を売り渡した後、株式譲受人が株主名簿の名義書換を請求できないとす

---

58) 会社は株主名簿上の株主が無権利者であることにつき悪意・重過失で名義書換に応じた場合、株主名簿上の株主に議決権を行使させたとしても免責されない。①悪意とは請求者が無権利者であることを知っていることに加え、その証明ができながら故意に請求に応じたこと、②重過失とは当該証拠があることを重大な過失で知らなかったこと、または証拠を有しながら重大な過失で名義書換請求に応じたことをいう（山口和男『会社訴訟・非訟の実務〔改訂版〕』（新日本法規・2004）227頁）。

59) 名義書換未了の譲受人の地位が問題となる。第1に、株式の譲受人が対会社との関係で株主権を主張するためには、株主名簿の名義書換を要する（会130条1項）が、会社は名義書換未了ながら実質的な権利者である株式譲受人と認めて、権利行使させることができる（最判昭30・10・20民集9-11-1657）。第2に、会社が請求受理後に株主名簿への書換手続を過失により怠っている場合、請求者は受理時に名義書換があったものとして株主権を行使できる（最判昭41・7・28民集20-6-1251）。

60) 相澤哲編「立案担当者による新・会社法の解説」別冊商事295号31頁。

ることにより、株式買取請求の撤回を制限する必要がある。新株予約権証券または新株予約権付社債券が不発行の場合、買取請求がなされた新株予約権に関し、新株予約権原簿の名義書換が制限される。

(4) 株券提出期間経過後の名義書換請求

株券発行会社が定款に株式譲渡制限規定を新設した場合、株券提出期間満了前に旧株券を譲り受けたが、旧株券を提出しなかった株主は株主名簿の名義書換を請求できるのか。最判昭60・3・7民集39-2-107は、株券提出期間満了前に旧株券の交付を受けて株式を譲り受け、株主地位を取得した場合、株券は無効となるが、株主名簿の名義書換を請求できるとした。[61]

会社は旧株券を定款変更の効力発生日までに提出すべき旨を、効力発生日の1ヵ月前までに公告・個別通知をしなければならない（会219条1項1号）。株券提出期間内に提出された旧株券と引き換えに譲渡制限の記載のある新株券が交付され、定款変更の効力発生日到来により、旧株券は無効となる（同条3項）。株券提出期間内に旧株券を提出しなかった者が名義書換を請求するためには、旧株券の提示をして、同期間経過前に旧株券を譲り受けたことを証明しなければならない。

(5) 名義書換の不当拒絶

会社が正当な理由なく名義書換請求を受理しない、または請求されたのにもかかわらず実際に株主名簿上の名義自体を故意に書き換えない場合、不当拒絶として、株式取得者は名義書換なしに株主権を行使できる。信義則上、会社はその者を株主として扱う必要がある（最判昭41・7・28民集20-6-1251）。不当拒絶を受けた株主が不当拒絶の旨を証明すれば、会社は株主でないことを証明しない限り、権利行使を拒絶できないと解される。[62]

不当拒絶により、名簿上の株主になっていない間に株主総会が招集された場合、株主総会決議の取消原因（会831条1項1号）になりうる。剰余金配当が当該株主になされないと、会社は剰余金配当に係る債務不履行に陥ることになる。

不当拒絶の事例として、例えば、名義書換の請求者がその属性をもって名義書換請求を拒絶されることがある（東京地判昭37・5・31判時301-30）。株券占有者は属性に関係なく、適法な権利者として推定されるため、会社は占有者が無権利者である

---

61) 最判昭60・3・7は、「株券提出期間経過前に株主となっていた者は、右期間を徒過したため所持する旧株券が株券としては無効となったのちであっても、会社に対し、旧株券を呈示し、株券提出期間経過前に右旧株券の交付を受けて株式を譲り受けたことを証明し、名義書換を請求することができるものと解するのが相当である」と判示した。

62) 山本爲三郎『株式譲渡と株主権行使』（慶應義塾大学法学研究会・2017）26頁。

ことを証明しない限り不当拒絶となる。

　株券の盗難・紛失届が出されていることは名義書換請求の拒絶事由にならない。しかし、株券喪失登録（会221条以下）がなされた株券の株式はどうか。株券発行会社は、①株券喪失登録が抹消された日（会226条）、または、②株券喪失登録日の翌日から起算して1年を経過した日（会228条1項）のいずれか早い日（登録抹消日）までの間は名義書換を拒絶できる（会230条1項）。なお、株主名簿上の株主が喪失登録をしている場合、当該株主は議決権を行使できる（同条3項）。

2　株主名簿等の閲覧謄写権請求と拒絶事由

(1)　閲覧謄写請求の拒絶事由

　株主名簿・新株予約権原簿（以下、「株主名簿等」）の閲覧謄写請求の拒絶事由は、次のとおりである[63]。①株主・債権者（請求者）による権利確保・行使等のための調査以外の目的請求、②業務妨害・株主共同の利益を害する目的の請求、③知り得た事実を第三者に売却するための請求、④過去2年内に、知りえた事実を第三者に売却したことがあるときの請求、である（会125条3項・252条3項）。

　平成26年改正会社法は、株主名簿等の閲覧謄写請求に係る拒絶事由のうち、「請求者が当該株式会社の業務と実質的に競争関係にある事業を営み、又はこれに従事するものであるとき」との規定を削除した[64]。会計帳簿の閲覧謄写請求と異なり、株主名簿等に営業秘密が含まれているとは考えにくく、請求者が対象会社の業務と実質的に競争関係にある事業を営むことをもって株主名簿等の閲覧謄写請求を拒絶する合理性は乏しいからである[65]。

(2)　総会における議決権行使の勧誘目的

　株主・債権者はその権利確保または行使するために、株主名簿等の閲覧謄写請求が認められる。例えば、株主総会の議決権行使または代理行使の勧誘（委任状勧誘）

---

[63]　会社は、株主名簿等の閲覧請求権の行使が、①正当な目的によらない場合、②権利濫用と認められる場合、株主の請求を拒絶することができると解される。①の例として、請求者の過去の行動等に照らし、株主名簿閲覧謄写請求から得た情報を名簿業者に有償で提供するためとした事案（東京高判昭62・11・30判時1262-127）、②の例として、総会屋が対象会社から雑誌等の購読打ち切りの報復として株主名簿閲覧謄写請求をした事案（最判平2・4・17判時1380-136）、がある。しかし、会社が株主の不当な目的、権利濫用を立証することは困難とされる。

[64]　平成17年改正会社法は、会計帳簿の閲覧謄写請求（会433条1項）の拒絶事由とほぼ同一の事由を、株主名簿等の閲覧謄写請求の拒絶事由として定めていた。

[65]　二重橋法律事務所編『Q&A 平成26年改正会社法』（金融財政事情研究会・2014）295頁。平成26年改正会社法施行より以前の裁判例において、請求者が株式会社の業務と実質的に競争関係にある事業を営んでいる場合でも、その者が権利の確保または行使に関する調査の目的で行ったことを証明すれば、会社は閲覧等の請求を拒絶することはできないとされた（東京高決平20・6・12金判1295-12）。

において、対象会社の株主情報を収集するためという場合である。東京地決平24・12・21全判1408-52は、「議決権の代理行使を勧誘するなど、自己に賛同する同志を募る目的で株主名簿の閲覧謄写の請求をすることは、株主の権利の確保又は行使に関する調査の目的で行うものと評価すべきである」と判示する。同じく、東京地決平22・7・20金判1348-14は、委任状勧誘のための株主名簿の閲覧謄写請求が、拒絶事由に該当しない旨を示した。

　株主総会の議決権行使または代理行使の勧誘は、「自己に賛同する同志を募る目的で株主名簿の閲覧謄写の請求」であり、法の趣旨に適った正当な目的であり、業務妨害等の不当な目的には該当しないといえる。

(3) 株主の個人情報保護

　株主名簿等には株主の個人情報があり、会社がその閲覧謄写を認めるに際しては、個人情報が不当に害されないように配慮が求められよう。例えば、株主名簿等の閲覧謄写請求書の書式に、当該目的の具体的内容、閲覧謄写後には一般に開示しない旨等の誓約をさせる、等である。

3　株主名簿管理人の設置

(1) 登記事項

　株主名簿管理人は、株主名簿の作成、名義書換業務、備置、新株予約権原簿の作成等の事務を行う。株主名簿管理人を置く旨は定款で記載するが、通常、具体的名称・住所等は定款で定めない。株主名簿管理人の氏名・名称、住所等は登記事項である（会911条3項11号）。株主名簿管理人を設置した場合、会社は株主名簿を株主名簿管理人の営業所に備え置くことができ（会123条・125条1項括弧書）、会社の本店に備え置かなくてもよい。

(2) 定款の記載

　株主名簿管理人に関し、定款には、「第Ｘ条　当会社は、株主名簿管理人を置く。2　株主名簿管理人およびその事務取扱場所は、取締役会の決議によって定め、これを公告する。　3　当会社の株主名簿の作成および備置きその他の株主名簿に関する事務は、株主名簿管理人に委託し、当会社において取り扱わない。」等と規定する。

4　株主リスト整備の必要性

(1) 登記事項に係る総会決議

　登記事項につき株主総会・種類株主総会の決議を要する場合、登記申請書におい

て、総会議事録に加え、株主リストの書面添付が求められる（商登規61条3項）。登記事項につき総株主・種類株主全員の同意を要する場合、登記申請書において、総会議事録に加え、株主すべて・種類株主すべての氏名等を証する書面の添付が求められる（同条2項）。株主リストの書面添付等が要求される理由は、①商業・法人登記を悪用した犯罪行為（総会議事録等の偽造による役員の変更登記、本人承諾のない取締役就任の登記申請を行ったうえで会社財産処分等）の防止、②登記所における法人の所有者情報の把握・透明性確保のため、等である。

(2) 株主名簿の未整備に係る課題と対応

中小企業では株主名簿が整備されていないことがある。支配権が争われている、または株式集中化が進められている場合、名義株主および所在不明株主の問題が顕在化する。また、株主等から株主名簿に関する問い合わせがあった際に、的確な対応ができないと、無用なトラブルを招く可能性がある。

株主名簿が整備されていない場合には、①原始定款の記載、②税務申告時に申告書に添付する別表2（法人が法人税法2条10号（同族会社の意義）に規定する同族会社に該当するかどうか、および同67条（同族会社の特別税率）の規定の適用がある同族会社に該当するかどうかを判定するために使用される別表）を代用することがある。

●株主リストの内容

対象		具体的内容
掲載株主（右記のいずれか少ない方の株主）	議決権数の上位10名	①総株主の議決権（議決権行使ができるものに限定）の数に対し保有割合が上位10名の株主
	議決権割合が3分の2まで	②その有する議決権数の割合を、当該割合の多い順に順次加算し、加算割合が3分の2に達するまでの人数（商登規61条3項1号2号）
記載内容	株主リスト	対象株主の氏名・名称および住所、株式数（種類株式の種類・数）、議決権数・議決権割合
	株主名簿	株主の氏名・名称および住所、株式数（種類株式の種類・数）、取得日、株券発行の有無・株券番号、質権設定
名義株主の記載		会社は届出対象の株主（名義株主）を記載する。名義株主が死亡して、株式が共有されている場合、届出がある相続人の名前を記載

第Ⅶ節 ▶少数株主対策と株式の集中化

1 会社・株主による株式の強制取得
(1) 会社による株式の強制取得

会社による少数株主の排除（スクイーズ・アウト）の手法として、次のようなことが考えられる。

①普通株式を全部取得条項付種類株式に変更して、当該全部取得条項付種類株式を全部取得（会155条5号・171条1項）、②取得条項付種類株式の取得（会155条1号・107条2項3号イ・108条2項6号）、③株式併合により、少数株主の株式について1株に満たない端数を生じさせて端数処理を実施（会155条9号・234条4項）、④所在不明株主の株式の買取（会155条8号・197条3項）、⑤相続人等に対し売渡請求をして取得（会155条6号・176条1項）、⑥株主死亡等を原因とする会社と株主間の株式売渡強制条項の締結（大阪高判平25・9・20判時2219-126）[66]、⑦従業員持株制度による従業員株主の退職等を原因とする株式売渡強制条項の締結、等がある。

(2) 株主による他の株主からの株式強制取得

株主が他の株主の保有する全部株式を強制的に取得できる方法として、特別支配株主の株式等売渡請求がある（会179条）。当該売渡請求については株主総会の承認は不要である。①特別支配株主が会社に株式売渡請求を行う旨の通知、②承認をした会社が売渡株主に通知・公告をすることにより、売渡請求がなされたものとみなされる（会179条の4）。

2 相続人等に対する株式売渡請求
(1) 利用事案

会社が行う少数株主排除の手法として、相続人等に対する株式売渡請求の行使がある。相続等の発生後に定款変更を行い、遡及して相続人等に対し売渡請求を行うことは許容されない[67]。対象株式は非公開会社の発行株式だけでなく、公開会社が発

---

66) 大阪高判平25・9・20は、株主が退職（死亡を含む）を原因として株式を額面金額または額面以内で、会社に譲渡する旨の契約（全株主が会社と締結）を有効とした。本件契約は、譲渡価格を額面金額または額面以内と定めており、対象会社の譲渡時における株式価値を下回っていたと考えられる等、判決の結論に賛成ながら、理由付けに疑問があるという見解がある（仲卓真「本件判批」商事2128号68頁）。

67) 株式売渡請求には、吸収合併に際し、消滅会社の株主に対して行う請求を含む。合併により株主となった者または遺産分割により株主となった者にとり、株式取得後の定款規定の新設は不意打ちとなりかねないためである（山下編・前掲注36）121頁〔伊藤雄司〕）。

行する譲渡制限株式を含む。

本制度の利用事案としては、①遺産分割により株式を承継した相続人が、会社にとり好ましくない者である場合、②相続財産に占める株式の財産的価値の割合が大きい等の事情から、遺産分割において後継者に株式を集中させることができず、遺産分割後に後継者が会社から株式を取得する必要がある場合、③拒否権付種類株式等、経営への発言権が大きい内容の株式に対し、譲渡制限を加えて、株式を剥奪する場合、等がある。

(2) 株式売渡請求の手続

会社が売渡請求をする場合、総会において請求に係る株式の数（株式の種類および種類ごとの数）、これを有する株主の氏名・名称を明らかにして、特別決議により承認を得る必要がある（会175条）。売渡請求においては自己株式の取得が生じるからである。

売渡請求には次のような制限がある。第1に、財源規制（会461条1項5号・176条1項）がある。第2に、会社は相続その他一般承継があったことを知った日から1年を経過したときは、売渡請求ができない（会176条1項但書）。譲渡制限株式をめぐる法律関係の早期確定を図るためである。「売渡請求の起算点」は、相続の発生（被相続人の死亡）を知った日である。「知った日」とは、被相続人が死亡したことを知った日である（東京高決平19・8・16資料版商事285-148）[68]。特定の相続人が被相続人の所有していた株式を相続によって取得した日ではない。

複数の法定相続人が存在する場合、遺産分割がなされるまで、相続株式は法定相続人の共有に属するため、全法定相続人を売渡請求の対象として総会決議をしておく必要がある。遺産分割が確定する前に会社が売渡請求をする場合、共同相続人全員を相手として行う（東京地決平18・12・19資料版商事285-154）[69]。

---

68) 本件では売渡請求の相手方は相続開始当時、被相続人の法定相続人であることが戸籍上も明らかであった。そのため、東京高裁は特段の事情がないとした。特段の事情が認められる場合として、①相続開始を知った日から1年経過後に、共同相続人以外の者への包括遺贈の存在が発覚、②共同相続人全員を相手方として売渡請求した後に、相続人以外の者への包括遺贈の存在が発覚、等が考えられる（松尾健一「本件判批」商事1931号102頁）。

69) 全共同相続人を相手とすることで相続により好ましくない者が株主になることを避けることができる。東京高判平24・11・28資料版商事356-30によれば、会社は共同相続人の一部のものだけを対象として売渡請求をすることが可能であるとする。共同相続人間の遺産分割協議が難航し各相続人の具体的な相続株式数の配分が未確定であるときに、共同相続人の1人に対しどのような株式の売渡請求をするのかが課題となっている（中村信夫「譲渡制限株式の売渡請求制度と判例に見る問題点等の検討」早稲田商学438号284頁）。

(3) 議決権排除と課題対応

　売渡請求の相手方である株主は、売渡請求を決議する株主総会で議決権を行使できない（会175条2項）。定足数の算定基礎から「除外」される（会309条2項）。この結果、従前の支配株主の相続人が、分割協議後に相続を契機に会社から排除され、または持株割合を減少される懸念がある。

　本制度の主たる利用目的は中小企業において、株式の保有者を限定し、事業承継に際し後継者に株式を集中させることにある。取締役会非設置会社では、招集通知に記載の議題に限られずに総会決議をなしうるため、「抜け駆け」のような決議ができてしまう。後継者が売渡請求の対象となる事案が想定され、株式評価が低い場合には財源規制に抵触しなければ、派閥争いのため、後継予定者またはオーナー一族が追い出されることもありうる。

　前記のような課題の対処として、売渡請求の対象となる相続人は、①事前措置として総会開催禁止の仮処分、②事後措置として株式の売渡請求の総会決議を「著しく不当な決議」として差止請求の実施が考えられる。しかし、対象となる相続人が他の株主から「会社にとり望ましくない者」であることがありえるため、①および②の対抗措置は必ずしも効果的ではないであろう[70]。本制度の導入に際しては、このようなリスクを念頭に置いて、株主間契約等で売渡請求の対象相手方としない旨を定めること等の対策が求められよう。

3　特別支配株主による株式等売渡請求
(1) 株主から他の株主に対する強制取得

　特別支配株主は、対象会社の全株主（売渡株主）を対象として、対象会社株式および新株予約権の全部の売渡請求ができる[71]（会179条1項2項[72]）。株主総会の決議は不要である[73]（会施規33条の4）。当該制度は、公開会社および非公開会社の両方に適用

---

70)　山下編・前掲注36) 126頁〔伊藤(雄)〕。

71)　当該制度は対象会社の全株主（売渡株主）の株式を範囲とする。ただし、次の株主は除外される。①当該特別支配株主（会179条1項第2括弧書）、②対象会社の自己株式（同項第2括弧書）、③特別支配株主の選択により、特別支配株主完全子法人を除くことができる（同項但書。選択制は特別支配株主が特別支配株主完全子法人を支配しているため）。

72)　従来のキャッシュ・アウト手法として、金銭を対価とする株式交換、全部取得条項付種類株式の発行・取得等があったが、総会の特別決議を要し、時間・費用が多大にのぼるという欠点があった。株式等売渡請求制度においては会社の承認を経て会社から売渡株主に通知等がなされると、株式売渡請求がなされたものとみなされる。

73)　対象会社が種類株式発行会社である場合に、株式等売渡請求の承認を行うことにより、ある種類株式の種類株主に損害を及ぼすおそれがあるときは、種類株主総会の決議を要する（会322条1項1号の2）が、決議不要の旨を定款で定めることができる（同条2項）。

される。清算株式会社は対象外である（会509条2項）。発行可能株式総数と発行済株式総数に変更はなく、登記手続は不要である。

（2）特別支配株主の要件

　特別支配株主とは、株式の取得日を含め、総株主の議決権の10分の9（定款で要件厳格化は可）以上を、自己または当該株主の完全子会社等（特別支配株主完全子法人）を通じて有する株主である（会179条1項第1括弧書）。特別支配株主は、完全子会社等が保有する対象株式の議決権を含め、9割の保有要件を満たせばよい。要件の充足時点は、売渡株式等の取得日（会179条の9第1項）、対象会社への通知および対象会社の承認（会179条の3第1項）の各時点である。

　具体的事例として、P社は発行済株式総数200株のうち、X_1が140株、X_2社（X_1がX_2社の全議決権を保有）が40株、X_3が12株、X_4が8株である事案を想定する。X_1およびX_2社の保有株式は180株（90%以上の議決権）であり、特別支配株主となるため、X_1はX_3・X_4に対し株式等売渡請求ができる。

●株式等売渡請求の具体例

P社の株主	普通株式（議決権）	売渡請求の対象	売渡請求後
X_1	140株（140個）	0株	160株
X_2社（X_1が100%株式保有）	40株（40個）	0株	40株
X_3	12株（12個）	12株	0株
X_4	8株（8個）	8株	0株
合計	200株（200個）	20株	200株

（3）売渡請求の対象

　売渡請求の対象は、売渡株主が有する会社の株式全部である（会179条1項本文）。会社が複数の種類の株式を発行している場合、全種類の株式を売渡請求の対象とすることができる。対価として交付する金銭の割当は、売渡株式の種類ごとに決める（会179条の2第2項）。特別支配株主が株式売渡請求をする場合、併せて対象会社の新株予約権者に対し、新株予約権（新株予約権付社債を含む）の全部につき売渡請求を行うことができる（会179条2項）。株式売渡請求により発行済株式のすべてを取

74）　公開会社・非公開会社の両方に適用される理由として、①非公開会社でも当該制度の必要性が存在、②非公開会社の株式評価の困難性をもって直ちに当該制度を排除する理由にはならない、等がある（三原秀哲『改正会社法の要点がわかる本』（翔泳社・2014）180頁、坂本三郎編著『一問一答 平成26年改正会社法』（商事法務・2014）233頁）。

得しても、新株予約権が行使された場合には実効性が損なわれるからである。

(4) 議決権制限種類株式と特別支配株主の算定

対象会社が議決権制限種類株式（会108条1項3号）を発行している場合、特別支配株主の算定となる「総株主の議決権の10分の9」要件に関し、完全無議決権株式は「総株主の議決権」の算定の対象外となると解される。議決権一部制限株式または条件付議決権を付された種類株式（一定額以上の剰余金配当がされない場合に、議決権が生じる等）は、特別支配株主の要件算定において、総株主の議決権（分母）に含まれる。特別支配株主が議決権制限株式を有する場合、特別支配株主の有する議決権数（分子）に含まれる[75]。

(5) 株式等売渡請求の手続

株式等売渡請求を行うためには、特別支配株主が対象会社に通知をし[76]、対象会社が取締役の承認（取締役会設置会社では取締役会の決議）を行う（会179条の3第1項3項）。個々の売渡株主の承諾を要しないが、当該株主の利益保護のため対象会社の取締役は株式等売渡請求の条件全般の検証を行う。取締役がこれを懈怠した場合、売渡株主等に対し民事責任を負う可能性がある（会429条1項）。

対象会社は株式等売渡請求の承認・不承認の決定内容を、特別支配株主に通知する（会179条の3第4項）。承認のときは取得日の20日前までに、売渡株主等に対し株式売渡請求の承認、特別支配株主の氏名、株式売渡請求の条件等を通知・公告（対売渡新株予約権者）[77]する（会179条の4第1項2項）。通知等により株式売渡請求がなされたものとみなされる[78]。売渡株主等に対する通知等の費用は特別支配株主が負担する（同条3項4項）。

対象会社が売渡株主に通知等をすることにより、特別支配株主と売渡株主間に売渡株式の売買契約成立と同様の法律関係が生ずる。当該関係が生じた後、売渡株式を譲り受けた者は売買価格決定の申立てができない（最決平29・8・30民集71-6-1000）。当該者は、「対価の額に不服がある者に対し適正な対価を得る機会を与える」ことを

---

75) 弥永ほか監修・前掲注38）458頁〔柴田寛子=森本凡碩〕。

76) 通知事項には、①売渡株主に交付する金銭の額・算定方法、②売渡株式の種類ごとに異なる取扱い、③新株予約権売渡請求をするときは、その旨、等がある（会179条の2第1項、会施規33条の6・33条の5第1項2号）。

77) 個別通知を必要とするのは、売渡株主等に対する意思表示の意義に加え、売渡株主等による差止請求および売買価格決定の申立ての機会確保等の要請からである。他方、売渡新株予約権者は株主に比べ会社との利害関係が概して希薄であり、公告で代替できる。

78) 売渡株式等が譲渡制限株式・譲渡制限新株予約権である場合、会社による譲渡承認を要することなく、特別支配株主が株式等売渡請求により取得したことについて、譲渡承認を行ったものとみなす（会179条の9第2項）。

目的とする法が、その保護対象とする者ではないからである[79]。

特別支配株主は、株式売渡請求の承認後は、取得日の前日までに対象会社の承諾を得た場合に限り、株式等売渡請求の「全部の撤回」が可能である（会179条の6第1項）。株式売渡請求の一部のみの撤回はできないが、新株予約権売渡請求のみの撤回は可能である（同条8項）。対象会社が撤回を承諾したときは、遅滞なく売渡株主等に通知する（同条4項）。

(6) 少数株主の利益保護と特別支配株主の権利濫用

中小企業においてもキャッシュ・アウトの必要性はある。非公開会社の株式は流動性が少なく、共益権の行使が重視されやすい。小規模会社においては概して特別支配株主が出現しやすく、少数株主の利益保護および会社の適正運営のため、特別支配株主の権利濫用の防止が求められる。少数株主の利益保護として、対象会社の承認、事前事後の開示制度[80]、差止請求、価格決定の申立て、取得無効の訴え[81]、撤回の制限等がある。

特別支配株主は売渡株主等の申立てにより、裁判所の価格決定があるまでは、公正な価格と認める額を支払うことができる（仮払制度。会179条の8第3項）。

●少数株主の利益保護

区　分	具体的内容
取締役による条件審査	株式売渡請求の条件等の適正性の検討。対価交付の見込み、対価の相当性、内容の適切性、資金の準備状況、特別支配株主の預金残高証明、金融機関の融資証明、貸借対照表（法人の場合）等の確認。内容を事前開示
売渡株主等への通知	売渡請求条件を周知徹底するため、対象会社が通知。売渡株主以外（振替株式の株主・登録株式質権者等）には公告で代替可能
撤回制限	株式売渡請求の撤回は特別支配株主の財務状況悪化に対応するために必要。対象会社の承諾を得た場合に限り撤回容認

---

79) 売買価格決定の申立てには、裁判所が対価の額の公正さを判断する機会を事後的に設けることで、特別支配株主が著しく不当な対価の額で株式を取得することを事前に抑止する役割があり、本決定には批判的な意見がある（加藤貴仁「本件判批」ジュリ1518号103頁）。

80) 事前開示制度としては、6ヵ月間（非公開会社では1年間）、特別支配株主の氏名等、売渡株主請求の条件等を記載した書面等の備置き・閲覧等がある（会179条の5）。事後開示制度としては、特別支配株主が行った売渡株式等の取得に関する事項を記載した書面等の備置き・閲覧等がある（会179条の10）がある。

81) 取得日に売渡株主等または対象会社の役員であった者は、取得日から6ヵ月以内（非公開会社の場合、1年以内）に限り、訴えをもって取得無効を主張することができる（会846条の2）。無効事由は法定されていないが、手続の重大な瑕疵等が該当するとされている。例えば、①特別支配株主が取得日に保有要件を充足していない、②対象会社からの未承認、③売買価格の著しい不当、④売渡株式等の対価の不支払い等が考えられる（三原・前掲注74）200頁、坂本編著・前掲注74）257～258頁）。

売渡株主等の不服対処	第1に、売買価格に不服の場合、売買価格の決定の申立て、差止請求、取得の無効の訴え、株式等売渡請求を承認した取締役に対する善管注意義務違反の責任追及等が可能。第2に、売渡株式等の対価が支払われない場合、取得の無効の訴え、売買取引の個別の解除、承認した取締役に対する損害賠償責任の追及等が可能
売渡株主等の差止請求	差止請求事由があり不利益を受けるおそれがあるときは、特別支配株主に対し株式等売渡請求等の差止請求権を行使可能。差止請求事由は、株式売渡請求の法令違反、対象会社の通知違反、対象会社の事前開示違反、対価の著しい不当性等
遅延利息の支払い	裁判所の売買価格決定後、特別支配株主は当該価格に加え、取得日以後の遅延利息の支払義務の負担。法定利率の適用。短期市場金利に連動

●特別支配株主の権利濫用の防止

区　分	具体的内容
要件加重	特別支配株主の要件（議決権の10分の9以上）を定款で加重可能。特別支配株主は単独で株主総会の特別決議を可決でき、自身に有益ではない定款変更の議案を承認するかは疑問であり、必要であれば特別支配株主が出現する前に規定すべき。特別支配株主となりうる者は、加重後の要件を新株発行により充足する可能性あり
定款に行使制限または禁止	定款に、①株式等売渡請求を禁止する旨、②行使を禁止する定款規定を廃止する場合、総株主の同意を要する旨を規定。前記の「要件加重」の場合と同様の課題あり
属人的種類株式の対象	定款に、「特定株主が特別支配株主である場合、株式等売渡請求の適用を除外する」旨を規定。属人的種類株式の対象になりうる者が特別支配株主となることが多く、前記の「要件加重」の場合と同様の課題あり
株主間契約	株主間契約として、①特別支配株主による株式等売渡請求を禁止または制限、②違反した場合、違約金の定めを合意。公正証書として作成。売渡株式等の取得の無効の訴えにおいて、株主間契約の違反が直ちに無効事由となるものではないが、売渡請求権行使に慎重になる。前記の「要件加重」の場合と同様の課題あり

（7）株券発行会社等の場合

　株券発行会社では、売渡株主等に対し、取得日までに株券を提出すべき旨を、株券提出日の1ヵ月までに公告し、かつ各別に通知する（会219条1項4項）。善意取得（会131条2項）の可能性を排除するためである。対象株券は取得日（株券提出日）に無効となるが（会219条3項）、特別支配株主は株券未提出の株主に金銭等の交付を拒むことができる（同条2項2号）。

　売渡株式に登録質権が設定されている場合、登録質権者は債権弁済期が到来していれば、他の債権者に優先して株式売渡請求の対価を債権弁済に充当できる（会154条2項）。弁済期が未到来であれば、登録質権者は特別支配株主にその対価を供託させることになる（同条3項）。

4 株主・相続人との合意による自己株式の取得と消却

(1) 非公開会社における自己株式の取得

区　別	具体的内容	手　続
無償取得	株主との合意による取得（会 155 条 13 号）	取締役会決議
有償取得	株主との合意による取得（会 156 条）	株主総会の普通決議＋取締役会決議、全株主への通知
	特定株主との合意による取得（会 160 条）	株主総会の特別決議＋取締役会決議、売主追加請求手続、全株主への通知
	相続人との合意による取得（会 162 条）	株主総会の特別決議＋取締役会決議
	子会社からの取得（会 163 条）	取締役会決議

(2) 株主との合意による無償取得

　会社は無償で株主との合意により自己株式を取得することが認められる（会 155 条 13 号、会施規 27 条 1 号）。財源規制（会 461 条 1 項）は適用されない。他の株主の利益および債権者の利益を害さないためである。取締役会決議による。

(3) 株主との合意による有償取得

　ア）総会決議　　株主（特定株主ではない）との合意により、会社が有償で自己株式を取得するためには、総会の普通決議が必要となる。当該総会決議は、一定期間に自己株式を取得することを認める授権決議である。財源規制に反する自己株式取得は、多数説によれば無効とされる[82]。必要な手続は、①総会の普通決議、②取締役会による自己株式の具体的な取得時期・取得価格等の決議、③株主に対する取締役会の決議事項の通知、④株式譲渡の申込み・譲渡契約の成立、である。

　イ）ミニ公開買付　　例えば、前記ア）①の普通決議では、取得する株式数・種類、取得対価、取得期間（1 年以内）を定める（会 156 条 1 項）[83]。総会決議は自己株式取得の授権決議である。自己株式の具体的な取得時期・取得価格等は、前記②の取締役会で別途定める（会 157 条 1 項）。すべての株主に売却の機会を与えるため、全株主に取締役会で定めた事項に関し通知（公開会社では公告が可）を要する（会 158 条 1 項）。「ミニ公開買付」ともいわれる。一部の株主に通知を欠く場合、自己株式の取

82）　龍田節＝前田雅弘『会社法大要』（有斐閣・2017）300 頁。内容が法律に違反する決議は無効（会 830 条 2 項）であるためである（吉本健一「会社法における財源規制違反の剰余金の配当等の効力」阪大法学 57 巻 5 号 655 頁等）。

83）　取得対価には、金銭等が対象であるが、当該会社の株式、新株予約権、社債は認められない（山下編・前掲注 36）17 頁〔藤田友敬〕）。

得は私法上無効になると解されている。全株主に平等な売却機会を与えるためであ[84]る。通知を受けた株主は、会社に、申込みに係る株式数を明らかにする。申込総数が予定数を超過した場合、按分比例による処理（当該株主の申込数×取得総数÷申込総数（1未満の端数切捨て））が行われる（会159条1項2項）。

(4) 特定株主との合意による有償取得

会社は、特定株主との合意により自己株式を有償で取得することもできる（会160条）。株式売却機会の平等を図るため、財源規制に加え厳格な手続が定められている。具体的には、①特定株主と会社間の自己株式の買取交渉、②会社から他の株主（特定株主以外）への通知（同条2項）、③他の株主による売主追加請求権（同条3項、会施規29条）への対処、④総会の特別決議による取得条件の承認（会156条1項・309条2項）、⑤取締役会による自己株式の具体的な取得時期・取得価格等の決議（会157条1項）、⑥株主に対する取締役会の決議事項の通知（会158条）、⑦株主からの株式譲渡の申込み・譲渡契約の成立（会159条1項2項）、である。

なお、株主全員の同意があれば、定款で他の株主による「売主追加請求権の排除」規定を設置できる（会164条2項）。定款変更に全株主の同意を要するのは、自己株式を取得させる特定株主以外の株主に、不測の損害を与えないようにするためである。

(5) 相続人との合意による取得の特則

非公開会社は、相続による株式分散を避けるため、相続人との合意により相続された譲渡制限株式を任意取得できる（会162条）。総会の特別決議を得るだけでよく（会156条1項・160条1項・309条2項2号）、他の株主には売主追加請求権（会160条3項）が認められていない。総会では対象相続人は議決権行使ができず、その議決権数は定足数に算定されない（同条4項）。相続人以外の株主に売却機会を与えると、必要以上に買付資金が増加し、財源規制により相続人から株式を取得できなくなるという弊害が生じるからである。

具体的手続は、①相続人と会社間の自己株式の買取交渉、②株主総会の特別決議（授権決議）による取得条件の承認（会156条1項・309条2項）、③取締役会による自己株式の具体的な取得時期・取得価格等の決議（会157条1項）、④相続人に対する取締役会の決議事項の通知（会158条1項）、⑤相続人からの株式譲渡の申込み・譲渡契約の成立（会159条）、である。

---

84) 山下編・前掲注36）28頁〔伊藤靖史〕。

相続人との合意による取得は、非公開会社では、当該相続人が株主総会または種類株主総会で議決権行使をしていないことが要件となる。相続人が株主として議決権を行使した場合、株式を手放さずに株主の地位にとどまることを選択し、会社がそれを自認したことになるからである[85]。その場合、会社は通常の買取手続を進めることになる。

(6) 子会社からの取得

会社が子会社から自己株式を取得する場合、取締役会は取得する株式数・株式の種類、取得対価、取得期間（1年以内）を定めるだけでよい（会163条・156条1項）。会社法157条から160条は適用されず、他の株主は売主追加請求権を行使できない。取締役会設置会社が当該決議を株主総会で行うためには、定款の定めを要する（会295条2項）。

子会社は親会社株式の取得を原則禁止され、例外的に許容される場合にも相当期間内に処分を要する（会135条）。親会社株式に市場価格がなければ事実上処分は困難であり[86]、子会社による親会社株式の保有を早期解消させるためには、簡易な手続で子会社からの自己株式の取得を認める必要がある。

5　自己株式の消却

(1) 対象株式と具体的手続

消却する株式は自己株式に限定される。株主保有の自社株を消却する場合、会社が株主から同意または強制取得して自己株式にして消却する[87]。消却する自己株式の数・種類は取締役会決議で定める（会178条2項・348条2項）。既存株主は害されず、総会決議は不要である。

事後的手続として、①株主名簿から消却株式の記載を抹消し、②自己株式の消却により、発行済株式総数が減少するため[88]、効力発生日から2週間以内に減少後の発行済株式総数（種類株式の分割では、発行済種類株式の数）、変更年月日を登記する（会915条1項）。

(2) 会計処理

会社が自己株式を消却する場合には、その他資本剰余金を減じる。例えば、純資

---

85)　山下編・前掲注36）38頁〔伊藤（靖）〕。
86)　親会社株式に市場価格があっても、子会社が親会社株式を大量取得した場合には、市場に与える影響の大きさ等から、市場での処分が困難となることがある（山下編・前掲注36）39頁〔伊藤（靖）〕）。
87)　金子登志雄＝富田太郎『募集株式と種類株式の実務〔第2版〕』（中央経済社・2014）219頁。
88)　山下編・前掲注36）138頁〔伊藤（靖）〕。

産の部の自己株式△500万円を消却する場合、当該△500万円をその他資本剰余金に計上（減額）する（会計規47条3項・50条3項・52条3項）。消却により株主資本内部の内訳が変わるだけであり、分配可能額に影響はない。

●株式消却の手続と登記

区分		具体的内容
消却手続	対象株式	消却する株式は自己株式に限定。株主が有する株式を消却する場合、会社が株主から取得して自己株式化してから実行
	決議機関	消却する自己株式の数・種類を、取締役会非設置会社では取締役の過半数の同意（取締役会設置会社では取締役会の決議）で決定（会178条・348条2項）。既存株主は害されず、総会決議は不要
	株主名簿の記載	発行可能株式数は減少しないが、保有株式を破棄し、株主名簿から当該株式の記載を抹消
登記.	登記事項	発行済株式総数が減少するため、効力発生日から2週間以内に減少後の発行済株式総数（種類株式の分割では、発行種類株式の数）、変更年月日を登記（会915条1項）
	申請の添付書類	取締役会非設置会社では取締役の過半数の一致があったことを証する書類、取締役会設置会社では取締役会の議事録

(3) 株式の分割と端数処理

　活用例として、中途半端な発行済株式数を整える場合が考えられる。例えば、発行済株式が146株であり、これを150株に分割して区切りのよい発行済株式数にしたい。当該事案では、取締役会の決議で、基準日、効力発生日、分割比率等を定め（会183条2項）、同じ株式4株を追加発行する株式分割を行う。

　株主の割合的・実質的な地位には変更を生じないため、取締役会の決議によることが可能である。[89]株式分割で1株未満の端数が生じる場合、端数売却による株主増加の懸念がある。株式分割で端数を生じさせない方策は重要である。1株未満の端数が生じる場合、端数の合計数に相当する数の株式を競売し、代金を端数に応じて株主に交付する（会235条1項・234条2項4項）。市場価格のない株式の場合、裁判所の許可（取締役全員の同意による申立て）を得て競売以外の方法で売却する。競売による売却は実務上、用いられる例が少ない。

---

89)　株式の分割に応じて、発行可能株式総数を比例的に増大させる定款変更は、総会の普通決議（取締役設置会社では取締役会の決議）による（会184条2項・348条2項）。発行済株式総数が増えるため、効力発生日から2週間以内に、増加後の発行済株式総数（種類株式の分割では、発行種類株式の数）、変更年月日、発行可能株式総数の増加または単元株式数の増加等に関し、変更登記を行う必要がある。

●株式分割と株式の無償割当の相違

区　分		具体的内容
追加発行可能な株式	株式分割	同一種類の株式に限定
	株式無償割当	同一または異なる種類の株式無償割当の両方可
自己株式の交付	株式分割	株主に自己株式の交付不可
	株式無償割当	株主に新株発行および自己株式の交付の両方可
自己株式数の増加	株式分割	自己株式自体の株式分割は可
	株式無償割当	自己株式への株式無償割当は不可（会186条2項）
授権株式数の増加	株式分割	分割割合に応じた授権株式数の増加の定款変更は、取締役会の決議（取締役会非設置会社では、総会決議）で可
	株式無償割当	前記の規定なし

6　株式併合による少数株主の締出し

(1) 1株未満となる株式併合

　株式併合（会180条1項）により、所在不明株主または少数株主の株式について1株に満たない端数（端数は株式ではない）を生じさせ、会社が端数につき金銭を交付して処理する（会155条9号・235条）。併合割合に制限はない。株式併合により1株未満の端数だけを有することになった株主は、併合前の株主としての地位を失う。

●少数株主の締出しの具体例

株主	普通株式	普通株式20株を1株に併合	議決権数
A	120株	6株	6個
B	60株	3株	3個
C	12株	0.6株	0個
D	8株	0.4株	0個
計	200株	10株	9個

(2) 不当な株式併合と対応

　株式併合によっても、1株ごとの株式の権利内容に変更はない。①発行済株式数の減少幅が大きいこと、②多数の少数株主が締め出されることが直ちに不当とされるわけではない。非上場株式では少数株主にとり投下資本回収の側面がある。実質

的に株主の平等に反するような多数決の濫用の有無および少数株主の受ける不利益の程度を総合的に考慮して不当性が判断される[90]。多数決の濫用と認定されれば、株式併合の決議は取消訴訟の対象となろう。

株式併合が法令・定款に違反し、株主が不利益を受けるおそれがあるときは、差止請求ができる（会182条の3）。端数がまとめて売却され、少数株主が不利益を被るためである。単元株制度を導入していない会社においては、端数を生じさせる株式併合のすべてが差止請求の対象となる[91]。

(3) 端数の買取請求

株式併合で1株未満の端数が生じる場合、株主は端数の「全部の買取請求」をすることが可能である（会182条の4）[92]。手続の複雑化回避のため、端数の一部の買取請求はできない（同条1項）[93]。行使期間は、効力発生日の20日前の日から効力発生日の前日までの間である。議決権を有する株主が請求するためには、①総会に先立ち、株式併合に反対する旨を事前に通知し、かつ、②総会で反対をすることが必要となる。会社が買取対象株式数の最大の数を把握できるようにするためである。他方、議決権を行使できない株主（単元未満株主、一に満たない端数株式を有する株主、基準日以降に取得した株主等）に関しては、このような手続・制限はない。

端数の買取請求にも一定の規制がある。第1に、買取請求による自己株式取得は財源規制に服する。規制違反の場合、業務執行者は填補責任（過失責任）を負う（会464条1項）。第2に、買取請求の撤回は発行会社の承諾を要する。買取請求後に株価が高騰した場合に、撤回して高値で売却するような投機的行動を排除するためである。

●株式併合の手続

区　分	具体的内容
総会の決議事項	総会の特別決議により、併合割合（20株を1株にする等）、効力発生日（併合日）、併合する株式の種類、併合日の発行可能株式総数を決定

---

90) 少数株主の受ける不利益として、併合直後に大量の新株を有利発行する場合等、大幅な株価下落によって端数に対する経済的補償が不十分になることがある（山下編・前掲注36）146〜147頁〔山本〕）。

91) 単元株制度を導入している会社においては、単元株式数に株式併合の割合を乗じて得た数に一に満たない端数が生ずる場合に、差止請求の対象となる。

92) 端数をあえて生じさせて、少数株主を締め出すために利用しない場合、中小規模の会社では株主数が少ないことから、端株が生じないように調整することが求められよう。

93) 多数の端数が生じた場合、市場価格の下落および売却先の確保が困難となり、端数に適切な対価が交付されないおそれがある。長期間にわたり対価が交付されず、端数に関し株主権を行使できない事案が生じることになるため、買取請求制度が創設された（三原・前掲注74）215頁、坂本編著・前掲注74）277頁）。

説明義務	取締役は、株式併合の必要理由（会社にとっての必要性）を総会で説明（会180条4項）。併合比率により、1株未満の端数が生じるため
公 示	効力発生日（総会決議で定める）の2週間前までに、株主・登録株式質権者に公示（会181条）。株主総会で議決権のない株主を含む
株券提出	株券発行会社は、併合前株券を失効させ新株券と交換するため、株券の提出を要求。端数処理に際し、株券未提出者に金銭交付の拒否可（会219条）
名義書換	効力発生日に、会社は、株式併合に関し、当該株式の株主に係る株主名簿上の登録株式数を併合後の株式数に書換（会132条2項）

登 記	登記事項	株式併合で発行済株式総数が減少するため、効力発生日から2週間以内に、減少後の発行済株式総数（種類株式の分割では、発行済種類株式の数）、変更年月日、発行可能株式総数の増加または単元株式数の増加等に関し、変更登記が必要
	申請の添付書類	総会議事録、種類株主総会の決議を要する場合には種類株主総会議事録（商登46条2項）、株券発行会社では株券提供公告をしたことを証する書面、または株券を発行していないことを証する書面（商登61条）

(4) 発行可能株式総数との関係

　公開会社では、株式併合後の発行可能株式総数は、効力発生日における発行済株式総数の4倍を超えることができない（会180条3項）。発行可能株式総数の変更登記においても、4倍規制に服する。総会決議で効力発生日の発行可能株式総数を定めた場合、株式併合に係る当該決議は発行可能株式総数に関する定款変更決議とみなされる（会182条2項）。株式併合決議で発行可能株式総数の減少を図ることができる。なお、単元未満株主の権利等は、次である。

●単元未満株主の権利

区分	具体的内容
権利に関する定款の定め	単元未満株主の権利に関し、定款に「当会社の単元未満株式を有する株主は、会社法189条2項各号の掲げる権利および本定款に定める権利以外の権利を行使することができない」と記載
単元未満株式の買増請求	単元未満株式の買増請求に関し、定款に、「当会社の単元未満株式を有する株主は、株式取扱規則に定めることにより、その有する単元未満株式の数と併せて単元株式数となる数の単元未満株式を売り渡すことを当会社に請求することができる」と記載

7　役職員の退職と新株予約権の取扱い

(1) ストックオプションの報酬性

新株予約権の利用形態には、①いわゆるストックオプションとして、役員・従業員（役職員）にインセンティブ報酬のために発行する[94]、②新株予約権付社債などの資金調達の手段の多様化のために発行する、③株主優待制度の一環として株主に発行する、④買収防衛策として発行する、等がある。

非公開会社において近年中に株式上場を予定している場合、上場後に株価上昇が見込める可能性があり、株価上昇による役職員の職務・勤労意欲を高める[95]。そのため、ストックオプションの付与が意義を有する[96]。

取締役に対するストックオプションの付与（新株予約権割当契約）は、職務執行の対価として交付される以上（会施規114条1号括弧書参照）、報酬等に該当する。一般的には、取締役に対する報酬等のうち額が確定し、かつ、金銭ではない報酬等の支払いに該当するものと解されている（会361条1項1号3号）[98]。当該付与には取締役の報酬規制および新株予約権の発行規制の適用がある[99]。

(2) 役職員の退職による新株予約権の扱い

退職者等が保有する新株予約権は、行使価格等の条件に合致しないため行使されないままとなっていることがある。役職員が退職後も新株予約権を保有していると、持株比率の不測の変化等、会社・既存株主に好ましくないことが起こりうる。行使の権利主体が役員または従業員でありながら、役職員が新株予約権を行使せずに退職する場合、会社は新株予約権を強制取得して消滅手続を実施すべきである。

---

94)　酒巻俊雄＝龍田節編集代表『逐条解説会社法　第4巻　機関1』（中央経済社・2008）468頁〔高橋英治〕。

95)　従業員に対するインセンティブ報酬のためにストックオプションを付与する場合、労働条件（労基89条10号）の一部となり、就業規則に定めを置く必要がある。

96)　役職員に対し、今後2年間、1個につき700円を払い込めば1株の株式交付を会社から受けられるという内容の新株予約権を発行する。株式時価が700円を超えれば、役職員は時価よりも低い金額で株式を取得できるので、会社の業績を上げ、株価を高めるように動機づけられる（田中亘『会社法〔第2版〕』（東京大学出版会・2018）254頁）。

97)　未公開企業では、新株予約権発行時の株式時価を基準とする費用算定が認められており、行使価格が新株予約権発行時の株式時価と等しければ、オプションの費用はゼロとなる。その場合、0円の報酬を支払うことになる。このような事案では、会社法361条を適用することに意味がないとされる。ストックオプションの経済的実質に照らし、「額が確定していない」報酬として定款または総会決議で定めることが望ましい（神田秀樹『会社法〔第21版〕』（弘文堂・2019）237頁）。取締役に対する職務執行の対価としてのストックオプションである新株予約権の発行に係る内容は、退職慰労金として付与される場合を除き、退職その他の事情により役員の資格を失った場合には行使できなくなる、等を決議する（酒巻＝龍田編集代表・前掲注94）468頁〔高橋〕）。部外者を株主にさせないためである。

98)　神田・前掲注97）236〜237頁。

99)　江頭憲治郎『株式会社法〔第7版〕』（有斐閣・2017）456頁。

(3) 消滅手続の具体的方法

　新株予約権の権利者である役職員が退職する場合、会社は当該役職員に新株予約権の放棄書を提出させる。放棄日を揃えて、「令和 X 年 X 月 X 日放棄により消滅」を原因とする登記を一括して行う。変更登記（会 915 条 1 項・911 条 3 項 12 号）には委任状以外の添付書面を要しないため、放棄書は不要である。[100]

　放棄書の提出以外に、次の方法がある。第 1 に、役員解任・従業員の懲戒解雇等により放棄書提出が困難であることに備えて、契約書（新株予約権割当契約等）または定款に、「役職員の退任・退職により直ちに新株予約権が確定的に消滅する」、または「権利行使の地位（役員又は従業員）を失った場合、会社が対象の新株予約権を取得する」旨を定める。登記はその都度行う。

　第 2 に、新株予約権の行使条件の作成に際し、「役職員が退職する場合、取締役会決議で確定的に新株予約権が消滅する。」旨の条項を定める。退職により直ちに消滅させるのではなく、取締役会決議でまとめて消滅させれば日付が揃うため、登記を一括して行うことができる。

　第 3 に、役職員が退職する際に、新株予約権を放棄させて会社が取得する。取締役会で取得する新株予約権の範囲・取得日を決議して公示する（会 273 条 1 項・274 条 1〜4 項）。会社は取得日または公示から 2 週間が経過した日のいずれか遅い日に新株予約権を取得する（会 275 条 1 項）。手続は複雑であるが、登記手続は不要である。

(4) 自己新株予約権の消却

　会社は自己新株予約権を消却するためには、消却する自己新株予約権の内容および数を定める（会 276 条 1 項）。役職員が有する新株予約権の消却は、株式消却と同様に、取得と自己新株予約権の消却を組み合わせて行う。取締役会設置会社では、当該決定は取締役会決議による（同条 2 項）。会社は自己新株予約権を消却できるが行使できない（会 280 条 6 項）。

8　会計帳簿の閲覧謄写請求の対処

(1) 閲覧謄写請求権者と請求理由

　会計帳簿の閲覧謄写請求権は少数株主権であり[101]（会 433 条 1 項前段）、会社の親会社社員も、裁判所の許可を得て閲覧謄写請求ができる（同条 3 項）。株主 1 人だけで

---

100)　松井信憲『商業登記ハンドブック〔第 3 版〕』（商事法務・2015）368 頁。
101)　会計帳簿（総勘定元帳、会計用伝票等）に加え、会計資料のうち会計帳簿を作成するための直接資料となった伝票・受取証・契約書等は、閲覧対象となる（横浜地判平 3・4・19 判時 1397-114）。法人税確定申告書の控え、法人税確定申告書案は閲覧対象ではない（東京地決平元・6・22 判時 1315-3）。

は閲覧要件を充足できなくても、複数人で要件を満たせば共同請求できる。非公開会社では譲渡制限株式の株式評価等のために必要となることが多く、会計帳簿の閲覧謄写請求は特段の事情がない限り認められよう（株式が準共有状態におりる相続人の会計帳簿の閲覧謄写請求に関し、本章**第Ⅱ節3**参照）。

　会計帳簿の閲覧謄写請求では目的記載に際し、原則として請求理由の基礎となる事実に関する客観的存在の立証を要しない。最判平16・7・1民集58-5-1214は、「［株主が保有する譲渡制限］株式等の適正な価格を算定する目的でした会計帳簿等の閲覧謄写請求権は、特段の事情が存しない限り、株主等の権利の確保又は行使に関して調査をするために行われたものであって、［会計帳簿等］の拒絶理由に該当しない」とした。

(2) 閲覧謄写請求の拒絶事由

　会計帳簿の閲覧謄写請求の拒絶事由は、①権利確保等の調査以外の請求、②株主共同の利益を害する目的あり、③請求者が会社業務と実質的に競争関係、④会計帳簿等で知りえた事実につき利益を得て第三者に通報する目的あり、⑤第三者への通報（前記④）を過去2年以内に実行、である（会433条2項）。

　①の「権利」とは株主が会社に対し有する権利のことであり、株主が当該権利を行使するための調査をなすことが明確でない場合、請求拒絶の対象となる。②の「利益を害する目的」の有無は客観的にみて会社業務の遂行・運営を害するかどうかによる。③の「実質的な競争関係」の有無は様々な要素から認定される。

　実質的な競争関係とは、例えば、a）近い将来の関係でもよい。請求者が会社の業務と実質的に競争関係にあるといえるためには、近い将来、対象会社と競業を行う蓋然性が高ければそれで足りる（東京地決平6・3・4判時1495-139）。b）危険性の具体的存在が必要となる。請求拒絶の目的は競争者から会社の秘密事項の悪用を防止するためであり、具体的事案に即した危険性の存在が求められる。請求者が競業者の株主、取締役、従業員かは問わない。c）主観的意図は不要である。例えば、子会社の会計帳簿等の閲覧請求をした親会社の株主につき、子会社と競業をなす者である等の客観的事実があれば請求を拒絶できる（最決平21・1・15民集63-1-1）。

　④・⑤は請求者が会計帳簿閲覧から知りえた秘密事項を他に売り込むための請求を防止するものである（情報業者対策）。過去2年以内に利得目的で第三者に通報した前歴のある請求者は、その客観的事実により拒絶できる。

オーナーの株式・株主管理と対応策(2)
〜議決権の管理と代表者に係る課題〜

　中小企業オーナーの判断能力が低下・喪失または死亡すると、会社の経営および意思決定に甚大な影響を及ぼすことになる。議決権管理に加え、後継者対策、会社債務に係る個人保証対策、代表取締役の欠員等が現実的問題となる。

　本章では、前章（株式の集中化と株主管理）の続編として、オーナーまたは当該会社による株式・株主の管理、株式の集中化と対応策に関し、次の内容を考察する。第1に、議決権管理に係る課題として、①種類株式による議決権管理、②属人的種類株式による支配権維持、③従業員持株会制度の利用、④株主間契約による議決権管理、⑤株式買取請求権の行使と対応等を考察する。第2に、代表者に係る課題として、①支配権争いと新株の不公正発行、②会社債務の経営者保証とDES利用リスク、③代表取締役の欠員対処等を考察する。

　近年、種類株式は中小企業において議決権管理・事業承継の手段として多く用いられるようになってきた。半面、種類株式の内容は登記されるため、対外的にはお家騒動等のネガティブ・イメージの払拭に配慮を要する。また、事業承継では借入れにつきオーナーが連帯保証人となっていることの取扱いが問題となる。DESの利用には、税務の観点からの検討が欠かせない。

●時系列

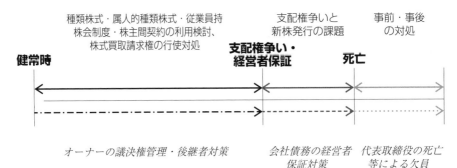

●議決権の管理と代表者に係る課題

関係当事者	対象事案	具体的内容
オーナー本人、各株主、士業関係者等	オーナーの健常時からの議決権管理	種類株式による議決権管理、属人的種類株式による支配権維持、従業員持株会制度の利用（議決権管理・節税対策等）、株主間契約による議決権管理（実効性・内容等）、株式買取請求権の行使対処
本人、会社、債権者等	会社・債権者への対策	会社債務に係る経営者保証の解除・金融機関との交渉、DESのリスク検討
本人、各株主、取締役等	支配権・派閥争いの対処	支配権争い・株主と現経営陣との対立、新株発行による支配権争いの対処、不公正発行の認定等
相続人、各株主、各役員、士業関係者等	オーナーの死亡	代表取締役の死亡等による欠員対処（権利義務代表取締役、一時代表取締役、職務代行者の選任、代表取締役の予選）、取締役会非設置会社の代表取締役の死亡等の対処

第 I 節　▶種類株式による議決権管理

1　株式の内容と株式の種類

(1) 株式の内容

　会社法107条1項は、発行する「全部の株式」の内容として、定款に特別の定めを設けることができる旨を規定する。会社法108条1項は種類株式を発行できる旨を規定する。内容の異なる種類株式を発行する場合、各種類株式の発行可能種類株式総数および内容に係る法定事項を定款で定める。種類株式発行の旨が定款に定められていない場合、総会の特別決議により定款変更（会466条・309条2項11号）をして発行しなければならない。

●会社法107条に基づく全株式の内容に特別の定め

区　分	具体的内容
全株式の内容に特別の定め	発行する「全部の株式」の内容として、定款に「特別の定め」を設けることが可能。特別の定めは、①株式の譲渡制限、②株主→会社に対する取得請求権、③会社→株主に対する取得条項（強制取得権）に係る事項、および②・③の各取得対価（現金・社債・新株予約権等）（会107条1項1〜3号）
登記の必要性	特別な内容の株式を発行する場合、当該「株式の内容」は登記事項（会911条3項7号）

(2) 種類株式の利用意義

　事業承継において、議決権制限株式、拒否権付種類株式等の種類株式（会108条1項）および定款による株式の属人的定め（会109条2項。属人的種類株式）が活用されるようになった。[1]例えば、現オーナー経営者 X$_1$ が後継者 X$_2$（X$_1$ の子）に議決権を集中させたい場合、遺言等に基づき普通株式を後継者 X$_2$ に相続させ、遺留分に配慮しつつ完全無議決権株式を非後継者 X$_3$（X$_1$ の子）に相続させる。また、従業員持株会を設立し、株主割当による新株発行を行い、1株当たりの純資産価額の評価を下げて節税対策をすることがある。従業員持株会に割り当てるのは、配当優先株式かつ議決権制限株式とする（本章**第Ⅲ節2**参照）。

●会社法 108 条に基づく種類株式の発行

区　分	具体的内容
発行区分	①剰余金配当異種株式、②残余財産分配異種株式、③議決権制限株式、④譲渡制限付株式、⑤取得請求権付株式、⑥取得条項付株式、⑦全部取得条項付種類株式、⑧拒否権付種類株式、⑨役員選解任付種類株式
定款の定め	内容の異なる種類株式を発行する場合、各種類株式の発行可能種類株式総数および内容に係る法定事項（株式の共益権・自益権・処分権に関する内容）を定款で規定
譲渡制限付種類株式の定款	非公開会社で、譲渡制限付種類株式を新規発行する場合、定款にはすでに「当会社の株式を譲渡するには（取締役会の）承認を要する」等の規定があるため、譲渡制限に係る定款変更は不要
種類株主総会決議を要しない定め	ある種類の種類株主に損害を及ぼすおそれがある場合、種類株主総会の決議が必要（会322条1項）。ある種類の「株式の内容」として、種類株主総会の決議を要しない旨を定款で定めることは可（同条2項）
単元株式数	単元株式数の変更は、株式内容の変更として定款変更（会322条1項1号ロ）
登記の必要性	発行可能種類株式総数、発行する各種類の株式の内容を登記（会911条3項7号）

2　議決権制限株式の活用

(1) 議決権制限の内容

　議決権制限株式は、総会における議決権行使を制限する種類株式である（会108条1項3号）。一部議決権制限株式の株主は議決権を行使できない議題を審議する総会に出席する権利がない。総会決議の取消訴権は議決権制限株主にも認められる。[2]定款の規定には、①完全無議決権株式とする、②議決権を行使することができる事項

---

1) 中小企業庁「事業承継ガイドライン」（平成28年12月）67頁。
2) 山下友信編『会社法コンメンタール（3）株式 [1]』（商事法務・2013）109頁〔山下〕。

を列挙する、③議決権を行使することができない事項を列挙する、各方法がある。例えば、「取締役選任決議についてのみ議決権を有するもの」とする議決権制限株式を発行する。その議決権を行使するには、総会の普通決議に加えて、議決権制限株式の株主による種類株主総会の決議を要する旨を定款で定めることが考えられる。

●定款規定・発行規制等

区分		具体的内容
定款規定	規定の内容	発行可能種類株式総数、議決権行使事項および条件（会108条2項3項、会施規20条1項3号）
	種類株主総会決議	無議決権株式の活用に際し、一定の定款変更を除き、種類株主総会の決議を要しない旨を定款に記載することは可能（会322条2項・199条4項）
発行規制		①非公開会社では発行限度に係る規制なし、②公開会社では、議決権制限株式の発行総数が、発行済株式の総数の2分の1を超えるに至った場合、直ちに、2分の1以下にする措置が必要（会115条）
発行目的例		①完全無議決権株式の株主に総会の招集通知を送付する必要はなく、管理コストの節約可能、②既存株主の持分比率を変えることなくエクイティ・ファイナンスが可能

(2) 事業承継に係る無議決権株式の利用課題

　例えば、P社の発行済株式2,000株のうち、代表者Qが1,800株、子X_1が200株を各保有している。Qの推定相続人は子X_1～X_3であり、事業承継に際し、後継者X_1にQが有するP社普通株式600株を承継させ、X_2・X_3に同普通株式を無議決権株式にして各600株を承継させることを考えている。

　無議決権株式の活用により、X_2・X_3が結託して、X_1の意向に反する議案（取締役の選解任議案を含む）を総会決議で可決するリスクを回避できる。しかし、無議決権株式を有するX_2・X_3は議決権行使の権限を完全に排除されているわけではない。X_2・X_3に損害を及ぼすおそれがある場合には（会322条1項）[3]、種類株主総会において議決権を行使できる。

　X_2・X_3は種類株主総会における議決権の3分の1超をそれぞれ有しているため、X_2・X_3に損害を及ぼすおそれがある議案を否決できる（会324条2項4号）。X_2・X_3は単独でX_1の意向に対し実質的な拒否権を有する事案がある。そのため、P社普通株式をX_1～X_3に対し均等に承継させたほうが、X_2・X_3は単独で実質的な拒

3）　例えば、一定の定款変更（株式の種類の追加、株式の内容の変更、発行可能株式総数または発行可能種類株式総数の増加に関する事項に限定）、株式の併合・分割、株式の無償割当、組織再編等がある。

否権を有しない。無議決権株式の発行により拒否権行使が可能となる。

(3) 課題に対する対処

　前記 **(2)** の事案に係る課題の対処として、次が考えられる。第1に、無議決権株式の発行に際しては、種類株主総会の決議を要しない旨を定款に記載しておく（会322条2項・199条4項等）。ただし、一定の定款変更（株式の種類の追加、株式の内容の変更、発行可能株式総数または発行可能種類株式総数の増加に関する事項）については、「種類株主総会の決議を要しない」旨を定款に定めることはできない（会322条3項）。

　第2に、X_2・X_3による実質的な拒否権行使を回避するため、X_1が有する普通株式200株を現状のままとし、Qから相続するP社株1,800株をすべて無議決権株式として、X_1〜X_3に対し均等に相続させる（会108条1項3号）。その結果、種類株主総会においてX_2・X_3は単独で拒否権を発動できない。第3に、X_2・X_3が種類株主総会でX_1が提案する議案の否決を続ける場合、P社は既定の算式に基づく金額でX_2・X_3の無議決権株式を強制取得できる旨を付与しておくことが考えられる。[4]

●可能な議決権行使と権利

区分		具体的内容
種類株主に損害を及ぼすおそれがあるもの		①株式種類の追加、株式内容の変更、発行可能株式総数・発行可能種類株式総数の増加、②株式併合・分割、③株式・新株予約権の無償割当、④株主割当による新株引受人の募集、⑤株主割当による新株予約権引受人の募集、⑥組織再編等は「種類株主に損害を及ぼすおそれ」があるもので、原則として種類株主総会の決議が必要（会322条1項）
議決権制限株式の可能な議決権行使と例外	議決権行使の可能	議決権制限株式も一定の事項に関し、種類株主総会における議決権を有する。完全無議決権株式においても同様
	定款による排除と例外	議決権制限株式に関し、種類株主総会の決議を不要とする旨の定款記載は可。しかし、前記①の事項に関し、「種類株主総会の決議不要とする」旨の定款記載は不可
議決権以外の権利	総会参加	議決権制限株式の株主は、総会参加を否定。ただし、定款自治により、総会参加を認めることは可
	権利の制限	株主総会の議決権の存在を前提とする権利（株主提案権、総会招集権、総会検査役選任請求権、総決議取消請求権、事業譲渡等の反対株主の買取請求権等）なし

---

4)　松尾拓也「親族内の事業承継における種類株式の落とし穴」ビジネス法務2014年11月号129頁。

(4) 実質的な複数議決権株式の検討

　1株に複数議決権株式の付与は禁止されているが、株式の種類ごとに単元株式数を違える方法（会188条3項・308条1項但書）により、実質的な複数議決権株式が可能である。単元株式数各100株であるAとBの2種類株式を発行している場合、Bの単元株式数を1,000株に増やし、実質的にAの議決権を10倍とする[5]。議決権制限株式と同様に株主間で議決権に差異を設けるのである。

3　優先株式の活用
(1) 無議決権株式との併用

　例えば、P社のオーナーQには推定相続人X1〜X3がいる。事業承継に際し、後継者X1にQが保有するP社の普通株式を集中させ、X2・X3に付与する無議決権株式は配当優先株式にすることがある。優先株式（剰余金配当優先株式・残余財産分配優先株式）の発行に際しては、定款の定めを要する（会108条1項1号2号）。優先株式が内容の定め方次第で様々な経済的価値を有するだけでなく、既存株主に対し自身より剰余金配当の有利な株主が現れる可能性を自覚させるためである。

　なお、配当可能利益がない場合、優先株式にも配当はできない。また、優先株式に対比される劣後株式の活用として、①分配可能額の多い会社が新株発行に際し既存株主を害しないため、新株を配当劣後株式とする、②企業に資金援助をする親会社等が投資家からの普通株式の募集を容易にするため、劣後株式を引き受ける等がある。

(2) 定款記載の留意点

　優先株式について定款に定めるべき内容は、①当該種類株主に交付する配当財産の価額の決定の方法、②剰余金の配当をする条件、③その他剰余金の配当に関する取扱い等である（会108条2項1号）。定款には、「優先株式は、普通株式に先立ち、1株につき年400円を限度として、取締役会の決議で定める額の剰余金の配当を受ける。」等と記載する。これは配当額を確定的数値で定める方法（固定優先配当）である。また、「他の種類株式の配当額のX倍の額」という算定方法は配当額が客観的に算定されるので、許容される[6]。

---

5)　原則として支配権を希釈化されるB種類株主総会の決議を要するが、定款の定めでこれを省略できる（会322条但書括弧書）。その代わりに、Bの株主は、株式買取請求権を付与される（会116条1項3号ハ。高田晴仁「種類株式と属人的定め」商事2207号11頁）。

6)　「国債の市場金利を勘案して決定する」等の定めは勘案の目安が不明確であり、配当額が客観的に算定されているとはいえず許容されない（山下編・前掲注2）98頁〔山下〕）。

(3) 配当額の算定

　優先株式を発行するまでは、配当財産の種類、その上限額、その他の算定基準等の要綱を定款に定めておけば足り、優先株式の株主が受けることのできる配当の具体的な金額等は取締役会決議（取締役会非設置会社では総会決議）によって定めることができる。定款の定めに基づき、取締役会が具体的な優先配当金額を定めて優先株式を発行した場合、その後、取締役会決議のみで優先配当金額の変更はできない。例えば、一度発行する優先株式を「1株につき年400円」と定款の定めに基づき取締役会で決議した場合、今期400円、来期200円の剰余金配当をすることはできない。当該定款は確定優先配当額400円の配当優先株式のみを示しているからである。前述した200円の剰余金配当は、異種類の株式となる[7]。

　なお、特定の子会社・事業部門の業績等の一定指標に連動して配当額を算定する特定事業連動株式（トラッキング・ストック）というものがある。支配権を維持しながら、当該子会社等の価値を株式市場で顕在化するために発行する。

●優先株式の区分

区　分		具体的内容
剰余金配当優先株式	累積的優先株式	優先株主に対するある期の剰余金配当が定款規定の一定額または一定割合に達しない場合、不足額（優先累積未配当金）を次期以降の利益により、普通株主等に先立って填補。非累積的優先株式は各期に打ち切られて、不足額は次期以降の利益では填補不可
	参加的優先株式	優先株主に対し、①定款で定めた優先的内容により剰余金配当をし、②残余配当を普通株主とともに配当
	累積的・非参加優先株式	①累積的・非参加優先株式は社債に近い性質、②非累積的・参加優先株式は普通株式に近い性質
残余財産分配優先株式		一定の事業目的を達成すれば会社を解散する意図がある場合、出資者にとり有意義

(4) 優先的配当が実施されないリスク

　優先株式というだけでは、無議決権株主の経済的優位性が保証されているわけではない[8]。前記 **(1)** で例示したP社の後継者 X₁ 以外の推定相続人 X₂・X₃ は、総会

---

7) 3月期決算会社が、例えば、「1株につき年400円」とする配当優先株式を9月1日に発行した場合、最初の配当は200円ではなく、400円である。日割配当は禁止されている（会454条3項）。新株発行による株主が不平等になるためである。

8) 定款に「1株につき年400円」と定めた場合であっても、優先株式が普通株式より剰余金配当額が必ずしも多いとはいえない。1株400円という確定金額が優先的に配当されるにすぎない。優先株式に配当後、普通株式に1株500円が配当されるかもしれない。

で議決権を有しない。剰余金の配当が現実に行われるのであれば経済的利点を有するが、優先株主は配当政策につき総会で意思表示できない。

　X₁(支配的株主かつ代表取締役)は剰余金の配当を実施しなくても、善管注意義務・忠実義務に反しない範囲で、①役員報酬の引上げ、②X₁が別途経営するR社およびP社との取引契約等の締結、③X₁が有するP社普通株式の一部を自己株式としてP社に買い取らせる等の方法により経済的利益を獲得できる。会社が特定株主から普通株式を自己株式として取得する際に、普通株式の他の株主は売主追加請求権を行使できる。しかし、配当優先が付与された無議決権株式のみを有する株主は、当該請求権を行使できない。

(5) 定款規定による対処方法

　配当が継続して実施されない等、一定の事由が生じた場合、P社（前記 **(1)** 事案）の後継者X₁以外の無議決権株主X₂・X₃がとりうる対抗策として、次の内容を定款に定めておくことが考えられる。第1に、「配当優先が付与された無議決権株式を、あらかじめ定められた算式でP社が取得するように請求できる権利をX₂らに付与する」旨の規定である。金銭を対価とする取得請求権を与えるものである。これはP社の分配可能額規制に服する。第2に、「配当優先が付与された無議決権株式を、普通株式に転換できる権利をX₂らに付与する」旨の規定である。普通株式を対価とする取得請求権を与えるものである。

●劣後株式との相違

区　分	具体的内容
劣後株式の活用	①会社が多額の分配可能額を有している場合、既存株主に配慮して、新株を配当劣後株式として発行、②企業に資金援助をする親会社または政府が一般投資家からの普通株式の募集を容易にするため、劣後株式の引受等
定款規定	劣後株式の発行は、定款の定めが必要（会108条1項1号2号）。

4　役員選解任権付種類株式の活用

(1) 意義と利用例

　役員選解任権付種類株式とは、非公開会社（委員会設置会社を除く）において、当該種類株主を構成員とする種類株主総会で取締役・監査役を選解任できる旨が定められた種類株式のことである（会108条1項9号・2項9号）。定款に定めれば特定の種類株式の株主は、取締役・監査役を1人も選任できないとすることが認められる。

少数の株主による会社の支配が可能となる。[9]

　例えば、P社のオーナーQには推定相続人 X_1〜X_4 がいる。定款所定の取締役の員数は7名であり、後継者 X_1 は取締役4名および監査役1名の選任（A種類株式）、X_2 は取締役2名の選任（B種類株式）、X_3 は取締役1名の選任（C種類株式）を可能とする権利を付け、X_4 は取締役0名の選任（D種類株式）、として役員選解任権付種類株式を発行する。役員選解任権付種類株式は非公開会社でのみ発行が許容されているため、当該株式の譲渡には会社の承認を要する。

　種類株主ごとに選任できる取締役の任期を違えることもできる。定款を変更して、当該定款の定めを廃止または株式譲渡制限の定めを廃止した場合、種類株主総会において選任された取締役・監査役の任期は、その定款変更の効力が生じたときに満了する（会332条7項3号）。

(2) 種類株式ごとの選解任

　役員選解任権付種類株式は、取締役・監査役の選解任に関する株主間契約を制度的に保証したものといえる。種類株主総会で選任された取締役は、全株主に対し善管注意義務および忠実義務を負う。取締役または監査役のいずれかについてのみ、種類株主総会で選解任することも可能である。

　しかし、①取締役は種類株主総会で、監査役は株主総会で選任するが、②取締役の一部のみ、または監査役の一部のみを種類株主総会で選解任する旨を定款で定めることはできない。役員選解任権付種類株式により選任された取締役・監査役の解任は、原則として、当該種類株主総会によるが、定款で別段の定めにより、株主総会で決議することもできる。解任の決議が否決された場合、取締役・監査役の解任の訴えを提起できる（会854条3項4項）。

(3) 種類株式の内容と定款規定

　複数の役員選解任権付種類株式を発行する場合、当該種類株式ごとに取締役・監査役を選任できるか否か、選任できるとして当該数を定款で定める必要がある。例えば、定款で、取締役の員数を5名と定めている場合、役員選解任権付種類株式Aについて「取締役4名・監査役1名を選任することができる。」旨の定めを設けるのであれば、他の役員選解任権付種類株式Bについて「取締役1名を選任することができる。」旨を定める。

　定款に定める事項は、①その種類の株主が取締役・監査役を選任すること、選任

---

9)　山下編・前掲注2) 130頁〔山下〕。

する取締役・監査役の数、②選任対象の取締役・監査役の全部または一部を他の種類株主と共同して選任することとするときは、当該他の種類株主の有する株式の種類、共同して選任する取締役・監査役の数等である（会施規19条）。

定款変更に際し、変更前より制限される種類株式があれば、その種類株主総会を開催する必要がある。

(4) 予期せぬ取締役出現の排除

役員選解任権付種類株式は非公開会社においてのみ発行が認められるため譲渡制限が付されているが、みなし譲渡承認により（会145条）、P社または後継者X_1にとり好ましくない者に当該株式が譲渡されるおそれがある。P社が当該株式を買い取る場合、財源規制の対象となる。指定買取人に買い取るだけの資金力があるのか、また当該買取人を見つけ出すことができるのかという問題がある。

例えば、X_2（前記 (1) にみる取締役2名を選任できるB種類株式を保有）が死亡した際の一般承継による当該株式の取得には譲渡承認が不要である。また、X_2が自身の資産管理会社Q社を通じて当該株式を保有している場合、Q社の株式を売却することにより、間接的にP社の役員選解任に影響を与えることができる。

P社または後継者X_1の対応策として、「当該株式が実質的にX_2以外の者に保有される状況となった場合、当該株式を役員選解任権が付されていない無議決権株式に転換する」旨を定款に規定しておくことが考えられる。[10]

(5) 取締役・監査役の員数を欠く事態

役員選解任権付種類株式に関する定款の定めがある会社において、会社法または定款で定めた取締役・監査役の員数を欠いた状態を解消できなくなった場合、定款の定めは廃止されたものとみなされる（会112条）。デッドロックに陥ることを防止する趣旨である。

前記 (1) の事例において、例えば、①B種類株式が取得請求権付株式または取得条項付株式であり、会社が取得の要件に従い取得した場合、または②B種類株式の全部を会社が自己株式として取得した場合（会308条2項）、B種類株式に関し取締役を選任することができる株主が存在しなくなった。これらの場合では、一時取締役・一時監査役の選任（会346条2項）では対応できない。[11]

---

10) 松尾・前掲注4) 121頁。

11) 一時取締役・一時監査役は、新たに取締役・監査役を選任することができる場合に限り選任できるのであり、会社法112条の定める取締役を選任することができない場合には利用できない（山下編・前掲注2) 173～174頁参照〔山下〕）。

また、例えば、定款所定の取締役員数が6名であり、A種類株式（取締役4名）、B種類株式（取締役2名）、C種類株式（取締役1名）のうち、B種類株式について取締役を選任することができない状態になった。この場合、A種類株式およびC種類株式について各取締役を選任ができる旨の定めは廃止される。取締役等に係る種類株式が存在しない場合として、会社法の定めに従い、取締役等の選任を行う。または、株主の間で各種類株式が選任することができる取締役等の数の再配分について定款変更の手続により定める。それまでは、従前の取締役等は権利義務を有する（会346条1項）。

5 全部取得条項付種類株式の活用

(1) 定款変更の手続

　全部取得条項付種類株式を利用した少数株主の締出し（スクイーズ・アウト）として、例えば、①種類株式発行会社となる定款変更（会2条13号）、および、②普通株式の内容を全部取得条項付種類株式に変更する定款変更（会108条1項7号）を行う。[12]

　①の定款変更は、全部取得条項付種類株式に加え、スクイーズ・アウトに利用するX種類株式（例えば、配当優先株式）の発行会社とする。当該定款の変更には総会の特別決議を要する。

　②の定款変更は、普通株主を構成員とする種類株主総会の特別決議を要する（会111条2項・324条2項1号）。普通株式の内容を全部取得条項付種類株式に変更にすると、当該株主は会社に株式を強制取得される可能性があり、株主としての地位を喪失する。その結果、不利益を受ける可能性があるため、「普通株主を構成員とする種類株主総会」が必要である。[13]

(2) 取得手続と対価

　会社は全部取得条項付種類株式のすべてを総会の特別決議を経て取得する。具体的には、①事前および事後の開示手続を要し（会171条の2・172条2項3項）、②総会では取締役が取得を要する理由を説明して（会171条3項）、総会の特別決議で取得対価・割当に関する事項、取得日を決める（同条1項2項）。

---

12)　全部取得条項付種類株式を発行する際には、発行可能種類株式総数、取得対価の決定方法、全部を取得することができるか否かについて条件を定めるときは、その条件を定款に記載する（会108条2項7号、会施規20条1項6号）。取得条項付株式と異なり、取得事由・対価内容を定める必要はなく、総会の特別決議でいつでも取得できる。

13)　定款に種類株主総会における議決権行使に係る基準日の定めがない場合、対象基準日の2週間前までに当該基準日を設定する旨の公告を要する（東京地判平26・4・17金判1444-44）。

取得対価として、他の種類株式、新株予約権・社債・新株予約権付社債・現金等がある。取得日に効力を生じ（会173条1項）、対価が株式の場合、取得日に対価株式の株主になる。株式交付では、「その地位を存続させたい大株主に対し1株以上、排除したい少数株主に対し1株未満となる」ように設定する。

取得対価が新株の場合、増加後の発行済株式総数・発行済種類株式の数を登記する。取得対価が自己株式であれば登記事項に変更がなく登記は不要である。

(3) 少数株主の締出しの具体例

例えば、X社の株主Aは120株、Bは60株、Cは12株、Dは8株の普通株式を保有している。普通株式の内容を全部取得条項付種類株式に変更し、全部取得条項付種類株式20株の対価として他のX種類株式1株（配当優先株式等）と交換する。X社は全部取得条項付種類株式のすべてを総会決議により取得して、1株未満となった株主C・Dを締め出すことができる。

少数株主の株式に1株に満たない端数があるときは、「端数処理」をする。①端数の合計数（合計数が一に満たない端数を生ずる場合、切り捨てる）に相当する数の株式を競売し、かつ端数に応じて競売により得られた代金を株主に交付（会234条1項2号・173条1項）、②市場価格のない株式は裁判所の許可を得て競売以外の方法により売却（会234条2項）、③これら以外に会社は競売・売却予定の株式の全部または一部を買い取ることができる（同条4項）。

●少数株主の締出し具体例

株　主	普通株式	全部取得条項付種類株式に変更	全部取得条項付種類株式20株をX種類株式1株に	議決権数
A	120株	120株	6株	6個
B	60株	60株	3株	3個
C	12株	12株	0.6株	0個
D	8株	8株	0.4株	0個
計	200株	200株	10株	9個

(4) 少数株主の保護

少数株主のキャッシュ・アウトに対しては情報開示・権利保護が図られている。全部取得条項付種類株式の取得に際し、①事前・事後の開示手続（会171条の2）、②価格決定申立ての手続（会172条2項3項）、③差止請求制度（会171条の3）が用意

されている。全部取得条項付種類株式の取得対価の著しい不当性は総会決議の取消
事由に該当しうるため（東京地判平22・9・6判タ1334-117）、事後的に情報収集を行
うための制度が重要となる[14]。全部取得条項付種類株式の取得価格決定の申立には、
基準日後に取得した株主を含む（東京地決平25・9・17金判1427-54）。基準日後取得
株主に取得価格決定申立権がないとする明文規定はなく、基準日後取得株主が総会
の全部取得に係る議案を認識しているとは限らない。公正な価格による投下資本の
回収という株主の権利保護が基準日後取得株主にも求められる[15]。

(5) 所在不明株主等の対処

株式の端数となる処分代金（端数処分代金）を支払う際には、株主名簿上の住所に
宛てて通知・催告を行う（会126条1項2項）。何らかの事情（株主名簿上の住所の記
録の抹消等）により適法に株主に対する通知・催告を行うことができない場合、端数
処分代金の供託を行う[16]。少数株主が所在不明（本編**第1章第Ⅳ節**参照）等のため支払
うことができない場合、供託された株式売却代金は消滅時効（10年）が経過すれば
（民166条1項）、国庫に帰属する。

(6) みなし配当と株主への課税

株主が裁判所に全部取得条項付種類株式の取得の価格の決定を申し立て、当該決
定に基づき、会社に株式を譲渡した場合、対象会社による自己株式の取得となるが、
みなし配当事由から除外される（所税57条の4第3項3号）。みなし配当はなく、譲
渡損益課税となる。

株主が全部取得条項を付する定款変更に反対し、会社に買取請求をした場合、対
象会社による自己株式の取得となり、支払対価のうち取得する株式に対応する資本
金等の額を超える部分がみなし配当とされる（法税24条1項5号、所税25条1項5
号）。株式の端数の買取請求では、みなし配当はない。みなし配当が生じていれば、
買取価格からみなし配当金額を控除した残額が譲渡価額となり、ここから取得価額
等の必要経費を控除した残額が譲渡所得金額となる。

---

14) 二重橋法律事務所編『Q&A 平成26年改正会社法』（金融財政事情研究会・2014）227頁、三原秀哲
『改正会社法の要点がわかる本』（翔泳社・2014）209頁。
15) 投機的な取得に基づく価格決定申立ては、権利の濫用として却下されることが示唆されている（三
宅新「本件判批」ジュリ1466号109頁）。
16) 弥永真生=岩倉正和=太田洋=佐藤丈文監修・西村あさひ法律事務所編『会社法実務相談』（商事法務・
2016）353頁〔井上健二〕。

6　取得条項付株式の利用

(1)　会社の取得事由

　会社は、定款に定めた一定の事由に基づき、強制的に株主から保有する取得条項付株式を取得できる（会2条19号・107条1項3号）。既存株式をすべて取得条項付株式に変更する必要はない。例えば、普通株式だけを発行している会社が、①普通株式と取得条項付株式を発行できる会社にして、取締役等に新たに取得条項付株式を発行、または、②すでに発行している普通株式の一部を取得条項付株式に変更する。

　会社法108条1項6号に基づき取得条項付株式の発行を定款に定める場合、①定款変更をする総会の特別決議（会309条2項11号）、②種類株主全員の同意（会111条1項）が必要となる。当該種類の株式1株を取得するのと引き換えに、株主に対し会社の他の株式を交付する場合、当該他の株式の種類・数または算定方法を定款で定める（会108条2項6号ロ）。他方、会社法107条2項3号に基づき、単一の株式を発行する会社が取得条項付株式とする場合、①定款変更をする総会の特別決議（会309条2項11号・466条）、または②株主全員の同意（会110条）が必要となる。発行するすべての株式が取得条項付株式となる。

(2)　会社の取得事由

　前記 **(1)** の一定の事由として、株主である役職員の「退職・死亡」等を定めることが多い。株式が非従業員等に譲渡されると取得条項付の意義が損なわれるため譲渡制限付とする。定款には、「1.　当会社は取得条項付株式の株主が、当会社の取締役、監査役または使用人でなくなった場合、その有する取得条項付株式を取得することができる。　2.　当会社は取得条項付株式1株を取得するのと引換えに、その対価として、前項の事由発生時における最終の貸借対照表の純資産額を発行済株式総数で除した額の金銭を交付する。」等と定める。

　定款変更をして取得条項付株式を発行する場合、株主全員の同意（会110条）または種類株主全員の同意（会111条1項）を要する。連絡が取れない株主または導入反対の株主がいる場合、定款変更ができなくなる。既存株主の了解を得るため、対象株式の取得条件を株主に有利なものにすること等の方策に加え、現実には株主数が少ないこと等の条件を勘案する必要がある。

---

17)　一部株式を取得条項付株式とする場合、発行可能株式総数・取得事由等を定款で定める。

18)　取得条項付株式とする場合、①取得条項付株式である旨、取得事由、②別に定めた日の到来を取得事由とするときは、その旨、③株式の一部を取得するときは、その旨と対象株式の決定方法、④取得の対価、を定款に定める（会107条2項3号）。

(3) 一部株主からの取得

　取得条項付株式を有する全株主からではなく、一部株主から取得することは、株主の全員が同意しているのであれば有効である。一部株主から取得する場合、定款に別段の定めがなければ、株主総会または取締役会決議で取得する対象株式を定める（会169条1項2項）。

(4) 取得条項付株式の取得手続

　対価として、金銭、株式、新株予約権[19]、社債、新株予約権付社債があり、一定の対価（会107条2項2号ロ〜ホ）は分配可能額規制に服する（会166条1項）。定款には取得条項付株式の取得対価の内容を定める（会108条2項6号・107条2項3号）。株主の同意なく株式を取得するためである。取得対価が新株の場合には、発行済株式の総数、発行済種類株式の数、変更年月日を登記する。取得対価が全て自己株式の場合、登記は不要である。

　取締役会の裁量の余地がない範囲において、対価の算定方法を定めておくことができる。将来における業績・資産価値の変動の要素を取り入れた算定方式が認められる。取得の際には取締役会決議で取得日・取得株式を決定し、定款で別段の定めがなければ、それ以外の事項は総会決議により決定する（会168条2項3項）。一定の取得事由の発生日に取得効力が生じる（会170条3項4項。取得事由が生じた旨は公示）。

7　拒否権付種類株式の活用

(1) 拒否権の対象決議

　拒否権付種類株式（会108条1項8号）とは、株主総会、取締役会または清算人会で決議すべき特定事項のうち、当該決議に加え、拒否権付株主の種類株主総会の決議（決議要件は会社法324条1項）を要することを、その内容とする株式である（いわゆる黄金株）。公開会社においても発行可能である。

　拒否権の対象事項として、①新株発行、②事業の全部または重要な一部の譲渡、③当会社が消滅会社となる合併、完全子会社となる株式交換・株式移転、会社分割、④役員の解任[20]、等が考えられる。他方、他の種類株主総会決議、代表取締役の選定には拒否権が及ばない。

---

19)　取得対価が新株予約権であるときは、新株予約権の当該名称を登記する。

20)　役員の解任を拒否権事項とした場合、総会で役員解任決議が成立したにも関わらず、これに対する拒否権が行使されて役員を解任できないことがある。当該事案では、会社法854条1項に基づき、役員解任の訴えを提起できる（山下編・前掲注2）126頁〔山下〕）。

(2) 濫用懸念と対処

　導入に係る濫用懸念として、次がある。第1に、拒否権付種類株式の株主は、株主総会または取締役会の特定の決議に対し拒否権を有するため、1株でも有する当該株主には絶大な武器となるが、機動的な会社経営の妨げおよびデッドロックに陥る可能性がある。当該株式が譲渡されると予想外の混乱を招くことがある。第2に、種類株式の内容は登記されるため、対外的にはお家騒動、次期後継者の実力不足、創業者による院政といったネガティブ・イメージを生じさせるおそれがある。

　拒否権付種類株式の発行に伴う前記のデッドロックの解消方法は、定款設計に委ねられる。濫用防止として、定款に拒否権行使期間、行使者の条件（満70歳まで、生存中は行使可能とする等）、対象決議（5分の4以上の賛成がある議案、取締役の選任・解任議案を対象外とする等）の制限等を設けて、拒否権の消滅事由を規定する。

8　種類株式の事後的統合

　例えば、P社が発行する特定のX種類株式（配当優先・無議決権株式等）から普通株式に変更を行うことは、種類株式の内容の事後的変更になるので、次のような手続が必要となる。

　第1に、総会の特別決議により、「定款からX種類株式を削除する」旨の変更（以下、「本件定款変更」）を行う（会466条・309条2項11号）。当該総会では、例えば、「定款15条から16条にその内容を定めるP社X種類株式をP社普通株式に変更し、旧P社X種類株式の内容についてはP社普通株式の内容と同一のものとする」ことを説明し、総会議事録において、「P社X種類株式はP社普通株式に変更される」旨を記載する。また、本件定款変更によって配当優先の地位を失うX種類株式の株主を構成員とする種類株主総会の特別決議を行う。

　第2に、X種類株式が無議決権株式である場合、本件定款変更によって総株主の議決権数が増加する。その結果、これまで議決権を有していたP社普通株式の株主に対し損害を及ぼすおそれがあり、P社普通株式の株主を構成員とする種類株主総会の特別決議を要する。

　第3に、「本件定款変更によってP社普通株式と同一内容となるX種類株式の数」および「P社普通株式の数」の合計が、「P社普通株式の発行可能（種類）株式総数」を超えることになる場合、P社普通株式の発行可能（種類）株式総数を増加させる旨の定款変更を併せて行う。

　第4に、発行済みのX種類株式に関し、P社普通株式を対価とする取得条項また

は全部取得条項を付す変更を行い（会108条1項6号7号・同条2項6号7号）、取得事由が生じた日または総会決議日に、X種類株主に対しP社普通株式を交付する。[21]

　第5に、X種類株式に取得条項を付する定款変更を行う場合、当該種類の株式を有する「株主全員の同意」を要する（会111条1項）。また、全部取得条項を付す定款変更を行う場合、その変更前に、全部取得条項付種類株式、この株式を対価とする取得請求権付株式または同定めのある取得条項付株式が発行されているときには、その発行されている株式について各株主を構成員とする種類株主総会の特別決議を要する（同条2項）。対価のあり方により、P社普通株式の株主に損害が生じるおそれがあるため、P社普通株式の株主を構成員とする種類株主総会の特別決議を要する。

　第6に、X種類株式の内容変更に伴う登記を行う（会915条1項・911条3項7号）。「発行済株式の総数並びに種類及び数」欄では、「発行済株式の総数」の変更はないが、「各種の株式の数」からX種類株式を削除して、旧X種類株式の数をP社普通株式の数に加えることになる。また、「発行可能種類株式総数及び発行する各種類の株式の内容」欄からX種類株式に関する記載を削除する。

第Ⅱ節　▶属人的種類株式による支配権維持

1　オーナーの判断能力喪失時の対応等

　特定株主に議決権または経済的利益を集中させるため、非公開会社では剰余金配当・残余財産分配、議決権等に関し、株主ごとに異なる取扱いを行う旨を定款で定めることができる（会109条2項）。会社法107条・108条と異なり、株主の個性（後継者等）、会社への貢献度等の人的属性に基づき株主権の内容に差を設けるものであり、「内容の異なる種類」の株式とみなされる（会109条3項）。

　人的属性を考慮して、定款には、「（代表）取締役である株主には、1株につき30個の議決権を有する」または「株主X_1が認知症の確定診断を受けた場合、①株主X_2は1株当たり他の株主の20倍の議決権行使が可能、または②X_1の議決権は1個となる」等を定める。一定の地位にある株主全員を優遇することも可能である。属人的種類株式は、特定の株主に付与されるため、当該株式が譲渡される等、付与された人の保有を離れると、その権利内容は消滅する。

---

21)　弥永ほか監修・前掲注16) 342頁〔尾崎美和=安井桂大〕。

x

2　要件加重および無効となる定め

　属人的定めは、総会の特殊決議による（会309条4項）。①定足数が議決権を行使することができる株主の半数以上、②表決数が当該株主の議決権の4分の3以上であり、決議要件は加重されている。反対株主の買取請求権はない。属人的種類株式の登記は不要である。定款を確認しなければ、会社債権者等は属人的種類株式の内容を確認できない。

　他方、属人的定めは、強行規定（会105条2項等）、株式会社の本質または公序良俗に反して株主の基本的な権利を奪うものであってはならない。差別的取扱いとなるのに目的の正当性・手段の相当性がなく、特定株主の基本的な権利を実質的に奪う場合、無効となる可能性がある（東京地立川支判平25・9・25金判1518-54参照）。属人的定めは、ベンチャーキャピタルと経営者との間で締結される株主間契約（本編**第2章第Ⅳ節**参照）と同等の合意を有する場合に限定して活用すべきとの指摘がある[22]。恣意的に株主権利を制限する内容は無効となるおそれがあり、実務上は総株主の同意を取ることが望ましいとされる[23]。

第Ⅲ節　▶従業員持株会制度による株式対策

1　従業員持株会制度の意義

　従業員持株会制度とは、従業員による自社株の買付または保有を会社が推進する制度である。その意義は、①従業員による自社株の取得に際し、会社が奨励金の支給など特別の便宜を図り、従業員の福利厚生および財産形成を増進させること、②オーナー経営者の相続税対策[24]、③安定株主対策、等である。

　自社株の取得を希望する従業員は従業員持株会と契約を締結し、自社株の取得に際し奨励金が支給され、その議決権を従業員持株会の会長である総務部長等に信託することが一般的である。株式の譲渡および価格に制約がある。

　従業員持株会は理事長、理事および監事、理事会から構成され、役員人数に法的定めはない。民法上の組合（民667条1項）として設立されることが多い。通常、事務局は会社内に存在し、会員名簿管理・入会退会処理・口数変更等の事務を行う。事務の別会社委託および事務委託手数料の会社負担は可能である。従業員持株会の

22）　山下編・前掲注2）158頁〔上村達男〕。
23）　損害を受ける株主のみなし種類株主総会決議が検討される（高田・前掲注5）15頁）。
24）　牧口晴一＝齋藤孝一『事業承継に活かす従業員持株会の法務・税務〔第3版〕』（中央経済社・2015）8頁以下。

会員となる従業員の給与・賞与から従業員持株会の拠出金を天引きする場合、労働組合と協定書を交わす必要がある（労基24条1項）。

　従業員持株会制度の問題点としては、①従業員持株制度と株主平等原則との関係、②奨励金の支給と違法な利益供与との関係、③譲渡制限契約と株式譲渡の自由原則との関係、④従業員持株会の独立性の有無がある。④が確保されない場合、会社法上の子会社に該当する可能性がある。子会社は親会社の株式を保有できないため、従業員持株会が子会社と認定されると、従業員持株会の解散となる可能性がある。

2　節税対策としての従業員持株会

(1) 新株の発行

　事業承継に係る贈与税・相続税の節税対策として、従業員持株会制度を利用し、1株当たりの純資産価額を下げることができる。

　まず、株主割当増資を行う際に、新株は配当優先株式かつ議決権制限株式（配当決議だけを認める等）として[25]、従業員持株会の会員（従業員株主）に割り当て、売買価格は配当還元方式で算定する。取得資金として会社が奨励金を支給するとともに、従業員に融資し、または臨時賞与を支給する。従業員持株会による融資等もある。株式は従業員持株会（理事長）名義で一括管理し、総会の議決権行使を行う。会社からの剰余金配当は従業員個人が受領するが、従業員持株会が民法上の組合として設立されている場合、パススルー課税となり、従業員が受けた配当金は配当所得となる[26]。従業員持株会に社団性があれば、パススルー課税は認められず雑所得となる。

　前記の新株発行により、1株当たりの純資産価額が下がる。オーナーが支配権を維持できる範囲で株式数を保持しつつ、株式評価額が下がるため、後継者等は相続財産の価値を減少させて相続税等を減らすことができる。従業員持株会が実体を有することがその前提である。

(2) オーナー経営者による株式放出

　オーナーXが従業員持株会に一定数量の自社株を譲渡することにより、持株数を下げて相続税を軽減させることができる。Xは総会の特別決議に必要な持株数等を保有しておく。ここでは、次の点に留意する。

　第1に、従業員持株会に普通株式を放出する場合、議決権制限株式（配当決議のみ

---

25)　河合保弘『種類株式＆民事信託を活用した戦略的事業承継の実践と手法』（日本法令・2015）138頁以下参照。

26)　斉木秀憲「従業員持株会の課税関係に関する一考察」税大論叢70号73頁参照。

議決権あり等）に転換する。普通株式のまま放出する場合、従業員持株会規約における議決権信託の内容を詳細に検討する。第2に、従業員持株会の従業員株主は通常、相続税法上の「同族株主以外の株主」であるため、売却価額は配当還元価額で評価することになる。譲渡所得が引き下げられ、それに対応する所得税を節税できる。

3　新株発行をめぐる対応

(1) 割当の対象

　従業員持株会に対し株主割当増資を実施する場合、新株を誰に割り当てるのかが問題となる。①直接、従業員持株会の会員（従業員株主）に割り当てる、または、②既存株主にいったん割り当ててから、従業員持株会の会員にその株式を売却する、という方法が考えられる。

　通常、従業員持株会の会員に割り当てる。従業員持株会への割当価額は「配当還元価額」となるが、その価額は「時価」とみなされるため、従業員持株会の会員だけに対し第三者割当増資を実施しても有利発行にはならない。経済的な合理性があると判断される場合が前提となる。経済的な合理性とは従業員持株会の会員の取得価額と退会時での売却価額は配当還元価額に準じた価額であり、経済的な価値がほとんど変わらないものと判断されることである。株主のうち、一部だけに割り当てることも許容される。従業員持株会の会員が有する株式数は少数であり、剰余金配当を受領することが主たる目的となる。

(2) 議決権の復活

　従業員持株会の会員に対し、一般的に議決権制限株式かつ配当優先株式として発行される。配当優先かつ完全無議決権株式とすることも可能である。しかし、優先配当が現実に実施されなければ、その制限を受忍すべき理由がなくなる。そのため、何期間にもわたり無配の状態が続くと、議決権が復活するものと定款に定めることが多い。例えば、「3事業年度連続して無配になった場合、議決権制限株式の議決権が復活する」と定める。

　非公開会社において自社株対策を考える場合、永続的に議決権が復活しない株式を発行すると、相続税評価で持株割合を判定するときの発行済株式の議決権数から、自己株式等の無議決権株式を控除する点に留意しなければならない。また、従業員持株会の各会員の持株比率は小さいが、従業員持株会として意思統一した場合、経営に多大な影響力を及ぼしうることには留意すべきである。

4　従業員持株制度と会社法上の課題

(1) 奨励金支給に係る課題

　従業員持株会制度においては、会社から奨励金を支給された場合、その支給が株主平等原則に反するかどうかが問題となる。株主平等原則は株主としての地位に基づく場合に適用されるものである。他方、従業員持株会制度に基づく奨励金支給は従業員としての地位に基づくものなので、株主平等原則には抵触しないと解される。奨励金支給の目的は従業員への福利厚生の一環であることがその前提である。福井地判昭60・3・29判タ559-275は、原則として従業員持株会の入退会に特段の制約がなく、議決権行使に制度上会員の独立性が確保され、奨励金の額・割合が妥当であることが求められるとした。[27]

(2) 議決権信託と利益供与

　従業員持株会の入会に際し、会社の総務部長または人事部長に議決権信託を義務づけられていることは経営者による不当な会社支配の手段となりうるため、違法な利益供与（会120条2項）に該当するかが問題となる。裁判例によれば、会社関与の下で株式信託契約を締結することが従業員持株制度の加入要件とされていた事案において、共益権のみの信託は無効としている（大阪高決昭58・10・27判時1106-139、大阪高決昭60・4・16判タ561-159）。[28]また、奨励金支給が株主の権利行使に影響を与えるためのものであれば違法な利益供与にあたる。当該状況で従業員の株式取得に際し会社が資金援助することは形式的に無償の利益供与にあたり、株主の権利行使に関してなされたものとの推定される。

(3) 譲渡制限契約と譲渡自由の原則

　従業員持株会制度では、譲渡制限契約の有効性が問題となる。例えば、P社の従業員持株会規約では、「自社株式の取得を希望する従業員に対し、奨励金を支給するが、議決権は総務部長A（従業員持株会の会長）に信託する。会社以外への譲渡を禁止し、株式譲渡を希望する従業員に対し、P社は購入価格である1株100円で買い取る。退職時には購入価格（1株100円）でP社に譲渡する」旨を定めている。P社

---

27)　違法な利益供与（会120条2項）に該当するか否かは、①従業員持株会が規約に従った運営、②議決権行使に関し制度上会員の独立性の確保、③取締役らの意思を持株会会員が有する株式の議決権行使に反映させる制度でない、④奨励金の額等が社会通念上、相当であり、再入会の制約も合理的なものであること等の要素が検討される（酒巻俊雄=尾崎安央編著『会社法重要判例解説〔第3版〕』（成文堂・2006）45頁〔川島いづみ〕）。

28)　大阪高決昭58・10・27は、従業員持株会制度において、①株主の議決権を含む共益権の自由な行使を阻止する株式信託契約は無効であり、②実質的な共益権だけを信託する契約が無効であるとした。委託者兼受益者としての会員株主が十分に保護されていないのであれば、共益権のみの信託は許されないであろう。

の株式は、1株700円の時価があるという事案を検討する。

　最判平21・2・17判時2038-144によれば、従業員が退職時に会社または従業員持株会に対し、取得価額と同額で株式を譲渡する義務を負うという条項は有効とされる[29]。譲渡価格を取得価格と同額とすることの適法性は、①従業員の契約時の承認、②従業員持株会制度の維持の必要性[30]、③高率の剰余金配当、④株式の時価算定の困難性等によって基礎づけられる。最判平21・2・17で問題となったのは、時価評価が困難な譲渡制限株式であり、投下資本回収手段の確保が特に重要であった。

第Ⅳ節　▶株主間契約による議決権の管理

1　株主間契約の実効性

(1)　株主間契約の活用

　株主間契約とは、定款に記載すべき事項、会社の内部関係における定款外の合意、議決権行使等について契約当事者となった株主間の利害調整を図るための契約である[31]。株主同士が自らの利益のために、会社法または定款の規制よりも柔軟な内容の契約を締結する。株主間契約で定める条項には、役員・経営、出資・株式、財産・情報開示、解散・組織再編に関する各条項が考えられる[32]。

(2)　株主間契約の無効と拘束力

　株主間契約においては、会社法・定款よりも柔軟に議決権配分または制限、剰余金配当のあり方等を定めることができ、総会の特別決議および公示が不要である。①出資金が少ないながら研究開発または業績向上等に大きく貢献できる者が会社運営に一定の影響力を有したいと思う場合、②特定株主に議決権を集中させたい場合、等において株主間契約は有用であろう[33]。

　株主間契約においても、株主権を完全に剥奪する内容の合意は無効であろう。株主間契約に違反した場合、総会決議の瑕疵または損害賠償請求が考えられるが、契約当事者の議決権保有数または具体的損害の発生の有無等を個別に検討する必要が

---

29)　中村信男「本件判批」ジュリ1398号119頁。
30)　従業員持株会は内部留保が少なく、退職者から高値で買い取ることは困難であり、新会員に自社株を高値で購入することを求めることになる、等である。
31)　大隅健一郎=今井宏『会社法論 中巻〔第3版〕』（有斐閣・1992）79頁。
32)　辺見紀男=武井洋一=山田美代子編『同族会社実務大全』（清文社・2015）105頁。
33)　合同会社では定款で株式会社より多様な取決めが可能であるが、取引外部者（官庁等）との関係（株式会社でないと入札できない等）で株式会社を選択することがある。そのため、株主間契約で出資者の多様な意図を反映させるのである。

ある。株主間契約上の義務に法的拘束力が認められるためには、契約違反時の責任負担等の内容が具体化され、当該負担に法的拘束力をもたせることに当事者間に合意が成立していることを要する（東京地判平 25・2・15 判タ 1412-228[34]）。

(3) 種類株式・定款規定との比較

出資額の相違から生じる議決権格差の調整方法として、役員選解任付種類株式または議決権制限株式等の種類株式発行がある。また、非公開会社では、定款の属人的定め（会 109 条 2 項）により、特定株主の議決権を拡充または拘束することができる。属人的定めに際し定款変更を伴う場合、総会の特殊決議を要し、利害関係者に示される。しかし、種類株式発行または定款の属人的定めは、出資者らの多様な意図・願望を反映させるには限界があろう。

2　株主間契約で定める条項例

株主間契約の具体的内容として次表の内容がある。株主間契約による株式の譲渡制限は、定款による譲渡制限および指定買取人に係る手続の厳格さ、煩雑さを回避するために利用される。当該契約の効力は、私的自治の観点から、当事者間では有効と解されている（最判平 7・4・25 集民 175-91）。例えば、従業員持株制度において、関係者が契約により株式譲渡を制限する（最判平 21・2・17 判時 2038-144）、等である。株主間契約による株式の譲渡制限としては、①会社と個々の株主との間の契約、②株主相互間または株主と第三者との契約、がある。いずれの契約においても、契約当事者間での債権的な効力を有する。

●株主間契約の具体的条項

区　分	具体的内容
役員・経営の条項	①取締役・監査役の選解任（出資比率に関わらず、株主間契約の当事者が特定数の選任権を保有等）、②拒否権（業務執行の決定事項等に株主間契約相手方の同意を必要等）、③競業規制、④契約違反の対処・罰則、⑤差止請求、⑥株主間契約の解除、等
出資・株式の条項	①出資割合の希薄化防止、②株式の譲渡制限（株式譲渡に際し、株主間契約の相手方の同意が必要等）、③株式の先買権（株式処分に際し、株主間契約相手方に事前通知義務を負い、当該相手方が株式の先買権を保有）、④株式の売渡強制・買取強制（相続・従業員持株会の会員の退職等に際し、株主間契約の当事者による株式の強制的な買取等）、⑤出資解消、⑥株式評価、⑦出資額に比例しない成果の帰属、等

---

34)　契約条項の法的拘束力の有無について、契約締結時の当事者の合理的意思を推認することが必要である（白井正和「本件判批」商事 2144 号 57～58 頁）。

情報開示の条項	①剰余金配当、②情報開示、③知的財産の帰属・処分、④差止請求、等
解散 組織再編の条項	①デッドロック解決、②解散事由、③残余財産分配、④組織再編の合意・拒絶、⑤株式上場化、等

3 株主間契約における議決権拘束条項

(1) 議決権拘束に関する条項

　議決権の拘束契約では、例えば、「株主 X_2 および株主 X_3 は、株主総会において、取締役選任議案の議決権行使に関し、株主 X_1 の指示に従うものとする。」等の内容が考えられる。また、議決権の代理行使契約では、「株主 X_1 は、株主総会において、株主 X_2 を代理人として、議決権行使の一切の権限を委任するものとする。」等の内容が考えられる。

(2) 議決権拘束の有効性と期間

　東京高判平 12・5・30 判時 1750-169 では、実質上株主が 2 人である同族会社において、役員の地位配分をめぐる株主間契約の効力および有効期間が問題となった。東京高裁は、①株主総会および取締役会における議決権行使を拘束する株主間契約の効力は有効であり、②当該株主間契約の有効期間は 10 年を超えることができない[35]とした。

　また、東京地判昭 56・6・12 判時 1023-116 では、原告を取締役に選任する旨の株主間契約において、合意がいわゆる紳士協定であり、合意がなされた当時生じていた紛争を解決するための方策にすぎず、15 年を超えて合意が存続しているとは考えられないとして、損害賠償請求が否定された。

4 株主間契約違反と総会決議の瑕疵

(1) 全議決権数・特殊決議を可決しうる議決権保有

　契約当事者が株主間契約の議決権拘束条項に違反した場合、総会決議の瑕疵となるのか。例えば、契約当事者らが全議決権数（全株主が当事者であることを含む）を有している場合、株主間契約は会社の意思として一定の拘束力を有するであろう。また、総会の特殊決議を可決しうる議決権数を有している場合、株主間契約は定款規定に準ずると考えられる。当該状況で株主間契約の議決権拘束条項に違反した場

35）　取締役の議決権を拘束する株主間契約については、取締役の忠実義務が問題となりうる。取締役は取締役会における議決権を会社利益の最大化のために行使すべきだからである（中村信男「本件判批」酒巻＝尾崎編著・前掲注 27）133 頁）。

合、総会決議の取消しの可能性があろう[36]。

　全株主が株主間契約の当事者である場合にのみ、株主間契約の議決権拘束条項違反に係る総会決議の瑕疵を認めたほうがいいかは、議決権拘束契約に係る当事者の属性が検討されるべきである。例えば、議決権拘束契約をめぐる法的状況ついて十分な知識があり将来のプランニングが期待できる当事者の契約か、十分な知識がなく将来のプランニングも行おうとしない当事者の契約かといった当事者の区分に応じて実質的に検討すべきとされる[37]。

(2) 一定議決権数未満の保有

　契約当事者らが全議決権数を有していない場合、株主間契約は会社の意思に準ずるとまではいえないであろう。また、総会の特殊決議を可決しうる議決権数を有していない場合、株主間契約は定款規定に準ずるとは考えられない。株主間契約の議決権拘束条項に違反した場合でも、総会決議の取消事由に該当しないであろう。

5　株主間契約違反と損害賠償請求

(1) 議案ごとの検討

　株主間契約の議決権拘束条項に違反した場合、債務不履行による損害賠償請求が考えられる。第1に、総会の対象議案が剰余金配当議案等の場合、株主間契約の議決権拘束条項に違反することで、具体的損害の発生が考えられる。

　第2に、取締役選任議案ではどうか。例えば、「株主 X_2 および株主 X_3 は、株主総会において、取締役選任議案の議決権行使につき、株主 X_1 の指示に従う」旨の株主間契約を締結していた。X_2 らは X_1 の指示に反する議決権行使をして、X_1 を取締役に選任する議案が否決された場合、X_1 が受け取ることができた役員報酬は損害といえるかもしれない。他方、X_1 は取締役として Y_1 を選任しようとしたが、X_2 らが Y_2 を選任した場合、取締役 Y_2 が会社経営に失敗したとしても、株主 X_2 らに直ちに損害賠償責任が生じるのか疑問である。

(2) 違約金・損害賠償・差止め

　株主間契約の議決権拘束条項に違反した場合、違約金の賦課、損害賠償請求また

---

36)　契約当事者が全議決権数を有しながら、株主間契約の議決権拘束条項に違反した場合、総会決議の取消しになるとする説がある（田邉真敏『株主間契約と定款自治の法理』（九州大学出版会・2010）264頁）。一方で、総会決議において議決権行使という社団の行為がなされ、これに基づいて総会決議がなされた以上、決議取消事由となるとは考えられないとする説がある（後藤孝典=野入美和子=牧口晴一一一般社団法人日本企業再建研究会『中小企業における株式管理の実務』（日本加除出版・2015）244頁）。
37)　釜田薫子「判批［名古屋地決平 19・11・12 金判 1319-50］」商事 1934 号 50 頁参照。

は損害額の算定規定を契約に入れておくことが考えられる（民420条）。例えば、株主間契約として特別支配株主による株式等売渡請求を禁止・制限し、違反時の違約金の定めを設ける（本編**第1章第Ⅶ節3**参照）。違反が直ちに売渡株式得の無効事由となるものではないが、売渡請求権行使に慎重になるであろう。

しかし、合理性を逸脱した損害賠償請求または損害額の算定規定であれば、裁判でどこまで有効とされるかは疑問である。名古屋地決平19・11・12金判1319-50は、①議決権拘束条項が株主全員を当事者とするものであり、かつ、②契約内容が明確に株式交換契約の承認を目的とする本件議決権を行使しないように求めるものであれば、例外的に差止請求が認められるとした。

第Ⅴ節　▶株式買取請求権の行使と対応

1　株式の買取請求権と効力発生日

（1）買取請求事由と対株主通知

株式買取請求権が認められる事由は、①全株式を譲渡制限にする場合（会116条1項1号）、②種類株式を譲渡制限株式または全部取得条項付株式にする場合（同項2号）、③株式併合等の資本再構成により、種類株主に損害を及ぼすおそれがあるとき（同項3号）、④株式併合（会182条の4）、⑤事業譲渡等（会467条1項1～4号・469条）、⑥親会社による重要な子会社の株式譲渡（会467条1項2号の2）[38]、⑦吸収合併分割・株式交換（会785条・797条）、⑧新設合併分割・株式移転（会806条）、である。

これら行為（①～⑧）をしようとする会社は、当該行為の効力発生日の20日前までに株主に対し通知を要する（会116条3項・469条3項・785条3項・797条3項・806条3項）。具体的には、7月1日が効力発生日であれば、前日の6月30日を起算日として、6月11日午前零時までに通知する。そのため、実質的期限は6月10日までとなる。なお、株主全員の同意により期間短縮は可能である。

（2）買取りの効力発生日

反対株主による株式買取請求に係る買取は、前記**（1）**の組織再編等の事由の効力発生日に、その効力を生ずる（会117条6項・470条6項・786条6項・798条6項・807

38）　親会社が重要な子会社の株式等を譲渡し、支配権を失う場合、親会社の株主総会の特別決議による承認が必要である。適用要件は、①譲渡する子会社株式等の帳簿価額が親会社の総資産額の5分の1を超え、②株式等譲渡効力発生日において、親会社が子会社の議決権総数の過半数を有しないときである（会467条1項2号の2）。

条6項）。当該効力発生日をもって、株式買取請求を行った反対株主は株主でなくなり、それ以後の日を基準とする剰余金配当請求権、総会での議決権等を失う。

(3) 株券発行会社

株券発行会社の場合、買取請求をした株主は、株券提出義務を負う。買取請求権の行使後は、当該株主に株券保有を認める法的利益はなく、株券の善意取得を回避する必要がある。株券喪失登録の請求を行っている場合、株券提出は不要である（会116条6項・182条の4第5項・469条6項・785条6項・797条6項）。証券発行新株予約権証券等も同様（会808条6項）である[39]。

2 価格決定前の仮払制度

株式買取請求権の行使後、価格決定の申立てがなされた場合、会社は株主に対し価格決定前に「公正な価格と認める額」を支払うことができる（仮払制度。会117条5項・470条5項・786条5項・798条5項・807条5項）。早期の支払いによる会社の利息負担軽減を可能とし、株式買取請求の濫用を防止するためである[40]。仮払いの額は会社が公正価格として想定しうる金額の最低額である[41]。仮払いは適法な弁済の提供となる。株主との合意は不要である。株主が受領しない場合、会社は弁済の供託（民494条・495条1項）を行うことができる。

会社が仮払いした金額（公正な価格と認める額）が、最終的に裁判所によって決定された公正な価格を満たさない場合[42]、その差額および買取請求事由の効力発生日から60日の期間満了後の期間に関し、その遅延利息（会117条4項）の支払いを要する。他方、会社が仮払いした金額が、最終的に裁判所によって決定された公正な価格を超える場合、株式買取請求権を行使した株主は差額の金銭に関し、不当利得に基づく返還義務を負う[43]。

---

39) 坂本三郎編著『一問一答 平成26年改正会社法』（商事法務・2014）295頁。
40) 坂本・前掲注39）301頁。
41) 弥永ほか監修・前掲注16）453頁〔柴田寛子=澤田文彦〕。
42) 公正な価格の算定は、当該請求がなされた日を基準として行う（最決平23・4・19民集65-3-1311、最決平23・4・26判時2120-126、最決平24・2・29民集66-3-1784）。
43) 反対株主は、通常は善意の受益者として、現存利益の限度で返還義務を負うにとどまると考えられ（民703条）、返還請求を受けた日から利息の支払義務を負うという指摘がある（弥永ほか監修・前掲注16）454〜455頁〔柴田=澤田〕）。

第Ⅵ節　▶支配権争いと新株の不公正発行

1　新株の不公正発行とは

(1) 差止請求による対処

　新株の不公正発行は、会社に支配権争いがある状況で多くみられる。例えば、会社に切迫した資金調達の必要性がない状況で、取締役が自己の支配権維持を図り、または自己に有利な支配関係になるよう、特定の取締役または友好的第三者に株式を割り当てる。その結果、敵対する特定株主（反対派株主）の持株比率が低下し、今まで可能であった総会決議の阻止または少数株主権の行使を当該株主はなしえなくなる。

　株主は、募集株式の発行等が著しく不公正な方法によるものであり、それにより株主が不利益を受けるおそれがあるときは、その差止めを請求できる（会210条2号）。差止請求は裁判外でも行使できるが、会社は裁判が提起されていない場合、当該請求に応じないであろう。本案訴訟は時間を要するため、裁判所に発行差止めの仮処分申立てを行うことが多い。

(2) 不公正発行の認定基準

　不公正発行の認定基準として主要目的ルールがある。新株発行の主要目的に焦点を当て、新株発行による会社に与えるプラス効果（財務強化等）と主導する取締役の支配権維持・拡大というマイナス効果とを比較衡量し、後者が前者に優越している場合、株主による差止請求を認めるという判例法理が確立されてきた。[44]会社が資金の必要性を疎明するだけで不公正発行が否定されるというのであれば、株主は絶えず不利な立場に置かれることになる。裁判では、支配権争いの有無、新株発行の決定経緯と持株比率の変化、資金調達の必要性と方法の妥当性、積算根拠、割当先の選択理由等が審査される。[45]会社には、これらについての説得力のある説明が求められる。

(3) 株主割当と不公正発行

　株主割当増資[46]では、株主は持株比率に応じて割当を受け、新株を引き受けることにより、持株比率を維持することができる。しかし、現経営陣は反対派株主の引受資金不足を奇貨として、その持株比率を低下させるため実施する株主割当増資は、

---

44)　大阪地堺支判昭48・11・29判時731-85等。
45)　仙台地決平26・3・26金判1441-57は、取締役の地位の維持が確実でないことは、新株発行の目的が支配権維持ではないことを推認させる要素とする。

不公正発行となりうるとされる。[47]

2 不公正発行と発行自体の効力

(1) 非公開会社

　非公開会社においては総会決議がなされている場合、不公正発行であっても直ちに無効事由とはならない。最判平24・4・24民集66-6-2908によれば、「非公開会社において、株主総会の特別決議を経ないまま株主割当て以外の方法による募集株式の発行がなされた場合、その発行手続に重大な法令違反があり、この瑕疵は株式発行の無効原因になると解するのが相当である」とする。例えば、特別利害関係人の議決権行使により著しく不当な決議がなされ、総会で第三者割当に際し有利発行の説明義務を尽くしていない場合、総会決議の取消事由になるとともに、新株発行無効の訴えによる是正が可能であろう。

(2) 公開会社

　「誰に会社を経営させるか」は総会の専決事項であるが、公開会社では原則として募集株式の発行は取締役会が決定するものとされる（会201条1項）。被選任者の取締役が選任者たる株主の構成を自己にとり有利な内容になるように恣意的に変更するために、権限を濫用することは「機関権限の分配秩序」に反する。これは不公正発行を規制する理由ではあるが、[48]不公正発行だけをもって直ちに無効事由にはならない。[49]①募集事項の公示義務（同条3項4項）違反、[50]②発行差止命令無視の場合、無効となる。[51]差止請求権の実効性をもたせるためである。[52]

---

46) 公募増資の規模が大きい場合、株主は持株比率維持が困難となる。東京高決平成29・7・19金判1532-57では、Y社とP社との合併を前提とする経営統合のため公募増資を計画した。創業者系株主Xらは持株比率が約34%から約26%に下落するため差止請求をした。東京高裁は、上場企業の公募増資では、①引受証券会社が割当先を決定し、割当先は取締役の意向に沿った議決権行使をする保証がない、②反対派株主は公募増資後に市場で株式取得が可能であり、支配権減弱の確実性が低いとして申立てを却下した。公募増資後にXらは合併問題に直面していると特別決議を否決できなくなるが、本件では特段の不利益が生じていないと考えられた（森本滋「新株の不公正発行問題の新たな展開」商事2174号12頁）。

47) 神田秀樹編『会社法コンメンタール5 株式(3)』（商事法務・2013）128〜129頁〔洲崎博史〕、大阪高判平28・7・15判タ1431-132。

48) 黒沼悦郎『会社法』（商事法務・2017）263頁等。支配権争奪に敗れれば地位を失う現経営陣には、誰が経営者としてふさわしいかにつき公正な判断を期待できないという指摘がある（川濱昇「株式会社の支配争奪と取締役の行動の規制(1)」民商95巻2号194頁）。

49) 最判平6・7・14判時1512-178。

50) 公示義務違反以外に差止事由がない場合、仮に公示義務を果たしていても差止めが認められないから発行無効とはならない（最判平9・1・28民集51-1-71）。

51) 最判平5・12・16民集47-10-5423。

52) 弥永真生『最新重要判例200〔第2版〕』（弘文堂・2006）190頁。

3　第三者割当による不公正発行

(1) 発行差止めの仮処分却下の事案

　　第三者割当増資により企業価値向上という株主共同の利益が実現される場合、取締役会の経営判断が尊重され、新株の発行差止請求は却下される傾向にある。東京高決平 16・8・4 金判 1201-4 の事案では、Y 社の株主 X が取締役を交代させるため取締役改選の株主提案をした。後に Y 社の取締役会は、従来から特に関係を有しない P 社との業務提携に係る資金調達のため、R への第三者割当を決議し、総会で議決権行使を認めた。R の持株比率は約 52%となる一方、X のそれは約 39%から約 19%に低下し、総会で X の株主提案は否決される見通しとなった。本件増資は Y 社総資産の約 2 倍に達するが、その検討期間は 1 ヵ月未満であり、資金使途の事業計画は X の株主提案後である。

　　本件事案で、東京高裁は、Y 社の経営陣による支配権維持目的を認めつつ、①特に関係を有しない P 社提案による業務提携の交渉過程と Y 社の資金調達の必要性、②割当先 R が Y 社経営陣と利益相反関係にないことを理由に差止請求を却下した。本件新株発行は企業価値向上の合理性を有するが、従来の主要目的ルールに照らすと疑問の余地がある。

(2) 発行差止めの仮処分認容の事案

　　東京地決平 20・6・23 金判 1296-10 の事案では、取締役 7 名が A 派と B 派に対立し、A 派取締役の解任を議案とする総会直前に、B 派取締役らが発行済株式総数の 16.3%に相当する第三者割当を実施して、B 派取締役らの持株比率が多数派となるように企て、A 派取締役の解任の会社提案に賛成する割当先に総会直前を払込期日として議決権の付与（会 124 条 4 項）を予定した。当該事案では反対派（A 派）株主の持株比率は 0.3%しか低下しないが、東京地裁は、新株発行による資金調達は合理化できる特段の事情がない、として差止めを認めた。

　　さいたま地決平 19・6・22 判タ 1253-107 の事案では、現経営陣が総会の 16 日前に発行済株式総数の約 50%に相当する株式を特定の者に割り当て、総会で議決権行使を認めた。その結果、反対派株主の持株比率が 17.7%から 11.6%に低下すること

---

53)　東京地決平元・9・5 判時 1323-48 では、Y 社の経営陣が 8 ヵ月間に 2 回の第三者割当により特定株主の持株比率を 50.7%から 39.3%に引き下げたが、東京地裁は、発行価額の妥当性および同社の具体的資金需要からの不公正発行ではない、とした。札幌地決平 20・11・11 金判 1307-44 では、監査法人から財務改善を求められ、半年前から検討中の事業計画を実施するため新株発行を決定しており、使途に具体性があるとされた。

54)　森本滋編『募集株式と実務』（商事法務・2016）466 頁〔小林章博〕。

になる。さいたま地裁は、資金の使途計画に整合性がない、として差止めを認めた。

(3) 支配株主の異動による総会決議

　公開会社では、募集株式の発行により、特定の引受人の議決権割合が過半数となる者が生じる場合（支配株主の異動）、10分の1以上の議決権を有する株主が異議を述べたときは、原則として総会の普通決議を要する。ただし、会社存立を維持するため緊急の必要があるときは、総会決議は不要である（会206条の2第1項4項）。大規模会社では10分の1以上の議決権要件の充足は困難であろう。規制の適用対象となるほどの大量の新株発行でなくても、支配権争奪に重大な影響を与えることがあるため、差止請求は依然として重要な意義を有する。[55]

4　総会決議に基づく新株発行

(1) 著しく不当な決議

　非公開会社では、株主割当以外の方法で株式発行等を行う場合、総会の特別決議を要する（会199条2項・202条1項3項）。特別利害関係人の議決権行使による著しく不当な決議がされた場合、決議の取消事由が認められる。総会の議案内容が著しく不当なものであるときは、不公正発行となる余地もあろう。[56]

　公開会社では、有利発行の場合には総会の特別決議を要する。不公正発行を機関権限の分配秩序違反と考えるのであれば、総会決議の承認があるときは不公正発行に該当しないかもしれない。[57]特別決議があれば、支配権の変動を伴う合併等が可能だからである。[58]

(2) 総会決議に基づく有利発行の不当性

　Y社の第三者割当増資が有利発行にあたるため総会決議の承認を受けたが、株主Xは差止請求をしたという事案では、京都地決平30・3・28金判1541-51は、割当先の個人には事業上のシナジーがあるとはいえず、法人にも有利発行に見合う企業価値の増加があるとはいえないとして差止めを認めた。有利発行では割当先選択に関しより説得力のある説明が要請される。[59]

　最決平19・8・7民集61-5-2215は、株主Xの敵対的買収に対し、Y社が株主への

---

55)　田中亘『会社法〔第2版〕』（東京大学出版会・2018）502頁。

56)　森本編・前掲注54）474頁〔小林〕。有利発行の場合を除き、不公正発行と認定される事案は、例外的ともいえる。

57)　公正かの一次的な判定者は株主ないし株主総会と解すべきとされる（今井宏「支配権確保のための自己株式の取得」商事547号4頁）。

58)　神田編・前掲注47）128頁〔洲崎〕。

59)　森本・前掲注46）14頁。

新株予約権無償割当を総会決議で承認した事案である。Xは行使条件が自身に差別的内容であるとして差止請求をした。最高裁は、「特定の株主による経営支配権の取得に伴い、会社の企業価値がき損され、会社の利益ひいては株主の共同の利益が害されることになるか否かについては、最終的には、会社の利益の帰属の主体である株主自身により判断される」と述べ、不公正発行を否定した。

5　株主と現経営陣との対立

　近年、発行差止めを認めるかについては、裁判所は新株発行による客観的効果（株主の不利益と会社の合理的要請）と発行手続の適正性等を考慮して判断している傾向がある。従来は、資金調達の必要性の明確な存在を基準とする説が有力であった[60]。その後、会社は資金調達目的と第三者割当ての必要性・合理性の説明を要するとされた。総会直前の新株発行では、割当先に総会で議決権行使を認めたときが特に問題となる[61]。買収防衛策が対象会社の価値増加に資するのであれば、株式発行等による投資を受け入れることは資金調達と考える[62]。

　総会決議を得た新株発行は機関権限の分配秩序違反をもって、不公正発行規制の根拠とするには限界があろう。総会決議を得た新株発行は、取締役会決議による新株発行より柔軟に必要性と方法の相当性が検討されよう。新株発行には株主共同の利益保護に資するかの必要性および妥当性が求められる。株主は現経営陣の多数派を占めたい場合、現経営陣と敵対する前に、企業利益のため魅力的かつ将来性のある政策を提案することが重要となろう[63]。

---

60)　河本一郎『現代会社法〔新訂第9版〕』（商事法務・2004）295頁。
61)　敵対的買収に対し、第三者割当増資は正当防衛策かが問題となってきた（大隅健一郎＝今井宏＝小林量『新会社法概説〔第2版〕』（有斐閣・2010）365頁）。東京地決平元・7・25判時1317-28では、株主Xの買収対象となったY₁社・Y₂社は株式の有利発行により同時相互に割当を行い、仮装払込状態を生じさせたが、資金調達の効果が少なく、発行差止めが認められた。敵対的買収に対し支配権維持目的の新株発行を正当化できるのは、買収者に濫用目的がある事案とされる（森本編・前掲注54）466頁〔小林〕）。買収者の濫用目的として、東京高決平17・3・23高民58-1-39は、①買い占めた株式に関し対象会社の関係者に対する高値買取りの要求（グリーン・メーラー）、②対象会社の主要取引先等を買収者に譲渡（焦土化経営）、③買収費の弁済原資として対象会社資産の流用、④会社資産の売却による処分利益による一時的高配当は株式の高値売抜けを目的として挙げる。なお、経済的合理性があれば濫用的買収という指摘がある（江頭憲治郎編『会社法コンメンタール6新株予約権』（商事法務・2009）109頁〔洲崎博史〕）。また、グリーン・メーラーによる妨害行為を回避するため、当該者の持株比率を引き下げる新株発行は正当性を有するとの考えがある（神田編・前掲注47）127頁〔洲崎〕）。
62)　落合誠一「株式・新株予約権と資金調達」商事1744号15頁。
63)　新山雄三「判批〔東京高決平成16・8・4金判1201-4〕」判タ1212号67頁。

第Ⅶ節　▶経営者保証の対処と DES のリスク

1　経営者保証の対処

　事業承継では、借入れにつき中小企業オーナーが連帯保証人（経営者保証）となっていることの取扱いが問題となる。金融機関は代表取締役が交代する際に、新代表取締役にも追加的に連帯保証をするよう求めることが多い。支配的株主でない後継者には負担となってきた。金融機関はオーナーの資産・経営能力等の属性をも評価して会社に融資をする面があり、代表取締役が交代しても、金融機関は直ちに先代の連帯保証の解除に応じないことがある。経営者保証の承継は事業承継の課題となってきた。

　「経営者保証に関するガイドライン[64]」は、経営者保証がない融資、旧経営者の保証解除等に関し、①会社・旧経営者・後継者の対応（法人個人の一体性解消、財務基盤の強化、財務内容の情報開示の充実、旧経営者の実質的経営からの引退、旧経営者が所有する事業資産の譲渡等）、②金融機関の対応（経営者の手元に残す資産範囲の検討、弁済計画における分割弁済、保証債務の免除検討）、を一定範囲で示している。後継者は一定期間、先代の連帯保証を継続することを条件に、その期間中の後継者の連帯保証を免除してもらうことも考えられる。

2　債務保証契約の特則

　第1に、個人保証の制限である（改正民465条の6）。事業のために負担する貸金等債務についての個人保証は公正証書等を要件とする。

　第2に、保証契約締結時における債務者の情報提供義務である（改正民465条の10）。債務者は保証人になろうとする者に対し、自らの財産・収支の状況、当該債務以外の債務の有無・額・履行状況、主たる債務のための担保提供の存否と内容等に関する情報等の提供を要する。情報が適切に提供されず、保証人が誤認をした場合、保証の意思決定の取消しが可能である。

　第3に、主たる債務の履行状況に関する債権者の情報提供義務である（改正民458条の2）。債権者は委託による保証人から請求があったときは、保証人に対し遅滞なく、主たる債務の履行状況につき情報提供義務を負う。

---

64)　「経営者保証に関するガイドライン」は、経営者保証に関するガイドライン研究会（日本商工会議所・一般社団法人全国銀行協会を事務局）が平成25年12月に策定した。中小企業庁は、当該ガイドラインの活用実績を定期的に公表している。

第4に、主たる債務者が期限の利益を喪失した場合における債権者の情報提供義務である（改正民458条の3）。主たる債務者が期限の利益を喪失したときは、債権者は喪失の事実を知ったときから2ヵ月以内に、保証人にその旨を通知する義務がある。通知を怠った場合、債権者は通知をしたときまでに生じた遅延損害金に関する保証債務の履行を請求できない。

3 DESのリスク

(1) DESの概要

デット・エクイティ・スワップ（DES）とは、会社と債権者との合意により、債権者が有する金銭債権を現物出資財産として[65]、債権者に第三者割当の方法で会社の株式を交付すること（債務の株式化）である。相続税対策として、オーナーが会社に対する金銭債権につきDESを利用することが考えられる。会社法上、募集株式の引受人は、募集株式の現物出資財産の給付をする債務と会社に対する債権を相殺することができない（会208条3項）。しかし、会社から相殺すること、および会社と引受人の合意により相殺することは認められる。

登記申請の添付書類に必要な総会の議事録には、「発行価額の総額500万円のうち、300万円については金銭による払込みとする。残りの200万円については、債権者Yの当社に対する令和X年X月X日金銭消費貸借契約による金銭債権とし、この評価額200万円の現物出資とする」等と記載する。

(2) DESの留意点と疑似DES

DESの長所として、①債務者である会社は有利子負債の削減により資金繰りを改善できる、②債権者は株主として経営に関与し、債務者の経営再建後に株式を高値で売却して譲渡益を得ることができる等がある。他方、短所として、①債務者は債権者による経営干渉、配当負担の増加、債務消滅益の発生による課税リスクを負う、②債権者は実質的に債権の回収が劣後する等がある[66]。

DESを利用する際には、とりわけ税務の観点からの検討が欠かせない。DESを実行すると、会社には債務消滅益が生じるので、①それを打ち消すことができるだけの当期の赤字または繰越欠損金があるのか、または、②債務消滅益に対する課税を

---

[65] 現物出資の目的として、不動産・機械設備等の有体物、有価証券、債権・特許権等の無体財産権等がある（早貸淳子「債権を現物出資の目的とすることの可否」商事1328号36頁）。検査役・不動産鑑定士の調査対象の不動産には不動産賃借権、地上権、地役権等を含む（宮田和一「株式会社の設立において現物出資をする場合の特例」商事1230号40頁）。

[66] 藤原総一郎編著『DES・DDSの実務〔第3版〕』（きんざい・2014）3頁。

受忍しても DES を実行すべきかを検討する必要がある。

また、DES では債務消滅益課税が避けられないときには、いわゆる疑似 DES が検討されることもある。疑似 DES とは、「実際に債権者が現金を払い込んで、債務者から株式の交付を受け、債務者は払い込まれた現金により債権者に債務弁済をする」というスキームである。しかし、同族会社では、このような迂遠な方法が行為否認規定（法税 132 条）の対象となりうる。租税負担回避に認定された場合には、債務消滅益の問題が生じる。

(3) 弁済期が到来していない債権

弁済期が到来している場合、会社が弁済しなければならない価額は決定しており、評価の適正性について特段の問題は生じない[67]。他方、弁済期が到来していない債権であっても、現物出資は禁止されていない（会 199 条 1 項 2 項・201 条 1 項）。平成 18 年 3 月 31 日付法務省民商 782 号通達によれば、「会計帳簿の記載から当該金銭債権の弁済期の到来の事実を確認することができない場合であっても、会社が期限の利益を放棄していないことが添付書面から明らかな場合を除き、これを受理して差し支えない」とされている[68]。

弁済期未到来の借入金について DES を利用するためには、その期限の利益を放棄して弁済期を到来させる必要がある。期限の利益を放棄することが会社または既存株主の利益に反する場合には、取締役の任務懈怠責任（会 423 条 1 項）が問題となる。

(4) 債務消滅益として課税

東京地判平 21・4・28 LEX/DB25451567 の事案では、X₁社は法人税の確定申告につき、「関連会社からの債権の現物出資及び X₂社への新株発行による X₁社に対する債務の株式への転化（DES）につき混同による債務消滅益の計上漏れがあ」る等として、X₁社が国から本件更生処分等を受けたため、その取消しを求めた。

東京地裁は、「本件 DES において消滅した本件貸付債務 4 億 3,044 万円［余］のうち、現物出資法人である X₂社における本件貸付債権の直前の帳簿価格 1 億 6,200 万円を超える部分 2 億 6,884 万円余につき、債務消滅益が生じたものと認めるのが相当であり、所得金額の計算上、これを益金に算入すべきものと解される」と判示して

---

67) 相澤哲=豊田祐子「株式（株式の併合等・単元株式数・募集株式の発行等・株券・雑則）」商事 1741 号 26 頁。

68) 最判昭 48・2・2 民集 27-1-80 では、将来債権としての敷金返還請求権を現物出資とすることの有効性が問題となった。敷金返還請求権は賃貸人の賃借人に対する未払賃料等の債務を控除したものとして発生する。敷金返還請求権が現実化するまで、すなわち不動産賃貸借契約が継続中では返還額は未確定である。また、検査役調査が容易ではない。現物出資財産としては、不適格といえる（中垣治夫「敷金返還請求権を現物出資の目的とすることの可否」商事 1439 号 38 頁）。

課税の更生処分を是認した。控訴審（東京高判平 22・9・15 LEX/DB25472435）は原判決を維持している[69]。

このように、DES により消滅した債務の額と払込みに充てられた債権の価額との差額が債務消滅益として認識され、法人税法上の益金となる可能性がある。DES において給付される債権の価額をどのように評価をするのかが問われる。また、DES において会社が交付する株式が特に有利な発行価額にならないかが問題となる[70]。債務の弁済期が未到来の債権は評価が容易ではない。債権の評価は券面額説または評価額説からなる。券面額説とは債権の額面（券面）を基準とする。評価額説とは債務者の財務内容を反映した債権の評価額（時価）を基準とする。東京地判平 21・4・28 は DES の債権評価に関し、会社法制上の手続においては券面額によるが、法人税の課税においては評価額によるとしている。DES により生じた債務免除益は債務者において金銭的収入の実態はなく課税負担となることは、より財務状況を悪化させよう。法人税法上の繰越欠損金の損金算入措置を利用できない場合、DES の利用は慎重にならざるをえない。

第Ⅷ節　▶代表取締役の死亡等による欠員対処

1　代表取締役の死亡等による欠員対処

(1)　権利義務代表取締役

　代表取締役が高齢等により退任したが、代表取締役を直ちに選定できず欠員となる場合、後任の代表取締役が就任するまで、退任者が代表取締役の権利義務を持ち続ける（会 349 条 4 項・351 条 1 項）。権利義務者は任期満了または辞任により退任した代表取締役に限定され[71]、個人破産した代表取締役は対象外である。特定代表制の場合、退任代表取締役は後任の代表取締役が選定されるまでは代表取締役の権利義務を有する。各自代表に直ちに戻るのではない。

(2)　一時代表取締役の選任

　ア）必要性　　退任者が代表取締役としての権利義務を有しえない状況である場合、利害関係人は裁判所に一時代表取締役（仮代表取締役）の選定を請求できる（会 351 条 2 項）。①死亡・病気、不祥事による解職等により、退任者が権利義務代表取

---

69)　松嶋隆弘「[本件判批]」日本法学 77 巻 4 号 61 頁参照。
70)　笠原武朗「株式会社に対する金銭債権の現物出資」法政研究（九州大）72 巻 3 号 31〜34 頁。
71)　退任代表取締役が権利義務代表取締役となった場合、後任代表取締役が就任するまで、代表取締役退任の登記はできない。

締役の就任に不適格な場合、②株主間の利益対立・株主の所在不明等により総会開催が困難である場合、等が考えられる[72]。

イ）特定代表取締役制の事案　東京高決昭57・4・26下民33-1〜4-165は、取締役会非設置会社が特定代表取締役制を採用し、当該代表者が死亡等により欠けた場合、定款変更または社員総会の決議がない限り、他の取締役が会社を代表するのではなく、利害関係人は裁判所に一時代表取締役の職務を行なうべき者の選任を請求できるとした。

ウ）任期・権限　一時代表取締役は、新代表取締役の就任により、その地位を失う。権限は通常の代表取締役と同じであるが、申立人の申立てにより特定業務のみを行わせることができる（スポット運用）[73]。裁判所は適当と認める者を選定し、職権により本店所在地の登記所に登記を嘱託する（会937条1項2号イ）。この選定に対し不服申立てはできない（会874条）。

(3) 職務代行者の選任

ア）職務執行停止の仮処分　代表取締役選定の取締役会決議無効の確認訴訟が提起された場合でも、代表取締役の職務執行権限は維持される。理由のない訴えもあるからである。請求が認容されると代表者の地位は遡って否定されるが、対象代表取締役が職務を行えば会社・株主に取り返しのつかない既成事実・損害が生じるおそれがある。そのため、裁判所は当事者（株主）の申立てを受けて、代表取締役の職務執行を停止させ、職務代行者を選任することができる（民保23条2項・24条・56条）[74]。職務代行者は裁判所が選定するため、総会決議で職務代行者を解職することはできない。

イ）登記　役員の職務執行を停止し、もしくは職務代行者を選任する仮処分命令等は、本店所在地において登記を要する（会917条1号）。登記後、仮処分命令は第三者に対し効力を有する。職務執行の停止を命じられた代表取締役の行為は無権限者の行為となる[75]。

ウ）権限　職務代行者は、会社が日常行うべき業務（常務）以外のことを行え

---

72) 一時代表取締役の選任申請は、①取締役兼代表取締役が1人である場合、代表者死亡時における債権譲渡通知の意思表示の受領時、破産手続開始の申立時、②休眠会社において利用が多い（松田亨=山下知樹編『実務ガイド 新・会社非訟〔増補改訂版〕』（金融財政事情研究会・2016）115頁）。

73) 会社内部に紛争がない場合、申立人の推薦者を選定する。会社内部に紛争がある場合、中立的な立場にある弁護士を選任する。

74) 訴えの提起前でも急迫な事情があるときは、同様の仮処分をすることができる。これは、民事保全法上の仮処分の制度に基づく（最判昭41・2・1判時447-85、最判昭45・11・6民集24-12-1744）。

75) 取引関係にある善意の第三者は表見代理の法理または登記の効力（会908条・911条3項13号）により保護される。持分会社に関しても同じである（会917条2〜3号）。

第2章　オーナーの株式・株主管理と対応策（2）　　87

ない（会352条1項）。定時株主総会の招集、計算書類の承認、権利保存的性格を有する行為等が対象となり、臨時総会の招集、新株・社債発行、請求の放棄・訴えの取下げ等は対象外である。職務代行者が、仮処分命令に別段の定めがある場合を除き、常務外の行為をするには裁判所の許可を要する（会603条1項）。裁判所の許可申請は職務代行者が行う。[76]

エ）被停止代表取締役　　仮処分の対象は、取締役会非設置会社では取締役、取締役会設置会社では代表取締役・業務執行取締役である。[77]職務執行停止代行者が選任された場合、仮処分の本案訴訟、仮処分の変更申立てにおける会社代表権は職務代行者に属する（大阪高判昭37・4・27判時316-23）。本件仮処分は債権者、債務者以外の第三者に対して効力を及ぼし、職務執行を停止された代表取締役の行為は第三者に対する関係でも無効である。

（4）代表取締役の予選

ア）予選決議　　代表取締役の予選とは、代表取締役の欠員に備えて、あらかじめ次の代表取締役を選定するものである（会329条3項参照）。例えば、3月15日開催の取締役会の3週間後に代表取締役が退任する場合、当該取締役会で次期代表取締役を選定する。前提条件は、予選時と効力発生日の取締役会構成員に変更がない[78]ことであり、実務上、予選時と効力発生日の期間の目安が1ヵ月以内である。[79]

イ）全取締役の重任予定　　現取締役 X_1〜X_3（代表取締役 X_1）の全員が次期総会で重任される見込みの場合、改選前に代表取締役を予選できる。総会直前の取締役会で X_1〜X_3 を重任させる議案を作成し、X_1 を代表取締役とする旨を予選する。[80]

ウ）実務的対応　　代表取締役の予選に係る前提条件が厳格であるため、取締役会決議を省略できるよう、あらかじめ定款で定めておく（会370条）。取締役が取締

76）　職務代行者が常務に属しない行為を裁判所の許可を受けないで行った場合、会社内部に対する効力は無効であるが、会社は善意の第三者に対し責任を負う（会352条2項）。

77）　新谷勝『会社訴訟・仮処分の理論と実務』（民事法研究会・2007）198頁。

78）　代表取締役の就任日は、選定方法により異なる。取締役会設置会社では、取締役会における代表取締役の選定日と就任承諾日のいずれか遅い日である。取締役会非設置会社では、①定款により代表取締役を定めたときは、定款変更の効力発生日と就任承諾日のいずれか遅い日、②定款に基づき取締役を互選したときは、互選の効力発生日と就任承諾日のいずれか遅い日、③総会決議で定めたときは、株主総会決議の効力発生日と就任承諾日のいずれか遅い日、④取締役の各自代表のときは、取締役への就任日、である。

79）　代表取締役の辞任予定の場合にも予選ができる。例えば、X_1 が3月31日付で代表取締役を辞任する場合、同月15日の取締役会で、取締役 X_2 が4月1日付で代表取締役に就任する旨の予選をする。予選時（3月15日）と効力発生日（4月1日）の取締役会の構成員は同じであり、予選時と効力発生日の期間が1ヵ月以内である。

80）　東京司法書士協同組合編・金子登志雄＝立花宏＝幸先裕明著『事例で学ぶ会社法実務（設立から再編まで）』（中央経済社・2014）203頁。

役会決議の目的事項（議題）について提案をしたときに、取締役全員が当該提案に書面またはメール（電磁的記録）で同意の意思表示をすることにより取締役会の決議があったものとみなされる。テレビ会議方式等により、議題に関し全構成者が自由に意見を交換しうる状況が確保でき、相手の状態を相互に認識しながら同時に通話できるのであれば、当該取締役会は許容される。

2　取締役会非設置会社における代表取締役の死亡等

(1)　代表者の選定方法

　　取締役会非設置会社における代表取締役は、各自代表制または特定代表取締役制がある。後者では、代表取締役となる取締役以外の者には代表権がない。

　ア）各自代表制　　取締役会非設置会社では取締役が1名の場合、その取締役が会社を代表する（会349条1項・353条・386条1項）。取締役が2人以上の場合、各取締役が代表する（同条2項）。

　イ）定款代表　　定款で会社代表を直接定める（会29条）。解職は定款の変更手続による。定款には、「当会社は、代表取締役をXとする」等と記載する。定款の代表者規定を削除した場合、各自代表制または総会代表制になる。株主が少ない会社は総会で選定・解職をするほうが容易であろう。

　ウ）互選代表　　定款の定めに基づき、取締役の過半数の同意（会348条2項）または取締役の一致（商登46条）により互選する[81]。代表取締役の選定を証する書面として、取締役の決定書を作成する[82]。解職は、取締役の過半数の一致または全取締役の一致による。定款に「当会社に取締役が2人以上いるときは代表取締役1人を置き、代表取締役を取締役の互選によって選定する」等と規定する[83]。

　エ）総会代表　　総会で特定の会社代表を選定する（会295条2項）。定款の定めは不要である。総会では、「取締役としてX_1・X_2を選任する。ただし、X_2は代表権を有さない」等と決議する。解職は、総会の普通決議による[84]。

---

81)　取締役が相互に協議する必要はなく、各取締役が他の取締役と全く協議せずに、独自に賛成して、取締役の過半数の同意または全取締役の一致とすることでもよい。

82)　登記に際し、決定書には取締役全員の個人実印を押印し、印鑑証明書を添付する（商登規61条4項2号）。再任代表取締役が会社届出印（登記所に提出の印鑑）を押印した場合、この限りではない（同項但書）。

83)　定款変更により、互選代表制を廃止ができる。定款に代表者に関する定めがない場合、各自代表制または総会代表制になる。

84)　定款上では、取締役・株主が株主総会の目的事項を提案し、株主全員が当該提案に同意の意思表示をすれば総会決議があったものとみなされる（会319条1項）。議長に相当する者が議事録作成者であり、議事録作成の職務を行った取締役が議事録に押印する。

(2) 代表取締役の死亡等・代表取締役の地位だけの辞任

ア）特定代表取締役の死亡等　特定代表取締役が退任または死亡した場合、当然に他の取締役が代表取締役になるものではない。①定款規定の最低取締役数を充足させて、②対象会社の定款に規定した方法または総会決議により代表取締役を新たに選定する。登記事項は、退任事由および退任年月日である。

イ）代表取締役の地位だけの辞任　第1に、各自代表制の取締役は代表取締役の地位だけを辞任できない。代表者の地位を辞任するためには、特定代表取締役制に移行して、定款代表・互選代表・総会代表のいずれかの手続を行う。第2に、特定代表取締役制では、代表取締役の地位だけを辞任するためには、定款変更、取締役の過半数同意・取締役の一致、または株主総会の承認決議を要する。取締役の地位と代表者の地位は一致しており、意思表示だけでは辞任できないと解される。

(3) 互選代表制と役員の死亡等

ア）取締役1名以上の会社

区　分	具体的内容
取締役1名の許容	事案として、Y₁社の定款には、「当会社に取締役1名以上を置く。取締役が2名あるときは、取締役の互選により代表取締役1名を置く」旨の規定あり。取締役X₁・X₂のうち、X₁が死亡
取締役の死亡・辞任	本件事案では、定款に規定する最低取締役数を満たしているため、取締役X₁の後任者を必ずしも選任する必要なし
代表取締役の死亡・辞任	互選代表であるX₂が死亡した場合、X₁が代表取締役。登記に際し、互選代表を認める根拠となる定款を添付

イ）取締役2名以上の会社

区　分	具体的内容
取締役2名以上の設置	事案として、Y₂社の定款には、「当会社に取締役2名以上を置き、かつ代表取締役を取締役が互選で定める」旨の規定あり。Y₂社の取締役X₁・X₂のうち、X₁が死亡。代表取締役はX₂
取締役の死亡・辞任	本件事案では、X₁の後任X₃の選任が必要。X₂がすでにX₁・X₂の互選で代表取締役に就任していた場合、代表取締役を改めて選定は不要
代表取締役の死亡・辞任	X₁に続いて代表取締役X₂が死亡した場合、X₂の後任X₄の選任を要し、X₃・X₄の互選で代表取締役を選定。登記に際し、互選代表を認める根拠となる定款を添付

ウ）取締役の増員

区　分	具体的内容
取締役1名から複数名の設置	事案として、Y₃社の定款には、「当会社に取締役が2名以上あるときは、取締役の互選で代表取締役1名を定める」旨の規定あり。現取締役X₁に加え、X₂・X₃を取締役に追加選任し、X₁〜X₃の互選でX₁を代表取締役に選定
代表取締役の登記の必要性	本件事案では、X₁は取締役が1名時からの代表者。X₂・X₃が取締役に加わり、互選によりX₁が代表取締役となっても、代表者の地位に変更なし。そのため、代表者の変更登記は不要。X₁の代表取締役としての登記が維持されるため[85]

---

85)　東京司法書士協同組合編・前掲注80）249頁。

第 3 章

経営承継円滑化法による株式・財産承継

　中小企業における経営の承継の円滑化に関する法律（以下、「経営承継円滑化法」）の適用に係る抜本的な要件緩和、特例措置の創設により、事業承継税制の利用が急増している。

　本章では、第1に、経営承継円滑化法および租税特別措置法に基づく事業承継税制を概観し、適用要件、手続、納税猶予の取消し、組織再編時の対処、遺留分に係る特例合意、事業承継円滑化の金融支援を検討する。第2に、2つの株式会社間で株式を相互に過半数保有する場合、誰が議決権ベースにおける筆頭株主であるのかを検討する。経営承継円滑化法の適用においては、筆頭株主の認定は極めて重要である。

●相続税の納税猶予制度の概要：特例措置

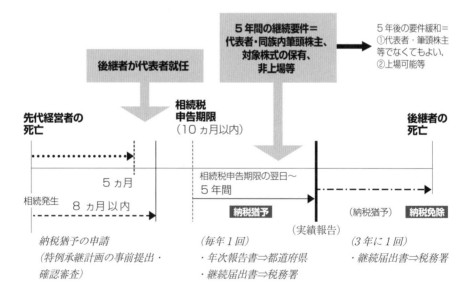

●経営承継円滑化法による株式承継

関係当事者	対象事案	具体的内容
現経営者、後継者、同族関係者等	法人版事業承継税制の特例措置	2027年12月31日までに贈与・相続等された非上場株式等の納税猶予・免除制度。一般措置の要件緩和
	法人版事業承継税制の一般措置	①総株式数の3分の2対象、相続税の納税猶予割合は8割、②後継者は1名のみ、③雇用の平均8割維持、④相続時精算課税は20歳以上の推定相続人等を対象
	個人版事業承継税制	2028年12月31日までに贈与・相続等された個人の事業用資産に係る贈与税・相続税の納税猶予・免除制度
	法人版事業承継税制の検討項目	適用要件(後継者・先代経営者等・対象会社・持分会社等)、納税猶予の取消し、対象会社の組織再編等
	遺留分の民法特例・金融支援措置	①生前贈与株式等を遺留分算定の基礎財産から除外、評価額の事前固定、遺留分算定基礎財産から一定財産を除外する旨の合意。②低利融資の特例、信用保証の特例
	筆頭株主の検討	2つの株式会社間で株式を相互過半数保有する場合、経営承継円滑化法における筆頭株主の認定

第Ⅰ節 ▶経営承継円滑化法の概要

1 経営承継円滑化法の意義

　経営承継円滑化法は、①非上場株式に係る相続税または贈与税の納税猶予制度、②遺留分に関する民法の特例、③金融支援を規定する。従来、現経営者の死亡に起因して、後継者(相続人)が相続した自社株(相続財産)に係る相続税負担、株式散逸、信用低下等が事業承継の障害となってきた。経営承継円滑化法は、事業承継を円滑に進め、事業活動の継続、地域経済の活性化・雇用維持を図ることを目的としている。

　経営承継円滑化法のうち、法人版事業承継税制は非上場株式等に係る贈与税・相続税を対象とし、個人版事業承継税制は個人の事業用資産に係る贈与税・相続税を対象とする。

2 納税猶予制度の概要

(1) 法人版事業承継税制

　①中小企業者(本章**第Ⅳ節**)の先代経営者および他の株主(先代経営者等)が保有する自社株等(議決権制限のない非上場株式・持分会社の持分。以下、「対象株式」)を、

②後継者（2代目）が贈与または相続もしくは遺贈により取得し、③対象株式の5年継続保有等の一定要件を満たす場合、④対象株式に係る贈与税または相続税に関し、⑤申告期限までに納税猶予分の贈与税額・相続税額に相当する担保（対象株式等）を提供することを前提として、⑥贈与では先代経営者等の死亡日まで、相続等では後継者（2代目）の死亡日まで、納税猶予がなされる（租税特別措置法（以下、「租特」）70条の7の5第1項・70条の7の6第1項）。これら自社株等に係る納税猶予制度を「法人版事業承継税制」という。また、個人の事業用資産に係る贈与税・相続税の納税猶予制度を「個人版事業承継税制」という。[1]

　なお、納税猶予適用後、経営承継期間または経営承継期間経過後に、①後継者の死亡、②次の後継者（3代目）への贈与等の一定事由が生じた場合、納税免除となる（本章**第Ⅱ節2**参照）。また、贈与者が死亡した場合、相続税の納税猶予・免除制度への切替えが可能である（本章**第Ⅴ節2**参照）。

(2) 一般措置と特例措置

　事業承継税制には一般措置および特例措置がある。一般措置（2018年税制改正前からの原則制度）は、中小企業者の先代経営者等が後継者（1名に限定）に対象株式の贈与・相続等をした場合、取得した当該株式のうち、発行済議決権株式の総数の3分の2を上限として、贈与税・相続税（相続税では当該課税価格の80％）の納税が猶予される（相続人・受贈者の死亡時まで保有により免除）。3分の2は特別決議の保有割合に由来する。また、①5年の経営承継期間内は、後継者が筆頭株主・代表権を維持、②従業員雇用の平均8割を維持等の各要件がある。なお、事業承継税制と併用可能であるが、相続時精算課税は60歳以上の者から20歳以上の推定相続人・孫への贈与だけが対象である。

　2018年度税制改正は、事業承継税制に次のような特例措置を設けた。① 2018年1月1日から2027年12月31日（10年間）までの贈与・相続等により取得された対象株式が対象、② 2023年3月31日までに特例承継計画を提出、③一般措置における、a) 対象株数制限（最大3分の2）および相続税の納税猶予割合（80％）の撤廃、b) 従業員の雇用維持要件の大幅緩和（事実上の廃止）、c) 最大3名まで後継者とすることの許容、d) 経営承継期間経過後の対象株式譲渡に係る減免制度、e) 相続時精算課

---

1)　事業承継税制に関し、都道府県知事への確認・申請手続は経営承継円滑化法が規定し、納税猶予・免除の要件・内容は租税特別措置法が規定しているが、事業承継税制に関し両法は重複している規定が多い。遺留分に係る特例合意、事業承継円滑化の金融支援に関しては経営承継円滑化法が規定している。本章は、中小企業庁「経営承継円滑化法―申請マニュアル【相続税、贈与税の納税猶予制度の特例】」（2019年4月施行）および後掲文献ならびに行政機関等へのヒアリング調査を参考とした。

税の対象を 20 歳以上の者（推定相続人等の限定なし。2022 年 4 月 1 日以降、18 歳以上）を対象とする。特例措置の適用期間中は一般措置も使えるが、通常は当事者に有利な特例措置を利用することになろう。

(3) 事業承継税制の抜本改正と利用活性化

従来の経営承継円滑化法（2008 年 10 月 1 日施行）では、納税猶予要件が厳格であり、要件を維持できなければ認定が取り消され、相続税に加え利子税が課されるリスクが高かった。また、承継税制の一般措置は暦年課税制度の特例として創設されたが、相続税精算課税制度を利用できなかった（旧租特 70 条の 7 第 3 項）。2013 年度税制改正は計 14 項目の軽減措置を設けたが、2008 年 10 月施行時から 2016 年 3 月末の 7 年半で、経営承継円滑化法の認定事例は 1,750 件（相続税・贈与税の納税猶予、民法特例、金融支援を含む）にとどまった。2017 年度税制改正は適用要件および認定取消しにおけるリスク軽減措置を設け[2]、認定機関を経済産業省から都道府県知事に移行した。

2018 年度税制改正および 2019（令和元）年度税制改正は、事業承継税制に係る適用基準の大幅な緩和、適用資産の多様化を図った。第 1 に、2018 年度税制改正は事業承継税の特例措置を設け、一般措置の適用要件を大幅に緩和した。その結果、特例措置の利用は急増した[3]。第 2 に、2019 年度税制改正は、個人の事業用資産に係る贈与税・相続税の納税猶予（個人版事業承継制度）を設けた。

3　遺留分に関する民法の特例・金融支援措置

現経営者から後継者に生前贈与された自社株等につき、その価額が相続時までに増加して、遺留分侵害額が想定外に高額になる可能性がある。当該課題については、遺留分に関する民法の特例により、先代代表者から推定相続人および後継者への自社株等の贈与につき、遺留分権利者の全員との間で、遺留分に係る一定の合意をすることができる。また、事業承継に必要な資金需要のため、金融支援措置として低利融資の特例および信用保証の特例、事業活動の継続に支障が生じることを防止するため、都道府県知事による指導・助言制度がある。

---

2)　具体的には、①贈与税納税猶予適用時の相続時精算課税併用を許容、②贈与者死亡による相続税納税猶予への移行時の要件緩和、③雇用確保要件の少人数時における緩和である。相続時精算課税を利用していれば、その贈与税と相続税の合計額は、事業承継税制を利用しなかった場合の相続税額と同額になり、認定取消リスクを排除できる。

3)　2018 年の特例措置利用が、一般措置の 2017 年利用実績の 4 倍弱に急増しているとされる（日本経済新聞 2018 年 7 月 5 日付朝刊）。

第Ⅱ節 ▶法人版事業承継税制の特例措置

1 特例措置の適用前提
(1) 適用期限

　法人版事業承継税制とは非上場株式（持分会社の持分を含む。対象株式）に係る贈与税・相続税の納税猶予制度であり、特例措置は、2018年1月1日から2027年12月31日までの10年間に生じた贈与・相続等により取得した非上場株式等（以下、「対象株式等」）が対象となる。なお、対象期間内に対象株式等を贈与すれば、対象期間経過後に相続が開始しても、その相続税につき、さらに特例措置による相続税納税猶予・免除制度を利用できる。

(2) 特例承継計画の提出

　特例措置の適用を受けるためには、2018年4月1日から2023年3月31日までに、対象会社が作成した特例承継計画を都道府県に提出して確認を受ける必要がある（経円12条、経円施規7条3項5項。一般措置では提出不要）。記載内容は、①対象会社の概要、②特例代表者の氏名・代表権の有無、③特例後継者の氏名、④自社株の承継時期、承継時までの経営課題と対応、⑤承継後5年間の事業計画、等である。当該内容に関し、認定経営革新等支援機関の指導および助言を受けて、その所見を記載する[4]。

　特例承継計画は所定期間内に提出することを要するが、相続開始後の提出も認められる。例えば、代表者 X_1 が特例承継計画の策定中に死亡したが、後継者 X_2 が所定期間内に特例承継計画を提出して確認を受ければ、特例措置の適用対象となる。

2 納税猶予の取消しと免除
(1) 納税猶予の取消し

　事業承継税制の適用を受けたが、（贈与税・相続税申告期限の翌日から）5年間の経営承継期間中に一定の要件を維持できなくなった場合、納税猶予額の全額および利子税の納付が必要となる。

　一定の要件とは、①対象株式の保有、②後継者が、その同族関係者と合わせて当該会社の総議決権数の過半数を保有し（議決権同族過半数保有要件）、かつ、その同族

---

4) 特例承継計画の確認後、計画内容に変更がある場合、変更申請書を都道府県に提出して確認を受ける。変更申請書には、変更事項を反映した計画を記載し、再び認定経営革新等支援機関による指導および助言を受けることが必要である。

関係者の中で議決権数が筆頭であること（同族内筆頭株主要件）、等である。納税猶予が取り消される事由（期限確定事由）には、①経営承継期間内にのみ求められるもの、②経営承継期間の経過後にも求められるものがある（本章**第Ⅴ節1**参照）。

●**納税申告期限後5年以内要件と5年経過後の扱い**

取消事由	経営承継期間	経営承継期間の経過後
納税猶予の対象株式の譲渡	各要件を充足できない場合、「納税猶予額の全額」＋「利子税」の納付（雇用維持は、特例措置では事実上の撤廃）	譲渡株式に対応する猶予額の一部納税＋5年経過日以後の利子税
議決権同族過半数保有・同族過半数保有・代表権の要件未充足		要件を充足しなくても、全額の納税猶予の維持
上場会社・風俗営業会社に該当		
後継者以外に拒否権付種類株式の交付		
資産保有型会社・資産運用会社に該当、総収入金額ゼロ、減資等		要件を充足しない場合、納税猶予額の全額＋利子税の納付

(2) 納税猶予額の免除

　経営承継期間の5年間に次の事由が生じた場合、納税猶予額が免除される。①贈与税の納税猶予に係る先代経営者の死亡、②後継者の死亡等である。他方、経営承継期間後では、この①・②に加え、次の後継者（3代目）への贈与、同族関係者以外の者に対象株式等を全部譲渡等も対象となる。

3　一般措置と特例措置の比較

　ア）関係者の属性・株式等

区　分		一般措置	特例措置
対象株式数		発行済議決権株式の総数等の3分の2まで	発行済議決権株式のすべて
納税猶予割合	相続税	80%	100%
	贈与税	100%	
後継者		一定要件を満たす1名のみ	左記要件を満たす上位3名までの者（議決権数10%以上保有）
従業員の雇用維持		5年平均して従業員雇用の8割維持	理由記載の書類提出により、雇用維持の未達成でも猶予継続

イ）手続関係

区　分	一般措置	特例措置
事前の計画策定等	不　要	特例承継計画の事前提出（2018年4月1日～2023年3月31日）
適用期限	条件なし	10年以内の贈与または相続・遺贈（2018年1月1日～2027年12月31日）
継続的な報告書・届出書	①認定有効期内に、都道府県庁に年次報告書の提出（年1回）、税務署に継続届出書の提出（年1回）、②経営承継期間経過後、税務署に継続届出書の提出（3年に1回）	

ウ）納税額の軽減制度

区　分	一般措置	特例措置
経営承継期間（5年）経過後の対象株式譲渡に係る減免制度	免除なし	対象株式の譲渡対価額対価額により再計算した税額が当初納税猶予税額を下回る場合、差額を免除。経営環境の変化要件前提
相続時精算課税制度	受贈者が20歳以上の直系卑属である推定相続人または孫	20歳以上（2022年4月1日以降、18歳以上）の後継者であれば可。直系専属ではない60歳以上の者からの贈与も可

（1）対象株式等の上限・相続税額

　事業承継税制の一般措置では、その対象株式数は相続等により取得した議決権株式等（租特70条の7の6第1項）のうち、発行済議決権株式の総数等の最大3分の2までであり（租特70条の7第1項・70条の7の2第2項・70条の7の4第1項）、納税猶予割合も相続税では対象株式の評価額の80％に対応する相続税の納付が猶予されるにとどまる。相続により、仮に全議決権数を承継したときに実際に猶予される額は、全体の約53％（3分の2×0.8）にすぎない[5]。

　特例措置は、対象株式数の上限撤廃（3分の2制限の廃止）、相続税の納税猶予割合を100％に拡大（80％制限の撤廃）した。

（2）雇用維持の弾力化

　一般措置では、後継者が経営承継期間の5年間に平均して承継時の従業員雇用の8割を維持することが要件（租特70条の7第3項2号・70条の7の2第3項2号・70条

---

5)　現オーナー経営者 X_1 が全自社株 10,000 株を有していた場合、後継者 X_2 の相続税の納税猶予割合は約53.3％となる（10,000株×(2/3)×80％=5,333株。5,333株÷10,000株＝約53.3％）。残り約46.7％の持株部分は納税猶予対象外である。

の7の4第3項）である[6]。特例措置では、5年平均8割を維持しなくても、都道府県に理由を記載した報告書を提出（実績報告）すれば、納税猶予を継続できる（租特70条の7の5第3項・70条の7の6第3項・70条の7の8第3項）。

5年平均8割を下回った場合、その理由に関し、認定経営革新等支援機関による[7]所見を報告書に記載して、都道府県知事の確認を受ける。下回った原因が、経営悪化または正当なものと認められない場合、認定経営革新等支援機関による「経営改善のための指導および助言」を受ける必要がある。

(3) 複数株主から複数後継者への承継

一般措置は、議決権同族過半数および同族内筆頭株主の各要件を満たす（対象会社の）代表者1名への株式承継だけが対象となる。特例措置は、代表権があり、議決権同族過半数、同族内筆頭株主の各要件を満たす者のうち、上位3名までが対象となる。対象となる各人が議決権数10％以上を保有することが求められる（租特70条の7の5第2項6号ニ・70条の7の6第2項7号ハ）。

●複数株主から複数後継者への承継

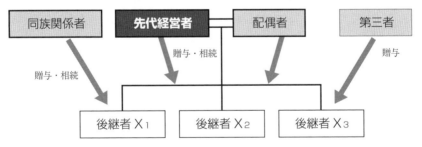

・贈与・継続は、先代経営者に加え、
　配偶者、同族関係者等の複数者が可能　　　　　　　　　　　　（贈与は、第三者も可能）

・最大3名の後継者（代表権あり、議決権数10％以上、
　議決権保有割合が上位3名までの同族関係者）。

---

6)　贈与・相続の開始の日における従業員数証明書を申請に際し提出する。添付書類として、①厚生年金保険の標準報酬月額決定通知書（70歳未満の常時使用する従業員の数を証明）、②健康保険の標準報酬月額決定通知書（70歳以上75歳未満の常時使用する従業員の数を証明）、③その他の資料（使用人兼務役員の場合、職業安定所に提出する兼務役員雇用実態証明書等）、がある。

7)　認定経営革新等支援機関とは、税務、金融および企業財務に関する専門的知識を有し、中小企業に係る経営革新計画の策定業務等に一定の経験年数を有する機関または専門家（商工会・商工会議所等の中小企業支援者、金融機関、税理士、公認会計士、弁護士等）であって、国が認定するものである。

(4) 第一種と第二種特例贈与・相続認定

　特例措置では、第一種特例贈与・相続認定と第二種特例贈与・相続認定がある。第一種特例贈与・相続認定は、「先代経営者」から後継者への贈与・相続か対象となる。他方、第二種特例贈与・相続認定は、先代経営者から後継者への贈与・相続以後、約5年の一定期間（経円施規6条1項13号柱書・14号柱書）に行われた「先代経営者以外の株主等」からの贈与・相続が対象となる。

　相続は先代経営者の同一生計親族（先代経営者の配偶者等）、同族関係者を対象とするが、贈与は第三者からも可能である。後継者は最初に先代経営者から株式を取得する必要がある。[8) なお、一般措置では、第一種特別贈与・相続認定、第二種特別贈与・相続認定という名称が用いられている。また、一般措置の第一種特別贈与・相続認定後に、特例措置の第二種特例贈与・相続認定を受けることはできない。

(5) 納税猶予税額の減免制度

　ア）計算　　経営承継期間経過後、対象株式を同族関係者以外に譲渡等をした場合、納税猶予税額の減免制度がある。一般措置では、対象株式の譲渡対価額（そのもの）が当初納税猶予税額を下回る場合、その差額を免除する。他方、特例措置では、経営環境の変化を示す一定の要件を満たし、かつ対象株式の譲渡対価額を基に再計算した税額が当初納税猶予税額を下回る場合、その差額を免除する（租特70条の7の5第11～19項）。譲渡等の対価額が株式の相続税評価額の2分の1を下回る場合、2分の1の価額を基に納付税額を再計算する[9)（譲渡時点の相続税評価額の50%を下限）。

　イ）要件　　特例措置の減免制度は、事業継続が困難になり、M&Aによる承継会社の株式を譲渡する等、経営環境の変化による将来の課税負担を軽減する制度である。そのため、経営環境の変化（事業継続が困難）を示す一定の事由を満たす必要がある（租特令40条の8の5第22項・40条の8の6第29項・40条の8の8第21項）。①直近3期中2期以上、経常損益が赤字・売上減、②有利子負債が売上の6ヵ月分以上、③直前事業年度終了の日以前1年間の類似業種の平均株価が直前々期より下落

---

8) 「認定を受けた中小企業者」を経営していた被相続人A（旧代表者）の遺産分割により、配偶者Bが自社株式のすべてを取得し、筆頭株主となり、長男Cが代表者として当該会社を経営していた。その後、筆頭株主である配偶者Bが死去し、長男Cが自社株式のすべてを相続した場合、配偶者Bは「会社を経営していた被相続人」に該当しない。そのため、事業承継税制の対象にならない。

9) この場合には、さらに担保および一定の申請書を提出することにより、この譲渡等の日の2ヵ月後となった猶予期限を2年延長でき（租特70条の7の5第13項）、この譲渡等の日の2年後の時点で、譲渡時の雇用の半数以上が維持されていれば、実際の対価の額に基づく税額との差額が免除される（同条14項）。

等である。株式譲渡等の時期が、事業年度開始後 6 ヵ月以内の場合、または事業年度開始後 6 ヵ月経過の場合では要件が異なる。

●対象株式譲渡等に係る納税猶予税額の減免

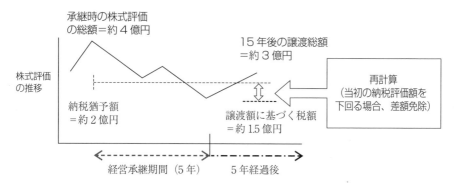

●株式譲渡等の時期による要件

株式譲渡等の時期	事業年度開始後 6 ヵ月以内	事業年度開始後 6 ヵ月経過
経常損益	直前の 4 事業年度のうち、2 以上の経常損益が赤字	直前の 3 事業年度のうち、2 以上の経常損益が赤字
売上高	直前の 4 事業年度のうち、2 以上の平均月売上高が、その前事業年度の平均月売上高を下回る	直前の 3 事業年度のうち、2 以上の平均月売上高が、その前事業年度の平均月売上高を下回る

(6) 相続時精算課税制度の適用範囲の拡大

　相続時精算課税制度は、一般措置では、原則として、60 歳以上の贈与者（父母・祖父母）から、20 歳以上（2022 年 4 月 1 日以降、18 歳以上。以下、同じ）の直系卑属である推定相続人（子・孫）が受贈者となる贈与がその対象となる。特例措置では、60 歳以上の贈与者から、20 歳以上の後継者に対する贈与がその対象となる。贈与者は後継者（受贈者）の父母・祖父母に限定されない。第三者も可能である（本章**第IV節4**参照）。

　後継者は多額の税負担および当該資金調達のため事業承継に躊躇することが少なくなかった。特例措置を利用した事業承継事例を中小企業庁は公表している（中小企業庁財務課「法人版事業承継税制の活用事例」（令和元年 9 月 27 日公表））。

●相続時精算課税制度の適用

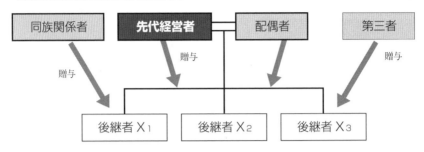

・贈与者は、60歳以上であれば可
・父母または祖父母の限定なし、第三者も可

・最大3名の後継者（20歳以上、代表権、議決権数10％以上、
議決権保有割合が上位3名までの同族関係者）

第Ⅲ節　▶法人版事業承継税制の当事者要件

1　後継者の要件

　後継者は、先代経営者から対象株式を贈与・相続等により取得したのか、先代経営者以外の株主から対象株式を贈与・相続等により取得したのかにより、納税猶予制度の適用を受けるために維持すべき要件が異なる。

●後継者の分類

区分	先代経営者→後継者	先代経営者以外の株主→後継者
贈与	第一種特例経営承継受贈者（経円施規6条1項11号）	第二種特例経営承継受贈者（同項13号）
相続	第一種特例経営承継相続人（同項12号）	第二種特例経営承継相続人（同項14号）

（1）要件の分類

　後継者（特例承継計画に記載）が充足すべき要件は、株式取得・保有要件、代表権・承継前役員等、納税状況等に分類できる。例えば、株式取得・保有要件として、後継者が、その同族関係者と合わせて当該会社の総議決権数の過半数を保有し（議決権同族過半数保有要件）、かつ、その同族関係者のなかで議決権数が筆頭であること（同族内筆頭株主要件）、等である。

なお、同族関係者の範囲には、代表者（後継者・先代経営者）の親族、代表者と事実上婚姻関係にある者等に加え、代表者が親族等と合わせて総株主議決権数の50％超を保有する会社を含む[10]。

●同族関係者に会社を含む事案

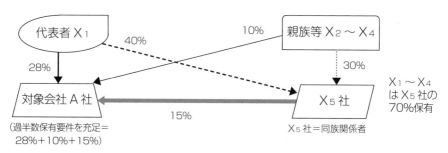

(2) 後継者の具体的要件

ア）議決権数、株式の取得・保有

要　件		具体的内容
議決権同族過半数保有	原　則	贈与時・相続時に、後継者とその同族関係者と合わせて当該会社の総議決権数の過半数を保有
	贈与の時期	後継者が複数存在し、異なる時期に贈与が行われたときは、最後に行われた贈与の直後により判定
同族内筆頭株主	後継者1人	贈与時・相続開始時に、後継者がその同族関係者の中で最も多くの議決権数を保有
	後継者2〜3人	贈与時・相続開始時に、各後継者が、①議決権を10％以上の保有、かつ、②各後継者を除き、その同族関係者のうち、いずれかの者が有する議決権数を下回らないこと
取得・保有		①贈与または相続もしくは遺贈（贈与・相続等）により対象株式を取得、②贈与・相続等により取得した対象株式を、経営承継期間中はすべてを保有

---

10)　同族関係者とは、①代表者（先代経営者または後継者）の親族、②代表者と事実上婚姻関係にある者、③代表者の使用人、④前記①〜③以外で、代表者からの金銭等による生計維持の者、⑤前記②〜④の者と生計を一にするこれらの者の親族、⑥代表者と前記①〜⑤の者が合わせて総株主議決権数の50％超を保有する会社、⑦代表者と前記①〜⑥の者が合わせて総株主議決権数の50％超を保有する会社、⑧代表者と前記①〜⑦の者が合わせて総株主議決権数の50％超を保有する会社、である。

イ）代表権・承継前役員等

要　件		具体的内容
特　定		特例承継計画に記載された後継者であること（特例措置の適用後、変更不可）
代表権保有		①贈与時（贈与時前からを含む）、または、②相続開始日の翌日から5ヵ月経過後時に（経営承継期間中、代表権の継続保持）、対象会社の制限のない代表権（持分会社では業務執行社員）を有していること
承継前役員等	贈　与	贈与日の3年前の応当日から贈与日までの3年間、継続して対象会社の役員等（持分会社では業務執行社員）であること。子会社の役員等を含まない
	相　続	先代経営者等の相続開始直前において、対象会社の役員等であること（先代経営者等が60歳未満で死亡した場合を除く）
贈与日の年齢		贈与日に20歳以上（2022年4月1日以降、18歳以上）。贈与だけの要件

ウ）納税等の状況

要　件	具体的内容
制度の未利用	対象株式について、過去に後継者が事業承継税制（一般措置）を利用していないこと（租特70条の7の5第2項6号ト）
納税見込み	対象株式等に係る贈与税または相続税を納付する見込みがあること（認定申請時までに対象株式に関し遺産分割が澄んでいる必要あり）

2　先代経営者の要件

　第一種特例贈与・相続認定中小企業者として、先代経営者（贈与者・被相続人）は、①株式保有要件（議決権同族過半数保有・同族内筆頭株主要件）、②代表者要件（持分会社では業務執行社員）、③同族関係者と合わせて対象会社の50％超えの議決権数を保有（同族内過半数保有要件）、④贈与株式数要件、⑤特例承継計画への記載要件、を充足する必要がある。

ア）株式等の保有要件・代表者要件

要　件		具体的内容
過半数・筆頭株主要件	保有の時期	先代経営者が、「当該会社の代表者であった時期内のいずれかの時および贈与直前・相続開始直前」に、その同族関係者と合わせて当該会社の総議決権数の過半数を保有、かつ、その同族関係者の中で最も多くの議決権数を保有
	算定方法	同族内筆頭株主要件は、経営承継受贈者・経営承継相続人（後継者）となる者を除いて算定

代表者の地位	特　定	特例承継計画に記載された先代経営者であること
	代表者地位	特例中小企業者の代表権（持分会社では業務執行社員）を有していたこと（代表権の制限がある者は不可）
	相　続	相続直前に代表者、または過去に代表者であったこと
	贈　与	贈与時に、代表者を退任していること（役員として残留可）
前提		対象株式に関し、既に事業承継税制の適用に係る贈与をしたことがないこと

イ）贈与株式数

区　分	前提となる状況	贈与すべき株式数
後継者が1人	贈与者＋後継者の保有議決権数が総議決権数の3分の2以上	贈与後の後継者の議決権数が総議決権数の3分の2以上となるように贈与
	贈与者＋後継者の保有議決権数が総議決権数の3分の2未満	先代経営者が保有する議決権株式等のすべてを贈与
後継者が2〜3人	（前記条件なし）	贈与後に、①各後継者の議決権数が10%以上、かつ、②贈与者よりも多くの議決権数を有するように贈与。なお、贈与者と各後継者が同率であることは不可

3　先代経営者以外の株主等の要件

　第二種特例贈与・相続認定中小企業者として、先代経営者以外の株主等（法人は不可。贈与者・被相続人）は、①対象株式等の保有要件、②承継の時期要件、③非代表者要件、④贈与株式数要件、を充足する必要がある。贈与株式数要件は先代経営者の場合と同じあるが、代表権の保有要件、議決権同族過半数保有・同族内筆頭株主要件、特例承継計画に記載要件は不要である。

●先代経営者以外の株主の要件

要　件	具体的内容
株式保有	贈与直前・相続開始直前に、対象会社の自社株を保有していた個人（法人は不可）
承継の時期	先代経営者から後継者への贈与・相続以後、約5年の一定期間内（経円施規6条1項13号柱書・14号柱書）
贈与時の地位	贈与の時に、特例中小企業者の代表権（持分会社では業務執行社員）を有していないこと（親族か否か、社内の者か否かは不問）
制度利用	対象株式に関し、すでに事業承継税制(特例措置)の適用に係る贈与をしたことがないこと
贈与株式数	（先代経営者の場合と同じ）

4　対象会社の要件

(1) 中小企業者

　事業承継税制の適用対象となる会社は、次の要件を満たす中小企業者である（経円2条1～5号、経円施規2条・6条1項11～14号）。

　①贈与時等（贈与時・相続開始時）に、常時使用従業員数が1人以上である[11]、②贈与時等（贈与時・相続開始時）以後、a）上場会社等・風俗営業会社でない、b）特定特別子会社[12]が上場会社等・大会社・風俗営業会社のいずれでもない、c）後継者以外の者が拒否権付株式を保有していない、③贈与日等の属する事業年度の直前事業年度開始日以後、資産保有型会社でない、④認定申請基準事業年度に、資産運用型会社でなく、総収入金額がゼロを超えている、ことである。特定特別関係会社にも、これら要件が一定の範囲で妥当する[13]。

●事業承継税制の対象会社

時　期	該当性
贈与時・相続等開始時	常時従業員数が1人以上（特別子会社が外国会社の場合、5人以上）の中小企業者
贈与時・相続等開始時以後	上場会社等（上場申請を含む）、風俗営業会社でないこと
	特定特別子会社が上場会社等、大会社または風俗営業会社でないこと
	後継者以外の者が拒否権付株式（会108条1項8号）を保有していないこと
贈与時・相続等開始日の属する直前の事業年度開始日以後	資産保有型会社でないこと
贈与・相続等の認定申請基準事業年度	資産運用型会社でないこと
	総収入金額がゼロを超えていること
贈与前3年以内	総資産の価額のうち、後継者およびその同族関係者から現物出資等により取得した資産の価額が7割未満

---

11)　その会社の特別子会社が外国会社である場合、常時使用従業員数が5人以上を要する。
12)　特定特別子会社とは、会社ならびにその代表者および当該代表者と生計を一にする親族が他の会社の総株主等議決権数の50％を超える議決権を有する場合における当該他の会社である（経円施規1条10項9項1号・6条1項7号8号）。
13)　承継会社の旧代表者が、複数の会社を経営している場合、各会社において被相続人要件、相続人要件、適用会社要件、事業継続要件を満たせば、それぞれ事業承継税制を適用できる。例えば、Pは、不動産業を営むX₁社および飲食業を営むX₂社を経営し、Pの子QにX₁社を、子RにX₂社を承継させたいと考えている。事業承継税制の適用を受けるためには、X₁社およびX₂社のそれぞれにおいて、被相続人要件、相続人要件、適用会社要件、事業継続要件を満たせばよい。

(2) 中小企業者の事業別の区分

前記 **(1)** の「中小企業者」は（経円2条1〜5号）、次に掲げる会社（株式会社、特例有限会社、持分会社、農業生産法人）[14]である。製造業等、卸売業[15]、小売業、サービス業により、資本金の額・出資の総額または従業員数が異なる[16]。

●中小企業者の内容

主たる事業		資本金の額・出資の総額（または）	従業員数
製造業、建設業、運輸業、その他	下記以外	3億円以下	300人以下
	ゴム製造業		900人以下
卸売業		1億円以下	100人以下
小売業		5,000万円以下	50人以下
サービス業	下記以外		100人以下
	旅館業		200人以下
	ソフトウェア業・情報サービス業	3億円以下	300人以下

(3) 適用除外会社と例外

中小企業者のうち、資産保有型会社[17]、資産運用型会社[18]、上場会社等[19]、風俗営業会社[20]、その特定特別子会社が上場会社等、大会社、風俗営業会社[21]は、適用除外会社となる。特定特別関係会社が、中小企業者、非上場会社、非風俗営業会社であることが求められる。ただし、資産保有型会社および資産運用型会社のうち、親族外従業

---

14) 中小企業者の定義（経円2条1〜5号）うち、1号から4号は中小企業基本法が規定する中小企業である。区分は資本金または出資額、常時使用する従業員数、主たる事業内容による。5号は中小企業基本法上の中小企業と異なり、経営承継円滑化法施行令による。
15) 製造業のうち、ゴム製造業では、自動車・航空機用タイヤおよびチューブ製造業ならびに工業用ベルト製造業を除く。
16) 事業承継税制の適用を受けたいため、相続発生日の直前に合理的理由もなく減資を行った場合、資本金要件を満たしていたとしても事業承継税制が適用されない可能性がある。
17) 資産保有型会社とは、特定資産（経円施規1条12項2号）の価額の合計額の割合が70%以上の会社である。なお、借入金等で70%以上になった場合、借入等の日から6ヵ月間は猶予される（2019年4月1日以降）。
18) 資産運用型会社とは、1事業年度における総収入金額に占める特定資産の運用収入の合計額の割合が75%以上の会社である（経円施規1条13項）。
19) 上場会社等とは、金融商品取引所に上場する株式、または店頭売買有価証券登録原簿に登録されている株式を発行している株式会社である（経円3条1項）。
20) 風俗営業会社には、バー、パチンコ、ゲームセンター等を営む会社は含まれない（租特70条の7の5第2項1号ニ・70条の7の6第2項1号ニ）。
21) 大会社とは、中小企業者以外の会社をいう（経円施規1条11項）。

員が5人以上であり、相続時等まで3年以上にわたり商品販売等の事業実態要件を満たす会社は、適用対象となる（経円施規6条2項）。

　なお、5年の経営承継期間中に上場申請がなされた場合、納税猶予の期限が確定して、猶予税額の全額および利子税の納付義務が生じる。他方、経営承継期間経過後では、非上場維持の要件はない。

(4) 特定特別関係の要件

　特定特別関係会社とは、「特別の関係を有する者[22]」の議決権数の合計が、総株主等議決権数の50%超となる会社である[23]（租特70条の7の5第2項1号ハ・70条の7の6第2項1号ハ）。特定特別関係会社が、①経営承継円滑化法の大会社、②上場会社、または、③風俗営業会社のいずれかであれば、事業承継税制の適用はない。

　下図の**事例1**では、対象会社X₁社（代表者Aが議決権の50%超保有）はX₂社の過半数の議決権数を保有しているので、X₂社はX₁社の特定特別関係会社である。他方、**事例2**では、対象会社Y₁社（代表者Bが議決権の50%超保有）および代表者B個人が合計でY₂社の過半数の議決権数を保有しているので、Y₂社はY₁社の特定特別関係会社である。両事例では、X₂社・Y₂社は上場会社なので、事業承継税制の適用対象外となる。

●事例1

●事例2

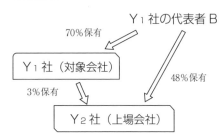

(5) 現物出資規制

　事業承継税制の適用対象となるためには、対象会社が現物出資規制を受けていな

---

22) 特別関係者とは、①対象会社、②対象会社の代表者、③代表者の親族、④代表者と事実上婚姻関係にある者、⑤代表者の使用人、⑥前記③〜⑤以外で、代表者からの金銭等により生計を維持する者、⑦前記④〜⑥の者と生計を一にするこれらの者の親族、⑧前記①〜⑦の者が合わせて総株主議決権数の50%超を保有する会社、⑨前記①〜⑧の者が合わせて、総株主議決権数の50%超を保有する会社、⑩前記①〜⑨の者が合わせて総株主議決権数の50%超を保有する会社、である。
23) 特別関係者のうち、「当該代表者の親族」では、生計を一にすることを条件とする。

いことを要する（租特70条の7第29項・70条の7の2第30項）。すなわち、①事業承継税制の適用を受けようとする贈与前3年以内に、②対象会社が後継者およびその同族関係者から現物出資または贈与を受けていて、③それにより取得した資産の価額の合計額が、総資産の価額の合計額に対し70％以上である場合、適用除外となる（租特70条の7第14項・70条の7の2第15項）。

　先代経営者が個人資産を現物出資し、その対価となる自社株を承継して、（個人資産に係る贈与税にまで）事業承継税制の適用を受けること（租税回避行為）を封じるためである。なお、対象会社に個人資産を移転する必然性があり、事業承継税制の適用を検討している場合、現物出資を避けて、売買を選択することが考えられる。

●**現物出資規制**

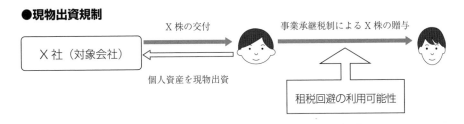

5　株式の関連要件

　事業承継税制の適用対象は、中小企業者が発行する株式等であるが、そのうち、①議決制限株式（完全無議決権株式、一部議決権制限株式）、②単元未満株式、③属人的種類株式として議決権を制限している株式は適用対象外である。後継者以外の者が拒否権付種類株式（黄金株）を贈与時または相続時以後、保有してはならない。なお、事業承継税制の適用の有無を判断する場合、発行済議決権株式総数の分母から、無議決権株式を除外して計算する[24]（先代経営者または先代経営者以外の株主等が贈与すべき株式数は、本節**2・3**参照）。

　株式会社においては、後継者が贈与または相続により取得した納税猶予株式につき、議決権制限株式に変更した場合には認定が取り消される。持分会社においては、後継者の議決権を制限する旨の定款の変更をした場合には認定が取り消される。

24）　経営承継受贈者の適用要件としての「株式等の過半数所有」は、本来であれば、議決権を行使することができる事項毎に検討する必要があるが、会社法上、株式等ごとに有する議決権の内容について自由に設計することができ、議決権を行使することができる事項ごとに整理するのは、実際上極めて困難である（税務研究会編『「非上場株式等の相続税等納税猶予制度」逐条解説』（税務研究会出版局・2010）49頁）。そのため、「株主総会において決議をすることができる事項の全部につき議決権を行使することができない株主を除く」とされた。

6　持分会社における制度適用

（1）相続承継する旨の定款規定

　持分会社（合名・合資・合同会社）の持分は事業承継税制の適用対象となる。納税猶予の適用を受けるためには、株式会社の事案と同じく、納税猶予額＋猶予期間中の利子税額に相当する担保の提供を要する（租特70条の7の5第1項・70条の7の6第1項・70条の7の8第1項・70条の7第1項70条の7の2第1項・70条の7の4第1項[25]）。

　また、相続税の納税猶予とするためには、死亡した社員の持分出資が相続承継される旨の定款の定めを要する。持分会社の社員の死亡は退社事由だからである（会607条1項3号）。

（2）役員かつ代表者要件

　先代経営者および後継者に関する「役員かつ代表者」要件は、持分会社の社員区分による。持分会社の社員は、定款に別段の定めがある場合を除き、業務を執行する（会590条1項）。原則として、社員全員が役員かつ代表者である。

　業務執行社員を定款で定めた場合、当該社員が役員かつ代表者である（会591条1項・599条1項）。業務執行権を有しない社員は要件を満たさない。他方、代表社員を定款で定めた場合、当該社員は代表者となり（会599条1項）、他の業務執行社員は役員ではあるが代表者ではない。

（3）過半数保有要件・筆頭株主要件

　持分会社では、定款に別段の定めがある場合を除き、社員の過半数をもって業務を決定する（会590条2項）。原則として、各社員は出資額に関係なく同数の議決権を有する。同族関係者のうち議決権数を最も多く保有していなくても、下回っていなければ筆頭株主要件を充足する。

　他方、持分会社に対する同族関係者の出資割合が過半数であっても、同族関係者の社員数が50％以下である場合、過半数保有要件を充足しない。そのため、次のような施策が求められる。例えば、①定款に、「出資金額X円につき、1議決権を有する」旨を規定し、出資割合と議決権数を一致させる、②同族関係者を社員として加入させる、または同族関係者以外の社員を退社させる、③持分会社を株式会社に組織変更する、等である。[26]

---

25)　持分会社の持分を担保提供するためには、質権を設定する。担保提供手続とリスクに関し、本章**第Ⅳ節2**参照。

26)　税理士法人山田＆パートナーズ編『新事業承継税制の活用と実務Q&A』（日本法令・2018）44頁。

第Ⅳ節 ▶納税猶予に係る手続

1 手続概要
(1) 法人版事業承継税制の手続

(提出先) (項 目)

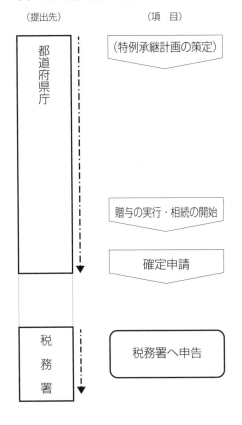

都道府県庁

(特例承継計画の策定)

・対象会社が作成、認定支援機関の所見記載⇒2023 年 3 月 31 日までに提出し、確認審査（一般措置では、特例承継計画の策定は不要）

・対象会社が作成、認定支援機関の所見記載⇒2023 年 3 月 31 日までに提出し、確認審査（一般措置では、特例承継計画の策定は不要）

贈与の実行・相続の開始

・2018 年 1 月 1 日から 2027 年 12 月 31 日までの承継が対象（特例措置）

確定申請

・①贈与年の 10 月 15 日〜翌年 1 月 15 日の間、または、②相続開始の翌日から 8 ヵ月以内に、認定申請書の提出（特例承継計画の添付）⇒審査後、認定書の交付

税務署

税務署へ申告

・認定書の写し、贈与税・相続税の申告書等の提出
・納税猶予額＋利子税の額に見合う担保提供⇒特例を受ける自社株のすべての担保提供で代替可
・贈与では、相続時精算課税制度の適用を受ける場合、その旨を明記

(納税猶予の開始)

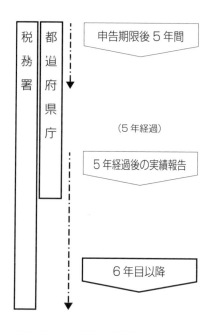

税務署	都道府県庁	申告期限後5年間	・都道府県庁に年次報告書の提出（年1回）⇒認定時の要件維持などの報告 ・税務署に継続届出書の提出（年1回）⇒納税猶予の特例を受けたい旨等の記載
		（5年経過）	
		5年経過後の実績報告	・承継時雇用の5年平均8割を下回る場合、理由記載の書類（実績報告）を都道府県に提出⇒未達成の原因が経営悪化でない、正当な理由でない場合、認定支援機関による経営改善の指導・助言義務
		6年目以降	・特例措置では、税務署に「継続届出書」の提出（3年ごと）⇒納税猶予の特例を受けたい旨等の記載 ・都道府県庁への年次報告書は不要

（2）個人版事業承継税制の手続

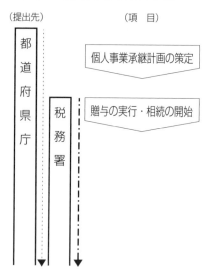

（提出先） （項　目）

都道府県庁	税務署	個人事業承継計画の策定	・後継者が作成、認定支援機関の所見記載⇒2019年4月1日から2024年3月31日まで提出（計画書は認定申請と同時に提出可能）
		贈与の実行・相続の開始	・2019年1月1日から2028年12月31日までの承継が対象

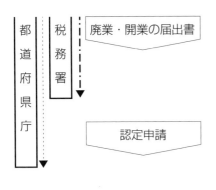

・贈与税：認定申請時までに、①先代事業者は「廃業の届出書」を、②個人事業承継者は「開業の届出書」を、原則、贈与の日から2ヵ月以内に青色申告承認申請書を税務署長に提出。相続税：前記②を提出

・①贈与年の10月15日〜翌年1月15日の間、または、②相続開始の翌日から8ヵ月以内に、認定申請書の提出（個人事業承継計画の添付）⇒審査後、認定書の交付

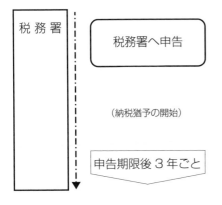

・①贈与年の翌年3月15日までに、または、②相続開始の日の翌日から10ヵ月以内に、贈与税・相続税の申告書等の提出（認定書の写しを添付）
・納税猶予額＋利子税の額に見合う担保提供

・税務署に「継続届出書」の提出（3年ごと）
・都道府県庁への年次報告書は不要

2 納税猶予手続

(1) 一般・特例措置の事務負担

　ア）一般・特例措置　　①納税猶予開始から5年間（経営承継期間）、都道府県庁への年次報告書（年1回）、税務署への継続届出書（年1回）の提出、②納税猶予の認定申請（都道府県）、納税猶予の申告（税務署）における各種書類の作成が必要、③納税猶予の申告のため、例えば、相続税ではその申告書の提出、納税猶予の開始から6年目以降、税務署に継続届出書を3年に1回提出する必要がある。次の承継が数十年先であれば、継続届出書の作成負担は継続する。

　イ）特例措置のみ　　前記ア）に加え、①都道府県による確認審査において、特例承継計画を作成し、認定申請書に添付、②承継時雇用の5年平均8割を下回る場合、理由記載の書類を都道府県に提出する必要がある。

（2）自社株の担保提供手続とリスク

ア）担保額と担保財産　　納税猶予を受けるには、「納税猶予額＋猶予期間中の利子税額」[27]に相当する担保の提供を要する（租特70条の7の5等）。担保財産は、①納税猶予の対象となる自社株（持分会社では持分）、②不動産、国債・地方債、税務署長が確実と認める有価証券、税務署長が確実と認める保証人の保証である。

イ）対象株式の提供　　対象株式の全部の価額が納税猶予額より低い場合、納税猶予の対象となる自社株のすべてを担保提供すれば、納税猶予額相当の担保提供があったものとみなされる[28]。対象株式の価額が下落しても、増担保は不要である。対象株式の担保提供後も、議決権行使は可能である。

ウ）増担保の事由　　担保提供後、会社または株式に一定の事由が生じた場合、増担保が税務署長から求められる。具体的には、①承継会社が合併により消滅した場合、②組織変更した場合、③株式交換等により他の会社の株式交換完全子会社等になった場合、④株式併合・株式分割があった場合、⑤株式の無償割当が行われた場合、等である。増担保を回避するためには、これら行為を事前に実行しておく。

エ）納税猶予の取消し　　納税猶予の要件を維持できず、取り消しになると、納税猶予額および利子税の支払いが求められる。これら税金を支払えない場合、担保権が実行されて、対象株式が他者に譲渡される可能性は皆無ではない。納税猶予期間を短縮する計画立案等の対策が考えられる[29]。

3　贈与者死亡とみなし相続
（1）一般措置の適用済みの自社株

　例えば、非上場会社P社の後継者X_2は先代経営者X_1からP株の贈与を受け、納税猶予の一般措置の対象となっているとする。ここで、X_1が死亡したときは、P株はX_1から相続（X_2がX_1の相続人以外の者である場合、遺贈）により取得したものとみなされ（租特70条の7の3第1項）、「贈与者が死亡した場合の相続税の一般措置」の適用対象となる[30]。X_1が仮に特例制度適用期間内（2018年1月1日から10年間）に

---

27)　猶予期間中の利子税額は、贈与税または相続税の申告期限における、後継者の平均余命年数を納税猶予期間として計算した金額である。

28)　株券発行会社では株券の現物を担保提供する。株券不発行会社では、①対象株式の質権設定の承諾書類、②経営承継者の印鑑証明書、③株主名簿記載事項証明書、④代表取締役の印鑑証明等である（租特規23条の2第1項）。

29)　鵜飼重和監修・西中間浩=小西功朗=宇治圭著『新・事業承継税制の活用と落とし穴』（新日本法規・2018）100頁。

30)　一般措置による相続税の納税猶予においては、発行済議決権株式数の3分の2を上限として、当該株式価額の80％がその対象となる。

死亡したとしても、相続税の特例措置は適用されない。

　なお、X_2 が上記の一般措置ではなく、「贈与税の納税猶予の特例措置」の適用を受けていれば、「贈与者が死亡した場合の相続税の特例措置」の適用対象となる。たとえ、X_1 の死亡日が特例措置の適用期間後でも、適用除外とならない。

●みなし相続

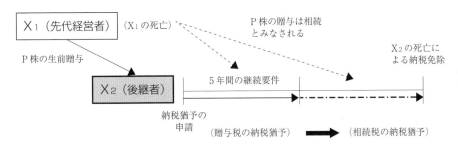

(2) 切替手続

　X_1 が死亡した場合、その相続開始 8 ヵ月以内に、都道府県に切替確認の申請を行う。切替要件を満たしている場合、確認書が交付される。なお、X_1 の死亡による相続・遺贈に係る相続税の課税価格の計算の基礎に算入すべき P 株の価額は、X_1 が贈与により取得した P 株の「贈与時における価格」である（租特 70 条の 7 の 7 第 1 項）。相続発生時の価額ではない。

　贈与税の納税猶予制度から相続税の納税猶予制度への切替に際し、対象会社および後継者の各要件（本章**第Ⅲ節**参照）の再認定を受ける必要がある。5 年の経営承継期間経過後であっても、要件充足が求められる。

4　相続時精算課税制度
(1) 制度概要

　相続時精算課税制度は、原則として、60 歳以上の贈与者（父母・祖父母）から、20 歳以上の直系卑属である推定相続人（子・孫）に対して行う贈与に関し、累計 2,500 万円までは非課税とし、2,500 万円超過部分には 20％の贈与税が相続税の前納として課されるものである。贈与者が死亡した場合、相続時精算課税制度を利用して贈与した財産を合算して相続税額を計算する。納付済みの贈与税額は相続税額から控除し、控除しきれない分は還付される。相続時精算課税制度を選択した後は、同一贈

与者からの贈与につき、暦年課税制度を受けることができない。

(2) 一般措置と特例措置

　一般措置では、相続時精算課税制度の適用対象は、原則として、60歳以上の贈与者（父母・祖父母）から、20歳以上の直系卑属である推定相続人（子）または孫に対して行う贈与に限られる。他方、特例措置では、60歳以上の贈与者から、20歳以上の後継者に対して行う贈与が対象となる。贈与者は受贈者の父母・祖父母に限定されない。第三者も可能である。

5　次世代への承継態様
●事業承継税制と株式の承継概要

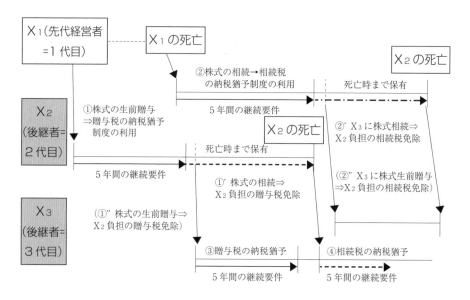

(1) 先代経営者から後継者に相続

　例えば、Y社の先代経営者 X$_1$ から2代目後継者 X$_2$ に相続で自社株 Y 株を承継して、納税猶予制度を利用し、X$_2$ が死亡するまで Y 株を保有した場合、X$_2$ の相続税は免除される。また、3代目後継者 X$_3$ が Y 株を相続により X$_2$ から承継したとき、X$_3$ が納税猶予制度を利用するかどうかは任意である。

(2) 先代経営者から後継者に贈与

　例えば、Y社の先代経営者 X$_1$ から2代目後継者 X$_2$ に贈与で自社株 Y 株を承継

して、納税猶予制度を利用し、X_1 の死亡前に、かつその承継期間後に、X_2 が 3 代目後継者 X_3 に Y 株を贈与した場合、X_3 が贈与税の納税猶予制度を利用したときに限り、X_2 の贈与税が免除される。

(3) 猶予継続贈与

先代経営者からの自社株の承継に関し、納税猶予制度を利用している 2 代目後継者が存命中に 3 代目後継者に自社株を贈与し、その贈与について 3 代目後継者が納税猶予制度の適用を受けた場合、当該贈与を「猶予継続贈与」という。

例えば、先代経営者 X_1 から 2 代目後継者 X_2 が「相続」で Y 株を承継し、相続税の納税猶予制度を利用した場合において、その承継期間後に X_2 が 3 代目後継者 X_3 に Y 株を贈与すれば、X_3 が贈与税の納税猶予制度を利用したときに限り、X_2 の相続税が免除される。他方、X_1 から X_2 が「贈与」で Y 株を承継し、贈与税の納税猶予制度を利用し、X_1 の死亡後に、X_2 が X_3 に Y 株を贈与した場合、X_1 の死亡時に X_2 の贈与税は免除される。しかし、X_1 の相続に係る X_2 の相続税は、X_3 が贈与税の納税猶予制度を利用したときに限り、X_2 の相続税は免除される。

第Ⅴ節　▶納税猶予の取消し

1　期限確定事由

納税猶予制度の適用を受けた場合、相続税申告期限から 5 年間（経営承継期間）は、厳格な要件を維持する必要がある。例えば、経営承継期間中に対象株式の譲渡をした場合、原則として納税猶予が打ち切られる。5 年経過後は譲渡した株式に対応する納税猶予の税額相続税および 5 年経過後の期間分の利子税が課されるだけで済む。また、経営承継期間中に、①後継者がその同族関係者と合わせて当該会社の 50% 超えの議決権数を有し（議決権同族過半数保有要件）、かつ、②同族関係者の中で議決権数が筆頭であること（同族内筆頭株主要件）、という要件を充足しなくなった場合、納税猶予が打ち切られる（経円施規 9 条）。

納税猶予が取消される事由を「期限確定事由」という。期限確定事由には、①経営承継期間内および期間経過後に共通の事由、②期間内のみに必要とされる事由、②期間経過後のみに必要とされる事由がある。

なお、次のいずれかに該当する場合（経円施規 9 条 10 項）、経営承継期間中に後継者が代表権を喪失しても期限確定事由に該当しない。精神障害者保健福祉手帳 1 級、身体障害者手帳 1 級・2 級の各交付を受けた場合等である。

ア）期間内および期間経過後に共通の事由

当事者	期限確定事由
後継者（贈与・相続）	①対象株式の譲渡（猶予額の一部納税＋利子税。ただし、やむをえない理由が生じた場合を除く）、②自発的な納税猶予の取消申請、③後継者の死亡（納税猶予の税額を免除に）
先代経営者（贈与）	先代経営者（贈与者）が死亡しながら、切替認定を受けなかった場合
認定承継会社	①会社解散、②資産保有会社・資産運用会社に該当、③総収入金額ゼロ、④資本金・資本準備金の減少、⑤合併による消滅、株式交換・株式移転による完全子会社になる（猶予額の一部納税＋利子税）、⑥都道府県への年次報告書・税務署への継続届出書の未提出

イ）期間内のみの事由

当事者	期限確定事由
後継者（贈与・相続）	①認定承継会社の代表権喪失（代表権の制限を含む。ただし、やむをえない理由が生じた場合を除く）、②後継者＋同族関係者で議決権同族過半数要件の不充足、③同族内筆頭株主要件の不充足
先代経営者（贈与）	認定承継会社の代表権を再取得
認定承継会社	①一般措置では従業員雇用の平均8割維持を下回る（特例措置では未充足の理由書面の未提出）、②会社分割により、後継者に吸収分割承継会社の株式を配当財産とする剰余金配当、③組織再編により、後継者に承継会社の株式以外の財産交付、④後継者以外の者への拒否権付種類株式の交付、⑤後継者の議決権を制限

ウ）期間以降のみの事由

当事者	期限確定事由
後継者	猶予継続贈与
認定承継会社	会社分割・組織変更（猶予額の一部納税＋利子税）

2 利子税の課税と免除

　納税猶予が取り消された場合、相続人または受贈者は納税猶予額の全額および利子税を納める必要がある。[31] 利子税率は、原則として3.6％であるが、各年の特例基準割合÷7.3％未満（0.1％未満切捨）であれば軽減される。利子税の利率は短期貸出平

---

31) 例えば、事業承継税制の適用を受けているが、3年後、後継者が代表取締役を辞任した場合、納税猶予は取消しとなり、猶予税額の全額および利子税の納付を要する。ただし、事業承継税制の適用を受けた後継者が死亡、事故または病気等により経営を行うことが困難になった場合、納税猶予は取り消されない。

均利率に応じて変動する。特例基準割合とは、「各年の前年12月15日までに財務大臣が告示する割合＋1%」のことである。

　経営承継期間経過後に、納税猶予額の全部または一部に期限確定事由（取消事由）が生じた場合、経営承継期間中の利子税は免除される。例えば、後継者X_1が先代経営者X_2から贈与された自社株のすべてを4年後に譲渡した場合、利子税の計算期間は4年となり、X_1がX_2から贈与された自社株のすべてを8年後に譲渡した場合、利子税の計算期間は3年となる。

●経営承継期間経過後の期限確定事由の発生

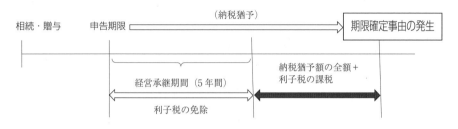

第Ⅵ節　▶対象会社の組織再編

1　対象会社の合併

（1）5年の経営承継期間中

　対象会社が、5年の経営承継期間中に合併・株式交換・株式移転（組織再編）をした場合、対象会社が消滅または他社の完全子会社になることがある。存続会社（承継会社）または株式交換等完全親会社（承継会社）について継続要件を満たしている[32]のであれば、納税猶予が継続される[33]。

　一方、5年の経営承継期間中に、会社分割により吸収分割承継会社の株式が配当された場合、または組織再編により対象会社以外の財産が交付された場合には、納税猶予の取消しがなされる。いずれも、実質的には一部譲渡が生じていると解されるからである。

---

32)　継続要件とは、①承継者が代表者を継続、②雇用の8割維持等の特例認定承継会社であること、③持株比率要件の充足、④承継会社の株式以外の対価を受け取っていないこと、である（租特規23条の9第18項・23条の10第16）。
33)　「8割の継続雇用」の基準となる従業員数は、認定会社の認定当初の従業員数に吸収合併直前の合併存続会社の従業員数を加算した人数を基準として判定される。

●合併による認定会社の消滅対応

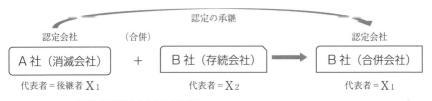

認定の承継

認定会社	（合併）			認定会社
A社（消滅会社）	＋	B社（存続会社）	→	B社（合併会社）
代表者＝後継者 X_1		代表者＝ X_2		代表者＝ X_1

（経営承継期間中または経過後）

A社の認定→B社に承継⇒納税猶予継続＝①代表者を継続、②雇用の8割維持等、③持株比率要件の充足、④後継者が合併に際し、株式以外の対価を受け取っていないこと

(2) 経営承継期間経過後の合併による会社消滅等

経営承継期間経過後の合併等については、承継会社が株式のみを交付し、承継会社につき継続要件を満たす場合、納税猶予が継続される。他方、承継会社の株式以外の財産交付（金銭等）があれば、交付割合に応じて取消しとなる。例えば、会社分割により、吸収分割承継会社の株式が配当されたとき、会社分割の割合に応じて取消しとなる。

●合併による取消割合

$$猶予税額 \times \frac{合併存続会社が消滅会社の全株主に交付した金銭等の額}{合併前純資産額}$$

(3) 合併等と納税猶予継続の手続

吸収合併存続会社等（上図のB社）が納税猶予の認定会社として継続して適用を受けるには、①合併効力発生日等の後、遅滞なく継続要件を充足している旨を都道府県に報告し、確認を受ける（確認書の交付）、②合併効力発生日等の後、最初に到来する報告基準日に係る継続届出書に確認書を添付して、税務署に提出する。

2 対象会社の持株会社化

持株会社における事業承継税制の適用事例として、①持株会社化の後に、持株会社の株式を承継する方法、②事業会社の株式を承継後に、その事業会社を持株会社

化する方法が考えられる。

（1）持株会社の株式承継

　事業会社（X₁社）を持株会社化し、当該持株会社の株式（Y株）を先代経営者A から後継者Bに承継して、当該株式に事業承継税制を適用する（下図を参考）。

　留意点として、①先代経営者Aが対象会社Y社の代表権を有していたこと、②贈与日までの3年間、後継者Bが継続してY社の役員等であること、または、Aの相続開始直前に、BがY社の役員等であること、③Y社が資産保有型会社等でないこと、等が求められる。³⁴⁾

●持株会社の株式承継

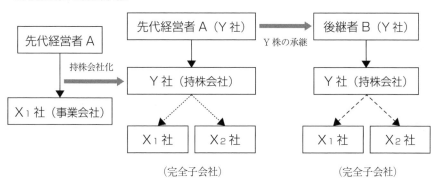

（2）株式交換による事業会社の株式承継

　事業会社の株式（X₁株）を先代経営者Aから後継者Bに承継して事業承継税制の適用を受けた後、X₁社を持株会社化することが考えられる（次図を参考）。

　X₁社を株式交換により持株会社（完全親会社）とする場合、①X₁社が資産保有型会社等となること、②X₁社を分割会社とする分割型分割により、分割承継法人の株式交付を受けることは、納税猶予の期限確定事由となるので、納税猶予が取り消されないよう留意する必要がある。

---

34)　持株会社が単に個人資産管理会社または投資目的会社ではなく、グループ企業の営業指導および経理等を行い、持株会社と事業会社が総合的に事業を営み、持株会社と事業会社に事業関連性があることが求められよう。

●株式交換・分社型と株式承継

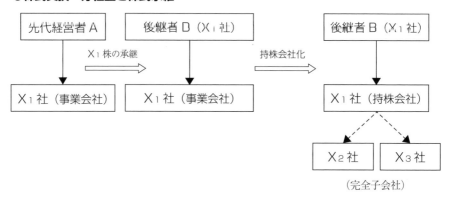

（3）株式移転等による完全子会社

ア）完全子会社化　株式移転により、持株会社となるＹ社がＸ₁社を完全子会社とするには、Ｘ₁社が後継者ＢからＸ₁株のすべてを買い取ることになる（次図を参考）。Ｂは納税猶予の対象株式を譲渡するため、原則として納税猶予の期限確定事由となる。

イ）例外事由　株式交換または株式移転があった場合でも、一定の要件を満たせば、例外的に認定の地位を持株会社が承継する。一定の要件とは、①後継者が持株会社および事業承継税制の対象会社の代表者であること（株式移転の場合、持株会社Ｙ社の成立と同時に代表者に就任）、②株式移転等の対価が持株会社の株式だけであること、③後継者とその同族関係者で持株会社の議決権の過半数を保有し、後継者が同族関係者内で持株会社の筆頭株主であること、④持株会社が上場会社等、風俗営業会社、資産保有型会社または資産運用型会社のいずれでもないことの特例認定承継会社の要件を充足していること、である。[35]

ウ）対価　株式移転等の対価として、Ｘ₁社（事業会社）の株主に対し、持株会社の株式等以外の財産を交付した場合、当該持株会社（Ｘ₁社・Ｙ社）は事業承継税制の対象会社の地位を承継できない。ただし、株式移転等の比率を調整するために交付する金銭または反対株主の株式買取請求権を受けて交付する金銭は、株式等以外の財産から除外される。

---

35)　中小企業庁・前掲注1）60頁以下参照。特例承継期間経過後、株式移転等により事業承継税制の対象会社が完全子会社となるが、株式移転等の対価が持株会社の株式だけである場合、原則として、納税猶予の期限確定事由とならない。

●**株式移転と株式承継**

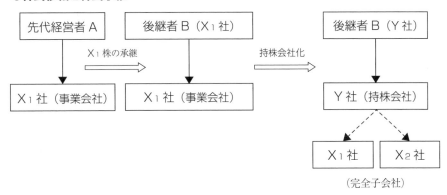

第Ⅶ節　▶個人版事業承継税制の創設

1　個人版事業承継税制とは

(1)　特定事業用資産に係る納税猶予

　個人版事業承継税制とは、「個人の事業用資産」に係る贈与税・相続税の納税猶予制度である。2019（令和元）年度税制改正により創設され、事業用の宅地等、建物、減価償却資産（以下、「特定事業用資産」）を対象とする。

　後継者である受贈者または相続人等が特定事業用資産を贈与または相続等により取得し、一定の要件を充足した場合、①特定事業用資産に係る贈与税・相続税の納税が猶予（租特70条の6の8・70条の6の10）、または、②後継者の死亡等により猶予された贈与税・相続税の納税が免除される。

●**法人版と個人版の各事業承継税制の比較**

区　分	法人版（特例措置）	個人版
事前の計画策定等	2023年3月31日までに特例承継計画の提出	2024年3月31日までに特例承継計画の提出
適用期間	10年以内の贈与または相続・遺贈（2018年1月1日から2027年12月31日まで）	10年以内の贈与または相続・遺贈（2019年1月1日から2028年12月31日まで）
対象資産	非上場株式等	特定事業用資産
納税猶予割合	100%	100%

承継形態	複数の株主から最大3名の後継者への株式承継（**第II節**参照）	原則、先代経営者一人から後継者一人（同一生計親族等からも可）
贈与要件	同族内筆頭株主となる株式数	事業に係る特定事業用資産のすべての贈与
雇用維持	理由記載の書類提出により、雇用維持の未達成でも猶予継続	雇用維持要件なし
経営環境変化への対応	事業継続が困難な一定事由が生じた場合、対象株式の譲渡等に係る納税猶予税額の差額免除	後継者が重度障害等になった場合、差額免除
認定の有効期間	都道府県知事の認定から、5年間有効	都道府県知事の認定から、2年間有効

(2) 特定事業用資産

先代事業者の事業のために供されていた資産で、先代事業者の贈与または相続開始の年の前年分の事業所得に係る青色申告書の貸借対照表に計上されていたもののうち、①事業用の宅地等（400 m² 以内）、②事業用の建物（床面積 800 m² 以内）、③減価償却資産（固定資産税の課税対象となる機械装置等、自動車等、特許権等の無形減価償却資産等）、が納税猶予の対象となる「特定事業用資産」である。なお、不動産貸付業、駐車場業および自転車駐車場業は除外される。

●納税猶予の対象となる特定事業用資産

区　分		具体的内容
特定事業用資産	特例事業用資産	相続税の納税猶予対象の特定事業用資産
	特例受贈事業用資産	贈与税の納税猶予対象の特定事業用資産
納税猶予の対象資産	①事業用の宅地等（400 m²以内）、②事業用の建物（床面積 800 m²以内）、③減価償却資産（固定資産税の課税対象となる機械装置等、自動車等、特許権等の無形減価償却資産等）	
対象外資産	事業の種類として対象外	不動産貸付用の宅地・建物
	資産の種類として対象外	棚卸資産、事業用の預貯金、売掛金等

2　承継の形態

(1) 第一種と第二種特例贈与・相続認定

特定事業用資産の承継には、法人版事業承継税制と同じく、第一種特例贈与・相続認定と第二種特例贈与・相続認定がある。第一種特例贈与・相続認定は先代事業

者から後継者への贈与・相続が対象となる。第二種特例贈与・相続認定は、先代事業者からの贈与・相続以後、約1年の一定期間（経円施規6条16項9号10号）に行われた同一生計親族等からの贈与・相続が対象となる。後継者は最初に先代事業者から特定事業用資産を取得する必要がある

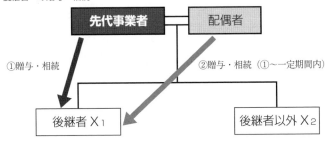

●第一種認定と第二種認定の相違

・第一種認定＝先代事業者から後継者への贈与・相続

| 先代事業者 ── 配偶者 |

①贈与・相続　　②贈与・相続（①～一定期間内）

| 後継者 X₁ | 後継者以外 X₂ |

・第二種認定＝先代事業者からの贈与・相続以後、1年以内に行われた同一生計親族等からの贈与・相続

(2) 複数の事業を営む事案

　先代事業者が複数の事業を営んでいる事案では、①同一年度中に限り、②事業ごとに行うという要件の下で、複数の後継者に贈与することもできる。

3　納税猶予制度の認定要件

(1) 第一種認定個人事業者

区　分	具体的内容
個人事業承継者	①個人事業承継計画の確認を受けた承継者、②認定申請時までに「開業の届出書」を提出、③認定申請時までに青色申告の承認を受けること（見込みを含む）、④第一種贈与・相続申請基準日において認定特定事業用資産に係る事業が性風俗関連特殊営業に非該当、⑤先代事業者の特定事業用資産のすべてを取得、⑥納税猶予の適用対象資産を贈与・相続申請基準日まで継続保有かつ自己の事業に供用（見込みを含む）、⑦特定事業用資産を贈与・相続（死因贈与を含む）により取得（売買は不可）、⑧贈与税・相続税の納付見込み、⑨個人かつ中小企業者であること
贈与	①贈与時に20歳以上（2022年4月1日以降、18歳以上）、②贈与の日まで継続して3年以上、特定事業用資産に係る事業に従事
相続	相続開始の直前において特定事業用資産に係る事業に従事（先代事業者が60歳未満で死亡した場合を除く）

先代事業者	①贈与・相続の各以前3年間、青色申告書を提出、②贈与・相続の前年に、資産保有型事業・資産運用型事業・性風俗関連特殊営業にそれぞれ非該当、かつ事業の総収入金額がゼロを超えること	
	贈与	①認定申請時までに、廃業の届出書を提出、②過去に個人版事業承継税制の適用なし

(2) 第二種認定個人事業者

区　分	具体的内容	
個人事業承継者	①個人事業承継計画の確認を受けた承継者、②生計一親族等の贈与・相続時に、先代事業者から贈与・相続を受けていること、③第一種認定に係る贈与・相続から1年以内の贈与・相続、④第二種贈与・相続申請基準日において、特定事業用資産に係る事業が性風俗関連特殊営業に非該当、⑤生計一親族等が有する先代事業者が営む事業に係る特定事業用資産を取得、⑥納税猶予の適用対象資産を贈与・相続申請基準日まで継続保有かつ自己の事業に供用（見込みを含む）、⑦特定事業用資産を贈与・相続（死因贈与を含む）により取得（売買は不可）、⑧贈与税・相続税の納付見込み、⑨個人かつ中小企業者であること	
先代事業者の生計一親族等	先代事業者と生計を一にする配偶者その他の親族（先代事業者の相続開始の直前に、先代事業者と生計を一にしていた親族を含む）	
	贈与	過去に個人版事業承継税制の適用に係る贈与なし

4　贈与者死亡とみなし相続
(1) 贈与者の死亡と切替確認

　後継者 X₁ が先代経営者 Y から特定事業用資産の贈与を受け、贈与税の納税猶予制度の適用を受けている場合において、Y が死亡したときは、猶予されていた贈与税が免除される代わりに、X₁ が Y の相続・遺贈により特例受贈事業用資産を取得したものとみなして相続税が課される。ただし、法人版事業承継税制の場合と同様、適法に切替確認を受ければ、さらに相続税の納税猶予制度の適用が可能である。

　Y が複数の後継者 X₁・X₂ に、贈与税の納税猶予制度に係る贈与を行っている場合、Y の相続により X₁・X₂ はそれぞれ切替確認を行う。なお、贈与税の納税猶予制度を受けている X₁（2代目後継者）が特定申告期限の翌日から5年経過後、特例受贈事業用資産を次の後継者 X₃（3代目後継者）に贈与し、X₃ が贈与税の納税猶予制度を受けることを猶予継続贈与という。X₁ が Y の生前中に X₃ に猶予継続贈与を行った場合、Y の相続により X₃ は相続税が課されるため、切替確認の手続を要する。

●みなし相続と切替確認

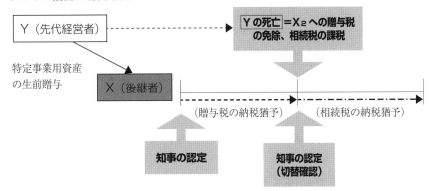

(2) 切替確認の要件

切替確認を受けるためには、①相続開始の時において、贈与により取得した特定事業用資産に係る事業が、資産保有型事業・性風俗関連特殊営業に各該当しないこと、②相続が生じた年の前年において、事業の総収入金額がゼロを超えること、③青色申告の承認を受けていること（見込みを含む）、が必要である。なお、後継者Xが法人成りした場合にも、切替確認を受けることができる。その要件は、①租税特別措置法70条の6の8第6項の承認、②相続の開始の時に、資産保有型事業・性風俗関連特殊営業に該当しないこと、③原則として前期に、資産運用型事業に該当しないこと、④事業の総収入金額がゼロを超えることである。

5　納税猶予の取消し

経営承継円滑化法の有効期間内（認定から2年間）に、次の認定取消事由に該当した場合、納税猶予は取り消され、贈与税・相続税を納める必要がある。[36]

●認定取消事由

区　分	認定取消事由
認定個人事業者の関連	①死亡、②重度障害・疾病・やむをえない事情から事業継続が不可、③破産手続開始の決定、④青色申告の承認請求の却下・承認取消し等
特定事業用資産の関連	①特定事業用資産に係る事業の廃止、②特定事業用資産のすべての譲渡、③特定事業用資産のすべてが青色申告書の貸借対照表に非計上、④相続の開始の時に、資産保有型事業・性風俗関連特殊営業に該当、⑤相続の開始の日の属する年以後、いずれかの年に資産運用型事業に該当、⑥事業の総収入金額がゼロ

---

36)　中小企業庁「経営承継円滑化法―【個人版事業承継税制の前提となる経営承継円滑化法の認定申請マニュアル】」（2019年4月施行）64頁。

6　小規模宅地等の特例措置の利用

　個人が相続・遺贈により取得した財産のうち、相続開始の直前に被相続人等（被相続人または被相続人と生計を一にしていた親族）の事業の用・住居の用に供されていた宅地等（借地権を含む）については、その選択に応じ、その相続税の課税価格を一定割合減額することができる（租特69条の4第1項）。一定の同族会社に対して貸し付けられていた宅地等について適用される。[37]

　個人版事業承継税制と比較すると、猶予取消し等のリスクが少なく、認知度が高くて手続も簡便であるため、利用件数は多いとされる。

第Ⅷ節　▶遺留分に関する民法の特例

1　民法特例の利用

（1）自社株・事業用資産の集中化と遺留分に係る課題

　特定の後継者に現経営者の自社株または事業用資産（以下、「自社株等」）を集中的に承継させる際には、①相続紛争により集中的な承継が実現しない可能性、②現経営者から後継者に生前贈与された自社株等につき、その価額が相続時までに増加して、遺留分侵害額が想定外に高額になる可能性、③遺留分の事前放棄をするためには各推定相続人が家庭裁判所から個別に許可を得る必要があり、非後継者には手続負担が大きいこと、等の課題がある。

（2）民法特例の概要

　前記**（1）**の課題については、「遺留分に関する民法の特例」（以下、「民法特例」）による対処が可能である。先代代表者から推定相続人および後継者への自社株等の贈与につき、遺留分権利者の全員との間で、遺留分に係る一定の合意をすることができる。[38]会社の経営の承継では自社株、個人事業の承継では事業用資産が対象となる。[39]経済産業大臣の確認および家庭裁判所の許可を要するが、その手続は後継者が単独で行うものとされている。

　合意の内容としては、①生前贈与された自社株等の遺留分算定基礎財産からの除外（除外合意）、②生前贈与された自社株等の評価額の事前固定（固定合意）、③遺留

---

37)　天地健治＝山野修敬『小規模宅地等の特例　判定チェックポイント』（中央経済社・2019）30頁。
38)　対象となる後継者には、先代代表者の推定相続人以外の娘婿・甥等を含む。後継者が推定相続人である場合、先代経営者からの贈与等により取得した自社株・事業用資産は、原則として相続開始前10年以内に行われたものに限り、特別受益として遺留分算定基礎財産に算入される。後継者が推定相続人でない場合、原則として相続開始前1年以内に行われた贈与のみが対象となる。
39)　事業用資産とは、事業を行うために必要な土地・建物、減価償却資産である。

分算定基礎財産からの一定財産の除外（追加合意）、という３種類がある。除外合意または固定合意のいずれか一方のみを行うことができ、その両方を行うこともできる[40]。これらの際に、追加合意を併せて行うことも可能である。

(3) 適用条件と利用例

民法特例の適用条件は、中小企業者かつ合意時点において３年以上継続して事業を行っている非上場企業または個人事業者であることを前提として、①旧代表者の推定相続人および後継者の「全員の合意」を書面により定めること、②経済産業大臣の確認および家庭裁判所の許可、③特例合意の対象となる自社株を除くと、後継者が総議決権の過半数を確保できないこと（贈与により過半数獲得[41]）、後継者が代表者でなくなった場合等、一定事由に対し[42]、後継者以外の推定相続人がとることができる措置の定めがあること、等である（経円４条）。

自社株等の贈与が過去に複数回の場合、まとめて１つの合意とすることができる。個人事業者が民法特例を利用するためには、先代経営者はその有する事業用資産の全部を贈与する必要がある[43]。民法特例は自社株等の評価額が高く、相続争いが懸念される事案に有用である。

●民法特例の一覧

	除外合意	固定合意	追加合意
内容	後継者が旧代表者から贈与等で取得した自社株等に関し、遺留分算定の基礎財産から除外	後継者が旧代表者から贈与等で取得した自社株等に関し、株式評価額をあらかじめ固定	遺留分算定基礎財産から、①後継者が贈与を受けた自社株等以外の財産、②非後継者が贈与を受けた財産を除外

---

40) 除外合意により、特例合意の自社株等の評価額が後継者の努力等により生前贈与後に増加しても、自社株等は遺留分算定基礎財産から除外されるため、遺留分算定基礎財産が増加することはない。「除外合意および固定合意を一括して締結する意義が果たしてあるのか、疑問である」という指摘がある（平川忠雄＝中島孝一『新事業承継法制＆税制のベクトル』（税務経理協会・2008）87〜91頁参照）。

41) 後継者が、合意の対象となる議決権株式等をすべて失ったと仮定した場合でも、過半数の議決権株式等を別途所有しているのであれば、遺留分侵害額請求により後継者が会社の支配権を失うことはないため、特例措置を適用する必要はないと考えられる。

42) 一定事由とは、①合意対象の自社株を処分した場合、②旧代表者の生存中に、後継者が経営に従事しなくなった場合、である（経円４条３項）。後継者が死亡した場合、後継者が代表取締役から取締役に降格した場合、または取締役を辞任した場合等が、②の具体例である。

43) 例えば、①先代経営者が全事業用資産のうち100％所有している場合、その100％全部を後継者に贈与する必要があり、②全事業用資産のうち70％所有している場合、その有する全部を贈与が必要である。他方、先代経営者が全事業用資産のうち100％所有していながら、後継者に60％しか贈与しない場合、民法特例を利用できない。

効果	①遺留分減殺請求による株式分散の防止、②非後継者の手続の簡素化	贈与後に株式価値が後継者の貢献により上昇した場合でも、遺留分の額に影響なし	①後継者は自社株等以外の財産、②非後継者は贈与財産に関し、遺留分算定基礎財産から除外可
選択	①除外合意または固定合意の一方選択、②除外合意＋固定合意の両方、③前記①または②に追加合意を併用		
条件	①旧代表者の推定相続人・後継者の「全員の合意」による書面の定め、②経済産業大臣の確認、家庭裁判所の許可、③合意対象となる自社株を除き、後継者が議決権の過半数を保有していないこと、④一定事由に対し、後継者以外の相続人がとることのできる措置について定めがあること		

2 除外合意

　後継者が旧代表者からの贈与等により取得した自社株等に関し、遺留分算定の基礎財産から除外できる（経円4条1項1号）。次の具体例を考える[44]。P社の現代表者[45]YはP株（6,000万円相当）、不動産・現預金（6,000万円相当）を保有する。Yの推定相続人 X_1〜X_3（Yの子）のうち X_1 は後継者であり、X_2・X_3 は非後継者である。遺留分侵害額の算定に際し、民法は生前贈与された財産（当時6,000万円相当のP株）を相続開始時の評価で合算するものとしている。

　例えば、P株の価値が6,000万円から1億5,000万円にまで増加（相続開始時に9,000万円分の増加）したとすると、遺留分算定の基礎財産は2億1,000万円（6,000万円×2＋9,000万円）になる。X_1 が自己の経営努力でP株の価値を上昇させた場合でも、何ら努力をしていない X_2・X_3 は遺留分として各3,500万円相当を確保できる。仮にP株以外の不動産等を X_2・X_3 が相続したとしても、X_2 らは遺留分侵害額請求で一定のP株を取得できてしまう。

　このような不条理を防止し、X_1 にYが保有するP株のすべてを承継させるため、除外合意をすると、X_2・X_3 はP株を除いた相続財産（不動産・現預金6,000万円相当）に基づき遺留分を算定すべきこととなり[46]、X_2 らの各遺留分は1,000万円となる。

---

44)　相続関連事業承継法制等検討委員会の中間報告（経済産業省・中小企業庁平成19年6月29日公表）では、事業用資産の中でも経営権の承継という点で、とくに重要性の高い自社株式は価値が変動するという特殊性があり、「株式価値の上昇に貢献した後継者が不利益を被らない」ようにすべきことが必要とされた。
45)　中小企業庁財務課「中小企業経営承継円滑化法 申請マニュアル『民法特例』」（令和元年7月）4頁参照。
46)　遺留分算定基礎財産への算入に関し、X_1 がすでに6,000万円相当のP株の生前贈与を受けていることを否定するものではなく、X_1 は遺留分を侵害されていない。

●除外合意の具体例

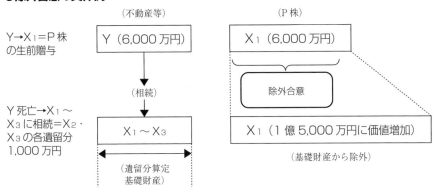

3 固定合意

　後継者が旧代表者から贈与等により取得した自社株等に関し、遺留分を算定する際に、自社株等の価額を合意時の評価額であらかじめ固定できる（経円4条1項2号）。固定する合意時の価額は、税理士、公認会計士、弁護士等が相当な価額として証明したものに限る（同号括弧書）。対象会社の業績不振等により、相続時における自社株の評価額が固定した価格を下回ることが考えられる。固定合意は自社株式の価額上昇による想定外の遺留分侵害額請求に対処するための制度である[48]。

　除外合意の想定と同じ前提で事例を考える[49]。X_1にYが保有するP株のすべてを承継させるため、固定合意をする。遺留分の算定に際してはP株を6,000万円で評価し、P株の価値の増加分（9,000万円）を加えない。X_1～X_3は1億2,000万円相当の相続財産（P株評価6,000万円＋不動産・現預金6,000万円）を基礎として遺留分を算定する。X_2・X_3の各遺留分は2,000万円となる。

　固定合意により、旧代表者Yの相続開始時までに、P株の価値が上昇しても、非後継者の遺留分の額が増大することはなく、後継者X_1は企業価値向上を目指して経営に専念することができる。

47）　評価方法は、「経営承継法における非上場株式等評価ガイドライン」が参考となる。生前贈与株式の価額証明につき、次の者は当該証明をすることができない（経円4条2項）。①旧代表者、②後継者、③業務停止の処分を受け、停止期間を経過しない者、④弁護士法人、監査法人または税理士法人であり、社員の半数以上が旧代表者または後継者のいずれかに該当する者、である。

48）　株式の評価額と固定合意の価額が大きくかい離した場合、評価証明に関し、後日に錯誤の主張がなされる懸念の指摘がある（牧口晴一＝齋藤孝一『事業承継に活かす納税猶予・免除の実務〔第3版〕』（中央経済社・2019）76頁）。

49）　中小企業庁財務課・前掲注45）4頁参照。

●固定合意の具体例

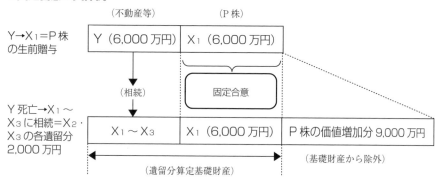

4 追加合意と衡平を図る措置

(1) 追加合意

　除外合意または固定合意をする際に、旧代表者の推定相続人および後継者は、全員の合意により、後継者が旧代表者から贈与等により「取得した財産（対象会社の株式以外）」の全部または一部について、その価額を遺留分算定の基礎財産から除外する旨を定めることができる（経円5条）。対象会社の株式以外の財産（不動産等）の価値が相続開始時に増加していたとしても、遺留分増加の影響を回避することが可能となる。除外合意の想定と同じ前提で事例を考える。

●追加合意の具体例

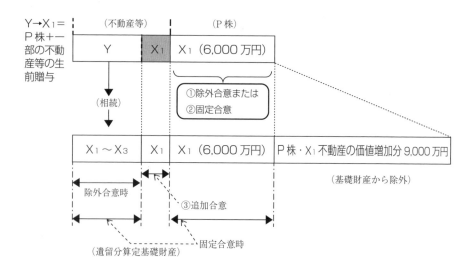

(2) 推定相続人間の衡平を図る措置

　民法特例により、想定外の遺留分侵害額の増加を回避できるが、後継者および他の推定相続人との間で財産承継に関し不公平が生じることになりかねない。そのため、旧代表者の推定相続人および後継者が、特例合意をする際に、併せて、推定相続人と後継者との間の「衡平」および当該推定相続人間の衡平を図るための措置に関する定めをすることができる（経円6条1項）。

　このような定めの1つとして、旧代表者の推定相続人および後継者は、後継者以外の推定相続人が旧代表者から贈与等により取得した財産に関し、当該価額を遺留分算定の対象財産の価額から除外する旨を定めることができる（同条2項）。「後継者以外の追加合意」である。

5　民法特例の手続

　遺留分に関する民法の特例は、経済産業大臣の確認および家庭裁判所の許可を得なければ、その効力を生じない（経円7条・8条）。

●手続の流れ

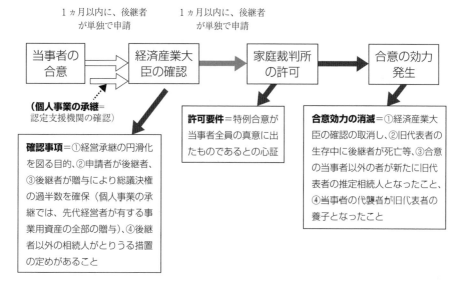

(1) 経済産業大臣の確認

　ア）確認内容　経済産業大臣の確認を受けるため、合意後1ヵ月以内に後継者

が単独で申請する必要がある。その確認事項は、①経営承継の円滑化を図る目的で合意したこと、②申請者が合意日に後継者要件を充足していたこと、③合意対象の自社株を除くと、後継者が議決権の過半数を保有していなかったこと、④後継者が代表者でなくなった場合等において、後継者以外の相続人がとりうる措置の定めをしていること、である（経円7条1項）。特例合意をした後継者が死亡した場合、後継者の相続人は経済産業大臣の確認を受けることができない。

イ）個人事業の承継　経済産業大臣の確認の前に、認定支援機関において、①合意の対象の事業用資産が贈与の直前まで先代経営者の事業の用に供されていたこと、②その資産を後継者が事業の用に供することに関し、確認を受ける必要がある。

ウ）確認取消し　虚偽・不正手段により、経済産業大臣の確認を受けたことが判明した場合、確認が取り消され、合意はその効力を失う（経円7条4項・10条1号）。

(2) 家庭裁判所の許可

ア）合意の効力　経済産業大臣の確認を受けた日から1ヵ月以内に家庭裁判所に申し立て、許可を受けることで、合意はその効力を生ずる（経円8条1項）。その申立ては後継者が単独で行うものとされている。家庭裁判所は、遺留分放棄の特例合意が当事者全員の真意に出たものであるとの心証を得なければ許可することができない（同条2項）。

イ）合意の効力の消滅　①経済産業大臣の確認が取り消された場合、②旧代表者の生存中に後継者が死亡し、または後見開始もしくは保佐開始の審判を受けた場合、③合意の当事者以外の者が新たに旧代表者の推定相続人となった場合（旧代表者が再婚し、子供が出生した場合等）、④合意の当事者の代襲者が旧代表者の養子となった場合には、合意はその効力を失う（経円10条2項）。

6　民法特例と贈与税の納税猶予制度

遺留分の民法特例と贈与税の納税猶予制度とでは、その適用要件に一定の相違があるが、両要件を満たせば、両制度の併用も可能である。

---

50)　確認申請の際に、合意に関する書面の他、固定合意に際し、専門家の証明書等を添付する必要がある。

51)　個人事業者が民法特例を利用するためには、先代経営者はその有する事業用資産の全部を贈与する必要がある。

●贈与税の納税猶予制度との相違

区　分		民法特例	贈与税の納税猶予
贈与の形態	議決権	贈与後に、後継者は過半数の議決権の保有ができるようになること	贈与後に、後継者の議決権数が3分の2以上となるようにすること（先代経営者と後継者の保有議決権数が贈与前に3分の2以上、かつ後継者が1名であり、特例措置を適用する場合）等、株式等の一括贈与。なお、同一年における同一人に対する2回目以降の贈与は対象外
	制度対象の贈与回数	自社株等の贈与が過去に複数回の場合、まとめて1つの合意とすることが可能。なお、後継者が推定相続人である場合、原則として相続開始前10年以内に行われた贈与が対象	
先代経営者の代表権		合意時点で、先代経営者が代表者かは不問	贈与時点で、先代経営者が代表者でないこと
申請先		地方経済産業局（経済産業大臣の確認）	都道府県担当課（都道府県知事の認定・確認）

第Ⅸ節　▶事業承継のための金融支援措置

1　金融支援措置の概要

　事業承継の円滑化のため金融支援措置がある（経円12〜15条）。事業承継に際し、後継者は、①相続等により分散した株式または事業用資産等の買取り、②株式等の承継に係る多額の贈与税または相続税の納税、③自社株を承継することによる、他の相続人からの遺留分侵害額請求に対処するための費用等が必要となる。また、経営者の交代により、概して旧代表者の個人的信用力が大きい中小企業は信用状態が低下し、金融機関からの借入条件または取引先への支払条件が厳しくなることがある。後継者が負う納税負担等により、後継者名義の不動産を売却または他の親族所有になると、会社代表者としての個人保証の借入力が低下する。

　経営承継円滑化法は課題に対処するため、金融支援措置として、事業承継に必要な資金に対する低利融資の特例および信用保証の特例を設けている。これら特例を受けるためには都道府県知事の認定を受ける必要がある。また、事業活動の継続に支障が生じることを防止するため、都道府県知事による指導・助言制度を設けている。[52]

---

52)　中小企業庁財務課「中小企業経営承継円滑化法 申請マニュアル『金融支援』」（平成31年4月）8頁以下参照。

2 低利融資の特例

(1) 適用の対象者

低利融資の特例（経円14条）とは、「承継に伴って資金ニーズが生じたとして認定を受けた会社である中小企業者（以下、「認定中小企業者」）の代表者個人が必要とする資金であり、認定中小企業者の事業活動の継続に必要なものについて、株式会社日本政策金融公庫・沖縄振興開発金融公庫から代表者個人は融資を受けることができること」である。金利は通常の金利（基準金利）ではなく、特別に低い利率[54]が適用される（低利融資の特例）。具体的な利率は事案ごとの信用リスク等を勘案して所定の利率が適用される。[53]

低利融資が適用される資金の使途は下記 **(2)** に述べるように特定され、例えば、経営承継円滑化法に基づく認定を受けた会社の代表者個人が、自社株または事業用資産の買取り、相続税・贈与税の納税を行う場合等である。

また、これから承継を行うために資金ニーズが生じていると認定を受けた個人（事業を営んでいない者に限る）が必要とする資金であり、他の中小企業者から事業を承継するために不可欠な資産を取得するために必要なものについて、同様に低利融資の特例対象となる。

なお、低利融資の特例は、①中小企業者である会社の代表者個人、②他の中小企業者の事業を承継しようとする個人が資金を借り入れる際に適用される。

(2) 低利融資に係る資金使途

ア）承継後の代表者個人 ①認定中小企業者の代表者（後継者）個人が相続により承継した債務であり、当該中小企業者の事業用資産等を担保とする借入れに係るものの弁済資金、②代表者（後継者）個人が自社株・事業用資産等を買い取る資金、③認定中小企業者の先代経営者からの相続に関し、後継者を含む相続人間における判決の確定・和解等により、遺産に含まれる自社株・事業用資産等を取得するために、非後継者からその代償として金銭を支払うための資金、または非後継者の遺留分を侵害したため非後継者に金銭を支払うための資金、④認定中小企業者の後継者が相続・贈与等により、先代経営者から取得した自社株・事業用資産等に課される相続税・贈与税を納付するための資金、⑤これら以外に、認定中小企業者の事業活[55]

---

53) 中小企業庁財務課・前掲注52）10頁。
54) 例えば、日本政策金融公庫の利用では、融資限度額は7,200万円（内、運転資金4,800万円）、融資利率は0.81％の特別利率が適用される。
55) 事業用資産等とは、事業の実施に不可欠な不動産、動産、中小企業者に対する貸付金・未収金を含む（経円施規1条8項）。

動の継続のために、後継者個人が特に必要とする資金である（経円施規15条1項）。

イ）これから承継を行う、事業を営んでいない個人　①事業を営んでいない個人が、他の中小企業者から、（事業譲渡により事業を承継するため）事業用資産等を取得するために必要とする資金、②事業を営んでいない個人が、他の中小企業者（会社）の議決権の過半数を保有するため、その株式等を取得するために必要とする資金である（経円施規15条2項）。

3 信用保証の特例

(1) 適用の対象者

信用保証の特例とは、経営承継関連保証[56]を受けた認定中小企業者が、承継後、自らの事業を営むのに必要な資金または他の中小企業者から事業を承継するために必要な資金について、中小企業信用保険法に規定されている普通保険（限度額2億円）、無担保保険（同8,000万円）、特別小口保険（同2,000万円）を別枠化することである（経円13条1項3項、中小企業信用保険3条・3条の2・3条の3）。信用保証協会の債務保証が実質的に別枠化されるため、中小企業者が当該債務保証を受けることにより、金融機関からの借入れが行いやすくなる。

また、①認定を受けた「会社」である中小企業者の代表者個人、または、②他の中小企業者の事業を承継しようとする個人（事業を営んでいない者）を、中小企業信用保険法における中小企業者とみなし、普通保険（限度額2億円）、無担保保険（同8,000万円）、特別小口保険[57]（同2,000万円）の対象とする（経円13条2項4項）。本特例により、信用保証協会の債務保証が実質的に利用でき、個人であっても金融機関からの借入れが行いやすくなる。信用保証の特例は、①中小企業者である会社の代表者個人、②他の中小企業者の事業を承継しようとする個人が資金を借り入れる際に適用される。

(2) 信用保証に係る資金使途

信用保証に係る資金使途は、対象者ごとに異なる。

ア）中小企業者である会社または個人事業主に対する支援　自社株・事業用資産等の買取資金、信用状況が低下している中小企業者の運転資金である。

イ）中小企業者（会社）の代表者個人に対する支援　代表者（後継者）個人が自

---

56) 経営承継関連保証とは、中小企業信用保険法3条1項・3条の2第1項・3条の3第1項に規定する債務の保証であって、認定中小企業者の事業に必要な資金に係るものをいう（経円13条括弧書）。
57) 事業を営んでいない者は、特別小口保険を利用することはできない（中小企業庁財務課・前掲注52）9頁）。

社株・事業用資産等を買い取る資金、および前記 **2（2）ア）** の①〜⑤と同じ使途のための資金である（経円施規14条各号）。

　ウ）他の中小企業者の事業を承継しようとする個人に対する支援　　①他の中小企業者から事業用資産等を取得するために必要とする資金、②他の中小企業者（会社）の議決権の過半数を保有するため、その株式等を取得するために必要とする資金である（経円施規15条2項）。

（3）信用保険の内容

　ア）普通保険　　中小企業金融公庫（以下、「公庫」）は、事業年度の半期ごとに、信用保証協会を相手方として、信用保証協会が中小企業者の金融機関からの借入れによる債務の保証をする。[58] そのため、中小企業者1人に、経営承継関連保証（経円13条）に係る保険関係の保険価額の合計額とその他の保険関係の保険価額の合計額とがそれぞれ2億円を超えることができない普通保険について、借入金の額のうち保証をした額の総額が一定の金額に達するまで、その保証につき、公庫と信用保証協会との間に保険関係が成立する旨を定める契約を締結することができる（中小企業信用保険3条1項）。

　イ）無担保保険　　公庫は、事業年度の半期ごとに、信用保証協会を相手方として、信用保証協会が中小企業者の金融機関からの借入れによる債務の保証であり、その保証について担保を提供させないものをすることにより、中小企業者1人に、経営承継関連保証に係る保険関係の保険価額の合計額とその他の保険関係の保険価額の合計額とがそれぞれ8,000万円を超えることができない保険（無担保保険）について、借入金の額のうち保証をした額の総額が一定の金額に達するまで、その保証につき、公庫と信用保証協会との間に保険関係が成立する旨を定める契約を締結することができる（中小企業信用保険3条の2第1項）。[59]

　ウ）特別小口保険　　公庫は、事業年度の半期ごとに、信用保証協会を相手方として、信用保証協会が小規模企業者であって経済産業省令で定める要件を備えているものの金融機関からの借入れによる債務の保証であって、その保証について担保を提供させないものをすることにより、小規模企業者1人に、経営承継関連保証に

58）　ライフステージに応じた地域金融のあり方と信用保証制度の改革等に関し、家森信善編著『信用保証制度を活用した創業支援』（中央経済社・2019）8頁以下参照。

59）　公庫と無担保保険の契約を締結し、かつ、普通保険等に規定する債務の保証をした場合において、経営承継関連保証およびその他の保証ごとに、それぞれ借入金の額のうち保証をした額が8,000万円（経営承継関連保証およびその他の保証ごとに、債務者たる中小企業者についてすでに無担保保険の保険関係が成立している場合にあっては、8,000万円から保険関係における保険価額の合計額を控除した残額）を超えないときは、その保証については、無担保保険の保険関係が成立するものとする。

係る保険関係の保険価額の合計額とその他の保険関係の保険価額の合計額とがそれ
ぞれ2,000万円を超えることができない保険（特別小口保険）について、保証した借
入金の額の総額が一定の金額に達するまで、その保証につき公庫と信用保証協会と
の間に保険関係が成立する旨を定める契約を締結することができる（中小企業信用保
険3条の3第1項）。[60]

4　都道府県知事の指導および助言

　金融支援の一環として、都道府県知事は代表者（後継者）に対し必要な指導および
助言を行う。都道府県知事の指導および助言の目的は、①中小企業者の代表者の死
亡等に起因する経営の承継に伴い、②従業員数の減少を伴う事業の規模の縮小、③
信用状態の低下等により、④中小企業者の事業活動の継続に支障が生じることを防
止するためである（経円15条）。

　指導・助言の対象者は、多様な分野における事業の展開、人材の育成および資金
の確保に計画的に取り組むことが特に必要かつ適切なものとして経済産業省令で定
める要件に該当する経営に従事する者である。具体的には、中小企業者であり、そ
の代表者が同族関係者と合わせて総議決権の過半数を有し、かつ、同族内筆頭株主
要件を満たしていること、等である（経円施規16条）。

5　都道府県知事の認定手続

　低利融資の特例および信用保証の特例を受けるためには、都道府県知事の認定を
受ける必要がある。認定手続は、①会社である中小企業者、②個人事業主、③事業
を営んでいない個人により異なる。

　第1に、会社である中小企業者は、非上場会社等であることを前提として、①後
継者が代表者に就任し、会社または代表者個人が必要とする資金について金融支援
を受ける場合（経円施規6条1項各号）、②未だ経営の承継が行われておらず、これから
他の中小企業者の株式等・事業用資産等を買い取って事業承継しようとする会社
において必要となる買取資金に係る金融支援を受ける場合（経円12条1項1号ロ）と

---

60)　公庫と特別小口保険の契約を締結し、かつ、普通保険等の契約を締結している信用保証協会が上記
　の債務を保証した場合において、経営承継関連保証およびその他の保証ごとに、それぞれ保証をした借
　入金の額が2,000万円（経営承継関連保証およびその他の保証ごとに、債務たる小規模企業者につい
　てすでに特別小口保険の保険関係が成立している場合にあっては、2,000万円から保険関係における保
　険価額の合計額を控除した残額）を超えないときは、その保証については、特別小口保険の保険関係が
　成立するものとする。

で、認定を受けることができる要件が異なる。

第2に、個人事業主である中小企業者では、①すでに後継者が事業を承継し、当該事業の経営者となっている場合（経円施規6条16項各号）、②金融支援を受けようとする時点で、当該事業の経営者の交代が生じておらず、後継者がこれから承継を行う場合（経円12条1項2号ロ）とで、認定を受けることができる要件が異なる。

第3に、金融支援を受けようとする時点で後継者が経営者となっておらず、これから承継を行う場合、認定を受けるため要件（経円施規6条18項）の充足は求められる。

第X節　▶株式の相互過半数保有と筆頭株主の認定

1　問題点の所在

2つの株式会社間で相互にその相手の株式を保有している場合、誰が議決権ベースにおける筆頭株主であるのかを検討する必要がある。経営承継円滑化法では、筆頭株主要件を満たさなければ、非上場株式に係る贈与税・相続税の納税猶予または免除制度を利用できない。筆頭株主の認定は、実務上極めて重要な意義を有する。

中小企業オーナーが複数の非公開会社を関連会社として設立することは多い。平成13年6月商法改正までは、いわゆる金庫株が禁じられていたため、当該状況下においてオーナーの相続が発生し、相続人は相続税の納税資金が不足すれば、実務上、相続人が相続した自社株の一部をその関連会社に（相互保有させる形で）買い取らせることがあった。その他、経営に関与しない相続人等が株式の現金化を求める事案等、中小企業間の株式相互保有に至る原因には様々なものがある。会社が議決権の4分の1以上を相互保有することになれば、その議決権行使は相互に停止されることになる（会308条1項本文括弧書参照）。

では、その議決権行使が停止された関連会社を除けば、筆頭株主になるという事案では、経営承継円滑化法の筆頭株主要件が満たされ、事業承継税制等を利用できるのかが問題となる。経営承継円滑化法は、「総株主」から「議決権を行使することができない株主」を排除している（経円3条3項）。実務上も、「総議決権数」には「自己の株式等の議決権を有しない株式等の数」が含まれないものとされている（事業承継税制につき国税庁が公開する「チェックシート」等参照）。そのため、議決権行使を制限された関連会社が持株数では相続人等を上回る場合でも、議決権行使が可能な株式数だけで算定したときに当該相続人等が筆頭株主になるのであれば、当該相

続人等は経営承継円滑化法の筆頭株主要件を満たすことになる。

　しかし、現実には当該判定に困難を伴うことは多い。例えば、相互保有割合がいつの間にか過半数に達していれば、相互保有自体の違法性が問われることにもなりかねず、そのような場合にどう判断すべきか、一見して明白ではない。

2　検討する具体的事案

　例えば、Sの先代経営者Pが製造会社A社およびその製品の販売会社B社をそれぞれ非公開会社として設立し、Pの死亡後、相続等によりSらが株主となっている事案を想定する。具体的な持株数（議決権数）等は、次である。

（1）A社の株主構成

　ア）Sの死亡前　　A社の発行済普通株式は10,000株である。そのうち、Sが2,500株（持株数25％）、T（Sの弟）が1,500株（同15％）、X₁（Sの子）が1,000株（同10％）、X₂（Sの子）が500株（同5％）、B社が4,500株（同45％）を保有している。2018年10月1日、TはB社に個人的事情からA株1,000株を売却し、B社は5,500株（同55％）を保有することになった。SはA社の代表取締役である。

　イ）Sの死亡後　　Sの相続（2020年5月1日）により、X₁はS名義のA株2,500株を相続し、3,500株（持株数35％）を保有することになった。また、X₁はA社の代表取締役に就任した。なお、他の株主構成に変化はない。

●A社の株主構成の変化

（A社の株主構成＝2018年10月1日現在）　　　（A社の株主構成＝2020年5月1日現在）

B社　4,500株⇒5,500株（55％）　　　　　　　B社　5,500株（55％）

S　2,500株（25％）‥‥‥‥‥‥相続‥‥‥‥‥＞　X₁　3,500株（35％）＝現代表取締役

T　1,500株⇒500株（5％）　　　　　　　　　T　500株（5％）

X₁　1,000株（10％）‥‥‥‥‥‥‥‥‥‥‥‥　X₂　500株（5％）

X₂　500株（5％）

（2）B社の株主構成

　ア）Sの死亡前　　B社の発行済普通株式は10,000株である。そのうち、Sが2,500株（持株数25％）、T（Sの弟）が1,500株（同15％）、X₁（Sの子）が500株（同5％）、X₂（Sの子）が1,000株（同10％）、A社が4,500株（同45％）を保有している。2019年4月1日、TはA社に個人的事情からB株1,000株を売却し、A社は5,500株（同55％）を保有することになった。SはB社の代表取締役である。

イ）Sの死亡後　Sの相続により、X_2はS名義のB株2,500株を相続し、3,500株（同35％）を保有することになった。また、X_2はB社の代表取締役に就任した。なお、他の株主構成に変化はない。

●B社の株主構成の変化

（B社の株主構成＝2019年4月1日）
A社　4,500株⇒5,500株（55％）
S　2,500株（25％）　　　　相続
T　1,500株⇒500株（5％）
X_1　500株（5％）
X_2　1,000株（10％）

（B社の株主構成＝2020年5月1日以降）
A社　5,500株（55％）
X_2　3,500株（35％）
T　500株（5％）
X_1　500株（5％）

3　株式の相互過半数保有と親子会社関係の有無

　前記**2**の事案では、会社法上、①2018年10月1日に、A社は総発行済普通株式の過半数をB社に所有されながら、その後速やかにB株4,500株を売却等しなかったことの適法性、②仮に①が適法だとして、2019年4月1日に、B社は総発行済普通株式の過半数をA社に所有されながら、その後速やかにA株5,500株を売却等しなかったことの適法性、③仮に議決権の過半数の相互保有が適法だとして、両社に議決権行使を許すべきか否か、等が問題となる。

　経営承継円滑化法または租税特別措置法上、このような会社法上の問題が事業承継税制の適用の有無等の判断に対し、いかなる影響を及ぼすかに関し検討を要する。

●相互に過半数の株式保有

A社の議決権ベースの筆頭株主は
誰か＝B社？X_1？

B社の議決権ベースの筆頭株主は
誰か＝A社？X_2？

（1）親会社株式の取得等に係る法令の定め

　会社法は、原則として子会社による親会社株式の取得[61]を禁じている（会135条1項）。

61）　子会社による親会社株式の取得は、事業の譲受けまたは合併等により不可避となる場合に限られる（会135条2項各号参照）。

子会社は、適法に取得した親会社株式を相当の時期に処分しなければならず（同条3項）、当該処分に要する期間を除き、親会社株の保有ができない。子会社かどうかの判定は、①「その議決権の過半数を直接保有している」という形式基準、および②「その経営を実質的に支配している」という実質的な支配力基準（以下、「実質基準」）により行われている（会2条3号、会施規3条1項）。

　旧商法下においても、子会社による親会社株式の取得は禁止されていたが、親子会社関係は、その議決権の過半数を直接または間接的に保有しているか否かという基準で判断されていた（旧商211条ノ2第1項3項）[62]。そのため、旧商法下では親子会社関係が無かったにも関わらず、会社法施行後は実質基準により親子会社関係が認められるようになった事案が存在した。そのような場合には、子会社の概念が見直されることにより、子会社となった会社に対し、親会社となった会社の株式の処分が求められることとなった[63]。

(2) 株式の相互保有規制の趣旨

　株式の相互保有規制は、資本の空洞化および株主総会決議の歪曲化を防止するためである[64]。その手段として、会社法は自社の議決権総数の4分の1以上を保有された会社が、その相手方の株主総会において議決権を行使できないものとすることにより、株式の相互保有を避けるよう動機付けている。

(3) 立法担当者らの解説

　2つの株式会社間で議決権の過半数を相互に保有することとなった場合に、相互保有株式の議決権および両社の関係をどのように理解すべきかに関し、会社法の立

---

[62]　平成17年改正前商法（以下、「旧商法」）では、総株主の議決権の過半数を有するか否かによって親子会社関係の有無を判定し（旧商211条ノ2第1項）、いわゆる孫会社も親会社の子会社とみなされていた（上柳克郎＝鴻常夫＝竹内昭夫編『新版注釈会社法（3）株式（1）』（有斐閣・1986）272頁〔蓮井良憲〕）。旧商法211条ノ2第1項に基づく「形式基準」において、相互保有株式も議決権があるものとして取り扱っていた（旧商211条ノ2第5項）。会社法は、この旧商法211条ノ2第5項に相当する規定を敢えて置かなかったものと一般に理解されている。その理由は、立法担当者らの解説によれば、「財務諸表等規則の子会社概念との統一性を確保するため」と述べる（相澤哲＝葉玉匡美＝郡谷人輔編著『論点整理　新・会社法』（商事法務・2006）167頁）。

[63]　相澤哲編著『一問一答　新・会社法』（商事法務・2005）75～76頁）。

[64]　弥永真生『コンメンタール会社法施行規則・電子公告規則〔第2版〕』（商事法務・2015）345頁参照。株式を相互保有している2つの株式会社が交互に株式の発行を行い、その募集株式全部を互いに引き受けあうことにすると、払込金が両会社を出入りするたびに、両会社の純資産の部の金額は増加するが、実質的には資産は増加しない（資本の空洞化）。また、株式を相互保有している場合には、一方会社の取締役を選任する総会決議は他方会社の取締役が支配することができ、その他方会社の取締役を選任する総会決議は一方会社の取締役が支配することができるということになり、多数株主でない取締役による総会支配が固定化し、会社運営に出資者である株主のコントロールが及ばなくなる（会社支配または株主決議の空洞化）。

法担当者らによる会社法の解説が参考となる。[65] 想定問答として、すでにその議決権の４分の１以上をＡ社に保有されているＢ社がＡ社の発行済株式総数の２分の１以上になるまでＡ社の株式を買増し等しても、それ自体は会社法上許容されうる、という回答がなされている。

（4）租税特別措置法における規定

ア）議決権制限株式の排除　相続税等の納税猶予・免除制度の要件に関し、租税特別措置法は、総株主等議決権数を「総株主（株主総会において決議をすることができる事項の全部につき議決権を行使することができない株主を除く。）又は総社員の議決権の数をいう」と定義する（租特70条の7第2項3号ハ）。具体例として、会社が相手方の議決権の４分の１以上を保有しているときの相手方保有株式および自己株式に係る議決権の排除、がある。

イ）規制の趣旨　総株主からは、「全部」の事項につき議決権を行使できない株主のみが排除され、一部の事項につき議決権を行使できる株主は排除されていない。総株主等議決権数の算定の際に「株主総会において決議をすることができる事項の全部につき議決権を行使することができない株主を除く」こととされたのは、「本来であれば、議決権を行使することができる事項ごとに検討していくことが必要であるが、会社法上、株式等ごとに有する議決権の内容については自由に設計することができ、議決権を行使することができる事項ごとに整理するのは、実際上極めて困難である」からである。[66]

（5）保有割合が過半数の場合

会社法は、「議決権の四分の一以上を有すること」（会308条1項本文括弧書）とするが、議決権の過半数を保有された場合の取扱いについて明らかではない。立法担当者は、既にその議決権の25％以上を保有された会社が相手方株式の過半数を保有するに至っても、相手方株式に係る議決権行使は停止されたままであり、「総株主の議決権の過半数を有する」（会2条3号）という形式基準では、相手方の親会社にはならないとする。すなわち、株式の保有割合が過半数となった場合でも、その議決

65）「Ａ社がＢ社の議決権の総数の４分の１以上を保有しているため、Ｂ社が保有するＡ社の株式の議決権を行使することができない場合、Ｂ社は、Ａ社の株式を発行済株式総数の２分の１以上保有しても、Ａ社の親会社とはならないか」という設問につき、立法担当者らは、「Ｂ社はＡ社の議決権を有しないから、それ以外の事実関係を無視するなら、親会社とはならない。ただし、Ｂ社の子会社や子法人等がＡ社の議決権を有する等具体的な事実関係を前提とすれば、通常、施行規則３条各号のいずれかに該当し、親会社となるものと思われる」と回答している（相澤＝葉玉＝郡谷編著・前掲注62）167頁）。

66）税務研究会編『「非上場株式等の相続税等納税猶予制度」逐条解説』（税務研究会出版局・2010）49頁。

権制限（株式の相互保有規制）は変わらずに働き、かつそれが親子会社関係の有無を判定する際の基礎になるからといえる。[67]

　また、会社法施行規則は、株式の相互保有規制によりその議決権行使が停止される株主も、その株主以外の者が議決権を行使できない議案についてはその議決権を行使できる旨を規定している。[68]

　その典型例が、「完全子会社が完全親会社の相互保有対象議決権の4分の1以上を有している場合」と解されている。[69]すなわち、その議決権の100％を親会社に保有された完全子会社でさえ、完全親会社の総株式の25％以上を適法に保有が可能しうること、当該状況下において、原則として「相互に議決権行使が停止される」ことを法令および通説が認めていることになる。

　それゆえ、親子会社関係はないが25％以上の相互保有にあるため、議決権行使が相互に停止されている場合には、さらに相互保有の割合を進めたとしても、「形式基準では直ちに親子会社関係は認められない」ことが、実務上の確立した取扱いといえるだろう。親子会社関係の有無の最終的な確定は、立法担当者が指摘するように、実質基準による判定に委ねられることになる。

(6) 実質基準による親子会社の判定

　会社法は、親子会社関係の判定基準として、形式基準（会2条3号）および実質基準（会施規3条1項）を採用する。[70]実質基準では、①自己の計算で過半数の議決権を所有（有効な支配従属関係が存在しないと認められる場合を除く。同項1号）、②自己の[71]

---

67)　財務諸表作成の際に従うものとされている企業会計基準においては、親子会社判定の際に、相互保有株式を分母・分子に含めないこととされている（企業会計基準委員会の企業会計基準適用指針第22号「連結財務諸表における子会社および関連会社の範囲の決定に関する適用指針」（平20年5月13日制定、平21年3月27日：平23年3月25日改正）第5項(3)）（神田秀樹『会社法〔第21版〕』（弘文堂・2019）191頁）。

68)　会社法施行規則67条1項括弧書は、「当該株主であるもの以外の者が当該株式会社の株主総会の議案につき議決権を行使することができない場合（当該議案を決議する場合に限る。）における当該株主を除く」と規定する。

69)　弥永・前掲注64）347頁。

70)　実質基準での判定において、株式の相互保有規制により議決権がないものとされた株式は、親子会社判定に係る議決権割合の算定では分母・分子に含めないものとされている（弥永・前掲注64）43頁）。両社が相手方に対し有する議決権数は、親子会社関係の有無を判定する場面では0個扱いとなり、会社法行規則3条3項1号および同項2号の要件が充足されることはなく、同項3号に関し、本件事案では同項2号イその他の要件が充足されることはない。実質基準でも両社の間に親子会社関係は認められないとも考えられる。

71)　その子会社および子法人等（会社以外の会社等が他の会社等の財務および事業の方針の決定を支配している場合における当該他の会社等をいう）を含む。「財務等の決定を支配する」とは、例えば、①当該他の会社が重要な財務および事業の方針を決定するにあたり、会社の承認を得ることとなっている場合、②当該他の会社が多額の損失が発生し、会社が当該他の会社に対し重要な経営支援を行っている場合または重要な経営支援を行うこととしている場合等、他の会社の意思決定機関を支配していることが推測される事実のことである（弥永・前掲注64）44頁）。

計算で40％以上（50％未満）の議決権を所有し、かつ会施規3条3項2号イ〜ホのいずれかに該当（同項2号）、または、③自己の計算での所有割合は40％未満であるが、自己所有等議決権数の割合が50％を超え、かつ会施規3条3項2号ロ・ホのいずれかに該当（同項3号）、という場合、親子会社関係が認められる。一方会社が他方会社の財務および事業の方針の決定を支配していることである。前記2の事案では、実質基準は次の要素が問題となる。

第1に、自己所有等議決権数に関し、例えば、①出資、人事、資金、技術、取引等において緊密な関係にあることにより、各社がその意思と同一の内容の議決権を行使すると認められる者の所有している議決権、および、②各社の意思と同一内容の議決権行使をすることに同意している者が所有している議決権につき、その合計数が全議決権数の過半数となる事実を判定する。

第2に、役員等の構成員に関し、例えば、過去10年間では、各社の取締役の構成に照らし、X_1が両社の代表取締役として「会社の経営に最も中心的に関わっている役員」であったかを判定する。第3に、財務等の決定支配に関し、例えば、事業内容等、財務方針の指示・協力、A社とB社間の取引量、経済的利益の供与の有無などの要素から、両社間に財務等の決定支配の有無を判定する。第4に、負債の総額に対する他方会社による融資割合に関し、例えば、①A社がB社からの借入れ、B社の役員からの借入れ、②B社がA社からの借入れ、A社の役員からの借入れの有無を判定する。

（7）旧商法下における過半数出資基準

株式の相互保有により議決権のない株式を発行済株式総数から控除して、各株主の過半数所有を算定すべきかについて、多数説では、「過半数出資基準というのは、法的に支配できるかどうかを問題にするものですから、議決権のある株式だけを取り上げるべき」であると考えられる[72]。

旧商法下の考察であるが、形式基準による親子会社に該当するかを考えるうえで有益な示唆となる。「過半数出資基準は、法的な支配可能性を問題にするものである」として、議決権のない状態にあるすべての株式を発行済株式総数から控除して、過半数所有を算定すべきであるとする説を妥当としている[73]。

---

72) 稲葉威雄＝岩崎貞夫＝江頭憲治郎ほか『株式 改正会社法セミナー（1）』（有斐閣・1983）340頁〔龍田節発言〕。

73) 上柳＝鴻＝竹内編・前掲注62）274頁〔蓮井〕。

4 経営承継円滑化法上の筆頭株主

　経営承継円滑化法および租税特別措置法に基づく事業承継税制における目的は、中小企業の事業承継を円滑に行い、その事業活動を継続させ、地域経済の活性化および雇用維持を図ることである。事業承継が円滑に進まないことによる廃業は毎年多数にのぼり、従来から、それにより失われる雇用は毎年数十万人に達し、事業経営を次世代へ円滑に承継できる環境を整備することが一層重要な政策課題となってきた。[74] 事業承継税制は、後継者個人だけでなく、地域経済の活性化および従業員の雇用にも多大の意義を有する制度である。本件事案 A 社・B 社の後継者 X₁・X₂ が相続税等の納税猶予されることにより、両社は円滑な事業承継により事業活動が継続され、雇用の維持等がなされることになる。

　経営承継円滑化法上、筆頭株主として、「誰が会社を支配しているのか」を判断することが求められている。経営承継円滑化法における議決権数算定と会社法上の子会社に係る様々な規制の趣旨は別である。[75] 実質的にみて支配関係が存するかどうかが肝要である。

　前記 2 の事案では、A 社・B 社がそれぞれの自己の計算において相手方に対し有する議決権数は、親子会社関係の有無を判定する場面ではいずれも 0 個扱いとなる。[76] 両社間に相互の支配関係はなく、かつ議決権数の割合を算定する上で、A 社が保有する B 株の議決権は除外される。B 社実質基準でも、両社の保有株式に係る議決権が停止されていることに加え、両社に親子会社関係は認められないとすれば、経営承継円滑化法上、X₁ および X₂ が議決権ベースにおける筆頭株主である。実務においても、このような扱いがなされる。

---

74)　税務研究会編・前掲注 66) 270 頁。
75)　会社法上、有力説によれば、「相互保有株式は親子会社の議決権数の割合を算定する上で、議決権があるものとみなすべきである」とされる（議決権算入説）。その根拠は、①子会社による親会社株式の取得規制に抵触するため（江頭憲治郎編『会社法コンメンタール 1―総則・設立 (1)』（商事法務・2008）28 頁〔江頭〕）、②当事者の知らない間にある株主が親会社となり、親子会社間の監査役・取締役兼任禁止規制等に違反するため（河本一郎「株式の相互保有と親子会社の認定」判タ 633 号 9 頁）、である。
76)　同様に、A 社にその発行済普通株式の過半数を先に保有されていた B 社が A 社の発行済普通株式の過半数を後から保有することとなっても、形式基準で B 社が A 社の親会社だと判定されることはないと考えられる。

第 4 章
民事信託による財産・株式管理と承継

　民事信託の利用が活発化している。中小企業のオーナーが委託者となり、生前中の財産・株式管理、死亡後における財産・株式の承継を複数の世代にわたり定めておくことができ、事業承継の有効なスキームとして注目されている。

　本章では、第1に、信託制度の概要、民事信託による財産管理および事業承継の具体的方法を例示する。第2に、民事信託の活用課題と専門職の関与のあり方を考察する。第3に、民事信託スキームで多く利用されている受益者連続信託による財産の管理承継に係る多様な課題を考察する。

●時系列

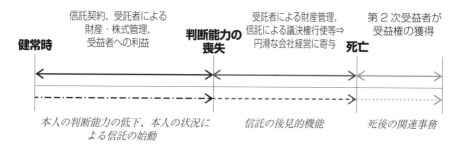

●民事信託による財産・株式管理と承継概要

関係当事者	対象事案	具体的内容
本人（委託者）、親族（受託者・信託指定権利者）、士業関係者（信託監督人・受益者代理人・任意後見人等）、オーナーの会社等	民事信託の概要	信託の活用意義、信託契約書の内容、当事者の権利・義務、信託の監督機関、信託課税等
	民事信託による財産管理と承継	具体例として、土地の有効活用のための信託（事業リスク回避の信託・土地の継続的使用の信託）、重度の障がいを有する子のための福祉型信託（後見制度と信託制度の比較）等
	民事信託による株式管理と承継	具体例として、後見的議決権行使としての株式信託、受益権における議決権行使指図権と配当受領権の分離の信託（委託者の生前中と死後による変化・追加的スキーム）等

	受益者連続信託における課題検討	受益者連続信託のニーズ・課題、裁判例の検討、遺留分侵害額請求の対象財産、公序良俗違反の問題等
委託者債権者、受託者、委託者	信託における規制行為	詐害信託の取消し、受託者の利益相反行為の制限、信託財産の管理と受託者の責任

第Ⅰ節　▶信託制度の概要

1　信託の活用意義
(1) 信託制度の概要

　信託とは、①特定の者（受託者）が、②財産を有する者（委託者）から移転された財産（信託財産）につき、③信託契約、委託者の遺言、公正証書による自己信託（これらを信託行為という）により、④一定の目的（信託目的）に従い、⑤財産の管理または処分およびその他の当該目的の達成のために必要な行為をすることである（信託法（以下、「信」）2条1項）。委託者と受益者が同じである信託が自益信託、委託者と受益者が異なる信託が他益信託である。

●基本構造

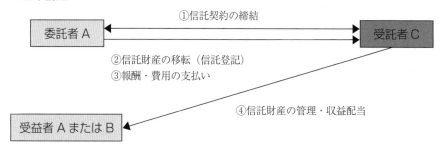

●自益信託の例

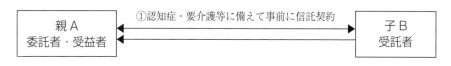

(2) 信託の活用意義

信託契約により、委託者の財産は信託財産として受託者の名義となり、受託者が信託財産の管理、運用、処分を行う。受託者は信託財産の管理運用等をする際には、信託目的（信2条1項）に拘束され、受益者の利益を最優先する任務を負う。受益者は受益権に基づき、受託者から信託の収益配当を受け取る。この受益権は、信託財産を物権的に支配する権利ではなく、受託者に対する給付請求権（受給権）といえる。[1]

新信託法（平成18年12月成立）[2]は、受託者の義務を合理化し、受益者の権利行使の実効性・機動性を高めるとともに、多様な信託の利用ニーズに対応するため、新しい類型の信託制度を創設した。[3]信託の活用により、①信託契約の目的に従って受託者が信託財産の管理運用等をするため、委託者の意思が何よりも尊重される、②財産保護および委託者死亡後の財産管理、③信託契約に基づき、委託者は様々な受益者を定めておくことができる。

●財産の承継方法

方　法	特　徴
信託機能の特徴	①所有者が有する物権的効力である所有権から、受益者が信託財産に対して有する受益権という債権的権利への転換、②受託者に名義変更、③信託は遺言者の生前より効果あり、④受託者管理により、信託財産の計画的利用、⑤委託者の意向が信託終了まで維持、⑥後継ぎ遺贈が可能、⑦成年後見制度に代わる福祉機能、⑧財産承継者の浪費防止、⑨受益権の分割が可
事業承継における信託活用	①信託により後継者に議決権を集中させて、後継者の地位の安定、②後継者の決定後も経営権を維持しつつ後継者に経営の空白期間を作ることなく承継、③議決権と財産権に分けて株式を承継（配当受領権と議決権行使の指図権を分離等）、④事業の承継に係る時間猶予の付与、⑤事業信託により事業を一定期間、他者に事業を信託し、後継者が経営者として育った段階で信託終了等
他の財産承継の方法	①生前贈与・売買は生前に名義変更、②遺言・死因贈与は生前に準備し、死後に名義変更、③遺産分割は死後に分割協議し、名義変更、④贈与は他人物を対象とできる（改正民549条）、⑤書面によらない贈与は解除可能（改正民550条）

(3) 信託の利用

2019年9月末現在、わが国における信託財産総額は1,224.1兆円であり、前年同月末比約67.9兆円増と過去最高額を更新した。2005年9月末の信託財産総額560.2兆

---

1)　能見善久『現代信託法』（有斐閣・2004）191頁。
2)　新信託法は旧信託法（大正11年制定）の改正という形式をとらず、新立法として導入された（寺本昌広「新しい信託法の概要」ジュリ1335号2頁）。
3)　寺本昌広＝村松秀樹＝富澤賢一郎＝鈴木秀昭＝三木原聡「新しい信託法の概要」法律のひろば60巻5号5頁。

円と比較すれば、約 2.19 倍である（一般社団法人信託協会 2019 年 12 月 16 日付統計）。2019 年 3 月末現在、わが国の個人金融資産（約 1,864 兆円）および民間非金融法人企業の金融資産（約 1,186 兆円）の総計が約 3,050 兆円であることに照らすと（日本銀行調査統計局 2019 年 12 月 20 日付統計）、信託財産となっている資産の総額は大きく、様々な信託スキームが活発に利用されている。

(4) 商事信託と民事信託

　前記 **(3)** の信託財産総額は商事信託を対象とするが、民事信託を含め、信託制度の活用ニーズは飛躍的に高い。受託者の役割の違いにより、商事信託および民事信託に分類できる。商事信託は概して大口資産を対象とし、受託者の役割として信託財産（主として金銭）の能動的な管理・運用（投資）等を期待する場合に利用される。受託者は信託銀行・信託会社等の専門機関を想定し、信託業法の適用を受ける。

　他方、民事信託は受託者を専門機関以外である親族等を想定し、営業信託として行われる場合を除き、受託者には信託業法の適用を観念しない。民事信託の原因となる経済行為は長期の財産管理制度と組み合わされた贈与であり、[4] 概して小口資産を対象とし、財産の管理・承継のために利用される。当事者が何を求め、何をしたいのかに即して、商事信託と民事信託の併用が考えられる。例えば、家業に関する資産運用等は商事信託を活用し、親族等との資産管理では民事信託を活用する、等である。

(5) 信託の登記

　不動産等の登記可能な財産は、信託の登記をしなければ、当該財産が信託財産に属することを第三者に対抗できない（信 14 条）。登記制度のない動産・債権等の財産は、公示がなくても信託財産であることを第三者に対抗できる。

●登記の手続

区　分	具体的内容
受託者名義に移転	不動産の所有者名義から受託者名義に移転登記
登記事項	信託契約の要点（各当事者名、受益者の指定条件、信託目的、終了事由等）の記載
登記の意義	①受託者の倒産からの隔離、②受託者の権限違反行為に対する取消し

---

4)　英米におけるファミリートラスト（家族信託）、パーソナルトラスト（個人信託）といわれるものに相当する。民事信託と商事信託の法解釈に関し、神田秀樹=折原誠『信託法講義〔第 2 版〕』（弘文堂・2019）14〜16 頁参照。なお、日本公証人連合会の調査によれば、民事信託の公正証書の作成件数が 2018 年に 2,223 件であった。民事信託の公正証書作成は義務ではなく、民事信託の利用総数はさらに多いとされる（日本経済新聞 2019 年 10 月 1 日付夕刊）。

(6) 信託契約書の記載内容

　信託契約書として、次の内容の記載が考えられる。①信託の目的、②信託財産、③信託の成立・信託の登記、④委託者の権利の制限、⑤受益者と受益権の譲渡、⑥信託監督人の指定・成年後見人との関係、⑦信託期間、⑧信託事務の内容（生活費・各種費用の支払い等）、⑨必要経費、⑩報酬（対受託者・信託監督人）、⑪受託者の義務、⑫信託の計算期間、⑬信託の変更・解約、⑭受託者の辞任・解任（解任事由、新受託者の選任・通知等）、⑮信託の終了（本契約の解約時・委託者の葬儀終了時・信託財産がなくなった時等）、⑯契約に定めていない事項の対処、⑰信託財産目録（X銀行X支店の普通預金・定期預金、不動産等）、等である。

　信託契約は委託者本人の意思確認（公正証書等）に加え、法定相続人等の関係当事者の承認および遺留分の配慮を講じることが紛争防止に資する。共有名義の財産は信託財産とすることにより、当事者の意思能力の喪失時にも財産凍結を回避できる。

2　信託当事者と監督機関
(1) 信託当事者の権利・義務
ア）委託者の利点・権利

区　分	具体的内容
財産の保護	①信託契約の目的により、所有権を有する財産を信託財産として、受託者が信託財産を処分管理、②委託者の債権者は信託財産への強制執行が不可（信23条1項）、③委託者の倒産リスクから財産の遮断
受益者の指定	①複数受益者の指定、②世代間、世代を超える様々な受益者の設定可（第1次受益者が死亡し、当該受益者が有する受益権につき、第2次、第3次受益者の設定）。遺言では、「私が死亡すれば、Aに不動産Xを継がせる。Aが死亡すれば、不動産XをBに継がせる」という後継ぎ遺贈を定めることは不可
委託者の権利	①受託者に関する事項辞任・解任の同意権・合意権（信57条1項・58条1項・62条）、②信託管理人・監督人に関する事項（信70条・58条4項・134条2項）、③信託の変更等に関する事項（信149条・150条）等

イ）受託者の権限・義務

区　分	具体的内容
受託者の特徴	①信託財産の名義人となり、受益者に信託利益を給付、②信託財産の法的な所有者、③信託財産の運用・管理・処分により、委託者に対し報酬・費用の請求可能
民事信託の受託者属性	①信託業法の適用なし、②受託者が一般社団法人は可。複数の社員による相互監視、社員総会で多数決による意思決定が可能、③民事信託会社の設立は免許・登録が不要。最

	低資本金・営業保証金規制の対象外、④なお、商事信託会社は信託業法に基づく免許、最低資本金および営業保証金の規制対象
財産運用の責任限定	①受託者は信託事務に係る取引で生じた債務に関し、一定範囲で責任限定（信216条以下）、②受託者は信託目的に従い信託財産の運用・管理・処分が可能
信託財産の隔離・独立	①受託者の固有財産と信託財産は別個独立、②受託者の債権者は信託財産への強制執行が不可
受託者の義務	①信託事務の処理遂行義務・善管注意義務（信29条1項2項）、②忠実義務（信30条）、③利益相反行為の制限（信31条）、④競合行為の制限（信32条）、⑤公平義務（信33条）、⑥財産の分別管理義務（信34条）、⑦信託事務処理委託における第三者の選任・監督義務（信35条）、⑧信託事務処理の報告・帳簿等の作成・保存義務（信36条・37条）、⑨損失てん補責任等（信40条）、等

ウ）受益者の権利

区　分	具体的内容
収益の確保	①受益者は受託者の信用・ノウハウを活用可能、②受益者は信託財産の管理運用に関与せずに、信託の収益配当を受領
受益権の譲渡	①受益者は受益権を他者に譲渡可能、②受益権を有価証券化が可能。例えば、P社で経営する複数の事業部門のうち、後継者が得意とするQ部門を自己信託とする。受益権を有価証券化して、資金を有する関係者に譲渡をして投資の対象化
受益者の権利	①信託財産への強制執行等に対する異議申立権（信23条）、②受託者の権限違反行為の取消権（信27条）、③受託者の利益相反行為に関する取消権（信31条）、④信託事務の処理状況の報告請求権（信36条）、⑤帳簿等の閲覧・謄写の請求権（信38条）、⑥損失のてん補または原状回復の請求権（信40条）、⑦受託者の法令・信託違反行為の差止請求権（信44条）、⑧受託者に対する解任権（信58条）、⑨裁判所に対する新受託者選任の申立権（信62条）、等

（2）受益者の保護監督機関・補完的な役割を担う者

　信託監督人は受益者のために受託者の監督を行う者である（信131条）。例えば、受託者の濫用行為を監視・監督するため、士業関係者を信託監督人とすることが考えられる。受託者個人の事業等に行き詰まっても、受託者の私財と信託財産は隔離される。受益者が未だ存在していない場合、信託管理人を選任することができる。信託管理人とは受益者に代わって権利を行使する者であるが（信123条・125条）、民事信託では、実務上、選任されていない。

　補完的に監督の役割を担う者である、受益者代理人および信託指定権利者は、民事信託において実務上、多く利用されている。受益者代理人は受益者のために受益者の権利を行使する者（受益者代理人。信138条）を選任することができる。委託者

兼第1次受益者の受益者代理人が受託者との交渉役となることも多い。また、信託指定権利者は委託者の推定相続人として、当事者の利害を調整しながら、第2次受益者を決める。

また、間接的監督機関として、第1に、受託者自体を一般社団法人とすることにより、①複数の社員による相互監視機能、②社員総会における多数決により、受託者としての最高意思決定を行うなどの限定的ながら間接的監督機能を有する。第2に、受益者は、裁判所に検査役の選任を申し立てることができる（信46条1項）。検査役は、受託者に対し、信託事務の処理状況、信託財産に属する財産等の状況報告の請求、信託に係る帳簿・書類、物件等の報告徴収権・物件調査権を有している（信47条1項）。

●監督機関の概要

区　分	内容・選任	想定される機能
信託監督人	①信託行為に信託監督人となる者を指定、②裁判所は利害関係人の申立てにより選任が可（信131条）、③受益者のために受託者に対する監視・監督	①信託法92条各号の権利に関する一切の裁判上または裁判外の行為権限、②信託行為による別段の定めが可（信132条）、③受託者事務の執行は不可、④士業の就任により、専門知識を活用可
信託管理人	①受益者がいない、または未指定の場合、信託管理人の選任が可、②裁判所は利害関係人の申立てにより選任が可（信123条）。民事信託では、実務上、選任されず	①受益者に代わり自己の名をもって受託者の権利行使が可（信125条）、②受益者の定めのない信託期間は20年以内（信259条）

●補完的に監督の役割を担う者

区　分	内容・選任	想定される機能
受益者代理人	①信託行為に受益者代理人となる者を指定（信138条）、②裁判所は原則、受益者代理人の選任が不可。③例外として、受益者代理人の任務終了事由に該当後、受益者の申立てにより選任が可（信142条）	①受益者の権利に関する一切の裁判上または裁判外の行為権限、②信託行為による別段の定めが可（信139条）
信託指定権利者	生前信託では、委託者兼第1次受益者を決めるが、第2次受益者を直ちに決めることが困難である場合、信託指定権利者を決めておく。信託指定権利者は第1次受益者が死亡後、第2次受益者を決定	信託指定権利者は、例えば、委託者および第1次受益者の子、または委託者の推定相続人として、当事者の利害を調整しながら、第2次受益者を決める。遺産分割協議と異なり、相続人全員の同意は不要

●間接的な監督機関の概要

区　分	内容・選任	想定される機能
受託者自身による監督	受託者自身を一般社団法人	①複数の社員による相互監視機能、②社員総会で多数決により、受託者としての最高意思決定等
裁判所の選任による検査役	受益者が、裁判所に検査役の選任を申立て（信46条1項）	①信託事務の処理状況、信託財産の状況報告請求、②帳簿・書類、物件等の報告徴収権・物件調査権（信47条1項）

3　信託課税

(1) 信託の設定段階

　自益信託では、委託者から受益者への贈与はなく、信託による課税関係は生じない。民事信託を始める場合、自益信託からが多い。贈与税・相続税が直ちに発生しないためである。

　他方、他益信託では、信託の効力が生じた時に、適正な対価を負担せずに受益者等となる者は、信託に関する権利を委託者から贈与または遺贈により取得したものとみなされる（相税9条の2第1項）。適正な対価を負担したのであれば課税されない。信託の効力が生じた時とは、原則として信託契約の契約時である。しかし、信託行為に停止条件または始期が付いている場合には、停止条件の成就または始期の到来によって効力が生じるため、当該時点になる。受益者等が一人の場合に権利の全部を有するものとされ、複数の場合には権利の全部を受益者等が有する権利の内容に応じて有するものとされる（相税施規1条の12第3項）。

(2) 受益権の評価

　委託者から贈与または遺贈により取得したものとみなされる受益権の評価は、次のようになる。第1に、元本と収益の受益者が同一人である場合、信託財産の価額によって評価する。第2に、受益者が元本および収益の　部を受ける場合、信託財産の価額にその受益割合を乗じて計算した価額によって評価する（財産評価基本通達202（1）（2））。

---

5)　受益者等とは、受益者としての権利を現に有する者および特定委託者である（相税9条の2第1項）。

区 分	課税の有無	諸 税
委託者	自益信託では、委託者から受益者への贈与はなく、信託による課税関係はなし	①受託者への不動産の所有権移転登記では、登録免許税が非課税（登録免許税7条）、②信託設定時に、所有権移転登記に加え、信託の登記が必要、③信託の登記は登録免許税が課税（同9条）
受託者	信託報酬に課税。信託財産に課税なし	①信託設定により受託者が委託者から不動産を取得した場合、不動産取得税は非課税（地方税73条の7第3号）、②ただし、信託設定後、受託者が家屋等を新築した場合、不動産取得税は課税
受益者	①信託の効力発生時に、適正対価を負担しない場合、贈与・遺贈により取得したものとみなされる、②適正対価の負担では、非課税	信託財産について生じた所得は、受益者に課税

4 信託の終了

　第1に、信託法上の信託の終了事由である。例えば、①信託目的の達成または達成不能、②受託者の全部が欠けて、新受託者が就任しない状態が1年間の継続、③信託行為において定めた事由の発生、等がある（信163条）。第2に、合意による信託の終了である（信164条1項）。受託者に不利な時期に信託を終了したときは、やむをえない事由があったときを除き、委託者および受益者は、受託者に損害賠償を要する（同条2項）。第3に、信託の終了命令である。①信託行為の当時予見することができなかった特別の事情により信託終了が信託目的等に照らし受益者の利益に適合する場合（信165条1項）、②公益の確保のため信託の存立を許すことができないとき（信166条1項）、である。

第Ⅱ節　▶民事信託による財産管理と承継

1　土地の有効活用と事業リスク回避の信託

(1) 具体的状況（前提状況と当事者の意図）

　P社の先代経営者 X_1 は、土地 Y_1〜Y_3 を自己名義で有する。P社の現経営者は X_2（X_1 の子）であり、P社は土地 Y_1 を借りて自社ビルを建設するが、Q銀行から

---

6)　受託者の関与がない状況で、常に委託者および受益者の合意のみで信託の終了がなされると、受託者または受益者に不測の損害が生じる可能性があるためである。

融資を受け、土地 Y_1 に抵当権を設定して、かつ X_1 が連帯保証をしている。P 社の業績が悪化による Q 銀行への弁済停滞、X_1 に対する履行請求・強制執行の懸念がある。他方、X_2 には P 株を贈与しているため、土地 $Y_2 \cdot Y_3$（アパートを建設）を X_3 に承継させたい。

(2) 民事信託の利用と課題

　例えば、X_1 の財産を信託財産（土地 $Y_2 \cdot Y_3$）、信託しないもの（土地 Y_1）に分類する。受託者として一般社団法人 R を設立し、$Y_2 \cdot Y_3$ 地の運用による収益配当を受益権とする。第 2 次・第 3 次受益者を $X_3 \cdot X_4$（X_3 の子）とする。

　民事信託の利点として、受託者 R が対象不動産（土地 $Y_2 \cdot Y_3$）の名義人になるため、P 社の財務状態の悪化に対し、X_1 の財産保護が可能である。課題として、X_2 に P 株、X_3 に土地 $Y_2 \cdot Y_3$ を各承継させる場合、遺留分等に照らし両財産の経済的価値の均衡を図ることが求められる。

●信託の活用図

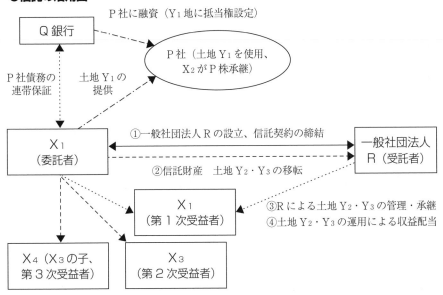

2　土地の継続的使用の信託

(1) 具体的状況（前提状況と当事者の意図）

　P 社の現経営者 X_1 は土地 Y を自己名義で保有し、P 社に無償使用させている。次

期経営者 X_2（X_1 の子）に X_1 が有する P 株を相続させると、遺留分等を考えた場合、Y 地を X_3（X_1 の子）に相続させることになる。その結果、P 社は Y 地を安定して継続使用できなくなる可能性がある。懸念として、X_2 は X_1 が有する P 株を相続しなければ支配権が維持できない。他方、Y 地が X_3 に相続された場合、X_1・X_2 は X_3 がいかなる条件で貸与に応じてくれるのか不安である。

（2）民事信託の利用と課題

X_1 を委託者かつ第 1 次受益者、P 社を受託者、X_3 を第 2 次受益者、Y 地を信託財産とする信託契約を締結し、かつ、X_1 と P 社が Y 地に関し、X_1 の死亡を始期とする始期付賃貸借契約を締結する。X_1 の死亡後、P 社は X_3 に Y 地の継続的に賃料を受益権として支払い、P 社は Y 地を継続的に使用ができる。また、X_3 は第 2 次受益者として受益権を取得する。P 社は X_1 の死去後も、X_1 の相続人 X_3 と賃貸借契約が成立するため、X_3 は安定的に賃料を受領ができる。

課題として、X_2 に相続された P 株の経済的価値が高く、X_3 が受領する毎月の賃料が不均衡となる場合、遺留分侵害に対処するため、X_2 は X_3 に一時金の支払いが求められよう。また、受託者 P 社が賃料の不払い・滞納に対処するため、信託監督人の選任をして、P 社の管理・運営整備を充実させる必要がある。

●信託の活用図

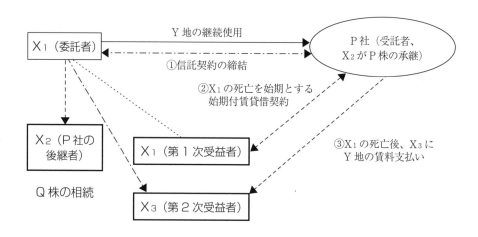

3　重度の障がいを有する子のための福祉型信託

(1)　具体的状況（前提状況と当事者の意図）

　X_1（配偶者は死亡）には子 X_2〜X_4 がいる。X_2 は重度の障がいのため介護を要するが、X_1 は高齢であり、X_4 は遠方に住むため、近隣に住む X_3（自営業）に X_2 の介護協力を頼むことが多い。X_1 は自身の資産を X_2 の介護・生活費のために X_1 の死後も使ってほしいため、長期にわたり財産管理および X_2 の介護・生活支援等を X_3 に委ねたい。

　X_1 が何ら対策を講じることなく死亡した場合、相続財産は 3 等分され、X_2 の財産管理が不透明となる。また、X_2 に相続された財産が X_3 の商売に浪費される懸念に加え、不動産が相続人間で共有持分となれば、X_2 の生活基盤が心配である。

　X_3 への負担付遺贈を選択すれば、遺贈された目的の価値を超えない限度で、X_3 は負担した義務（X_2 の介護・生活支援等）を履行する。しかし、X_3 の負担増、介護の放棄、個人事業の失敗による資産の消滅（X_2 に交付されるべき介護・生活費等を含む）が課題となる。また、「X_2 が亡くなった後、X_3 に X_2 の財産を相続させる」旨の X_1 による後継ぎ遺贈型の遺言書はその有効性から実現困難であるかもしれない。

(2)　民事信託の利用と課題

　X_1 を委託者・第 1 次受益者、X_3 を受託者、X_2 を第 2 次受益者、弁護士 X_5 を信託監督人かつ任意後見人とする。X_5 は X_3 による信託財産の管理・使用に関し助言監督を行う。X_1 が存命中、X_3 は X_1 に生活資金、自身の入院治療費を交付し、X_5 は X_1 の意思能力減退を条件として後見人に就任する。X_1 の死亡後、X_3 は X_2 に生活資金、介護費用を交付し、X_5 は信託監督人かつ X_2 の後見人になる。X_2 の死亡により信託終了とし、X_3 を帰属権利者とする。

　利点として、X_3 の事業負債と信託財産は隔離され、X_2 は X_1 の死亡により委託者から受益権を取得する。X_1 の財産名義を受託者 X_3 に書き換えることにより、X_1 の判断能力が低下・喪失しても、受託者名義の財産は凍結されることはない。X_1 の現預金をすべて信託する必要はない。X_2 に対する長期の生活支援等、X_2 および X_3 への財産承継が可能となる。課題として、長期にわたる信託監督人および後見人の設置のための報酬が負担となる。X_3 が受託者として不適任である場合、他者（NPO、パブリック・トラストセンター等）に依頼を検討する必要があろう。

●信託の活用図

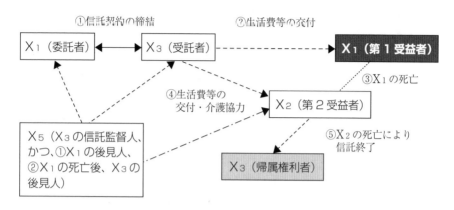

後見制度と信託制度を比較すると次のようになる。いずれの両制度がより有用であるかは一概には、いえない。関係当事者が置かれた状況、財産内容とその管理・承継等、本人または関係当事者の意図により、選択のあり方が変わるであろう。信託の受託者には広い裁量権があり、委託者の意図（孫への教育資金の贈与等）が実現可能となる。受託者の権限濫用を防止するため、例えば、贈与等に関しては「受益者代理人の同意を要する。」等を信託契約書に記載する。

ア）後見制度と信託制度の目的・受任者の選任比較

区 分	後見制度		信託制度	
	法定後見	任意後見	商事信託	民事信託
目 的	審判による公的な財産管理・身上監護	①契約による財産管理・身上監護、②本人の自己決定権の尊重	信託財産の積極的な運用	信託財産の管理、受益者の生活支援等
	①本人の権利擁護・生活支援、②財産の運用なし		信託契約による任意の財産管理制度	
受任者・受託者の選任	法定後見人は裁判所が選任	①後見契約は公正証書、②任意後見監督人による裁判所の間接監督、③解任事由あり	①株式会社を前提、②免許・登録の必要、③社団法人・NPO法人等は不可、④業法適用	①原則制限なし、②自然人・法人可、③原則業法適用なし（業法の抵触不可）
	①親族、法人可、②欠格事由あり		欠格事由あり	

イ）後見制度と信託制度の受任者権限・本人等の死亡時の比較

区 分	後見制度		信託制度	
	法定後見	任意後見	商事信託	民事信託
受任者・受託者等の権限	①審判による包括的代理権、②取消権・追認権あり、同意権なし	①後見契約で定めた範囲内の代理権、②取消権・同意権なし（民法120条2項による取消権あり）	①財産は受託者に移転、②受託者は信託財産に対する排他的な管理・処分権あり	
	①財産は本人所有、②財産管理義務・身上配慮義務			
本人・受益者の死亡時	一定の死後事務あり	契約による死後事務の定めが可	終了しない（信託契約により次の受益者への財産承継）	
	①契約終了、②相続財産の保存に必要な行為			

第Ⅲ節 ▶民事信託による株式管理と承継

1 後見的議決権行使としての株式信託

(1) 具体的状況（前提状況と当事者の意図）

　中小企業オーナーが委託者となり、民事信託を通じた株式管理・事業承継が考えられる。例えば、Y₁社のオーナー経営者X₁は高齢となり、子X₂を後継者に考え、議決権の行使をX₁・X₂が確保することにより、円滑な事業承継を望んでいる。X₁は同社の支配株主であるが、認知症の発症または長期入院等により、適切な議決権行使ができなくなるのではと不安である。その結果、他の少数派株主により恣意的な経営がなされる可能性がある。また、後見人が議決権行使をする場合、後見人がX₁の意図をどこまで理解しているのか疑問であり、後見人が他の少数派株主に取り込まれる可能性もある。

(2) 民事信託の利用

　X₁は認知症等により適切な議決権行使ができなくなることに備え、議決権行使の指図権および配当受領権を受益権とする民事信託を設定する。内容は、X₁を委託者かつ第1次受益者、後継者X₂を第2次受益者、一般社団法人（または信頼できる第三者）Y₂を受託者とする。X₁の認知症等の発症までは、X₁は議決権行使の指図権および配当受領権を有する。認知症等の発症以降、X₂が議決権行使の指図権を有し、Y₂はその指図により議決権を行使する。X₁の死亡後、X₂は議決権行使の指図

権および配当受領権を得る。

(3) 民事信託の意義と課題

　議決権行使に関し、受託者に指図する権利は、受益者指定権等（信89条1項）に類似の権利といえる。受託者を一般社団法人とする場合、その社員にはY1社の役員が就任することが考えられる。また、X2を受託者とする案もあろう。株主名簿には受託者の名前を記載する。Y1社からの利益配当は、X1が存命中は第1次受益者X1に、死亡後は第2次受益者X2になされ、X1の死亡から一定期間後に信託終了とすることも考えられる。受益者連続信託により、X1からX2に実質的に事業承継がなされる。X1が保有するY1株に属人的定めを設けることが考えられるが、総会の特殊決議（会309条4項）を要し、他の株主の意向に配慮が求められる。

　課題として、第1に、成年後見制度と比較して仕組みが複雑であり、利害関係者の理解を要する。第2に、受託者を一般社団法人とする場合、設立手続を要し、その監視・監督の整備を要する。第3に、第2次受益者X2とX1の推定相続人間との経済的利益の均衡・配慮等が求められる。

●信託の活用図

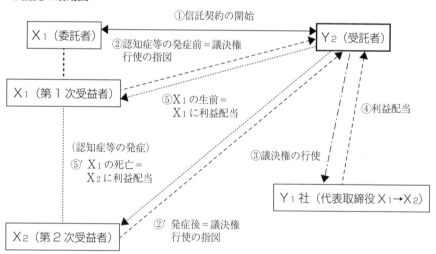

2　受益権における議決権行使指図権と配当受領権の分離の信託

(1) 具体的事案（前提状況と当事者の意図）

　Y1社の現オーナー経営者X1は、子X2を後継者とするため、保有するY1株を

X2に集約させたい。しかし、X1が亡くなると推定相続人X2～X4の間でY1株を含む相続争いが懸念されるため、非後継者X3・X4にも経済的配慮をしておきたい。また、X1が有するY1株を分散化させることなく、X1の意図を反映した事業承継を円滑に進め、経営者の空白期間が生じさせたくない。

(2) 民事信託の活用①（委託者の生前中と死後による変化）

　ア）X1の生前　　X1が有するY1株を信託し、議決権行使指図権および配当受領権を受益権とする。X1は第1次受益者となり、議決権行使指図権および配当受領権の両方を受益権として有する。受託者として一般社団法人（または信頼できる第三者）Y2を設立し、Y1株を信託財産とする。X1は委託者かつ第1次受益者として、議決権行使の指図権および配当受領権を有する。Y2はX1の指示に従い総会で議決権行使を行使し、Y1社からの利益配当をX1に交付する。

　イ）X1の死後　　X2～X4を第2次受益者とし、議決権行使の指図権を後継者X2に、配当受領権を非後継者X3・X4にそれぞれ付与する。第2次受益者の属性に照らし受益権の内容に差異を設け、X2に支配権を与える。Y2はX2の指示に従い、Y1社の総会で議決権行使をして、Y1社からの利益配当をX3・X4に交付する。議決権行使指図権および配当受領権の各受益権を分離して、X1が保有するY1株のうち、議決権行使の指図権を後継者の受益権とし、配当受領権を非後継者の受益権とする信託である。

(3) 民事信託の活用②（追加的スキーム）

　ア）後継者指名権の設置　　X1が認知症等により後継者を選ぶことができなくなった状況に対処するため、後継者指名権を別途設置して、X1の発症を始期として発動させ、例えば、親族X5に「後継者である第2次受益者を指名させる」指名権を付与しておく。受益権は議決権行使の指図権・配当受領権とする。当該信託では、①後継者が決定した段階で、信託契約を終了、②X1の死亡から一定期間後に、信託終了とすることが考えられる。

　イ）次世代後継者の指名　　X1は、第2次受益者X2の次世代後継者として、X2の子より経営者の資質があるX5（X3の子）を第3次受益権者として、議決権行使の指図権および配当受領権を収斂して取得させるスキームも考えられる。後継ぎ遺贈型受益者連続信託である。なお、信託契約が長期にわたり状況が変化することへの対応、およびX5がX2より早くに死亡した際の対応を信託契約において明記する。

●信託の活用図

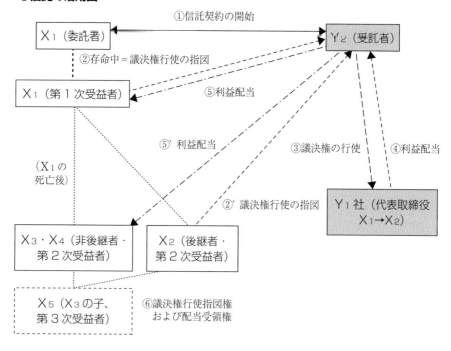

(4) 信託活用の利点

　第1に、自社株分散の回避である。遺留分を考慮すると、Y_1 株は分散化するかも
しれない。議決権行使指図権および配当受領権に分離することで、当該懸念に対処
できる[7]。また、Y_2 が株主名簿に記載され、X_1 が有していた Y_1 株を管理する。X_2〜
X_4 は自己の都合で Y_1 株を処分できない。

　第2に、X_1 は生前中、議決権行使の指図権および配当受領権を有するため、信託
する以前と実質的には変わらない。X_1 は、X_2 を後継者と考えているが、存命中は
経営権を握っていたい。株式信託により、経営者の空白期間が生じない。第3に、遺
言よりも、X_1 の生前に後継者対策とともに、Y_1 社から後継者に関する承認を事前
に得ることが可能であり、遺言をめぐる争い（遺言撤回・複数の遺言書の存在等）を
回避できる。第4に、非後継者 X_3・X_4 に無議決権株式を発行することによる様々
な懸念（本編**第2章第Ⅰ節2**参照）に対処できる。

---

7)　指図権は受益者だけでなく、第三者に付与される場合がある。指図権に関し、商事信託法研究会「指
　　図型信託における指図権者の位置付け」信託（信託協会）256号4頁参照。

(5) 信託活用の課題

第1に、議決権行使指図権における支配権獲得と配当受領権における経済的価値の均衡を当事者が納得するように、X_1 は存命中に対策をする必要がある。X_2 は自身を取締役に選任させる議案に関し議決権を行使するように指図することにより、長年にわたり役員報酬を獲得することができるであろう。他方、利益配当は会社の配当政策・業績に左右されるが、X_3・X_4 が得るであろう利益配当の総額は、Y_1 株の客観的評価が X_3・X_4 の遺留分額・侵害額算出の基礎となり、持分割合に即して満たす必要があるのか。受益権が配当受領権であるが受益権を取得した相続人には、対象株式以外の資産を相続させて遺留分侵害にならない配慮が考えられよう。

第2に、後継者・非後継者を変更する場合、Y_1 社を含む関係者の同意を要する。第3に、受託者 Y_2 に対する監視・監督の整備、社員の選定が求められ、Y_1 社が Y_2 を株主として承認するための説得を要する。また、登場人物が複雑になり、Y_1 の意図が適切に伝わるのか、経営の迅速性が損なわれないかを検証しておく必要等がある。

第IV節　▶信託における規制行為

1　詐害信託の取消し

(1) 債権者詐害信託の懸念

信託は、委託者の財産減少を伴うため、委託者の債権者を害することがある。中小企業のオーナーが個人保証をする会社の財務状況が極めて悪化した時点で、信託により資産を移動させた場合などである。

債務者である委託者が、その債権者を害することを知りながら、自己の債務履行または強制執行を逃れるために信託を設定したような場合、受託者が善意であっても、当該信託は債権者詐害信託となる。委託者の債務には、①当該者が不動産に第三者の担保設定した場合、②第三者の保証人あるいは連帯債務者になった場合が含まれる[8]。

(2) 対受託者

委託者が債権者を害する（委託者自身の債務履行または強制執行の回避等）ことを知って信託をした場合、受託者の善意・悪意に関わらず、債権者は受託者を被告として詐害行為取消請求（民424条3項）が可能である（信11条1項本文）。取消しに

---

8)　信託設定時、Xは事業資金の弁済が滞り、X所有の不動産により個人保証をする事業資金の弁済が十分に想定された場合、債権者詐害信託として取消しの対象になる可能性がある。

加え、その財産の委託者への返還請求がなされる[9]。受託者の善意・悪意を問わない理由は、①受託者は委託者に対価を支払って信託財産の取得をしていない、②詐害信託取消請求が認容されても、受託者は直ちに損害を被ることにはならないからである。受託者に対する詐害行為取消請求は、受益者全部が悪意（受益者として指定されたとき、または受益権を譲り受けたとき）である場合に可能である（同項但書）。受益者の悪意の証明責任は、委託者の債権者が負う。

　詐害行為取消権の行使により、例えば、信託財産が金融資産 3,000 万円、被保全債権が 500 万円の場合、500 万円につき受託者への財産移転を取り消す。信託財産が不動産の場合、価格の有無にかかわらず、不動産の移転行為を取り消す。

●詐害信託の取消しの内容

請求者	対象者	請求内容
委託者の債権者	善意および悪意の受託者	詐害行為取消権の行使（受益者全部が悪意の場合）、委託者への信託財産の返還請求
	悪意の受益者	詐害行為取消権の行使・給付行為の取消請求、委託者への受益権譲渡請求、詐害信託の否認
	悪意の転得者	財産の返還請求（悪意の受益者からの転得）
	潜脱目的での善意者	詐害行為取消権の行使等
信託債権者	委託者	弁済責任の追及
破産管財人	悪意の受益者	詐害信託の否認、受益権の返還

(3) 対委託者

　詐害信託の取消請求が認容されると、信託された財産が委託者に戻される。信託財産の減少する分、信託債権者は信託財産責任負担に係る債権の引当財産が減少する。そのため、委託者は移転する財産の価額を限度として、信託債権者に対し信託財産責任負担について法定の弁済責任を負う（信 11 条 2 項）。

(4) 対受益者

　詐害信託において、受益者が受託者から信託財産に属する財産給付を受けたときは、債権者は悪意の受益者（受益者として指定されたとき、または は受益権を譲り受けた

9）　取消しの対象となる行為の相手方である受託者は、受託した信託財産に固有の利益がなく、行為の当事者ではない受益者が利益を受けるため、民法 424 条の詐害行為取消権の特則として定められている（神田＝折原・前掲注 4）46 頁）。

とき）を被告として、給付行為の取消請求が可能である（信11条4項）。

　取消権とは別途、委託者の債権者は悪意の受益者に対し、受益権を委託者に譲渡することを請求できる（信11条5項）。給付された財産返還の請求をできるが、未給付の分について、給付を待って取り消すのは迂遠であるためである。詐害信託の取消請求を前提要件とはしていない。破産者が破産債権者を害することを知って委託者として信託した場合、破産管財人は受益者を被告として受益権を破産財団に返還請求ができる（信12条2項）。詐害行為取消権の行使により、債権者は詐害行為の取消しに加え、悪意の受益者から転得した、悪意の転得者に移転した財産の返還請求が可能である（民424条の5）。[10]

(5) 潜脱目的による善意者の指定・受益権譲渡

　委託者は事情を知らない善意の第三者（債権者を害することを知らない）に受益権を付与することにより、詐害信託の取消しを回避するかもしれない。そのため、委託者の債権者は善意の第三者（善意者）を無償で受益者に指定し、または善意者に対し無償で譲渡ができない（信11条7項）。指定された善意者および受益権の譲渡を受けた善意者は、善意者として扱われないため（同条8項）、詐害信託の取消しの対象となる。

(6) 自己信託の濫用

　自己信託は、委託者の財産隠匿に悪用される危険性が少なくない。そのため、信託設定前から委託者に債権を有していた者は、受益者の全部または一部が受益権を譲り受けた場合、当該債権者を害すべき事実を知らなかったときを除き、詐害信託を取り消すことなく、委託者に対し債権回収のために、信託財産に強制執行することができる（信23条2項）。

2　受託者の利益相反行為の制限

(1) 利益相反行為の禁止類型

　受託者は善管注意義務（信29条2項）を負うとともに、[11] 忠実義務（信30条）に基づき、信託事務の処理にあたり、委託者から信託財産の所有権の移転を受けるため、専ら受益者の利益のために行動することが要請される。[12] 受益者の利益を害するおそ

---

10)　詐害信託の取消し等は難しいものになると考えられる（神田=折原・前掲注4）47頁）。
11)　受託者の善管注意義務は任意規定であり、信託行為に別段の定めがあるときは、その定める注意による（信29条2項但書）。善管注意義務の軽減は認められるが、全く免除するものではない（遠藤英嗣『全訂　新しい家族信託』（日本加除出版・2019）202頁）。
12)　寺本昌広『逐条解説　新しい信託法』（商事法務・2007）117頁。

れがある行為は利益相反行為として禁止される（信31条1項）。具体的には、次である[13]。

ア）自己取引　受託者が信託財産に属する財産を固有財産に帰属させ、または固有財産に属する財産を信託財産に帰属させることを禁止する（信31条1項1号）。例えば、不動産処分信託において、受託者Yが信託財産の不動産をY自身に（相場より廉価で）処分することは禁止される。

イ）信託財産間取引　受託者が信託財産を他の信託の信託財産に帰属させる行為は禁止される（信31条1項2号）。双方代理（民108条）と類似の性質を有するからである。例えば、受託者が複数の委託者 X_1・X_2 から金銭の信託を受けて株式の運用をしている場合、委託者 X_1 の信託財産に属する株式を委託者 X_2 の信託財産とし、その代わりに一定額の金銭を X_2 の信託財産から X_1 の信託財産に移すことは禁止される。

ウ）双方代理的行為　受託者が第三者との間で信託財産のために行為する際に、同時に他の第三者の代理人となる行為は禁止される（信31条1項3号）。前号と同じく双方代理と類似の性質を有するからである。例えば、信託期間中の管理と信託期間満了時の換価処分を目的として委託者Xから不動産Pの信託を引き受け、信託終了時に不動産Pを売却する場合、受託者が他者Qを代理して不動産Pの売買契約を締結することは禁止される。

エ）間接取引　第三者との間において信託財産のためにする行為であって受託者またはその利害関係人と受益者との利益が相反する行為は禁止される（信31条1項4号）。例えば、受託者Yが委託者Xの不動産Pの信託を引き受けながら、Y自身の都合のために金融機関から資金を借り入れるに際し、不動産Pに抵当権を設定することは禁止される。

(2) 利益相反行為の無効・取消し

第1に、利益相反行為の許容要件に違反して、委託者が自己取引・信託財産間取引をした場合、無効である（信31条4項）。受託者がもっとも容易になし得る忠実義務違反の典型的な行為であり、抑止効果の観点から、無効とされる[14]。また、取引効果が信託内部にとどまるからである。受益者の利益に資するものであり、受益者が望むのであれば、それを追認して有効とすることができる（同条5項）。

13）　利益相反に関する具体的事案に関し、田中和明編著『詳解 民事信託―実務家のための留意点とガイドライン』（日本加除出版・2018）213〜223頁参照〔関貴志〕。
14）　寺本振透編『解説新信託法』（弘文堂・2007）71頁。

第2に、自己取引・信託財産間取引に係る財産について、受託者が第三者との間で処分等をしたときは、受益者は第三者が悪意・重過失であれば、その処分（転売等）を取り消すことができる（信31条6項）。例えば、受託者が信託財産を第三者に売却する際に、取引効果は信託財産に帰属させる意思で行うが、受託者が受益者の利益を犠牲にして、第三者の利益を図る目的（不当な廉価で売却等）をもって行った事案である。[15] 第三者との取引安全のため、第三者が悪意・重過失である場合に限る。

第3に、利益相反行為の許容要件に違反して委託者が双方代理的行為・間接取引を行った場合、受益者は第三者が悪意・重過失であれば、その処分等を取り消すことができる（信31条7項）。第三者との取引安全のため、委託者のした行為を無効とせず、第三者が悪意・重過失である場合に取り消しができる。

第4に、受益者が複数存在する場合、1人の受益者が取消権を行使すれば、他の受益者にも取消しの効果が及ぶ（信31条6項7項後段・27条3項準用）。取引の安全配慮から、取消権の短期消滅時効が規定されている（信27条4項準用）。

(3) 受益者の具体的対応

受託者が違法な自己取引により、信託財産の一部資産Pを自己の固有財産として管理処分しようとした場合、または処分した場合、受益者はどのような対応ができるのか。例えば、第1に、受益者は当該取引が無効であるとして、Pが信託財産に属していることの主張ができる。第2に、Pが信託財産から逸失したことにより損失が生じている場合、受益者は損失補てんを受託者に請求ができる。第3に、受託者がPを第三者Qに転売している場合、QがPにつき違法な自己取引に係るものであることにつき悪意・重過失であれば、受益者はQに対し転売を取り消すことができる。Qが善意・無重過失であれば受益者は転売を取り消すことができないが、受託者に損失補てん責任を追及することは可能である（信40条1項）。その場合、当該行為によって受託者または利害関係人が得た利益の額と同額の損失を信託財産に生じさせたものと推定される（同条3項）。

(4) 利益相反行為の許容要件

受託者の行為が結果的に委託者の利益となると考えられる場合、次の要件を充足することにより利益相反行為は許容される（信31条2項1〜4号）。①信託行為に利益相反行為を許容する旨の定めがある場合、[16] ②受託者が利益相反行為に係る重要事

---

15) 遠藤・前掲注11) 206頁。
16) 信託法31条2項1号では、例外として許容される行為が、他の行為と客観的に識別可能な程度の具体性をもって定められ、かつ、当該行為について、これを許容することが明示的に定められることなどを要する（寺本（昌）・前掲注12) 125頁）。

実を開示し、受益者の承認を得た場合[17]、③相続その他の包括承継により、信託財産に関する権利が固有財産に帰属した場合[18]、④受託者が当該行為をすることが信託目的達成のために合理的に必要と認められ、受益者の利益を害しないことが明らかであり、または正当な理由があるときである[19]。②の事由では、これに該当する場合でも、その行為をすることができない旨の信託行為の定めがあるときはすることができない（同項但書）。

　受託者は受益者に対し忠実義務を負うが、一定の要件を満たせば利益相反行為をすることが許容されている。すなわち、①形式的に受託者と受益者間の利益が相反する行為を全く許容しないという考え方はあまりに硬直的であり、②受益者の利益が害されるおそれのない場合にまで一律に禁止する必要はなく、③受益者の利益とならないとされた[20]。

第V節　▶受益者連続信託における課題検討

1　受益者連続信託の特性

(1) 受益者連続信託のニーズ

　後継ぎ遺贈型受益者連続信託（以下、「受益者連続信託」）とは、「受益者の死亡により、当該受益者の有する受益権が消滅し、他の者が新たな受益権を取得する旨の定め（受益者の死亡により順次他の者が受益権を取得する旨の定めを含む。）のある信託」

---

17)　新信託法31条2項2号の具体例として、テナント・ビルを信託財産としているが、テナントが入らないため、受益者の承認を得て、受託者が適正な賃料でテナントとなることが考えられる（寺本（昌）・前掲注12）126頁）。

18)　①市場価格がある財産でも、信託財産に属する財産を市場価格で受託者の固有財産として取得すること、②信託財産を売却する必要性があるにもかかわらず受託者以外に適当な売却先が見当たらない場合でも受託者に対し、当該財産を売却することは許容されない。受託者の恣意的意図が機能せず、受益者の利益が害されるおそれがないためである。

19)　正当な理由の有無は個別具体的な事情に基づき判断される。正当な理由がある場合としては、次が考えられる。①信託財産に属する土地が競売に付された場合において、受託者がその国有財産で競落する場合、②受託者が銀行を兼営している場合において、信託財産に属する金銭を一般の顧客と同一の利率で受託者の国有財産（銀行勘定）に預金する場合（自行預金）、③信託財産に属するテナント・ビルで、テナントが長期間いない状況にあるときに、受託者が他のテナントと同一の賃料等の条件でテナントとして入居する場合、④信託財産に属する金銭をもって市場で有価証券を購入したところ、その有価証券は、偶然、受託者が固有財産で売却したものであった場合、⑤信託財産に属する金銭を第三者に送金する必要がある場合、一般顧客向けの料率またはそれより定額の料率の費用を徴収して送金を実施する場合、である（寺本（昌）・前掲注12）126頁）。

20)　旧信託法22条は受託者による信託財産の固有財産化の禁止および信託財産に対する権利取得の禁止という制約を受託者に課すことを、受託者の忠実義務を前提としていた（四宮和夫『信託法〔新版〕』（有斐閣・1989）232頁）。やむをえない事由があり、かつ裁判所の許可がある場合に限り、前記禁止が例外的に解かれた。

である(信91条)。民事信託では受益者連続信託を組み入れることが多い。被相続人の意向を尊重して、その財産をもっとも適切に活用できるのにふさわしい順位で承継される保証を要するためである。また、共同均分相続とは異なる財産承継を可能にする手段が求められているから、等である。

　適用例として、X1は配偶者Y1に先立たれ、X2と再婚をした。X1が死亡した後、X2の生活が心配である。しかし、X2が死亡したときに、先配偶者Y1との間に生まれた子Y2に財産を残し、Y1の親族には渡したくはない。当該事案では、委託者X1、第1次受益者X2、第2次受益者Y2とする等、受益者連続信託の設定をすることが考えられる。

(2) 財産承継に係る民法上の課題

　次（々）世代等への財産承継として、後継ぎ遺贈が考えられる。これは、第1次受遺者の受ける財産上の利益が、ある条件の成就または期限の到来した時から、第2次受遺者に移転する遺贈である。民法上、後継ぎ遺贈の効力に関し、①有効説、②無効説（多数説）がある。①の見解では、遺贈の対象が不動産または動産の所有権であるとすると、第1次受遺者は期限付きの所有権を取得するにすぎない。しかし、所有権は完全・包括的・恒久的な権利であり、存続期間を定めた所有権は認められないと解される。次々世代等への財産承継は、民法では対応が困難とされる。

---

21)　福井秀夫「後継ぎ遺贈型受益者連続信託の法と経済分析」判タ1247号96頁。
22)　法務省民事局参事官室「信託法改正要綱試案補足説明」（平成17年）170頁。
23)　田中和明・田村直史『信託の理論と実務入門』（日本加除出版・2016）158頁。
24)　後継ぎ遺贈は、次のように説明される。遺言者Xが遺言により、X所有の不動産Pを配偶者Yに対し、Yの死亡を解除期限（終期）として与える（第1次遺贈）。Yが死亡した場合（Yの死亡が停止期限）、XYの相続人ではないZ（例えば、Xの甥）に対し、Zの生存を停止条件としてPを与える（第2次遺贈）。当該事案では、ZはYから本件不動産Pを承継するのではなく、第1次遺贈の失効を介して、Xから直接にPの遺贈を受ける（田中亘「後継ぎ遺贈—その有効性と信託による代替可能性について」米倉明編『信託法の新展開』（商事法務・2008）214頁参照）。
25)　最判昭58・3・18判時1075-115では、後継ぎ遺贈が問題となった。遺言者Pが材木商を営み、当該営業に必要な不動産を妻Yに遺贈し、Yが死亡後に、Pの兄弟姉妹Qらで分割する旨を遺言した。最高裁は、遺贈の趣旨は様々に解され、それを明らかにすべきとして原審に差戻した。その中で、第2次受遺者Qらへの利益を移転すべき負担を第1次受遺者に負わせた負担付遺贈、第1次受遺者に使用収益権を付与し、第1次受遺者死亡を不確定期限としたQらへの遺贈と解しうるとした。
26)　有効説として、米倉明『家族法の研究』（新青出版・1999）323頁以下、稲垣明博「いわゆる『後継ぎ遺贈』の効力」判タ662号41頁等がある。
27)　中川善之助=泉久雄『相続法〔第4版〕』（有斐閣・2000）569頁、川淳一「受益者死亡を理由とする受益連続型遺贈」野村豊弘=床谷文雄編『遺言自由の原則と遺言の解釈』（商事法務・2008）19頁。
28)　川島武宜編『注釈民法（7）』（有斐閣・1967）224頁〔川井健〕。後継ぎ遺贈を否定する根拠として、遺贈の効力発生後、条件成就または期限到来までの所有権が長期にわたる法律関係につき受遺者を拘束する。その間に、受遺者が受遺財産を処分した場合、また、受遺者の債権者がそれを差し押さえた場合、後継ぎ遺贈者はこれらにどう対処できるのか、法律関係は明白ではない（中川善之助=加藤永一編『新版注釈民法（28）相続（3）〔補訂版〕』（有斐閣・2002）190頁〔阿部浩〕）。

(3) 受益者連続信託の特性

　信託は所有権を受益権に転換し、受益権を受託者に対する財産給付請求権として設計している。受託者・受益者は信託財産を恣意的に処分できず、委託者の意思が反映される[29]。しかし、あまりに長期の信託財産の拘束は委託者による処分禁止財産を創設するため、公序良俗違反（民90条）になるとされる[30]。そのため、受益者連続信託がなされたときから、30年を経過した時以後に、「現に存する受益者が死亡」するまでを有効とする[31]。

2　受益者連続信託の裁判例
(1) 受益者連続信託の課題

　民事信託の利用増加とともに、当事者間で紛争となる事案が生じている。東京地判平30・9・12金法2104-78（以下、「本判決」）は、受益者連続信託のスキームのあり方、遺留分減殺請求に関する判断がなされた初めての裁判例である。本判決の争点として、①民事信託の契約締結時における委託者の意思能力の存否、②本判決の対象となった信託契約（以下、「本件信託」）が公序良俗に反するのか、③減殺の対象は信託財産か受益権か、等がある。とりわけ、③では、遺留分減殺請求の相手方が受託者か受益者か、請求が可能となる時期は信託設定時か受益権取得時か、等の相違が生じる[32]。本判決を通じ、民事信託の留意点を考察する。

(2) 本件の事実概要

　ア）信託契約　　Ａは重篤な病状にあり、平成27年2月5日、入院先の病室においてＹ（Ａの子）との間で信託契約を締結した。Ａは公証人の面前で信託契約が真実であることを信託契約締結日付で宣誓している。信託目的は、「Ａの死亡後も、財産を受託者が管理・運用することにより、Ｙおよびその直系血族がいわゆるＡ家を継ぎ、お墓・仏壇を守ってほしいというＡの意思を反映した財産管理を継続する」ことである。本件信託契約の具体的内容は、次である。

　　a）受益債権等　　信託財産はＡ所有の不動産であり、受益債権は、①信託不動産の売却代金より発生する経済的利益、②賃料他の信託不動産より発生する経済

---

29)　四宮・前掲注20）129〜131頁。
30)　能見・前掲注1）189頁。
31)　受益者連続信託の立法経緯において、信託法91条の局面では、所有権絶対の原則および所有権の概念との相克は問題視されていない（沖野眞已「信託法と相続法─同時存在の原則、遺言事項、遺留分」水野紀子編『相続法の立法的課題』（有斐閣・2016）26頁）。
32)　神田＝折原・前掲注4）183頁参照。他に民事信託の裁判例として、東京地判平30・10・23金法2122-85がある。

的利益、③信託金銭による身上監護、④受益権持分の取得請求権、である。

　b）当事者　　委託者兼当初受益者（第1次受益者）をA、受託者をY、A死亡後の第一順位の受益権割合は、Yに6分の4、X（Aの子）に6分の1、B（Aの子）に6分の1である（各第2次受益者）。（A死亡後の）第一順位の受益者（Y、X、B）が死亡した場合、その者の有する受益権は消滅し、第二順位であるYの子Cが新たな受益権を取得する（第3次受益者）。すなわち、第2次受益者の死亡により、各受益権は消滅し、これら全受益権はCに収れんされる。

　c）受益者の権利等　　①受益者は他の受益者に受益権持分の取得請求をして譲渡が可能、②信託契約の内容は、受託者および受益者もしくは受益者代理人の合意によって変更が可能、③受益者の意思決定は、Xと同じ受益者の地位にあるBが行う。①に関し、取得する受益権の価格は、最新の固定資産税評価額で計算した額とする。

　d）受託者の事務処理等　　受託者は、①信託不動産の維持・保全・修繕改良を自らの裁量で行うことができる、②信託された金銭を信託不動産の維持管理に必要な費用のために使用できる、③信託不動産を無償で使用できる。

　e）資産内容　　Aは本件信託を行った当時、次の資産を有していた。①Aが居住していた家屋・敷地（P₁地：平成27年度の固定資産税評価額3億5,241万円余）、その一部を駐車場賃貸（年間賃料収入は約100〜180万円）、②賃貸物件である共同住宅とその敷地（P₂・P₃地：同年度の固定資産税評価額1億2,274万円余、年間賃料収入は約950〜1,070万円）、③売却済み不動産（P₄地：同年度の固定資産税評価額1億2,508万円余）、④葬儀社に無償貸与の倉庫敷地・山林等（P₅・P₆地：同年度の固定資産税評価額24,874円）、⑤預貯金・有価証券等（1億3,000万円余）である。

　①〜④（③を除く）は信託登記され（以下、「対象不動産」）、⑤はYおよびBに死因贈与された。また、X、Y、Bは相続税納付のため、③の売却代金2億2,431万円余、および①②からの賃料を、本件信託の各受益権割合に従ってそれぞれ分配されている。Aは平成27年2月18日に死亡したため、Y、X、Bは第2次受益者として受益権を獲得した。

　イ）原告の主張　　XはYに対し、次の理由から本件信託の無効を主張し、所有権移転登記および信託登記の抹消手続を求めるとともに、予備的に、仮に本件信託が有効であるとしても、信託設定行為につき遺留分減殺請求権を行使した。

　本件信託は、Aの意思無能力または信託制度を濫用し、Xが潜在的に有していた遺留分の減殺請求を不当にまぬがれ、遺留分制度を中心とする現行相続法秩序を破

壊するものであり、公序良俗に反し無効である。本件信託では、Xの遺留分から控除される受益権は、実際にはXの生存時にしか存在し得ない終期付債権にすぎず、Xの相続人には相続されない。

　また、Yは、信託財産をYの直系卑属に限定して引き継ぐ。第二順位の受益者（第3次受益者）はYの子供らとされているため、Yとしては、第一順位の受益者（第2次受益者）が死亡するまで時が経つのを待てば、信託目的どおりにYの直系卑属にA所有不動産がすべて引き継がれることになり、A所有不動産の最低限の維持・管理以外の運用をしないことも正当化されることになりかねない。Yとしては、信託財産を運用したり売却したりしてその利用を受益権に分配する必要がなく、受益権すら時の経過により必ずYの家系に承継されることになっている。受益者の意思決定はBが行うこととされ、Xの意思決定権限は奪われている上、受益権の買取価額が最新の固定資産税評価額に限定されている。

●Ａの生前中＝自益信託、Ａの死後＝他益信託

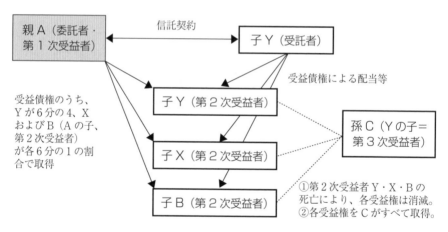

①Xの遺留分は侵害されているのか、②Cが
受益権を取得する際に、X・Bの推定相続人
は遺留分を有するのか？

　ウ）被告の主張　　本件信託の目的は、①経済的価値に加え、相続対策の観点から不動産の適切な管理を実現するため、重要な土地の一体的な保有、管理を実現し、不動産をすべて信託対象とすることで一体的な不動産管理を実現することにあり、②本件信託において、Xは一部不動産の売却による利益、賃料収入を得ており、Y

が不適切に信託財産を管理運用することはY自身の経済的利益を失わせることになる、③対象不動産に関し、従前から賃料収入を増やすべく賃貸物件を建設する計画を立てている、④Xと同じ立場に立つBは本件信託に何ら異議を述べていない、等から本件信託が公序良俗違反に該当しない。

(3) 判決の要旨（一部請求認容・控訴審で和解）

　東京地裁は、原告の請求を一部認容して、次のように述べた。

　（Aの意思能力）Aは平成27年1月25日に入院した時点において、意思能力に欠ける点はなく、同年2月2日には、自ら信託銀行の担当者から遺言について聞くなどして自発的に検討をしている。本件信託の時点において、Aが意思能力を欠く常況にあったとは認められない。

　（公序良俗違反）Aは、本件信託において、A所有の全不動産を信託財産とし、発生する経済的利益を受益者に受益権割合に従って配分するものとしたが、A所有不動産のうち、P5・P6地は売却または賃貸して収益を上げることが現実的に不可能な物件であること、また、P1地は駐車場部分の賃料収入は同不動産全体の価値に見合わないものであり、これを売却することも、あるいは全体を賃貸して価値に見合う収益を上げることもできないことが認められる。

　仮に、Xが遺留分減殺請求を行使し、本件信託におけるXの受益権割合が増加したとしても、P1地およびP5・P6地の各不動産により発生する経済的利益がない限り、Xが増加した受益権割合に相応する経済的利益を得ることは不可能である。本件信託においては、受益者は他の受益者に対して受益権の取得を請求することができるが、取得価格は最新の固定資産税評価額で計算した額とすると定められ、各不動産の価値に見合う経済的利益を得ることは不可能である。AがP1地およびP5・P6地の各不動産を本件信託の目的財産に含めたのは、外形上、Xに対して遺留分割合に相応する割合の受益権を与えることにより、これらの不動産に対する遺留分減殺請求を回避する目的であったと解さざるをえない。

　したがって、本件信託のうち、経済的利益の分配が想定されていないP1地およびP5・P6地を目的財産に含めた部分は、遺留分制度を潜脱する意図で信託制度を利用したものであり、公序良俗に反して無効である。

　他方、本件信託のうち、対象不動産以外の目的財産に係る部分については、Xは信託不動産により発生する経済的利益を享受することができる。また、信託金銭300万円について信託不動産の維持管理に必要な費用であり、これらを無効とすべき事情は認められない。

（利益相反）本件信託のうち、少なくともP₁地およびP₅・P₆地以外の目的財産に係る部分については、受託者Yが、第一順位の受益者のために信託財産の処分・運用をしてその経済的利益の分配をしつつ、第一順位の受益者が死亡したときには第二順位の受益者に受益権を取得させることができるのであり、構造的な利益相反があるということはできない。

（遺留分減殺請求の対象）信託契約による信託財産の移転は、信託目的達成のための形式的な所有権移転にすぎないため、実質的に権利として移転される受益権を遺留分減殺請求の対象とすべきである。本件信託に基づき行われた所有権移転登記手続および信託登記の各抹消登記手続請求につき、P₁地およびP₅地・P₆地の各不動産の所有権移転登記手続および信託登記の各抹消登記手続を求める限度で理由がある。

なお、本件の控訴審は、「本件信託が有効に成立し、現在も有効に存続している」ことを認めつつ、YがXから受益権を買い受けること、等で和解となった。

3 受益者連続信託と財産承継
(1) 検討課題

本判決（東京地判平30・9・12）は、受益者連続信託における財産承継における受益権の内容および遺留分に係る多くの課題が論点となった。

第1に、遺留分侵害が問題となった信託に関し、東京地裁は、①委託者Aは、対象不動産からの経済的価値の分配を想定していない、②P₁地およびP₅・P₆地の各不動産から発生する経済的価値がない限り、Xは受益権割合が増加しても、それに相当する経済的利益を得ることはできず、③受益者が他の受益者に対し受益権の取得請求をする場合、取得対価は最新の固定資産税評価であり、対象不動産の価値に見合う経済的利益を得ることはできない。そのため、「経済的利益の分配が想定されていない対象不動産を目的財産に含めた部分は、遺留分制度を潜脱する意図で信託制度を利用した」と指摘された。[33]

第2に、遺留分減殺請求の対象として受益権説を採用する。しかし、Xは受益権割合の増加によっても対象不動産から経済的利益を得ることができず、本件信託を一部無効とした上で、対象不動産に係る所有権移転登記および信託登記の各抹消登記手続を命じている。受益権に、信託財産相当の経済的利益の裏付けを前提としている。

---

33) 2018年改正相続法に基づき、信託財産の共有ではなく、遺留分に関する権利行使により生ずる権利は金銭請求になり（改正民1046条1項）、Xによる異なる請求が考えられよう。

第3に、特定の者（本件では、第3次受益者）に全受益権が収れんする信託を認め、その際、第2次受益者の推定相続人に対し遺留分を観念していない。財産の散逸防止・家業の継続等が信託目的となっていることが多く、その尊重がある。これら内容は信託法上、いかなる議論がなされてきたのか考察を要する。

(2) 受益権の取得と相続法との関係

受益者連続信託において、第1次受益者が死亡すると、当該受益者が有する受益権は消滅して、第2次受益者が新たな受益権を取得する。第2次以降の受益者は、先順位の受益者からその受益権を承継取得するのではなく、委託者から直接に受益権を取得するのである[34]。そのため、受益者の連続に関し、受益者は先順位受益者の受益権を相続として取得するのではなく、委託者から原始的かつ直接に受益権を取得する。しかし、第2次受益者についても、委託者が死亡時に始期付きの存続期間の不確定な権利を取得したものとして、遺留分に必要な算定がなされると解される[35]。

すなわち、先順位受益者の死亡により、受益権はその後、後順位受益者に相続されるのではなく、委託者からの移転となる。受益者の死亡により、①受益権の消滅、②後順位受益者の受益権の発生が繰り返される。しかし、相続法規の適用が一定範囲であると考える。このように、受益者連続信託は相続による財産承継ではないが、受益者死後の財産承継であり、委託者からの取得である。また、公平の観点から、特別受益および遺留分制度等の相続法規の適用が一定範囲であると考えられている[36]。これら議論において、相続法の公序を信託によって潜脱することができないという一般的・抽象的前提がある。

信託法改正要綱試案の補足説明は、遺言代用信託および受益者連続信託に関し、「効力の発生時期が委託者の死亡時である信託契約については、これと同一の構造を有する死因贈与に関する規定が類推適用される」と述べる。学説上も、委託者の死亡時を効力の発生時期とする遺言代用信託および受益者連続信託は死因贈与に関する考え方が斟酌されるとする[37]。

(3) 信託の遺留分侵害性

受益者連続信託は、相続秩序から、一定の期間制限および遺留分減殺の対象とす

---

34) 寺本（昌）・前掲注12) 260頁。なお、受益者の死亡により順次他の者が受益権を取得する旨の定めを含むとされる（信91条括弧書）。
35) 田中和明＝田村直史『信託の理論と実務入門』（日本加除出版・2016) 157～158頁。
36) 赤沼康弘「後継ぎ遺贈型の受益者連続信託」小野傑＝福山雅也編『新しい信託法解説』（三省堂・2007) 265頁。
37) 星田寛「遺言代用信託」金判1261号181頁。

ることで一般に有効と考えられることが、立法過程で議論された[38]。また、学説上、信託法に基づく財産承継に関し、民法の遺留分規定が適用されるのかは、「信託法に従った財産承継において、民法の遺贈または死因贈与と類似の性質を有し、遺留分制度を完全に無視はできない」ことが通説に近い[39]。

他方、生前信託では、生命保険との類似性を根拠として、「遺留分侵害の問題は生じないと解する余地がある」という見解がある[40]。生命保険契約において、被保険者の死亡により、保険金受取人は保険金請求権を自己の固有の権利として取得する。そのため、保険金請求権は保険契約者の相続財産とはならない（最判昭40・2・2民集19-1-1）。受取人が取得した保険金が遺留分減殺請求の対象となるのかという論点に関し、最判平14・11・5民集56-8-2069は、保険契約者が保険金受取人を相続人以外の者に変更した場合、「保険契約者の法定相続人は保険金受取人に対し遺留分減殺請求が認められない」ことを明らかにした[41]。その理由として、①死亡保険金は保険金受取人が自己の固有の権利として取得する、②死亡保険金請求権は、被保険者の死亡時に初めて発生する、等からである[42]。

(4) 遺留分侵害額請求の肯定

信託設定行為が遺留分侵害額請求の対象となることに肯定的な理由として、能見教授は、「信託設定行為は厳格には遺贈でも贈与でもないが、受益者が無償で受益権を取得する場合には、一般の生前信託が、遺言代用の生前信託か、遺言信託かによって、贈与、死因贈与、遺贈と同様に扱い、遺留分減殺請求の対象となるということが言えるであろう」と述べる[43]。また、沖野教授は、「遺留分制度についてはそれ

---

38) 法制審議会信託法部会第27回会議議事録（平成17年12月16日）38〜43頁。
39) 道垣内教授は、「信託の設定によって、遺留分減殺を一律に免れるという効果が生じるものではないことは、ほぼ一致があり……。」と述べる（道垣内弘人『信託法（現代民法別巻）』（有斐閣・2017）62頁）。
40) 西教授は、「遺言の代用となる生前信託については、遺留分算定の基礎となる財産に含まれるのかなど不明確な点が多い。生前信託は、他人のためにする生命保険契約と類似点が見られることから、やはり遺留分の規定にかからないと解することもありえよう」と指摘する（西希代子「遺留分制度の再検討（一）」法学協会雑誌123巻9号1706頁）。
41) 最判平14・11・5は、「死亡保険金請求権は、指定された保険金受取人が自己の固有の権利として取得するのであって、保険契約者又は被保険者から承継取得するものではなく、……保険契約者の払い込んだ保険料と等価の関係に立つものではなく、……死亡保険金請求権が実質的に保険契約者又は被保険者の財産に属していたものとみることもできない」と判示した。死亡保険金請求権が遺留分減殺の対象となるのかという議論に関し、中村也寸志「評釈［最判平14・11・5民集56-8-2069］」ジュリ増刊（最高裁：時の判例II）298〜299参照。
42) 島田充子「本件判批」判タ1154号137頁、浅井弘章「本件判批」銀行法務21 630号52頁。
43) 能見善久「財産承継的信託処分と遺留分減殺請求」トラスト未来フォーラム編『信託の理論的深化を求めて』（公益財団法人トラスト未来フォーラム・2017）124頁。

自体が相続法の公序である限り、信託の設定によって回避できない」と述べ、「信託[44]
法もまた、相続に関する事項については民法と補完的に相続法を構成しているとい
う見方もありえよう」と指摘する。[45]

4　受益者連続信託にみる遺留分の発生段階
(1)　法制審議会の議論および学説
　受益者連続信託において遺留分への配慮を要する場合、遺留分を「どの段階で」
考えるのかが問題となる。新信託法の立法作業段階の議論では、次の内容が明確に
されている。第1に、連続受益者との関係で委託者が死亡した時点に、一定内容の
受益権が付与されたものとして必要な算定がなされる（法制審議会信託法部会第28回
会議議事録（平成18年1月12日）33頁）。第2に、委託者が死亡し、第1次受益者に
よる受益権の取得の段階でのみ遺留分を考えるべきであると説明されている（法制
審議会信託法部会第29回会議議事録（平成18年1月17日）13〜14頁）。法制審議会信
託法部会第29回会議議事録の議論にあてはめると、第2次受益者による受益権の取
得の段階でのみ遺留分を考えるべきとなる（事案として次図 **(3)** を示す）。連続受益
者の定めのある信託（遺言信託、生前信託の両方がある）において、遺留分権者の遺
留分を侵害しているか否かの判断は委託者死亡時に1回だけ行うとされる。その理
由として、連続受益者の受益権はすべて、委託者の設定した信託によって生じるも
のであり、先順位の受益者の死亡によって後順位の受益者に受益権が承継的に移転
されるわけではないからとされる。[46]

(2)　議事録の記載内容
　信託設定時に財産処分がなされるという考えについて、新信託法の法制審議会信
託法部会は、「遺留分の問題をどの段階で考えるのかという問題に関連することな
んだと思いますけど、これは未存在の受益者がいたとしても、信託を設定したとき
に財産が処分されたというふうに考えて、その財産処分が処分者の相続が起きると
きにですが、遺留分を侵害することになるかどうかという観点から考えると。あく
まで途中の段階でもってある受益者の受益権が消滅して、次の受益者に移りますけ
れども、その段階では消滅した受益者の財産が処分されたという形では考えないと、
最初の設定の段階ですべて遺留分に問題を考えるということになるんではないかと

---

44)　沖野眞已「新しい信託法に期待するもの」NBL832号21頁。
45)　沖野・前掲注31）52頁。
46)　能見・前掲注43）142頁。

思います」と指摘している（法制審議会信託法部会第29回会議議事録（平成18年1月17日）13頁）。すなわち、遺留分は処分者の一定範囲の相続人との関係で問題になるとされる（同議事録14頁）。

(3) 具体例

前記 **(1)** を事例（遺言信託）に基づき述べる。例えば、委託者X、第1次受益者A（Xの配偶者）、第2次受益者B（X・Aの子）とする。Xの死亡、次いでAの死亡により、Bは第2次受益者として受益権を取得する。AからBへの受益権の移転では相続を観念しないため、遺留分侵害を考えないとされる。

この結果、Aの共同相続人としてC（X・Aの子）が存在する場合、CはAの死亡時点で遺留分減殺（侵害額）請求権を行使できないとされる。そのため、Xの死亡時に、Aが受益権を通じて取得することになる相続財産を、委託者の相続にあたっての遺留分算定の基礎とすべきことになる。[47] この説明については、「特に異論は見ない」ことが指摘されている。[48]

●信託当事者の関係

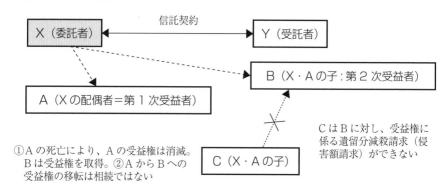

①Aの死亡により、Aの受益権は消滅。Bは受益権を取得。②AからBへの受益権の移転は相続ではない

CはBに対し、受益権に係る遺留分減殺請求（侵害額請求）ができない

(4) 生前信託への適用

前記 **(3)** の具体例を受益者連続信託のなかでも、生前信託に当てはめる。生前信託では、①委託者が生前中は自身が第1次受益者となり、②委託者が死亡すると、指名しておいた者（委託者の配偶者・子等）が第2次受益者となる。

---

47) 寺本（振）編・前掲注14）161頁、川阪宏子『遺留分制度の研究』（晃洋書房・2016）172頁。

48) 加藤祐司「後継ぎ遺贈型の受益者連続信託と遺産分割及び遺留分減殺請求」判タ1327号21頁。なお、新井誠監修『コンメンタール信託法』（ぎょうせい・2008）295頁〔新井誠〕、第一東京弁護士会総合法律研究所遺言信託実務研究部会編『遺言信託の実務』（清文社・2010）168頁参照。

生前信託の場合、委託者=第1次受益者であるため、第1次受益者が死亡して、第2次受益者に受益権が移転する場合に、第2次受益者は遺留分侵害があると減殺（侵害額）請求権を行使できる。しかし、第2次受益者が死亡して、第3次受益者に受益権が移転する場合、遺留分侵害額請求権を行使できないことになる。

5　遺留分侵害と受益者連続信託の効力

受益者連続信託の財産承継において、仮に遺留分侵害があったとしても、直ちに信託の効力を失うものではない[49]。遺留分規定に反しても遺言が当然に無効となるのではなく、遺留分権利者から侵害額請求をなしうるに過ぎない[50]。

また、複数の受益者が存在し、その一部の受益者が他の相続人である受益者の遺留分を侵害していると考えられるとき、信託設定自体を減殺すると、遺留分を侵害していない受益権の権利を不当に侵害することになる[51]。これを避けるためには、遺留分侵害額請求は受益者に対しなされ、侵害額請求権を行使した者に、侵害額の割合に相当する受益権が帰属することになると考えられる。

受益者連続信託で仮に遺留分侵害があったとしても、信託の効力が維持される理由に関し、道垣内教授は、次のように指摘する。

「遺言によって、ある財産が被相続人から受託者に移転すること自体、誰にも利益を与えるものではない。遺留分の侵害は受託者から受益権者として利益を受ける地位を取得することによって生じるものであり、問題は、受益権の取得なのである。受益権者による受益権の取得の前段階として位置づけられる、被相続人による信託設定は、……それ自体は誰の遺留分も侵害しない行為である。少なくとも遺留分の関係においては、相続は、当該信託が設定されたというかたちで生じたと考えることができる。……被相続人が相続開始の時において有していた財産の価額は、受益権の価額だと考えるべきなのである[52]」。遺留分侵害とされる対象の法律行為は、直ちに公序良俗違反により無効ではなく、必ずしも不法行為となるものではない。

---

49)　星田寛「財産承継のための信託（受益者連続信託）の検討」能見善久編『信託の実務と理論』（有斐閣・2009）51頁は、「遺留分減殺請求により直ちに信託の効力を失うと解することはできない。遺言者の真意または信託目的、信託債権に対する減殺請求の割合またはその額等により、信託の効力の喪失が判断されると解される」と述べる。また、飯田富雄「遺言信託に関する考察」信託20号16頁によれば、受益権は遺言書に定めた受益者から遺留分権利者に帰属し、遺留分権利者が受益者となる。減殺の効果として、受益権の帰属に変動を生じるが、遺言信託の効力を消滅させるものではなく、受託者に対し信託財産の返還を請求することは許されないとする。遺言者の意思に反するためである。
50)　大阪谷公雄『信託法の研究（下）』（信山社・1991）384頁。
51)　道垣内弘人「信託設定と遺留分減殺請求」能見編・前掲注49）62頁。
52)　道垣内・前掲注51）64～65頁。

なお、信託設定の遺留分侵害額請求の相手方として、学説上、①受託者説[53]、②受益者説[54]、③受託者＋受益者説[55]がある。このうち、③が有力説とされてきた。[56]

6 遺留分侵害の対象

(1) 受益権説と信託財産説

信託の設定において、遺留分侵害があると考えられる場合、信託設定のどの部分が遺留分を侵害し、侵害額請求（侵害額請求）の対象となるのか。

第1に、受益権説は信託設定行為そのものは遺留分侵害とはならず、受益者の受益権取得を遺留分侵害行為ととらえる。侵害額請求は、受益権の取得によって遺留分権者の遺留分を侵害している受益者に対してなされ、侵害された割合に対応する受益権が侵害額請求者に帰属する。[57]第2に、信託財産説は信託設定行為そのものが遺留分侵害行為となり、遺留分侵害額請求の対象となる財産の価額が信託財産の価額であるとする。遺留分侵害の範囲で信託行為の効力が否定され、受託者への信託財産の移転効力も否定される。[58]

受益権説では、受益者連続信託において遺留分侵害額請求の対象となる財産は、信託財産ではなく、各受益者または帰属権利者が有する受益権と解される。信託財産が減殺されるならば、信託財産の独立性はなく、過去・現在・未来の受益者の受益権に影響を与え、ときに当該受益者の遺留分の侵害がさらに問題となりうるからである。[59]道垣内教授が指摘するように、信託設定により、委託者の財産が受託者に移転すること自体、誰にも利益を与えるものではなく、遺留分の侵害は受託者から受益権者として利益を受けるという地位の取得が前提となる。遺留分侵害額請求の対象となる財産は、受益権説が有力である。[60]

---

53) 三枝健治「遺言信託における遺留分減殺請求」公証法学40号43頁。
54) 受託者説では、遺留分侵害額請求は遺留分を侵害する委託者の処分行為を取り消すことを理由に、受託者が相手方になるとする（寺本（振）編・前掲注14）161〜162頁）。
　　川教授は、「遺言による処分は受託者に対してされるため、遺留分減殺請求の相手方は受託者である」とする（川・前掲注27）28頁）。
　　能見教授は、「信託行為減殺説では信託自体の効力を否定するのであるから、減殺請求の相手方は受託者（信託行為の当事者ないし信託行為の直接の相手方）と考えるのが適当である」と指摘する（能見・前掲注43）130頁）。
55) 道垣内・前掲注51）62〜63頁。
56) 四宮・前掲注20）160頁。
57) 道垣内・前掲注39）63頁。
58) 能見・前掲注43）125頁。
59) 星田・前掲注49）51頁。
60) 道垣内・前掲注51）63〜64頁。

また、信託設定を減殺することによって信託全体を覆滅させることは、信託法が、詐害信託の規律において、善意の受益者を害させないように、悪意の受益者に対する受益権の移転請求を基本としていることと一貫しない[61]。相続財産の価額は、信託財産ではなく、受益権の価額を基準とし、減殺請求は、受益権の取得によって遺留分権利者の遺留分を侵害している受益者に対してされるとともに、その結果、減殺された割合に対応する受益権が減殺請求権者に帰属すると解すべきとされる[62]。

(2) 価値評価の低額化の有無

　信託により対象財産が受益権となり、所有権より価値評価が低額化する可能性が高く、減殺請求（侵害額請求）の範囲が縮減するという批判がある[63]。例えば、対象財産が不動産であり、賃貸して収益を得ている場合、信託設定しているか否かに関わらず、賃料は年々減少する。抵当権が設定された物件である場合でも、減額される。信託財産の一体的運用により、一定の収益が定期的に生じる事案もある。信託設定がなされた場合にだけ評価が減額されるのは、当を得ていないという指摘がある[64]。

(3) 受益権説と信託財産説の考察

　受益権説に対する批判として、能見教授は、「受益権帰属を一定割合否定し、その分を遺留分権者に帰属させることが遺留分権者の利益の保護として十分かという問題がある。そのほか、受益権帰属だけが減殺請求によって否定されることを理論的にどう説明するかという問題もある」と述べる[65]。信託行為減殺説では、信託設定行為そのものが遺留分侵害となり、遺留分侵害の範囲で信託行為を否定する。他方、信託財産説に対する批判として、加藤弁護士は、「立法過程でどの程度有力なものであったかについては、法制審議会の議事録では確認できなかった」「信託財産の一部が遺留分減殺請求者に移転した場合、委託者が信託を設定した目的を達しえなくなる可能性が高いのではないか（信163条1号）という問題は生ずるように思われる」と述べる[66]。

　複数の受益者が存在し、一部の受益者が他の相続人である受益者の遺留分を侵害しているとする。信託財産を遺留分侵害額請求の対象とすれば、信託財産が　体的に管理運用されて生じていた収益が、信託財産の分割により適切な収益が生じなく

---

61) 道垣内・前掲注39）133頁。
62) 道垣内・前掲注39）63頁。
63) 三枝健治「遺言信託における遺留分減殺請求」早稲田法学87巻1号45頁。
64) 川阪・前掲注47）164頁。
65) 能見・前掲注43）133頁。
66) 加藤・前掲注48）23〜24頁。

なり、受益者全員に不利益となる可能性がある。その結果、他の遺留分権利者の遺留分を侵害するかもしれない。信託財産が金銭ではなく不動産であり、賃貸借により運用されている場合、信託債権者（信託が成立していると思って受託者と取引をした債権者）および他の受益者に不測の影響を及ぼす。そのため、遺留分減殺（侵害額）請求権は受益権に対してなされよう。

(4) 受益権説と遺留分侵害額請求

遺留分減殺請求の対象財産に関し、東京地判平30・9・12金法2104-78は、「信託契約による信託財産の移転は、信託目的達成のための形式的な所有権移転にすぎないため、実質的に権利として移転される受益権を対象に遺留分減殺の対象とすべきである」と述べるが、必ずしも明白な根拠は示されていない。遺留分減殺（侵害額）請求の対象財産は、受益者が有する受益債権と解される理由として、次が指摘できる。第1に、信託財産を遺留分減殺（侵害額）請求とすると信託財産の独立性はなく、過去・現在・未来の受益者の受益権に影響を与え、その遺留分侵害がさらに問題となる。第2に、信託設定により、委託者の財産が受託者に移転すること自体、誰にも利益を与えるものではなく、遺留分の侵害は受託者から受益権者として利益を受ける地位の取得が前提となろう。第3に、信託財産は個々の特性に照らし、概して「現物としての一体性」が重要であることが多く、総体として一体的に管理運用されることが、信託財産の経済的価値の維持向上に資する。第4に、受益権説の実質的な難点として、当初信託財産からの低額化と算定の困難さはあるが、対象財産が受益債権であることをもって、直ちに価値評価が相当に低額化するとはいえない。

7　信託契約における公序良俗違反の検討

(1) 公序良俗の概念

受益者連続信託を利用した財産承継における公序良俗違反とは何かを検討する。公序良俗は私的自治および契約自由の前提となり、行為規範および効力規範として私的自治および契約自由を制限する。私的自治は「自分の生活空間を主体的に形成する自由」と考えられ、憲法上の幸福追求権として保障される。[67]憲法上の自由である契約自由に対し不当な制限にならないことが要請される。

公序良俗の概念は、①人倫に反するもの、②正義の観念に反するもの、③他人の無思慮窮迫に乗じて不当の利を博すること、④個人の自由を極度に制限するもの、

---

67)　山本敬三『公序良俗論の再構成』（有斐閣・2000）25頁。

⑤営業の自由の制限、⑥生存の基礎たる財産を処分すること、⑦著しく射幸的なものという要素を基本とし[68]、判例および時代による変化がある[69]。

公序良俗は契約正義論の視点から考察する見解、憲法と私法の関係から考察する見解があり、後者では契約自由を制限することを正当化するに足りる理由が求められるとする[70]。民法90条は一般条項であり、特別法があればそれが優先される。判例は権利・自由の保護に関する事案が多いとされるが、消費者契約法等で特別の規定が定まれば、民法90条の役割は相対的に小さくなる[71]。

(2) 公序良俗違反が問題となる事案

旧民法の判例を概観すれば、相続人以外への贈与の効力が争われた事案において、法定推定家督相続人がいるにもかかわらず、動産および家屋を除き、全所有土地を他人に贈与しても、公序良俗に反せず有効とされた（大判昭14・3・31判決全集6-15-3）。遺留分減殺請求制度が法定されている以上、このような行為を許容することが法律上の相続秩序の要請にかなう。被相続人の処分自由をできる限り尊重すべきであるというのが、その背後にある考え方である[72]。また、被相続人が特定の者に、遺留分を害するような贈与等をする場合、財産処分を無効とすべきか、遺留分減殺請求に服するのかが争われてきた。前記の大判昭14・3・31以降の判例を概観すれば、最判昭25・4・28民集4-4-152は、遺留分を害するような贈与であっても、遺留分減殺請求権が認められている以上、それ自体は有効としている[73]。

遺留分を害する贈与等に関し、従来、減殺説が有力であり[74]、戸主が家督相続人以外の者に全財産を贈与することは、旧相続法においても、公序良俗違反とはいえな

---

68) 我妻榮『新民法総則』（岩波書店・1965）272頁以下。
69) 渡辺晃『公序良俗入門』（商事法務・2000）28頁は、①人倫に反する事例の減少と経済取引関連事例の圧倒的増加、②労働関係事例、詐欺的商法の増加、③当事者間の利害調整機能の増大、④立法・解釈進展のつなぎとしての機能、⑤不法行為における違法性の根拠、⑥不法原因給付における不当性の制限、等を指摘する。
70) 大村敦志『公序良俗と契約正義』（有斐閣・1999）11頁以下、同『契約法から消費者法へ』（東京大学出版会・1999）163頁参照。
71) 山本・前掲注67）189頁。
72) 山本・前掲注67）138頁。
73) 最判昭25・4・28は、「A（被相続人）はその判示の如き事情の下に実子を持たぬ、後妻である被上告人Xの将来を慮り、当時同人の所有していた本件物件その他一切の動産、不動産を挙げて、これを被上告人に贈与した事実を認めたのであって、長子相続制を認めていた当時の民法下においても、これをもって所論のように直ちに公序良俗に反する無効の契約とすることはできない。かかる場合に、家督相続人に遺留分減殺請求権を認めた同民法の趣旨からしても、右のごとき契約を当然無効とするものではないことは明らかである」と判示する。
74) 中川善之助=泉久雄編『注釈民法（26）』（有斐閣・1992）363〜365頁〔中川淳〕、中川=泉・前掲注27）661頁以下。

いと解される。旧民法の家督相続下で行われた財産処分の効力に関する問題であり、現行の共同相続に直ちに応用することはできないが、その理論は現行法においても妥当する。その後、最判昭 29・12・24 民集 8-12-2271 は、隠居の財産全部の留保について、「遺留分について問題を生ずるだけで、留保を全面的に無効ならしめるものではない」として、当該問題に終止符を打ったとされる。

現行民法では、最判昭 37・5・29 家月 14-10-111 は、被相続人が特定の相続人（後妻との間に生まれた子）のために財産のほぼ全部を贈与し、さらに残る遺産を全部遺贈して他の共同相続人の相続財産が皆無となった事案につき、「遺留分権利者において遺留分減殺を請求するのはともかく、右遺贈が公序良俗に反し無効であるとはいえない」と判示した。このように、「減殺説」が支持されている。減殺説が全部無効説を克服してきた背景には、絶対的無効という結果が取引の安全を甚だしく脅かすからであり、相続人の保護は遺留分の侵害額請求にとどめるべきとされる。

(3) 受遺者との関係と遺贈の効力

財産承継において、公序良俗違反として遺贈が無効とされた事案は、主に不適切な人的関係の維持継続を目的とする。東京地判昭 58・7・20 判時 1101-59 は、初老の遺言者が 16 歳年下の A 女との関係を維持するため、財産的利益の供与等により受遺者である A 女の歓心を買う必要があったものと認められるとして、「情交関係の維持、継続をはかるために、本件遺贈をなしたものと認めるのが相当である」として遺贈（全遺産である約 4,000 万円）が無効とされた。

公序良俗違反に該当しないとして遺贈が有効とされた判例として、大阪地判昭 43・8・16 判タ 232-193 は、妾に対する遺贈が、「その生活を維持するのに必要な範囲内のものである限り、これをも公序良俗に反し、無効なものというべきではないと解するのが相当である」として遺贈（同棲中の土地・建物）が有効とされた。また、東京地判昭 59・12・1 民集 40-7-1193 は、遺贈の主目的が被告の将来の生活が困

---

75) 旧相続法は家督相続を採用していたが、家の財産でもそれを家という団体の財産としてではなく、戸主の個人財産として構成し、それを相続発生の時点においてのみ家督相続人に帰属させることを強制していたにすぎず、その財産をすべて家の財産として家督相続人に維持承継させることまで強制してはいないとされる（中尾英俊「全財産の贈与の効力」家族法判例百選〔第 3 版〕286 頁）。

76) 乾昭三「全財産贈与の効力」家族法判例百選〔第 3 版〕256 頁。

77) 乾・前掲注 76) 257 頁。

78) 乾・前掲注 76) 257 頁。

79) 大判昭 18・3・19 民集 22-185 は、妾関係の維持継続を条件としての遺贈（1 万円）が無効とされた。福岡地小倉支判昭 56・4・23 判タ 465-164 は、「［愛人］との情交関係を維持したいとの［被相続人］の強い希望に愛人が応えてくれるであろうことを前提にしてされたもの」であるとして遺贈（全遺産の 10 分の 1 であるが億単位）が無効とされた。

らないようにとの配慮であるとして遺贈（全遺産の3分の1）を有効とした。

　そして、被相続人が全財産を長男に信託する旨の遺言に関し、東京地判昭17・10・30法律評論32-3-民89は、公序良俗に反することなく、無効とはならないとした。本件では、財産名義は長男であるが、弟姉妹に月々相当の生活費を支弁して援護することが遺言書の内容として解釈された。本件では相続財産は任意に処分することは許されず、財産の収益から兄弟姉妹が各自月給として相当の金額を受け取り、財産保全を計るべきものとする側面があった。現行民法下においても、本判決は肯定的にとらえられている。[80]

(4) 財産承継と公序良俗違反の認定要素

　裁判例を概観すると、①不適切な人的関係の維持継続のため、財産的利益の供与が社会通念上著しく相当性を欠く場合、②（配偶者以外への）遺贈を認めては経済的に配偶者の生活基盤を脅かす場合、③遺言に錯誤が存する場合などを除き、遺言者の最終意思が尊重されている。[81] 遺言状作成における当事者間の関係および状況、動機、内容に照らして、処分の効力を判断している。[82]

　財産権の制限において、公序良俗違反が問題となる。例えば、判例上、財産権の譲渡・贈与において、永久に処分を禁止する契約は、公の秩序に反し無効とされる（大判明32・3・15民録5-3-20）。他に転売しないという債権的な義務を負担するにすぎないだけでは契約は有効とされる（大判大15・7・6民集5-608）。財産権の制限が公序良俗違反として無効となるのは、正当な理由なく財産権が無限定に制限されるという場合である。契約自由が原則として重視される。[83] 受益者連続信託においても、あまりに長期間の財産固定は好ましくないため、当該信託がなされたときから30年を経過した時以後に現に存する受益者が死亡するまでを有効とすることにより公序良俗違反を回避している。

8　本件信託の有効性

(1) 受益権説の採用

　東京地判平30・9・12は、信託における遺留分侵害行為および減殺請求の対象として、実質的に権利として移転されるのは受益権であることから受益権説に立つことを明らかにしたことに注目される。本判決の控訴審では、本件信託が有効に成立

---

80)　大阪谷・前掲注50）383〜385頁。
81)　松倉耕作「遺言と公序良俗違反」判タ581号118頁。
82)　伊藤昌司「包括遺贈と公序良俗違反による無効」判タ529号218〜219頁。
83)　山本・前掲注67）133頁。

し、現在も有効に存続していることを認めて和解となった。委託者Aは遺留分制度を潜脱するために信託契約を締結したとは考えにくいが、契約段階では信託財産の不動産価値に比較して受益者Xが得る利益の全貌が必ずしも明確ではなかった。

受益者は他の受益者に対し受益権の取得を請求する際に、信託契約には「取得価格は最新の固定資産税評価額で計算した額とする」と定められている。これが受益権の評価を示す一定の指標となっているが、東京地裁は「[対象] 不動産の価値に見合う経済的利益を得ることはできない」と指摘した。

本判決は一種の脱法とした評価の内実には明らかではない面があるが、遺留分制度の潜脱として問題とされたのは、当初信託財産の受益権への性質転換によって、当初信託財産に相当する価値を基礎とした遺留分を遺留分権者に保障がなされていないという指摘がある。[84] 受託者は年度ごとの運用計画として、収益の分布状況・進行状況をより具体的に示し、受益権に反映されることが求められる。

(2) 受益権の評価と経済的利益

民法は、遺留分に相当する相続財産そのものが、必ず相続人によって承継されるべきことを要求するものではない。遺留分に相当する利益が何らかの形式において、相続人に遺留することである。遺留分の価額に相当する利益が、信託における受益権または信託財産の帰属権の形式において、相続人に与えられている限り、相続人の遺留分を侵害する結果を生じることはないとされる。[85] 本判決は遺留分に相当する利益が何かが問われた。本件事案は信託財産である不動産からの利益享受を受益権という形で受益者に与えることを予定している。

本判決は、本件信託の受益権が当該信託財産の売却・運用による経済的利益を取得させるものであることを理由に、各信託財産の価格をもって受益権価格とした。それを遺留分額または侵害額算出の基礎として、受益権の算定をしている。しかし、信託設定時点およびその後の一定期間、信託不動産の一部が売却または賃貸されていないことをもって、本判決のように、収益を上げることが現実的に不可能であるといえるのか疑問である。一部不動産から経済的利益が実現しないのは、訴訟係属中のため一時的に信託不動産から収益を生じさせる一定行為が停止されていた面がある。また、受益権による利益享受が対象不動産の価値に見合う経済的利益が絶えず求められるべきものであろうか。対象不動産をどのように算定するかにより大きく変動することがある。

---

84) 沖野眞已「本件判批」リマークス59号72頁。
85) 近藤英吉『判例遺言法』（有斐閣・1938）221～222頁。

(3) 本件信託の有効性

　遺留分を害するような相続・贈与であっても、裁判例を概観すれば、特定者への財産的利益の供与が社会通念上著しく相当性を欠く事案等を除き（本節**7**参照）、遺留分減殺請求権の行使が認められている以上、それ自体は有効としている。その限りにおいて、被相続人（委託者）の処分自由をできる限り尊重すべきであり、委託者の信託目的が実現されるべきであろう。受益者連続信託は相続による承継ではないが、死後の財産承継であり、公平の観点から、特別受益および遺留分制度等の相続法規の適用が一定範囲でなされると考えられる。当該信託において、遺留分への配慮を要するが、遺留分をどの段階で考えるのかは、法制審議会信託法部会の議論等に照らせば、本件では、Yの子Cを第3次受益者として、受益権を収れんして承継させることに問題はないとされる。本件事案では、XはCに受益権が収れんされることを回避したいのであれば、受益者間の承諾により受益権の買取りを求める規定があるが、受益者間の売買を信託契約で設定することの議論はあろう。

　本件信託契約には「Yは、信託不動産を無償で使用することができる」という規定がある。信託財産に帰属する財産について、受託者が純粋な財産帰属者として行動できず、そこからの利益を得られないことは信託の本質であり、本件信託は信託法8条に抵触するという指摘がある。[86]現実には、信託不動産の維持管理に使用することを目的としていたが、Yに一定の便益を認めたと捉えかねない。また、相続財産のほぼすべてを信託財産とする場合、委託者の推定相続人間で争われるリスク可能性を検討しておく必要があろう。しかし、①特定の受益者が過度に経済的不利益を被る内容の財産承継になっている、②受益者の遺留分に対する配慮として、委託者は受益者に経済的利益を付与するための方策の具体的内容と近い将来における確実性が示されている、③委託者の意思を現実化し、かつ受託者の不適切行為を予防・是正する条項が設けられている、④特定の受益者に受益権が収れんされることを避けたい場合、受益権持分の取得請求による譲渡が可能であり、その対価に経済的合理性がある。これら要素がある場合、公序良俗違反とは考えにくい。

---

86)　佐久間毅「民事信託（家族信託）について」家族信託実務ガイド14号3頁。

第 2 編

高齢である
オーナーの財産管理と
承継

第 1 章

士業関係者・後見人によるオーナーの財産管理

　中小企業オーナーの財産管理と承継において、士業関係者のサポートはとても大きい。中小企業オーナーが士業関係者を交えて財産管理とその承継に関する具体的対策を検討することは重要である。

　本章では、第1に、財産管理委託契約および見守り契約に関し考察する。第2に、高齢者の財産管理と承継における後見人制度、後見制度支援信託・後見制度支援預貯金制度の利用と課題を考察する。

●時系列

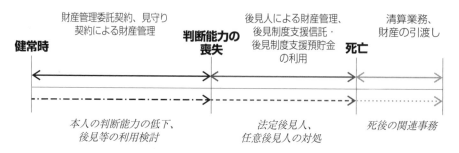

●士業関係者・後見人による財産管理の概要

関係当事者	対象事案	具体的内容
本人、士業関係者等	財産管理委託契約による財産管理	財産内容の調査、契約内容、本人死亡と任意の遺産管理人選任、受任者の権限濫用と監督
本人、士業関係者等	見守り契約による身上・財産管理	契約の期間、契約内容・実施方法、死後事務委任契約・任意後見契約との関係等
本人、士業関係者、後見人等	法定後見人・任意後見人の選任	法定後見と任意後見の選択、後見開始の審判の申立て、任意後見契約の類型と課題対応等
法定後見人	後見人による財産管理	郵便物等の回送手続と開披、現預金の管理、金融商品取引・保険の対処、不動産の管理等

| 法定後見人 | 後見制度支援信託・後見制度支援預貯金の利用 | 後見制度支援信託・後見制度支援預貯金の各内容、専門職後見人と親族後見人の選任等 |
| 法定後見人 | 後見終了の手続 | 清算業務、後見人の報酬請求、財産の引渡し等 |

第Ⅰ節　▶財産管理委託契約による財産管理

1　財産管理委託契約の締結

(1) 契約の目的

　財産管理委託契約とは、本人の判断能力に問題はないが、高齢で一人暮らしまたは病気等により本人の身体状態が不安定になったとき、日常的な金銭管理、不動産の管理等を受任者に委任する任意代理契約（民643条・656条）である[1]。効力発生は、①契約締結の日、②一定事由の発生時を停止条件とする[2]、等がある。

(2) 任意後見契約との関係

　財産管理委託契約が中小企業オーナー（委任者）Xの判断能力の低下前に締結されておれば、契約自体は有効であり、委任の本旨に従い、受任者Yによる財産管理がなされる。しかし、Xの判断能力が低下することに備えて、任意後見契約と併せて締結することが考えられる。YはXの代理人として、家庭裁判所に後見開始の審判申立てを行い、任意後見人候補者としてYを指定する[3]。

　Xの判断能力に応じて財産管理委託契約から任意後見契約に移行させる。任意後見契約の締結により、財産管理委託契約の内容は後見契約で定める内容の一部分となろう。同一の受任者による支援が継続し、本人との人的関係は強くなり財産の引継ぎが円滑となる。死後事務に備えて、受任者が権限をもって財産の一部を預かる根拠となる。

　財産管理委託契約の終了事由として、①Xの死亡または破産手続開始の決定を受けたとき、②法定後見の審判を受けたとき、③任意後見契約が解除されたとき等がある。財産管理委託契約には、「家庭裁判所による任意後見監督人が選任されたこと

---

1)　財産管理委託契約における受任者は、個人または法人のいずれでもよい。
2)　施設の入所、他人の援助なしに自己の事務を処理できない状態となったとき等である。
3)　財産管理委託契約の締結時から審判申立時まで長い場合、直近の委任でないため受理がなされるかは家庭裁判所の判断による。家庭裁判所に事前相談または定期的に手続代理委任状の取得等が検討される（第二東京弁護士会高齢者・障がい者総合支援センター運営委員会編『高齢者の財産管理 モデル契約書式集』（新日本法規・2018）84頁）。財産管理委託契約を受任者からいつでも契約を解除できるとすると、依頼者は財産管理に支障をきたすおそれがあるため、「やむを得ない事由がある場合」に解除をできるものとする。

を終了事由とする」等と規定する（財産管理契約からの移行型）。

2　財産内容の調査

(1) 管理対象の財産の特定

　士業関係者がオーナーの財産管理を受任する場合、対象財産を特定し、その内容を調査する。契約締結後、オーナーの新たな財産が増加することがある。増加した財産の扱いは、①あらかじめ管理対象とするのか、または、②別途協議して定めるのかを契約時に明確にしておく。士業関係者が財産調査を実施するに際し、依頼者と財産調査の委任契約を締結する。[4]

(2) 財産種類ごとの調査と留意点

ア）不動産・動産等

区分		具体的調査	内容・留意点
不動産		不動産登記簿の閲覧・登記事項要約書、登記事項証明書、固定資産課税台帳、固定資産評価証明書の各交付申請	不動産の所有者・抵当権等の設定は登記簿、賃貸借・地上権等の設定は契約書・入金記録等、宅地・農地かの利用状況の確認
各種の動産等	現金・預貯金	現金は自宅金庫・銀行の貸金庫等。預貯金は預貯金残高証明書・取引履歴証明書（通帳紛失時）の発行依頼	預貯金は家族名義であっても、高齢者本人の所有の要確認。国外の金融機関における要調査
	株式	上場株式は取引証券会社・信託銀行、非上場株式は発行会社による確認	株券発行会社では、株券の確認。株主総会の招集通知・株主名簿等を参照
	その他の有価証券	取引証券会社・信託銀行による確認・取引報告書、債券証書、郵便物等による確認	その他の有価証券として、公社債・投資信託、各種法人等への出資証券等
	自動車・貴金属等	車検証・自動車保険証・自動車登録事項等証明書、貴金属等の購入領収書・鑑定書	自動車はインターネットによる査定、貴金属は販売価格を調査
	各種の保険・債権等	保険証書、ゴルフ会員権の会員証・預託金、金銭消費貸借契約書（貸金債権）、賃貸借契約書（賃料債権）等	知的財産権を有している場合、特許庁の登録証・使用契約書等を確認

---

4)　財産調査の委任契約書には、調査の範囲、証書類の引渡し、費用の負担、調査報酬、報告書の内容、終了事由等を明記する。

イ）債務・収入

区分		具体的調査	内容・留意点
債務	借入金債務	金銭消費貸借契約書、預金通帳の払込履歴、請求書・領収書等	金融機関（全国銀行協会、日本信用情報機構、CIC 等）に対し、借入金残高証明書の交付申請
	保証債務	保証契約書、預金通帳の払込履歴、請求書・領収書等	不動産登記事項証明書から抵当権設定を確認。保証債務の有無
	租税債務	納税通知書等	未納の場合、延滞税の賦課・財産への差押え
収入		所得証明書・課税証明書、源泉徴収票、預金通帳払込履歴等	役員報酬、年金、株式の利益配当・譲渡益、不動産の賃料等

3　財産管理委託契約の内容

（1）具体的内容

　受任者の代理権は本人の施設入所・長期入院中では、次が考えられる[5]。

ア）財産管理

項　目	具体的内容
預貯金等の管理・各種支払い	①現金・通帳、印鑑登録カード・住民基本台帳カード、実印・銀行取引印、有価証券、年金関係書類、登記済権利証、その他債権・債務関係の書類の委任事務処理のための保管・使用、②施設費、入院費・医療費、家賃、公共料金・税金、新聞・通信費、各種保険料（生命保険・損害保険等）の各支払い、③退院後の介護サービスの手配、④保険契約の締結・変更等
特定口座の管理	現金・通帳の管理は、本人 X 名義の全預貯金口座を対象とするのではなく、例えば、X の年金が振り込まれる特定の口座（「X 名義の A 銀行 B 支店普通預金口座に関する取引」等）に関し、受任者に代理権を付与。それにより、金融機関との取引において、本人確認および意思確認が円滑
報酬・各種収入	①役員報酬等の定期的収入の受領・管理、②保険金の請求・受領、③株式の剰余金配当の受領・管理、④各種年金、障害手当金その他の社会保障給付の受領・管理、⑤本人が有する債権の回収等
不動産の管理	①自宅の警備、清掃・修繕、庭木の剪定、売却・賃貸等、②本人の不動産の賃貸借から生じる債権の回収、③自宅等に存する動産（自転車等）の処分、④他人の不動産に関する購入、借地、借家契約の締結・更新・変更等

---

5)　身上監護として、①介護契約その他のサービス利用契約の締結・変更・解除、②福祉・医療関係施設への入所契約の締結・変更・解除等の必要性があれば、契約しておく。

イ）書類作成・報酬

項　目	具体的内容
書類の作成	委任事務の処理に際し求められる書類として、①契約締結時の財産目録、②契約効力発生時の財産目録・証券等の保管目録、③委任事務に関する会計帳簿・事務処理日誌、④定期的な財産管理報告、費用の支出・使用状況、報酬受領と金額の明細書、⑤契約終了時の財産目録、引継事項書類等
報酬規定	財産管理委託契約では、受任者に対する監督機能が比較的低い。事前に業務内容に係る報酬の算出、金額、上限額等を明確化

（2）留意点

　財産管理委託契約を締結していても、日常的ではない「重要な法律行為」はオーナーXが行う。本人の体調等から履行に支援を要する場合、その都度支援に係る委任をして重要な法律行為をなす。当該時点でXの判断能力が不十分であれば、事前締結の任意後見契約を発効させる。受任者YがXの財産管理・処分等の実施に際し、金融機関等からXの意思確認が求められることがある。その度に、Xに委任状作成の依頼では財産の円滑な管理・処分が困難であり、財産管理委託契約を公正証書で作成し、本人の「意思確認の証明」とする。

4　本人の死亡と任意の遺産管理人の選任

　財産管理委託契約の締結期間中に委任者Xが死亡すれば、不動産管理等の委任契約は終了（民653条1号）する（東京高判平22・2・16判タ1336-169参照）。特約としてX死後の財産管理・処分に関し、財産管理委託契約に規定することは可能である。Xの死後、受任者Yは法定の相続財産管理人ではなく、任意の遺産管理人（本章**第2章第Ⅹ節6（5）**参照）となろう。

　Xの死後、その財産は相続人に承継されるため（民882・896条）、財産管理委託契約の特約と相続人の意思が異なる場合、特約の継続性の消滅および相続人による解除権の有無が争われる（本章**第4章第Ⅱ節3**参照）ことがある。[6]

　なお、YはXの死亡後、Xの相続人への相続財産の円滑な引渡し、相続人と迅速に連絡がとれない場合等に備え、死後事務委任契約の締結を併用しておくことが考えられる。

6）　旭合同法律事務所編『空き家・空き地をめぐる法律問題』（新日本法規・2016）233頁。東京高判平21・12・21判時2073-32によれば、委任者の死亡後における事務処理を依頼する旨の準委任契約は、委任者の死亡によっても当然に契約を終了させない旨を包含し、承継者が本件契約を解除することは許されないとされる。

5 受任者の権限濫用と監督機能

受任者Yに対する監督のあり方が課題となる。Xの判断能力が低下しながら、Yが任意後見契約を発動しないと、Yの権限濫用により本人の財産が不適切に費消される懸念がある。Xの判断能力の低下により、Yによる財産管理委託契約の履行中に、①Yは不適切な財産管理またはその放棄をする、②Xとの利益相反行為をなす、③任意後見に移行の手続がなされないかもしれない。その結果、任意後見監督人が選任されず、Yの権限濫用が拡大するかもしれない。

受任者の権限濫用への対処として、多額または特定の資産を処分する事案では、「他の信頼できる特定の者Z（監督人）の許可を得る必要がある」等とする旨を財産管理委託契約に規定する。監督人として、例えば、受任者Yが属する法人・団体（専門職系NPO法人、専門職団体等）が考えられ、そこに監督機能を依頼して契約にする。

他方、監督機関を設置しない場合、Yには日常的な金銭管理、不動産の管理等を委任するに留め、Xの判断能力が低下したときは速やかに任意後見または法定後見に移行させる。また、契約内容を公正証書とする。

第Ⅱ節　▶見守り契約による身上・財産管理

1 契約の意義と期間
(1) 契約の意義と方法

見守り契約とは、任意後見契約の効力が生じるまでの間、委任者であるオーナー（本人）と受任者が定期的連絡および面談により、本人の安否、生活・心身状況および財産状況等を確認するためになされる準委任契約である。定期的連絡として、月1回程度、電話・メール・FAX等により状況を確認する。また、面談では、3ヵ月に1回程度、訪問による本人からヒアリングを行う。本人が疾病その他危急時には、受任者に連絡がなされる方法を策定する。

士業関係者（後に、任意後見受任者となる）の事務負担が少なく、比較的低廉な報酬で行うことが可能である。[7]財産管理委託契約よりも、簡易な内容であり、財産管理委託契約の必要性があれば、それを開始する。

---

7) 任意後見の受任者が第三者（士業関係者）である場合、本人との定期的な接触（見守り）は不可欠であろうが、長期にわたると困難である。見守り契約は任意後見契約と併せて締結することが多い（新井誠=赤沼康弘=大貫正男編『成年後見制度〔第2版〕』（有斐閣・2014）277頁〔矢野範之=山崎正俊〕）。

(2) 終了事由と死後事務委任契約との併用

見守り契約の終了事由は、例えば、①財産管理委託契約の開始、任意後見監督人選任の審判の効力が生じたとき、②オーナー（本人）の死亡または破産手続開始の決定を受けたとき、③任意後見契約が解除されたとき、等と定める。

見守り契約の締結期間中に、本人が死亡することがある。財産管理委託契約で述べたように、オーナーが相続人と疎遠のため迅速に連絡がとれない場合等に備えて、死後事務委任契約締結の併用が考えられる。死後事務に要する費用を見積り、本人から一定の現金を預かるのである。[8]

2 見守り契約の内容
(1) 任意後見効力発生までの空白

任意後見契約は家庭裁判所による任意後見監督人の選任時から効力が生じる。将来発動型（本章**第Ⅲ節4 (1)**）では、任意後見の契約締結時から効力発生日まで長期の空白があり、本人の健康・財産状態が劇的に変化することがある。

任意後見受任者が第三者（士業関係者等）である場合、常時、本人の状況把握を行い、遅滞なく任意後見監督人の選任申立てを行うことは困難である。任意後見契約自体からは、任意後見監督人の選任申立義務および見守り義務は生じないであろう。そのため、見守り契約に基づき任意後見効力発生までの空白を埋める。

(2) 具体的内容

見守り契約の締結により、任意後見受任者は、本人の健康・財産状態を把握することができ、任意後見監督人の選任の申立てをすべきか否かの判断をする。後述のように本人の利益のために特に必要があるときは、法定後見開始の審判の申立てをする（任意後見10条）。本人と後見事務の具体的な内容（例えば、入所する施設の選択、不動産の処分、生活習慣、医療内容等）について詳細に話し合うことができる。本人と任意後見受任者が相性の問題等から信頼関係を構築できない場合、任意後見契約解除の機会を本人に保障することができる。

---

8) 見守り契約は財産管理を予定していないため、本人から多額の現金等を預かることは契約の範疇を超えるとされる（一般社団法人日本財産管理協会編『Q&A 成年被後見人死亡後の実務と書式』（新日本法規・2013）67頁〔玉村佳之〕）。

第Ⅲ節 ▶法定後見人・任意後見人の選任

1 法定後見と任意後見の選択

　法定後見または任意後見の選択（両制度の比較は、**第1編第4章第Ⅱ節2**参照）は、本人の判断能力の低下の程度による。任意後見契約が登記されている場合、本人の利益のために特に必要と認めるときに限り、家庭裁判所は後見等（成年後見・保佐・補助）開始の審判ができる（任意後見10条）。それにより、任意後見契約は終了する（同条3項）。例えば、①任意後見人の代理権範囲を拡張する必要があるが、本人の意思能力喪失により契約締結ができない、②成年後見人により同意権・取消権が行使されなければ適切な保護を図ることができない、③任意後見人が不当に高額報酬を得ていながら変更に応じない、等が考えられる。

　任意後見契約では、本人が選んだ受任者に対し、後見事務の内容、資産・収支情報の提供、施設入所、不動産処分等の代理権付与等を決定するため、本人にある程度の高度な判断能力が求められる。また、任意後見には取消権・同意権がないため（民法120条2項に基づき、錯誤、詐欺または脅迫による取消権あり）、投資勧誘または悪徳商法の被害救済に限度がある。しかし、任意後見契約時に、被後見人の延命治療および死後事務等の広範囲な取り決めを事前にしておくことができる。

2 後見開始の審判の申立て

(1) 利害関係人の対応

　ア）申立権利者　最初に選任件数の多い法定後見を概観する。後見制度の利用が必要でありながら、①配偶者が死去または4親等内の親族と本人の関係性が希薄で不明となっている、②4親等内の親族が後見の申立人になることを拒否すること

---

9)　法定後見はすでに判断能力が不十分になっている者が対象となる。任意後見は本人の判断能力が不十分になるときに備えて、後見事務の内容および任意後見受任者を公正証書により事前に決めておく。任意後見契約の効力は、本人の判断能力が不十分となり、家庭裁判所が任意後見監督人を選任したときからである（任意後見4条1項柱書）。

10)　延命治療の対応の一環として、「尊厳死宣言」がある。真正性の確保という面から、事実実験公正証書の一種である「尊厳死宣言公正証書」として作成することが考えられる（吉村信一『死後事務委任契約の実務』（税務経理協会・2019）41頁）。

11)　後見開始の審判申立権者として、本人、配偶者、4親等内の親族、未成年後見人、未成年後見監督人、保佐人、保佐監督人、補助人、補助監督人、検察官がある（民7条）。保佐人の申立権者は民法11条、補助人の申立権者は民法15条、任意後見の申立ては任意後見契約法10条2項が各規定する。

12)　申立権者探索のため戸籍閲覧請求は、「債権者が債務者の相続人を探索する」等の正当な理由が求められ（戸籍10条の2第1項）、閲覧を自治体に拒否されることがある。士業関係者は戸籍閲覧請求に際し、業務遂行上、必要な場合は可能である。

がある。当該状況では本人または市区町村長（老人福祉 32 条、知的福祉 28 条、精神福祉 51 条の 11 の 2）による申立てが考えられる。

イ）遺産分割協議前の対応　　相続人が認知症等に罹患して意思能力を欠如した場合、当該相続人は遺産分割協議を行うことができない[13]。利害関係者は当該相続人のために成年後見開始の審判申立てを行い、家庭裁判所により選任された成年後見人が遺産分割協議に参加する。

ウ）入所施設の対応　　オーナー X が入っている高齢者入居施設は、X のため成年後見人等の選任が望ましいと考えている。施設が X の親族と円滑な連絡を取りにくい等の事情がある場合、X が住民登録をする市区長村による申立てを要請することを検討する。選任された成年後見人との契約・同意により、施設および成年後見人が X の金品管理に関する内容を精査する。

（2）本人による申立て

すでに判断能力が低下し、成年被後見人となるであろう者でも、成年後見開始の審判に係る手続行為能力は認められる（家事 118 条 1 号）。成年被後見人となる者が意思能力を有する限り、自ら有効に手続行為が可能である[14]。平成 30 年度では、本人の申立ては 5,715 件（約 15.8%）であり、本人の子（8,999 件）、市区町村長（7,705 件）による申立てに次いで多い[15]。

3　市区町村長による申立て

（1）市区町村による調査

ア）申立件数の急増　　市区町村長は、65 歳以上の者につき、その福祉を図るために特に必要と認めるときは、後見開始の審判請求をすることができる（老人福祉 32 条）。市区町村長による申立事案として、①本人の親族による申立てが期待できない、②本人が親族から経済的被害を受けている等がある。当該状況では、本人が入所する高齢者施設、民生委員、近隣住民、地域包括支援センター等[16]の関係者から、後

---

13)　東京地判平 17・9・29 判タ 1203-173 は、「意思能力があるかどうかは、問題となる個々の法律行為ごとにその難易、重大性なども考慮して、行為の結果を正しく認識できていたかどうかということを中心に判断されるべきものである」と述べる。

14)　事理弁識能力を欠く本人自らが後見開始の審判を申し立てた場合、日本司法支援センター（法テラス）では本人とは書類作成援助契約の締結ができないとして、民事法律扶助は利用できないとする取扱いをしている地方事務所もある。本人の親族等による申立てが期待できない場合、事実上、市町村長による後見開始の審判申立てになるとされる（松川正毅編『成年後見における意思の探求と日常の事務』（日本加除出版・2016）40 頁〔中谷卓志〕）。

15)　最高裁判所事務総局家庭局「成年後見関係事件の概況―平成 30 年 1 月～12 月（平成 31 年 3 月）」4 頁。平成 30 年度では、市区町村長による申立ては全体の約 21.3%、対前年比約 9.5%の増加である。

見制度による保護を必要とする高齢者の相談を市区町村の担当部署が受ける。[17] 市区町村長による申立件数は急増している。

　イ）市区町村による調査　　第1に、成年後見登記の有無確認である。任意後見契約の登記がなされている場合、任意後見監督人選任の申立て等を検討する。第2に、本人の判断能力である。市区町村は、主治医に裁判所指定の様式の診断書を作成してもらい、後見・保佐・補助のいずれが適切かを検討する。第3に、本人の関連調査である。市区町村は、後見開始の審判申立てが必要と判断した場合、①申立人となる本人の親族を調査し、[18] ②本人の資産・収支状況を調査し、申立書の添付書類である財産目録・収支予定表を作成する。

(2) 家庭裁判所に対する申立て

　市区町村長は、成年被後見人となる本人の住所地を管轄する家庭裁判所に申立てる（家事117条1項）。住所地とは必ずしも住民登録地ではなく、例えば、本人Xが長期入所している施設の所在地を管轄する家庭裁判所に申し立てる。[19]

　登記手数料・鑑定費用等の申立費用は、原則として申立人が負担する。市区町村長が後見開始の審判申立てをする場合、衡平の観点から、本人に負担させることが妥当であるならば、家庭裁判所に対し、本人に費用負担を命ずる審判の職権発動を促す上申書の提出が考えられる（家事28条2項）。選任された成年後見人は、市区町村・社会福祉協議会の担当者、介護支援専門員、地域の民生委員等を通じて、成年被後見人の資産および収支状況、課題等の情報を入手する。

(3) 対象事案

　市区町村長の申立てでは、市区町村の担当部署の職員数が十分ではなく、本人の資産および親族調査等の状況把握に時間を要することがある。市区町村の成年後見制度支援事業要綱により、生活保護受給者およびこれに準ずる者に対し後見人等の報酬支払いを助成しているが、財政が厳しい市区町村では後見開始の審判申立てを

---

16)　地域包括支援センターとは、市町村が責任主体となり、介護予防ケアマネジメント事業、総合相談・支援事業、権利擁護事業、包括的・継続的マネジメント事業、介護予防支援業務について、市区町村または市区町村から委託を受けた法人（在宅介護支援センターの設置者、社会福祉法人、医療法人、NPO法人等）が実施する（厚生労働省「地域包括支援センターについて（概要）」）。

17)　本人がX市に住民登録があり、Y市の高齢者入居施設に入所している場合、X市が成年後見開始の審判を申し立てることが多い。

18)　申立人となる本人の親族調査では、市区町村は2親等内の親族の存否を中心とするが、3親等内または4親等内の親族調査を行うことが少なくない（松川編・前掲注14）43頁〔中谷〕）。親族とは、6親等内の血族、配偶者、3親等内の姻族をいう（民725条）。

19)　Xが高齢者入居施設への入所予定等により、申立時と後見開始時に住所地が異なる予想がある場合、Xの利便性等を考慮して、後見開始時の家庭裁判所が処理することもできる（家事9条1項但書）。

ためらう原因となることがある。

　後見人候補者を選定する際に、後見人と被後見人との利益相反の有無、公平性、客観性が求められよう。そのため、成年後見人の選任に急迫な必要性がある事案を対象とする傾向がある。

4　任意後見契約の類型と課題対応

（1）将来発動型

　将来発動型は、「任意後見契約締結時に本人は、十分な判断能力を有するが、将来、判断能力の低下時点で任意後見人の支援を受ける」ことである。停止条件付きの任意後見契約となる。課題として、①契約締結から効力発生まで長期間が経過すると、受任者が任意後見を開始する時期の見極めが容易ではない、②本人の判断能力が低下した時点では、財産引継ぎが困難となる。

　そのため、任意後見契約が発動するまでは本人が自己の財産管理をするとともに、任意後見受任者は見守り契約に基づき、定期的に面会・電話等での会話を通じて本人の状況を確認する。

●将来発動型

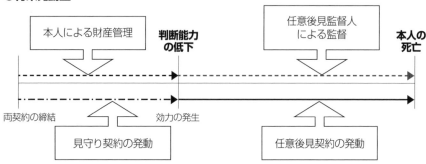

（2）即時発動型

　即時発動型は、「任意後見契約締結時に本人は、すでに軽度の認知症等により判断能力が不十分であり、直ちに契約の効力を発生させて任意後見人の支援を受ける」ことである。課題として、本人の判断能力が不十分であるため、任意後見契約の内容を適切に理解できているのか疑問である。後日、契約締結に必要な意思能力をめぐり契約自体の有効性が争われる可能性がある。

　任意後見契約の相談を受ける前から、受任者が本人と強い信頼関係があり、本人

の指名等がある者でなければ、法定後見制度の利用が得策かもしれない。[20]

●即時発動型

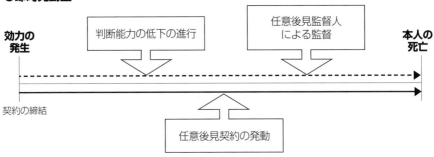

(3) 他の契約からの移行型

第1に、財産管理契約からの移行型は、「任意後見契約は将来、本人の判断能力に問題が生じたときに備えて締結し、効力発生前から日常的な金銭管理等の委託契約を締結して支援を受ける。本人の判断能力に応じて財産管理委託契約から任意後見契約に移行させる」内容とする。

第2に、見守り契約および財産管理契約からの移行型は、受任者の生活・心身状況等に応じて、①見守り契約の発動を経て、財産管理契約の発動に移行し、その後、②財産管理契約の発動から、任意後見契約の発動に移行する。

●財産管理契約からの移行型

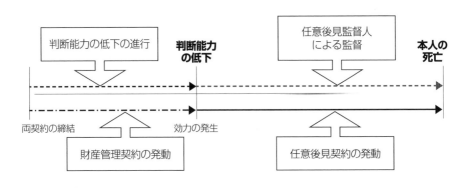

---

20) 本人の権利擁護の観点から、原則として将来発動型が望ましいという見解がある（成年後見センター・リーガルサポート編『成年後見 相談対応の実務』（新日本法規・2014）194頁）。

●各契約の複合型

第IV節 ▶後見人による財産管理

1 申立前の財産調査

　後見申立ての動機として、預貯金等の管理・解約が最も多いが、不動産の処分、相続手続等の財産管理・承継のニーズも少なくない。[21] 成年後見人は、対象期間内に監督を受けるため、家庭裁判所に、①後見業務日誌、②収支状況報告書、③財産目録、④後見事務報告書、⑤各種領収書、⑥通帳写しを提出する。[22]

2 郵便物等の回送手続と開披

（1）被後見人宛の郵便物等の扱い

　被後見人は自身に届けられた郵便物等[23]の管理が困難であり、郵便物等の重要性を十分理解できず破棄・紛失することがある。その結果、債務の不履行、遅延損害金の発生等が生じるかもしれない。しかし、親族または入所する施設・病院等を転送先にすることには、積極的な協力を得られないことがある。

　そのため、「成年後見の事務の円滑化を図るための民法及び家事事件手続法の一

21）　成年後見の申立ての動機として、平成30年度では、預貯金等の管理・解約が30,500件、身上監護が14,906件、介護保険契約が7,156件、不動産の処分が6,773件、相続手続が6,077件である（最高裁判所事務総局家庭局・前掲注15）8頁）。

22）　①後見業務日誌は、後見業務を行った場所、日時、同席者等を記録、②収支状況報告書は、報告期間内の収入と支出を項目ごとに記載、③財産目録は、報告期末時点の資産を記録、④後見事務報告書は、被後見人の生活・健康状況、収支状況、身上監護・財産管理における今後の後見方針を記載する。

23）　回送の対象となる郵便物等とは、郵便法上の郵便物または民間事業者による信書の送達に関する法律2条3項に規定する信書郵物である。

204　第2編　高齢であるオーナーの財産管理と承継

部を改正する法律」（平成28年10月13日施行）に基づき、後見人が家庭裁判所に回送嘱託を申立てることにより（民860条の2）、被後見人宛の郵便物等は後見人の住所または事務所所在地に回送が可能である。[24]

成年後見人による被後見人の郵便物等の回送申立ては、被後見人の財産を正確に把握し適切な財産管理を行うためである。後見人の職責を果たすため、成年被後見人に宛てた郵便物を受け取ったときは、開封することができる（民860条の3）。郵便物の内容は、株式の配当通知、クレジットカードの利用明細、各種請求書、納税通知書、領収書、金融商品の資産評価額等が多い。これらを通じ、後見人は被後見人の財産および債務状況を把握することができる。なお、物品の送付に利用される宅配便・ゆうパック等は回送の対象外である。

(2) 手続

申立書類は成年被後見人に宛てた郵便物等の回送嘱託の申立書であり、添付書類[25]は、本人と成年後見人の住民票、陳述聴取報告書、成年後見監督人の同意書である。「郵便物等の回送申立て」は、次の手続を実施する。

①後見人が家庭裁判所に回送嘱託の申立書および添付書類を提出、②家庭裁判所による被後見人郵便物等の回送の嘱託の審判、③家庭裁判所は信書の送達の事業を行う者に対し、期間を定めて、被後見人郵便物等を後見人に回送すべき旨を嘱託、④審判確定後、家庭裁判所から日本郵便等に回送の通知、⑤後見人による日本郵便等への回送申請は不要である。[26]

(3) 回送嘱託期間

ア）6ヵ月以内　　郵便物等の回送嘱託の期間は、申立てより6ヵ月を超えることができない（民860条の2第2項）。財産に関する郵便物は、一定期間ごと（1ヵ月に1回等）に郵送されることが多い。これら郵便物により後見人が被後見人の財産関係・収支状況を把握できる期間として6ヵ月以内と定められた。

---

24)　従来は、金融機関、役所、入所施設、介護保険サービス事業所等に個別の手続、または、郵便局に被後見人のすべての郵便物を後見人宛に転送を依頼する方法があったが、制約が多いものであった（松川編・前掲注14）86頁〔田中利勝〕）。

25)　東京家庭裁判所（後見センター）のHPによれば、回送嘱託の必要性に関し、①本人は自宅に独居するが、郵便物を管理できず、親族の協力が得られない場合、②本人は親族と同居するが、郵便物を管理できず、親族の協力が得られない場合、③本人は施設に入所中であるが、施設の協力が得られない場合、に類型化して、各事情の説明を求めている。

26)　回送嘱託審判では、本人の心身の障害によりその陳述を聴くことができないときは、この限りではない（東京家庭裁判所後見センター・円滑化法運用検討プロジェクトチーム『『成年後見の事務の円滑化を図るための民法及び家事事件手続法の一部を改正する法律』の運用について」家庭の法と裁判7号90頁）。

イ）再度の回送嘱託申立て　　嘱託期間が満了後、なお郵便物等の回送を継続したい場合、後見人は再度の回送嘱託の申立てができる。しかし、従前の嘱託期間のみでは後見人の財産関係・収支状況を十分に把握することができなかったことについて、やむをえない事由がある場合（財産状況に関し、年1回しか顧客に通知がない）等に限られる。再度の申立ては少ないとされる。[27]

(4) 郵便物等の開披

成年被後見人の財産を正確に把握し適切な財産管理を行うため、成年後見人は被後見人宛郵便物等の回送を受けた場合か否かに関わらず、これを開披することができる（民860条の2第2項）。原則として、すべての郵便物等の開披ができるが、その内容が被後見人の財産とは無関係なことが一見して明白でありながら開披した場合、善管注意義務違反が問題となることがある。[28]

(5) 課題

郵便物等の回送嘱託制度の課題として、①後見人による郵便物の保管期間が明白ではない、②被後見人宛の郵便物の開封閲覧が後見人に認められることは被後見人の通信の秘密（憲21条2項後段）に抵触することの懸念である。

家庭裁判所が後見事務の遂行のために必要と認めた場合にのみ回送嘱託ができること、嘱託期間の制限を設け、嘱託の取消し・変更の定め（民860条の2第3項）[29]がある。これらにより、被後見人の通信の秘密への配慮がなされている。

(6) 後見人による個別交渉

後見人が回送嘱託申立てをする以外の方法として、2つある。

第1に、金融機関、役所、入所施設、介護保険サービス事業所等に個別手続をする。

第2に、郵便局に被後見人のすべての郵便物について後見人宛に転送を依頼する方法がある。[30]

---

27) 回送嘱託に係る再度の申立てでは、事情の具体的な説明が求められる（日景聡「『成年後見の事務の円滑化を図るための民法及び家事事件手続法の一部を改正する法律』の施行から1年を経て」実践成年後見71号66頁）。

28) 大塚竜郎「『成年後見の事務の円滑化を図るための民法及び家事事件手続法の一部を改正する法律』の逐条解説」家庭の法と裁判7号79頁。

29) 嘱託の取消しとは、実施中の郵便物等の回送を中止することである。例えば、被後見人とは別の場所に居住していた親族後見人が介護等のため、被後見人と同居するに至った場合などである。他方、嘱託の変更とは、①嘱託期間の短縮、②回送嘱託の審判後における後見人または被後見人の転居等がある（大塚・前掲注28）78頁、東京家庭裁判所後見センター・円滑化法運用検討プロジェクトチーム・前掲注26）90頁）。

30) 家庭裁判所の許可を要しないが、一定の制約および留意点がある（松川編・前掲注14）86頁〔田中〕）。

方式	具体的内容	留意点	開封の有無
個別転送依頼	金融機関、役所、入所施設、介護保険サービス事業所等に個別の手続により後見人宛に転送を依頼する方法	宛名は「後見人の住所、後見人様方、本人（被後見人）の名前」が多数。郵便物の内容は、請求書、納税通知書、領収書、金融商品の資産評価額等が多数	後見人の職責を果たすため、正当な理由（財産・債務状況の把握等）があれば開封は可能
包括転送依頼	郵便局に被後見人のすべての郵便物を後見人宛に転送を依頼する方法	受取人が住所・居住を変更した場合に認められる（郵便35条）。後見人の事務所が被後見人の住所・居住とみなされることが前提。施設に転居先とすることの依頼検討。転送は1年間	個別転送依頼と異なり、差出人の意思によるものでなく、被後見人の郵便物の開封には慎重さが必要

3　現預金の管理

(1) 預貯金の口座

　法定後見人が申立てをする動機のうち、最も多いのが預貯金等の管理・解約である。後見人が被後見人の預貯金を管理する場合、①各金融機関の届出書式に基づく届出書の提出、②届出書に実印の押印、印鑑証明の添付、③後見人の資格証明として、成年後見登記事項証明書、後見登記終了前では審判書とその確定証明の提出[31]、④後見人の本人確認資料（免許証、保健証等）の提示をする。

(2) 従前からの口座と口座名義

　後見人（仮に、秋川順子）は被後見人（仮に、夏木洋一）が従前から有していた口座を管理する場合、口座名義は、①夏木洋一、または、②夏木洋一　成年後見人秋川順子、とする。また、後見人が利用しやすい金融機関を選んで、被後見人の預貯金管理をする場合、口座名義は、「夏木洋一　成年後見人秋川順子」、とする。当該口座が被後見人の財産であることを明確にする。後見人名義は財産混同のおそれのため避ける。

(3) 口座の解約・整理

　後見人は被後見人の財産管理のため、①利用頻度が低い口座、②少額の口座、③金融機関が遠方にある口座であり管理が困難である場合等には、解約して一定口座にまとめ、預け替えをすることがある。後見事務管経費の削減にもなる。後見人用キャッシュカードの発行を認める金融機関は増加しており、利便性が向上している。

---

31)　成年後見開始の審判書には、被後見人のプライバシーに属する事項が多数記載されているため、金融機関にそのまま提出することは不適切とされる。そのため、家庭裁判所から成年後見の開始および成年後見人の選任だけが記載された審判書の抄本の交付を受けて、これを提出する（新井＝赤沼＝大貫編・前掲注7）112頁〔赤沼康弘〕）。

口座解約・整理の留意点として、第1に、解約口座が遺言の対象になっていないか調査を要する。本人および親族等から聞き取り、自宅・貸金庫を探すことが考えられる[32]。第2に、口座を集約して預入額が高額になりすぎると、ペイオフ対策が求められる。第3に、日々の生活費・定期的な支払いは普通預金で管理し、高額預金は定期預金とすることが考えられる。

(4) 現金の管理

被後見人の生活費・緊急支出のために、被後見人の現金を後見人が手元に置くことがある。保管に適切な金額は、被後見人の生活環境、支出先・支出内容、被後見人の財産の多寡により異なる。多額の現金管理は流用・盗難、資金の流れが不明確になる等のリスクがある。出納帳に、①現金の支出先・金額・内容、②預貯金口座の引出し、③現金の収入等を記載する。領収書を合わせて添付保管する。家庭裁判所・後見監督人による管理適正の確認に資することになる。

4 金融商品取引・保険の対処

(1) 金融商品取引の対処

被後見人が後見開始前から有する金融商品（株式・投資信託・デリバティブ取引等）に関し、後見人はその保有継続が原則となる。とりわけ、被後見人が経営に関与していた会社の株式は、持株比率、売却による経営への影響等から、家庭裁判所の意向を含め、事案ごとにより慎重な対応が求められる。

他方、被後見人が有する金融商品を、後見人が売却することはどうか。相場の下落状況、発行会社の業績、被後見人の従前の意向等に照らし損失の著しい拡大が明白であるような事案に限定されよう。他方、後見人が被後見人の財産をもって、元本保証がない金融商品を新たに購入して投資取引を行うことは権限逸脱になる。本人に損害が生じた場合、後見人の善管注意義務違反となろう。

(2) 保険の対処

被後見人の生存中に支給される各種保険金（被後見人が被保険者の高度障害保険の保険金、被後見人が受取人の満期保険金等）は、被後見人の預金口座に振り込まれる手続をとる。また、被後見人が後見開始前に締結した保険契約は、原則として継続する。

しかし、被後見人の資産・生活状況・保険の用途等に照らし、必要以上に契約数

---

32) 口座が遺言の対象となっていることが判明すれば、本人の生活費が足りないなどの事情がない限り、その預貯金はそのまま保存すべきであろう（赤沼康弘=鬼丸かおる編著『成年後見の法律相談〔第3次改訂版〕』（学陽書房・2014）82頁〔土肥尚子〕）。

が多く、保険料の負担が過度になっている場合、契約を見直し、不要と考えられる保険の解約が検討される。他方、被後見人の身体または財産保護の観点から必要であれば、新たな保険契約の締結が考えられる。

5 不動産の管理等

(1) 管理に必要な委託手続

居住用不動産の所有者が高齢者入居施設等を利用して長期不在になり、その所有者の判断能力が低下している場合、当該不動産の管理に関し成年後見開始の手続が考えられる。成年後見人は当該管理に関し、住宅管理サービス機関等との委託契約を含め必要な手配を行う（本編**第2章第Ⅲ節**参照）。

(2) 不動産の管理・売却

後見人が被後見人の所有する不動産を管理する方法は保存行為が基本となり、①現状維持・保全等、②必要費用の支払いがある。後見人は被後見人の住居用不動産を生活・介護に便利なように、改築を行うことが考えられる。大規模なリフォームは、家庭裁判所の許可（民859条の3）を要する。

対象不動産の売却では、家庭裁判所の許可を前提として、必要性に係る各種要素（本編**第2章第Ⅵ節**参照）を検討する。対象家屋の売却に係る判断要素として、例えば、成年被後見人の従前の意向、財産状況に照らした処分の必要性等が詳細に検討される。不動産処分は、被後見人の身上面に与える影響が大きく、後見人が有する財産に関する法律行為の代理権（民859条1項）に一定の制限を加える必要があるためである。

6 リバースモーゲージの利用

リバースモーゲージとは、住居用不動産を有しながら、現金収入の少ない者が当該不動産を担保にして毎月の生活費を金融機関等から融資を受けるものである。借受人の死亡により、金融機関は担保不動産を処分して資金回収する。[33]

被後見人がリバースモーゲージを実施する場合、後見人は家庭裁判所に住居用不動産の処分許可の申立てをする。住居用不動産に担保権を設定するためである。申立書には、リバースモーゲージを必要とする理由および利用に伴うリスクの検討結

---

33) 通常の融資は、最初に一括して融資金を借り受け、借受人は定期的に返済していく。他方、リバースモーゲージは貸付限度額まで毎月一定額を借り受ける。金融機関に加え、社会福祉協議会等が実施している。

果等を記載する。

　リバースモーゲージのリスクとして、①被後見人が生存中に貸付限度額に達すること、②不動産価格の下落により担保物件の価値が借入残高より低くなることである。①では、原則として不動産を売却して返済することが求められるが、居住しながら利息の支払いの選択をできるものがある。他方、②では、不動産価格の下落により融資の継続を受けることができなくなることがある。

第Ⅴ節　▶後見制度支援信託・後見制度支援預貯金

1　後見制度支援信託制度の意義
(1) 制度の概要
　後見制度支援信託は、家庭裁判所が関与をして、被後見人の財産を信託財産とすることにより、被後見人の財産をより安全に保護する制度である。法定後見人は、家庭裁判所が発行する指示書に基づき、被後見人が所有する金銭資産のうち、日常的に使用しない金銭を信託財産として、信託業務を営む金融機関（以下、「信託銀行等」）と信託契約を締結する[34]。被後見人は信託の委託者かつ受益者となり、信託銀行等は受託者として信託財産の管理・運用を行う。後見制度支援信託は特別の法律に基づくものではなく、最高裁判所・法務省・信託協会の協議により創設され、後見制度を財産管理面に関し信託により支援する[35]。

(2) 法定後見人の役割
　被後見人の金銭資産のうち、法定後見人は日常的に使用しない金銭を信託財産とする[36]。法定後見人は被後見人の日常資金が不足する場合、家庭裁判所の指示書に基づき、信託銀行等に一時交付金の払戻請求をする。払い戻された交付金は被後見人

---

34)　平成24年2月から平成30年12月に後見制度支援信託を利用した成年被後見人・未成年被後見人の累計は24,409人、信託財産額の平均は約3,670万円である（最高裁判所事務総局家庭局「後見制度支援信託の利用状況について—平成30年1月〜12月」1頁）。2019年3月末の受件件数は21,397人、受託残高は6,474億円であり、この4年で各4倍の増加である（一般社団法人信託協会2019年7月5日付「NEWS RELEASE」参考3)。

35)　浅香竜太＝内田哲也「後見制度支援信託の目的と運用」金融法務事情1939号30頁以下、寺本恵「後見制度支援信託の概要」同号41頁以下。

36)　東京家庭裁判所によれば、被後見人（本人）の流動資産（現預金）のうち、直近に高額の支出（施設入所費など）が予定されている場合を除き、従前の預貯金口座に残す金額が100万円から500万円程度となるように信託財産額を設定することが望ましい。それを大きく超えた額が手元に残るように信託財産を設定した場合、後見制度支援信託を利用した後も後見監督人による監督を受けることがあるとされる（東京家庭裁判所後見センター「後見センターレポート」vol. 10（平28年2月)」)。

に引渡しまたは施設等への必要な経費の支払いに充てる。[37]

　後見制度支援信託は、親族が法定後見人になることを念頭に置いているが、①親族間に紛争がある、または、②被後見人の財産管理等に専門的な知見を要することがある。親族以外の士業関係者が後見人（以下、「専門職後見人」）に就任し、安定した収支予定表・生活計画の作成、定期交付金の増額を含む信託契約の変更等に関し、家庭裁判所および信託銀行等との交渉において専門性および知見を生かすことができる。家庭裁判所は専門職後見人の報酬について、業務内容および被後見人の資産状況の様々な事情を考慮して決める（民862・852条）。

●後見制度支援信託の仕組み

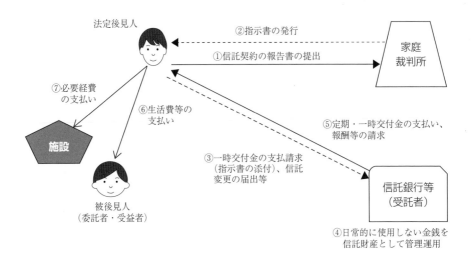

2　後見制度支援信託の利点

（1）後見の事前チェック

　後見人による財産管理権の悪用（被後見人の財産横領等）を防止するため、家庭裁

---

37)　平成30年1月から12月までに、家庭裁判所が後見人に後見制度支援信託の一時交付金の指示書を発行した件数は573件であり、平成27年度が154件、平成28年度が306件であり急増する。一時交付金の額は、100万円以上500万円未満が約65.4％であり、請求理由は、被後見人の生活費等135件、建物の修繕・解体費用98件、後見人報酬98件、納税90件の順に多い（最高裁判所事務総局家庭局・前掲注34）4〜5頁）。

判所の指示書に基づき[38]、被後見人の財産管理を信託銀行等が行う。保佐人・補助人に比べ成年後見人は広範な代理権を有する反面、後見人の不正事件が増加している。不祥事は親族後見人、士業関係者が後見人になる両事案にある。

　後見制度支援信託は、信託契約の締結、一時金の交付、信託契約の変更および解約の手続に関し、家庭裁判所の指示書を要する（家事81条参照）。後見制度支援信託は支出に係る事前チェックが可能である[39]。

(2) 後見人の負担軽減

　後見人は適正に被後見人の財産管理を行っていながら、被後見人またはその親族から「いわれなき苦情」の対象となり、または親族間のトラブルに巻き込まれる可能性がある。後見制度支援信託は、被後見人が日常的に使用しない多額の金銭を信託財産として、受託者である信託銀行等が分別管理をして運用がなされるため、その専門性を生かすことができる。

　後見人は被後見人の生活に係る日常的・継続的な支出に加え、被後見人の医療費等の臨時的な支出がある。後見制度支援信託は、後見人が被後見人の金品管理を単独で行うことの物理的・精神的負担を軽減できる。

3　後見制度支援信託契約の内容

(1) 契約締結の手順

　後見制度支援信託の契約締結は、①家庭裁判所に後見開始の申立て、②後見人が後見制度支援信託の利用に適していると判断した場合、信託財産の額および日常支出の額などを設定して、家庭裁判所に報告書を提出、③家庭裁判所が、信託契約に係る指示書を後見人に発行、④これらを前提として、後見人は財産目録、生活設計を熟慮した収支予定表の作成、信託条件（当初信託財産の金額、定期交付金の金額[40]、契約申込みの期限等）を設定、⑤指示書による一定期間内に、後見人が信託銀行と信託契約の締結、という手順となる。

---

38)　家庭裁判所の指示書を要する手続には交付金の請求、信託の変更（定期交付金額の変更等）、信託財産への金銭追加、信託契約の終了がある。信託を利用した時点で被後見人の手元金が100万円から500万円を大きく上回るため、または信託利用後に黒字収支が続くなどのため、高額の手元金を法定後見人が管理している場合、家庭裁判所の裁判官の判断により、現在の手元金の一部を追加して信託することの検討が求められることがある（東京家庭裁判所後見センター「後見センターレポート」vol.12（平成28年10月）、vol.20（令和元年7月））。

39)　当該信託に適しない事案として、①被後見人の財産が少額であり、信託終了まで信託報酬等の経費を支払うことが困難、②被後見人の財産をめぐり訴訟対応を要する、等がある。

40)　定期交付金は、後見人が管理する被後見人名義の預貯金口座の残高減少に対応するため、信託銀行等から定期的に送金される。

(2) 信託の当事者

　後見制度支援信託の当事者は、①委託者かつ受益者が被後見人、②受託者が信託銀行等である。成年後見制度または未成年後見制度の被後見人が対象となり、被保佐人・被補助人・任意後見制度の本人は対象外である。保佐人・補助人・任意後見人は代理権が制限され、信託契約を締結できないためである。

(3) 具体的内容

ア）当事者の事務内容

区　別	具体的内容
成年後見人の事務	①被後見人が日常生活に必要な金銭、施設に支払う月々の費用・医療費等に関し、管理対象の被後見人の資金が不足する場合、家庭裁判所に理由を説明し、信託財産の一部払戻しの指示書（家事審判規84条）の発行の収受、②家庭裁判所の指示書に基づき、信託銀行等に対し、一時交付金として信託財産の払戻請求、③成年後見人が管理する被後見人名義の預金口座に入金された定期交付金・一時交付金を、被後見人のために使用または自宅・施設に届け出、④信託財産に金銭追加の場合、家庭裁判所に指示書の発行の収受、⑤家庭裁判所に信託財産の内容の報告
信託銀行等の事務	①信託財産の管理運用、②定期交付金または一時交付金の支払い、③信託報酬を法定後見人に請求、④被後見人に対し定期的（年1回以上）に信託財産の残高等に関する報告書を送付、⑤最低受入金額は、信託銀行等により異なり、1円以上、5,000円以上、1,000万円以上と多様

イ）信託財産

項　目	具体的内容
対象物	①被後見人が日常的に使用しない現金および解約した預貯金を指定金銭信託として運用、②信託財産は金銭に限定、③高価品の動産・不動産は対象外
運用・管理	信託財産は約款に基づき、利息等の安定的な収入の確保を目的として、貸付金・国債・社債・株式等で運用。信託財産が証券等で運用されたとしても、信託終了時に金銭に換価して受益者に交付
運用の損失	①信託財産は元本補填契約が付された指定金銭信託に基づき運用・管理、②信託の受益権について損失が生じた場合、信託銀行等は損失を補填、③あらかじめ一定額の利益を得なかった場合、これを補足、④指定金銭信託は預金保険制度の対象であり、予定配当率に基づいて配当がなされ、預金に類似した性格あり

(4) 信託契約の変更・解約と終了

ア）信託契約の変更

区　分	具体的内容
信託契約の変更・解約	被後見人が入院・施設入居により定期交付金では生活が困難である場合等、家庭裁判所から指示書の発行を受けて、定期交付金の増額を含む信託契約の変更または解約が可能

イ）信託契約の終了

区　分	具体的内容
終了事由	①被後見人の死亡、②被後見人の後見開始取消審判の確定、③信託金額が1回分の定期交付金・一時交付金の相当額未満、④信託契約の解約、⑤信託銀行等が受託者を辞任
終了手続	①信託契約が終了した場合、信託銀行等は受益者である被後見人に対し、信託財産を金銭に換価し、特約に基づく信託報酬を控除したうえで払戻しを実施、②被後見人が死亡した場合、通常、残余の信託財産は相続財産に帰属させて、相続人（相続人がいない場合、相続財産管理人）に対して支払い
未成年後見	被後見人が成年になると信託終了。最低信託契約期間が信託銀行等の特約で定められている場合、信託は当然には終了しない。被後見人は家庭裁判所の指示書を添付することなく、定期交付金・一時交付金の交付請求および信託の変更・解約の申出をすることが可能。信託の解約までは最低信託契約期間中は、信託が継続

4　専門職後見人と親族後見人の選任区分

後見制度支援信託の利用において、士業関係者（専門職）の役割は大きい。専門職が選任される方法を、信託契約の締結時を基準にして、次のように分類できる。

（1）並行選任型

並行選任型とは、信託契約の締結時まで専門職後見人と親族後見人が並行選任され、締結時以降は親族後見人だけとなる事案である。①信託契約の締結時まで、専門職後見人の知見・経験、親族後見人が有する情報に基づき協力して行う、②契約締結後、親族後見人が単独で後見事務を行い、専門職後見人は辞任する、③親族後見人は当初から参加することで、引継ぎが円滑になる。

●並行選任型

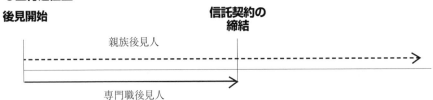

（2）承継選任型

承継選任型とは、信託契約の締結時まで専門職後見人だけが選任され、契約の締結時以降は親族後見人だけが選任される事案である。信託契約の締結がなされると、専門職後見人は辞任する。これは、①専門職後見人の知見により後見制度支援信託の利用を円滑に進める場合、②当初、親族後見人候補者が定まらない場合、③親族

後見人候補者の適格性に慎重な判断が求められる場合、④親族後見人候補者の準備不足の場合、⑤複数の成年後見人の選任が認められない未成年後見人の場合等に有用である。

●承継選任型

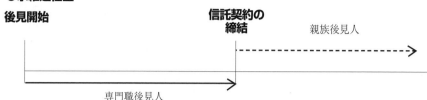

(3) 監督人選任型

　監督人選任型とは、信託契約の締結前後を通じて親族後見人だけが選任され、専門職は締結時までは後見監督人に選任される事案である。専門職後見監督人は、信託契約の内容に同意して締結がなされると辞任する。後見監督人は事後的チェックが基本であるため、例外的な事案といえる。

●監督人選任型

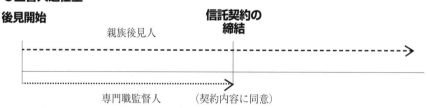

(4) 単独選任型

　単独選任型とは、信託契約の締結前後を通じて専門職後見人だけが選任される事案である。①後見事務を任せることができる親族後見人候補者が存在しない場合、②親族後見人候補者の適格性に問題がある場合等に有用である。

●単独選任型

5 後見制度支援信託の問題点と対処

(1) 問題点の所在

　後見制度支援信託の問題点として、例えば、①被後見人の財産を信託するため、後見人が被後見人の状況に応じて金銭を柔軟に使用できなくなる可能性、②信託できる財産は金銭に限定され、被後見人の財産が有価証券・賃貸借不動産等の金銭以外の資産が多い場合、当該信託を利用できない可能性、③専門職後見人および信託銀行等に多額の報酬を要し、被後見人の経済的負担が大きくなる可能性、等がある。

(2) 問題点の対処

　ア）柔軟な対応　　前記 **(1)** ① に関し、後見制度支援信託は被後見人の財産保護が目的であり、効率性に劣る面がある。後見人が被後見人の日常使用の金銭および信託銀行等からの交付金を被後見人の金銭ニーズに柔軟かつ的確に対応できる体制、家庭裁判所における「交付金払戻しに係る指示書」の迅速な発行を実施する体制等の構築が求められるであろう。

　イ）金銭以外の資産の扱い　　前記 **(1)** ② に関し、信託財産は信託契約時および信託終了時ともに金銭に限定されるため、被後見人が有する現預金が対象となる。被後見人が有する株式・社債・投資信託等の金融商品については、信託のために金融商品をあえて換金すれば、被後見人に不利益となることがある。賃貸借不動産等を多く保有すれば賃料収入がある。被後見人の財産保護の必要性に照らし個別検討を要する。被後見人の財産のうち日常的に使用しない多額の金銭がある場合、後見制度支援信託を利用する意義は大きいといえる。

　ウ）被後見人の経済的負担　　前記 **(1)** ③ に関し、後見制度支援信託の利点として、費用の負担抑制という面がある。信託登記が不要であり、指定金銭信託として運用される。信託銀行等が受け取る信託報酬は運用益から所定割合で生じるため、信託財産の元本が取り崩されない。専門職後見人の報酬は、家庭裁判所が当事者の事情を考慮して決める。信託銀行等の報酬・手数料等に関し、①管理報酬は無料が多い[41]、②定期金交付時の払込料は無料が多い、③解約手数料は無料、指示書による一時交付金が無料、収益金を限度に有料と様々である。

41）　信託銀行等は、管理報酬として、契約時に 15〜20 万円、契約中に毎月 3,000 円程度を徴収することがある。

6 後見制度支援預貯金

(1) 制度の概要

　後見制度支援預貯金は、厚生労働省が「成年後見制度利用促進基本計画」において、後見制度支援信託に並立・代替する新たな方策として提言し、東京家庭裁判所、[42]大阪家庭裁判所等の家庭裁判所で採用されている。[43]

　後見制度支援預貯金契約は、本人の財産のうち、日常的な支払いをするために必要十分な金銭を預貯金等として後見人が管理し、通常使用しない金銭を後見制度支援預貯金口座に預け入れる仕組みをいう。通常の預貯金と異なり、後見人は後見制度支援預貯金契約の手続により、被後見人の預貯金口座から単独で入金（追加入金を含む）、出金（一時金払戻し・定時払戻しを含む）、および解約ができない。後見制度支援預貯金契約は家庭裁判所による指示書発行（家裁指示書方式）、または指示書および成年後見監督人の同意を要するもの（連名手続方式）とする。[44]なお、日常的な支払いをするために後見人が単独で取引できる口座と後見制度支援預貯金口座は分けておくことが一般的である。

(2) 後見制度支援預貯金と後見制度支援信託の差異

　後見制度支援預貯金と後見制度支援信託の差異は、次のようになる。

　第1に、後見制度支援信託では、受託者は事実上信託銀行等に限定されているが、後見制度支援預貯金は原則、信託銀行等以外の金融機関（信用組合・信用金庫等を含む。申込み・払戻しの対象店舗が限定されることがある）でも取扱いが可能である。本人・後見人にとり利便性が高く、地域金融機関にとり後見制度支援信託への預貯金流出の防止となる。第2に、後見制度支援預貯金は金融機関と信託契約ではなく、預貯金契約（普通預金契約が多い）の締結である。一般市民にとり信託契約よりも馴染みがある。第3に、後見制度支援預貯金は後見制度支援信託と異なり、最低受入金額がない。第4に、成年後見人が後見制度支援預貯金の口座から払出請求をする場合、一定の家庭裁判所では、指示書に加え、成年後見監督人の同意を要することがある。

---

42)　平成30年1月から12月までに、後見制度支援預貯金を利用した成年被後見人・未成年被後見人の累計は531人、預入れ財産額は130億3,300万円（平均約2,450万円）、預入れ財産の一部払戻しの指示書を発行した件数は20件である（最高裁判所事務総局家庭局・前掲注34）4頁）。

43)　尾川宏豪『後見預金』（金融財政事情研究会・2018）28頁。

44)　連名手続方式は、東京家庭裁判所で採用されている。当該方式では、成年後見監督人を選任した場合が考えられる。成年後見監督人が金銭の入出金のチェックを行うため、家裁指示書方式よりも後見人の不正等が生じにくい。

●後見預金制度の仕組み

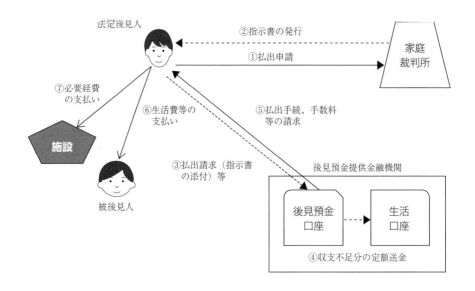

第Ⅵ節　▶被後見人死亡による後見終了の手続

1　家庭裁判所への通知

　被後見人の死亡により、後見は終了する。後見人は、清算業務として、①管理の計算、②相続人に対する財産の引渡し、③後見の終了登記、を行う。

　具体的には、①被後見人の死亡事実を家庭裁判所に報告、②後見監督人が選任されているときは、監督人に同様の報告、③財産管理業務の管理計算・残務整理、④被後見人の相続人等に対する財産引渡しに向けた事務、⑤後見登記のある法務局に対し後見終了の登記申請を行う。これらは、家庭裁判所に次の書類をもって通知する。被後見人の死亡報告書が家庭裁判所に通知されると、被後見人の相続人は情報開示請求ができる。

---

45)　実際の処理では、報酬付与申立ての際の後見事務報告書を終了報告としていることが多いとされる。相続人に対する後見の計算は原則として2ヵ月以内に行う必要があり、簡単な事案を除き、通常は報酬決定前に後見の計算として相続人への報告をせざるをえず、報酬が後日決定されるとの留保付きで後見の計算をして、決定がなされた段階で、再度相続人に通知することになる（新井＝赤沼＝大貫編・前掲注7）152頁〔森徹〕）。

●家庭裁判所への提出書類

提出書類	添付書面	提出時期	留意点
死亡報告書	死亡証明の書面（被後見人が死亡した旨の記載された除籍謄本、または死亡診断書の写し）	被後見人の死亡後、速やかに	死亡報告書には、後見人名、被後見人（本人）が死亡した事実の報告
後見事務報告書	後見事務終了報告書、財産目録、収支状況報告書、死亡証明書面、監督人の立会確認書（監督人選任時）	後見の計算終了後2ヵ月以内	①財産目録は死亡日現在の財産、②収支状況報告書は前回の報告以降死亡日まで
管理計算期間の伸長申立書	なし（財産目録等の作成に係る管理計算に時間を要する場合にのみ）	死亡から2ヵ月以内	管理計算の具体的伸長期間、伸長の理由等を記載
報酬付与の申立書	業務遂行報告書、収支実績報告書、報告時の財産目録、通帳写し、臨時の高額収入・支出証明	管理の計算終了後	被後見人の死亡事実、管理の計算終了、財産承継に関する各事項を明記
後見事務管理終了報告書	財産引継書（相続財産目録）	財産を引き渡し、全事務終了後	財産を引き渡す相手は、その資格が確定していることが必要（民915条）
引渡合意書兼受領書	被後見人の相続人の印鑑証明書（任意）	相続人代表者に財産引渡時	財産を引き渡す相続人代表者の明確化、相続人全員の署名・捺印

2　管理の計算

(1) 財産管理事務

　後見人は、財産管理事務として任務が終了したときは、2ヵ月以内に、「後見の計算」を要する（民870条）。後見の計算により、後見事務の開始から終了に至るまでに後見事務の執行から生じた一切の財産上の変動・現状を明らかにして、全相続人および家庭裁判所に報告する。後見の計算があるまでは、後見人は財産を継続管理する権限を有するであろう。

　具体的には、①財産目録（不動産、預貯金・現金、金融資産（株式・保険等）、債権、負債）、②収支状況報告書を作成する。①は後見人の任務終了時の残余財産額を確定させ、②は後見人の就任時から任務終了時までの全収支と全支出を確定させる[46]。

　後見人は、残余財産額の確定および債務内容の調査等に関し、2ヵ月以内に作業

---

46)　①財産目録の附属書類として、通帳写し、不動産の登記事項証明書、財産の存在を明らかにする書面、②収支状況報告書の付属書類として、受領書、確定申告の控え、通帳写しなど、収支および金額が判明できる資料を、各添付する。

が終了しない場合、家庭裁判所に対し、期間伸長の申立てができる（民870条但書）。施設・病院等への支払債務の算定、推定相続人への連絡などに時間を要することが多いためである。後見の計算に際し、後見監督人が選任されているときは、①その立会い、②後見監督人への報告、③後見監督人による監査および立会確認書の作成が求められる。

(2) 後見事務報告書等の作成

後見人の任務終了に際し、後見事務終了報告書[47]に加え、後見事務報告書を作成して家庭裁判所に提出する。記載内容は、①被後見人の死亡に際し、被後見人の親族等への連絡事務、施設等の対応事務・居室の原状回復の事務、行政機関への届出事務、葬儀・埋葬の関与と事務内容、②管理の計算事務、③推定相続人の調査、④残余財産の承継者の確定事務、である。

相続人等に引き渡す財産を明らかにするために「引継財産目録」を作成する。預金通帳と口座名、年金証書、不動産、各種動産、印鑑等を記載する。

(3) 後見事務管理終了報告書と後見終了の登記

後見人は、相続人、受遺者または相続財産管理人等の正当な権利者に被後見人のすべての財産を引き渡し、全事務が終了した場合、後見事務管理終了報告書を家庭裁判所に提出する[48]。「財産引継書」は、後見事務管理終了報告書に添付する。後見人は、相続人、受遺者または相続財産管理人等の正当な権利者に財産を引き渡す。財産引継書は、相続人等が財産を引き継いだことを証する書面である。具体的品名（通帳、現金、印鑑、自宅鍵など）、金額、数量を記載し、相続人または相続人代表者、立会人の各署名・捺印をする。

被後見人の死亡により、後見人または後見監督人は後見終了の登記申請を行う（後見登記8条1項・7条1項・4条1項）。嘱託登記とはならない。

3　後見人の報酬請求

(1) 報酬付与の審判と支払い

後見人の報酬は家庭裁判所の裁量による[49]。後見人は管理の計算終了後、報酬付与の申立てを家庭裁判所に提出する。報酬付与申立書には、被後見人の死亡の事実、

---

47)　後見事務終了報告書には、「成年後見人の任務は、本人が令和X年X月X日に死亡したことにより、終了したので報告します」旨を記載する。
48)　後見事務管理終了報告書には、「被後見人は、令和X年X月X日に死亡したことにより、後見事務終了書を提出した」、「被後見人の遺産について、全相続人の協議の結果、相続人代表者Xへの遺産の引渡しを完了し、すべての後見事務を完了した」旨を記載する。

管理の計算の終了、財産承継に関する各事項を明記する。

　清算業務に係る報酬額は、後見事務の難易度・労力、事務に要する時間により異なる。被後見人の「資力その他の事情」が考慮されるため、事務の難易度および所要時間が同程度であっても、後見人の報酬額は異なる。後見人への報酬額は極めて少額という事態もありうる。

　後見人は家庭裁判所が定めた報酬を受領する方法として、①相続人または相続財産管理人に請求する、②家庭裁判所の認定を前提として、後見人が管理する現金から受領する、③被後見人名義の預貯金口座から出金する、等が考えられる。他方、後見人が被後見人の死亡後、財産管理事務を行うために支出した交通費および諸費用（後見人による立替費を含む）は、被後見人の財産から支出され、報酬付与の審判対象とはならない。

(2) 死後事務に係る後見人報酬

　清算業務以外に、後見人は被後見人の死後の関連事務を行うことがある（本編**第4章第Ⅳ節**参照）。医師により被後見人の死期が近いと判断された場合、後見人は被後見人の預貯金口座から現金を払い戻して、様々な債務の支払い等を行う。

　また、死後事務に係る後見人報酬は家庭裁判所の審判を経て、相続財産に帰属する債務となる。後見人は相続財産の限度において、相続人に報酬支払請求ができる。しかし、被後見人と相続人が疎遠であり、後見人は相続人から円滑な報酬支払いが困難である場合、当該支払いのため預貯金の払戻しの許可申立てが考えられる（民873条の2第3号）。報酬支払がなく相続人に預貯金が引き継がれると、後見人と被後見人の相続人間に争いが生じ、遅延損害金・紛争処理費用の発生等により相続人の相続財産が目減りする。当該事態を避けるため報酬支払いのための預貯金払戻申立ては、相続財産の保存に必要な行為とみることができる。死後事務に関し事務管理・応急処分義務による対処では、後見人報酬は前提とされていない、または不明確である。報酬について死後事務委任契約を締結しておくことが検討されよう。

49）　家庭裁判所は、被後見人の資力その他の事情によって、被後見人の財産の中から、相当な報酬を後見人に与えることができる（民862条）。
50）　金融機関に死亡届を提出していない場合、後見人は出金が可能である。しかし、後見人は管理権限を失っており、必ずしも適切な事務とはいえないとされる（松川正毅編『成年後見における死後の事務』（日本加除出版・2011）170頁〔馬場雅貴〕）。
51）　全相続人が遠隔地にいて、後見人は全相続人から委任を受け、預貯金口座を解約して報酬支払いを受けることは相当な手間時間を要する。報酬支払いのための預貯金払戻申立ては、相続財産の保存に必要な行為とみることができる。相続人が近隣にいて意思疎通が容易である場合、報酬支払いのための預貯金払戻申立ては困難とされる（日景・前掲注27）70頁）。

4 財産の引渡し

(1) 引渡しまでの課題と財産管理

　後見人は被後見人の死亡により、相続人・受遺者・相続財産管理人等の正当な権利者に財産の引渡義務を負う。後見申立時の親族関係図に基づき親族を把握できるが、それが相続人に該当するとは限らない。後見人は被後見人の相続人が確定するまで、一定の財産管理が求められる。

　被後見人が死亡した場合、成年後見人の代理権は消滅する（民111条1項1号）。しかし、後見人は、次の行為が求められよう。①被後見人の相続人に相続財産を引き継ぐために必要な範囲で事務を行う、②相続財産に不動産があれば、急迫の危害を免れさせる等のため事務管理を行う（民697条・874条・654条）、③相続人が相続財産を管理することができるに至るまで、家庭裁判所の許可を得て相続財産の保存に必要な行為をする（民873条の2）、④相続人に対し遺産分割協議を促す、等である。他方、被後見人の相続人が全く存在しない場合、後見人または他の者が利害関係人として、家庭裁判所に相続財産管理人の選任申立てを行う（民952条1項）。後見人は相続財産管理人の選任まで、相続財産に関し保存に必要な行為をすることになる。

(2) 財産の引渡し

　相続人が複数いる場合、そのうちの特定の者として「相続人代表者」に引き渡すのであれば、他の相続人から同意書を得る必要がある。後見人は引き続き財産管理をする場合には、後見人としての事務を完了させて、改めて財産管理契約を締結することになる。

　被後見人が遺言を作成し、そこに遺言執行者を定めている場合、「遺言執行者」に相続財産を引き渡す。他方、遺言執行者が定められていない場合、遺言に従い受遺者または相続人に相続財産を引き渡す。遺留分の侵害が懸念される場合、後見人は利害関係人として家庭裁判所に遺言執行者の選任申立てを行うことが考えられる（民1010条）。

(3) 後見人による相続放棄

　後見人と被後見人が法定共同相続人の関係にある場合、後見人は被後見人を代理して相続放棄をすることは利益相反行為に該当しないのかが問題となる。最判昭53・2・24民集32-1-98によれば、後見人が被後見人を代理してする相続放棄は、必

52）　対象となった空き家は倒壊等の危険性があり、近隣住民に損害を与えるおそれが急迫している場合、相続財産から修繕費を支出することが可能であろう。

53）　後見人が他の相続人X₁〜X₃の同意なしに相続人X₄に財産を引き渡し、X₄が財産の分割前に費消した場合、後見人の責任（民869条・644条）が問われることになろう。

ずしも常に利益相反行為に該当するものではない。

　例えば、後見人がまず自らの相続放棄をした後、被後見人を代理してその相続放棄をしたときに加え、後見人自らの相続放棄と被後見人を代理してその相続放棄が同時にされたと認められるときは、行為の客観的性質からみて、後見人と被後見人との間において、利益相反行為に該当しないとされる[54]。

(4) 相続人からの引取拒絶

　被後見人の相続人の一部または全員が相続財産の引取りを拒絶することがある。理由として、被後見人と後見人の複雑な確執による関与の拒絶、相続財産である不動産の管理費用の負担等がある。一部の相続人が相続財産の引取りを拒絶した場合、①その同意を得て相続人代表者に引き渡す、②他の相続人から遺産分割調停または遺産分割協議の申立てをしてもらい、審判前の保全処分として遺産管理人の選任を合わせて申し立て、選任された遺産管理人に相続財産を引き渡す（家事200条1項）、等が検討される。

　相続人全員が相続財産の引取りを拒絶した場合、相続人を債権者、後見人を債務者として受領拒絶を事由としての弁済供託（民494条）を行う。家庭裁判所が選任した相続財産管理人が相続財産の管理を引き継ぐ。相続財産が現金・有価証券の場合、預金口座に管理して相続人に送付することも可能である。相続財産が空き家の場合、取り壊して必要に応じて換価する。知れたる相続債権者・受遺者、請求の申出をした相続債権者・受遺者に弁済等を行い、手続を経ても財産が残存すれば最終的に国庫に帰属する。

(5) 相続人の存否不明と相続財産管理人の選任

　相続人全員が相続放棄をしたことなどを含め、相続人のあることが明らかでないときは、利害関係人（後見人を含む）または検察官の請求により、家庭裁判所は相続財産管理人を選任しなければならない（民952条1項）。相続人となる者が行方不明または生死不明の事案は該当しない。相続財産管理人が選任されるまで、後見人は相続財産に属する特定の財産の保存に必要な行為をする。

　他方、相続人の一人が不在者であり、連絡が全く取れないため遺産分割協議をすることができない場合、不在者財産管理人の選任申立てをする（民25条1項）。

---

54) 後見人が被相続人から生前に遺留分を害するような贈与を受けている場合、または後見人が被後見人に多額の債務を負っていた場合、相続放棄という同一行動をとったとしても、後見人と被後見人の関係においては、前者では被後見人の遺留分減殺請求権を失わせ、後者では被後見人の債権を失わせる結果をもたらす、という指摘がある（鍛冶良堅「本件判批」ジュリ臨時増刊693号93頁）。

第 2 章

実家が空き家になる対策

　中小企業オーナーが親族等と長期にわたり別に暮らし、オーナーだけが住む世帯（子にとり実家）は将来「空き家」になる可能性がある。大都市圏においても空き家は多くみられ、空き家の防止策が重要課題となる。

　本章では、①空き家の実態、②空き家に対する公的対策、③実家の管理方法、④実家が放置されない対処として、賃貸方法、テナント入居利用、売却方法と民事信託活用の検討、⑤実家の相続手続、相続放棄、⑥心理的瑕疵がある不動産の扱い、⑦相続財産管理人・不在者財産管理人による空き家（実家）の管理・処分に関し考察する。

●時系列

●実家が空き家になる対策課題

関係当事者	所有者の状況	検討課題
実家の所有者・管理者	高齢者施設入居時～死亡時	空家等対策特措法の特定空家等の認定対処、耐震性のある空き家に係る譲渡所得の特別控除等
実家の所有者、後見人、相続人等	所有者の管理能力の低下・欠如～死亡時	実家の管理方法として、財産管理契約の締結、関係者による管理（親族・任意遺産管理人等による管理）、裁判所が選任した者による管理等
実家の所有者、後見人、相続人等	所有者の健常時～判断能力の低下・喪失～死亡時	実家の賃貸（親族等・他者との賃貸契約等）・実家のテナント入居利用・実家の売却（敷地に抵当権残存、成年後見人による売却等）と民事信託の各活用

相続人、後見人	所有者の死亡	実家の相続手続、実家の相続放棄、心理的瑕疵がある不動産の扱い
相続財産管理人、不在者財産管理人		相続財産管理人・不在者財産管理人の選任と権限、空き家となった実家の対処、選任課題と考慮基準等

第Ⅰ節　▶空き家の実態

1　空き家に関する調査

　総務省統計局 2018 年調査（5 年ごと）によれば、2018 年に空き家は 846 万戸（25 年間で 1.88 倍）であり、総住宅数に占める空き家率は 13.6%と過去最高となった。空き家の内訳は、賃貸用住宅が 431 万戸（50.9%）であり 5 年間で 2 万戸の増加である。その他の住宅（長期不在等）が 347 万戸（41.1%）であり、「その他の住宅」割合は増加を続けている。

　また、国土交通省 2014 年空家実態調査によれば、調査対象の戸建て空き家を取得した経緯は、相続（52.3%）が多く、空き家の所有者は 65 歳以上が 55.6%を占めている。賃貸・売却予定用の空き家が 11.0%であるのに対し、長期不在・物置等となる空き家は 42.0%である。空き家の建築時期は 1950 年以前が 54.1%であり、そのような住宅を相続で取得した割合は 78.7%にのぼる。築年数が古い家ほど相続で承継され、空き家の建築時期に照らし新耐震基準を満たしていないことが多い。人口の5%を占める団塊世代が後期高齢者となれば大量相続時代を迎え、持ち家の空き家化がより深刻となろう。[1]

2　空き家になる要因と課題

　実家が親だけの世帯の場合、実家が空き家になる可能性は高いとされ、空き家の防止策が重要課題となっている。親と別居する子は実家だけが相続財産となる場合、相続放棄を選ぶことが考えられる。実家が空き家になる要因は、次のことが考えられる。①実家に住む親は認知症になり介護施設等に入所しているが、同居する家族がいない、②誰も住むことがなくなった実家は共有名義であり単独で処分ができない、③実家を相続したが、誰も住むことなく放置されている、④維持管理に手間お

---

1)　国土交通省 2014 年空家実態調査によれば、調査対象の戸建て空き家を取得した経緯は、相続（52.3%）、新築した・新築を購入した（23.4%）、中古住宅を購入した（16.8%）の順位となっている。また、今後5 年程度の利用意向では「空き家にしておく」が 31.9%にのぼり、空き家は益々増加していくことになろう。

よび高額の費用を要し、相続人全員が相続放棄した、⑤実家を売却したいが買主が付かず、老朽化した実家を更地にする費用に数百万円を要する、等である。

　空き家の管理がなおざりになると、①防災性の低下（建物の倒壊・崩壊、屋根・外壁の落下・脱落、火災発生のおそれ等）、②防犯・防災機能の低下（犯罪の誘発等）、③衛生の悪化（蝿・ねずみ・野良猫の発生等）、④風景・景観の悪化（汚物の流出、ごみの散乱、雑草の繁茂、樹枝の越境等）、⑤周辺の地域住民からの苦情増加等が懸念されることになる。[2]

第Ⅱ節　▶空き家に対する公的対策

1　空家等対策特措法
(1)　所有者等に対する改善措置①

　空家等対策の推進に関する特別措置法（以下、本文では「空家等対策措置法」、条文では「空家」）に基づき、倒壊等のおそれがある空き家が「特定空家等」に認定されると、市区町村長は所有者等に改善措置を命じることができる。特定空家等とは、「そのまま放置すれば倒壊等著しく保安上危険となるおそれのある状態又は著しく衛生上有害となるおそれのある状態、適切な管理が行われていないことにより著しく景観を損なっている状態その他周辺の生活環境の保全を図るために放置することが不適切である状態にあると認められる空家等[3]」をいう（空家2条2項）。

　改善措置には、助言または指導、勧告、命令、代執行がある。また、略式代執行制度が創設されている。改善措置を命じる場合、対象の空き家等が特定空家等としての要件を充足することが前提となる。空家等対策特措法は地域住民の生活環境の保全等を目的として、行政が空き家等の問題に対処する。[4]所有者等とは空き家等の所有者または管理者である（空家3条）。所有者は、①空き家等の登記記録に記載の所有者、②未登記建物では課税台帳に記載の者である。所有者の相続人間で遺産分

---

2)　国土交通省「『特定空家等に対する措置』に関する適切な実施を図るために必要な指針（ガイドライン）」、「空き家の現状と課題」（2015年5月）。

3)　「空家等」とは、住居その他の使用がなされていないことが常態である建物（附属工作物を含む）及びその敷地である（空家2条1項）。人が居住していない専用店舗および工場等も対象である。所有者が年に数回訪れて外観をみる程度では、管理はされているが使用はされていないため、空家等と判断される（北村喜宣＝米山秀隆＝岡田博史編『空き家対策の実務』（有斐閣・2016）19頁〔北村〕）。人が居住している場合、いわゆる「ごみ屋敷」であっても空家等に該当しない。

4)　空家等対策特措法に加え、各自治体が制定する空き家に関する条例は併存する。しかし、条例が特定空家等に対する助言・指導、勧告、命令、代執行の手順を省略している場合、条例の当該部分は無効となる。

割協議等が未了の場合、全相続人が所有者として扱われる。管理者は賃借人・使用借人・相続財産管理人・成年後見人等である。

(2) 所有者等に対する改善措置②

ア）助言・指導　市区町村長は、特定空家等の所有者等に対し、除却、修繕その他周辺の生活環境の保全を図るために必要な措置をとるように助言または指導をすることができる（空家14条1項）。複数の所有者等が存在する場合には確知できた所有者から順に助言・指導をすること、周辺への影響が比較的軽度なものに対しては助言、重度のものに対しては指導が考えられる。指導による対応次第では速やかに勧告を行う旨を告げる、等がある。[5)]

イ）勧告　市区町村長は助言・指導をしながら特定空家等の状態が改善されないときは、その者に相当の期限を付して必要な措置をとる旨の勧告ができる（空家14条2項）。助言・指導の内容と勧告の内容は同一でなくてもよい。勧告がなされると、固定資産税住宅用地特例の適用除外となる。

ウ）命令　市区町村長は勧告を受けた者が正当な理由なく措置をとらない場合、相当期限を付して措置をとる旨を命令できる（空家14条3項）。[6)]命令（標識等で公示）は通知書の交付、公開の意見聴取等（同条4～8項）を経て実施する。対象者が出頭しない場合、意見聴取の請求等がないものと扱われる。

エ）代執行　市区町村長は、命令対象者が措置を履行しないときは、義務者の行うべき行為をすることができる（空家14条9項）。著しく保安上危険な状態であり、除去せざるをえないものがほとんどである。代執行の実質的要件は、措置を履行しない、履行が十分でない、履行が期限までに完了見込みがないときである。代執行の措置内容は命令・勧告のそれと同じになる。費用は義務者に対し強制徴収が認められ、国税・地方税に次ぐ先取特権を有する。

オ）略式代執行制度　空家等対策特措法14条3項の規定により必要な措置を命じようとする場合において、所有者等の不明により、市区町村長は、過失がなくて、その措置を命ぜられるべき者を確知できないときがある。市区町村長は、相当の期限を定めて措置を行うなどの公告をして、当該者の負担により措置を自ら行い、または委任して行わせることができる（空家14条10項）。

---

5)　複数の所有者等が存在する場合、確知できた所有者から助言・指導をすることが考えられる（北村＝米山＝岡田編・前掲注3）125頁〔米山〕）。空家等の所有者の把握に関し、旭合同法律事務所編『空き家・空き地をめぐる法律問題』（新日本法規・2016）25頁参照。

6)　ガイドラインによれば、助言・指導、勧告、命令の順に改善措置が下される。当該積極的理由付けはなされていない（北村＝米山＝岡田編・前掲注3）41頁〔北村〕）。

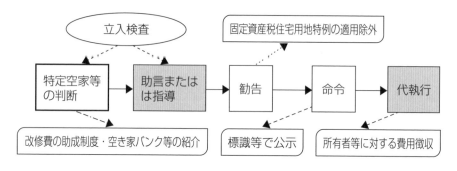

2　固定資産税等の特例措置からの除外

　小規模住宅用地については、固定資産税の課税標準額を6分の1（敷地面積200 m²以下の場合）、都市計画税の課税標準額を3分の1とする特例措置が講じられている。[7] 居住用建物が空き家となっていても対象となるが、空家等対策特措法14条2項の勧告を受けた特定空家等の土地は、適用除外である（地税349条の3の2第1項）。当該土地は住宅用地とは解されず、商業用地の扱いを受ける（地税令17条4号）。

●住宅用地別の特例措置の概要

対象用地	敷地面積	課税標準額の特例措置	
小規模住宅用地	200 m²以下	固定資産税	6分の1
		都市計画税	3分の1
一般住宅用地	200 m²超えの部分	固定資産税	3分の1
		都市計画税	3分の2

3　耐震性のある空き家に係る譲渡所得の特別控除

(1) 3,000万円の特別控除（令和元年7月改正）

　個人が相続・遺贈により取得した被相続人住居用家屋・敷地を、相続日から起算して3年を経過する日の属する年の12月31日までに譲渡をすれば、譲渡所得の金額から最高3,000万円までの控除ができる（措特35条3〜10項）。これは、被相続人の居住用財産（空き家）に係る譲渡所得の特例（以下、「本特例」）であり、「2023年12月31日まで」適用される。

---

7)　一般住宅用地（敷地面積が200 m²超え）は、固定資産税の課税標準額が3分の1、都市計画税では3分の2とする特例措置が講じられる。敷地面積350 m²の土地に住宅が建っている場合、200 m²までが小規模住宅用地、150 m²が一般住宅用地となる。

令和元年7月税制改正により、被相続人が相続の開始の直前に老人ホーム等に入所したため、被相続人の住居の用に供されていなかった住居用家屋等について、一定の要件を満たせば本特例の適用が認められることになった[9]。

(2) 特別控除の計算

　本特例措置の適用がある場合、譲渡所得に係る所得税額は、「譲渡所得=譲渡価額−取得費[10]−譲渡費用−特別控除3,000万円」で計算する。例えば、相続した家屋（1975年10月建築）を200万円で取り壊して、取壊し後の土地を500万円で譲渡した場合、所得税・個人住民税は、（500万円−（500万円×5％）−200万円−3,000万円）×20％=0円となる一方、本特例が適用されないときでは、（500万円−（500万円×5％）−200万円）×20％=55万円となる。対象空き家に耐震性がない場合、耐震リフォームまたは取壊して更地にする必要があり、その費用負担が課題となろう。

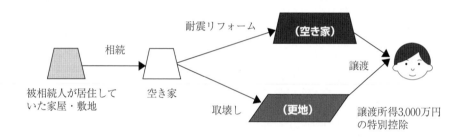

(3) 被相続人が住居していない事案の特例

　被相続人が、要介護・要支援認定（介護保険19条1項・2項、介護保険施規140条の62の4第2号）を受け、かつ、相続開始の直前まで老人ホーム等に入所していたという特定事由がある場合、老人ホーム等に入所直前に被相続人住居の用に供していた家屋は、本特例の適用対象となる[11]（措特令23条7項）。

　家屋およびその敷地を譲渡する場合、対象家屋は1981年5月31日以前の建築（区分所有建物物（マンション等）を除く）であり、①家屋および敷地の譲渡価額が1億円

---

8)　老人ホーム等とは、養護老人ホーム、介護老人保健施設、サービス付き高齢者向け住宅、障がい者支援施設等である（措特令23条6項、措特規18条の2第3項）。

9)　国土交通省住宅局住宅企画官「相続又は遺贈により取得した被相続人住居用家屋及びその敷地等の譲渡に係る所得税及び個人住民税の特例措置の適用に当たっての要件の確認について（令和元年7月1日改正）」1〜5頁。

10)　取得費が不明の場合、譲渡価額の5％で計算する。

11)　老人ホーム等の入居者が、ホーム等の入居前に住居していた家屋等を所有し続け、その後も、老人ホーム等と自宅との間を行き来して生活する場合、特例の適用が認められる。

以下、②譲渡時に当該家屋が現行の耐震基準に適合するものであることである。家屋が耐震性のない場合、耐震リフォームしたものに限定される。

本特例は、家屋および敷地の譲渡の場合、および家屋取壊し後の更地の譲渡の場合において、各時期に応じて、次の要件を満たす必要がある。

●家屋および敷地の譲渡の場合の要件

時期	被相続人の居住用家屋に 住んでいた場合	老人ホーム等に入所していた場合
相続開始前	*A 要件*　①被相続人が相続直前まで家屋に居住していたこと、②相続直前に、被相続人以外に居住者がいなかったこと	*B 要件*　①被相続人が要介護・要支援認定を受けていたことまたはその他これに類する被相続人であること、②被相続人が相続開始の直前まで老人ホーム等に居住し、かつ、老人ホーム等入所直前に家屋に居住していたこと、③老人ホーム等入所直前に、被相続人以外の居住者がいなかったこと、④老人ホーム等入所後、被相続人が家屋を一定使用し、かつ、事業の用、貸付けの用、被相続人以外の居住の用に供されていないこと
相続〜譲渡	事業の用、貸付けの用または居住の用に供されていないこと	同　左

●家屋取壊し後の更地の譲渡の場合の要件

区分	被相続人の居住用家屋に 住んでいた場合	老人ホーム等に入所していた場合
相続開始前	前記 *A 要件*と同じ	前記 *B 要件*と同じ
相続〜取壊し〜譲渡	事業の用、貸付けの用または居住の用に供されていないこと	同　左
取壊し〜譲渡	建物・構築物の敷地の用に供されていないこと	同　左

4　表題部所有者不明土地の対処

表題部所有者とは、所有権の登記（権利部）がない不動産について、登記記録の表題部に記録される所有者をいう。不動産登記簿における表題部所有者欄の氏名・住所が正常に記録されていない登記となっている土地（表題部所有者不明土地）が全国に約50万筆があるとされる（法務省民事局令和元年5月資料）。その結果、戸籍・住民票等による所有者調査の手掛かりがなく、自治体・民間取引において用地取得の

大きな阻害要因となっている。

「表題部所有者不明土地の登記及び管理の適正化に関する法律」（令和元年5月17日成立。以下、「表所」）により、所有者等（現在・過去の所有者、共有者）の探索を行った結果、特定することができなかった表題部所有者不明土地について、次の制度が設けられた。①登記官による探索（表所3〜8条）、②所有者等探索委員による調査（同9〜13条）、③探索の結果を登記簿に反映させるため、表題部所有者の登記を改める不動産登記の特例（同14〜16条）、④所有者を特定できなかった土地に関し、裁判所の選任した管理者による管理および処分（同19〜29条）、である。

5　国・自治体による支援・助成制度

(1) 支援・助成制度

国・自治体による空き家に対する支援・助成制度として、空き家再生等推進事業または空き家管理等基盤強化推進事業等がある。例えば、空き家改修費補助制度、老朽危険家屋の解体補助制度、空き家住宅リフォーム、空き家の耐震診断・耐震改修工事支援制度、空き家所有者情報の外部提供、自治体と民間事業者の協働による空き家バンクである[12]。政策的な取組みとして、自治体のなかには、不要となった空き家の寄附受入れをしているところがある（長崎市老朽危険空き家対策事業、荒川区不燃化特区危険老朽木造住宅除却事業実施要項等）。

(2) 空き家バンク

空き家バンクは、自治体またはその委託を受けた団体が、市民に空き家物件に関する情報をウェブサイト・広報誌等を通じて提供するシステムである。自治体等は契約には関与しない。空き家の所有者はその売主・貸主になることを想定して、空き家バンクに物件を登録する（登録者）。空き家バンクを通じ、対象物件の買主・借主になる。登録者と空き家バンクの利用者は対象物件に関し、直接または不動産取引業団体等を通じ、売買契約・賃貸借契約を締結する。

第Ⅲ節　▶実家の管理方法の選択肢

1　所有者の管理能力欠如の課題

空家等対策特措法により、倒壊等のおそれがある特定空家に認定されると固定資

---

12)　金融機関には空き家解体・リフォームローンの取扱いを開始しているものがある（日本司法書士会連合会編著『Q&A 空き家に関する法律相談』（日本加除出版・2017）79頁。

産税が増額されるが、同法は地域の生活環境保全が目的である。空き家に係る譲渡所得の特別控除の特例では、空き家の売却により譲渡益から 3,000 万円の控除が可能であるが、対象要件のため適用は限定されるであろう。公的対策によらない「高齢者の住居の管理方法」を検討する必要がある。

関係当事者の課題として、高齢・病気等のため所有者がその家屋に住むことができなくなった場合、または相続人が相続した空き家を十分に管理することができない場合、老朽が進むとより多額の修繕費を要する。空家等対策特措法上、空家等の所有者等は適切な管理責任を負い（空家 3 条）、空き家の放置・保存の瑕疵により他人に損害を被らせた場合、占有者は賠償責任を負う（民 717 条 1 項）。所有者自身、認知症等で判断能力が低下すれば、売却等の処分が事実上できなくなる可能性がある。

他方、親族が空き家の管理を行うとしても、遠方のため定期的・継続的な管理が困難、または専門性がないため十分な管理ができない懸念がある。結果的に家屋の老朽化を進めることになりかねない。

2　士業関係者との財産管理委託契約

財産管理委託契約とは、第三者に空き家（実家）の管理を委任契約（民 643 条・656 条）に基づき任せるものである。成年後見制度は判断能力に問題がある者を対象とするが、財産管理委託契約の締結時に委任者はその判断能力に問題がないことを前提とする。財産管理委託契約における受任者は個人または法人のいずれでもよいが、士業関係者が想定される。財産管理委託契約の締結後、委任者の判断能力が低下した場合であっても、契約自体は有効であり、委任の本旨に従い、受任者による空き家（実家）等の財産管理がなされる。

具体的な管理方法・内容は、空き家の所有者（委任者）と受任者との話し合いによる。不動産の管理方法・内容として、例えば、①自宅の警備、清掃・修繕、庭木の剪定、売却・賃貸等、②本人の不動産の賃貸借から生じる債権の回収、③自宅等に存する動産（自転車等）の処分、④他人の不動産に関する購入、借地、借家契約の締結・更新・変更、等がある（本編**第 1 章第 I 節**参照）。

3　住宅管理サービス機関との委託契約

住宅管理サービス機関（住宅維持管理業者、NPO 法人等）を利用して、対象家屋の定期的な管理を依頼する。空き家の所有者が当該機関と管理に係る委託契約を締結するため、本人の意思能力を要する。

サービス内容には、①内部対応として、室内の清掃、簡易修理、換気、排水・臭気止めの通水など、②外部対応として、外部の清掃、除草・庭木の剪定、塗装・外壁のメンテナンス確認、簡易修理、郵便物の整理転送、チラシ処分、水道・ガスの定期的点検の立ち会い等、③関連対応として、警備・施錠確認、近隣情報の収集、報告書の作成等がある。

住宅管理サービスの費用は月額として数百円から数万円まで、管理内容および訪問頻度などにより異なる。[13] 長期にわたり空き家状態が予想される場合、住宅管理サービスの累積費用は多額になることがある。

4　成年後見人による管理

(1) 管理に必要な委託手続

実家の所有者が高齢者入居施設に入り長期不在になり、かつ所有者の判断能力が低下している場合、実家管理に関し成年後見開始の手続が考えられる。成年後見人自身による管理は現実的ではなく、前記 **3** の住宅管理サービス機関等との委託契約を含め必要な手配を行う。対象家屋の管理内容は複雑多岐にわたり、時間・手間を要するため、成年後見人がその一部を行わざるをえないことがある。賃料等の金銭的価値を生み出す場合は別として、当該管理により家庭裁判所に基本報酬に加え、付加報酬を認めてもらう申立てが考えられる。

(2) 不動産の保存行為と改築工事

成年後見人による不動産の管理は、保存行為が基本となり、①現状維持・保全等、②必要費用の支払いがある。例えば、家屋の現状維持・保全内容として、住宅管理サービス機関等と管理に係る委託契約等を締結する。また、固定資産税等の税金、水道光熱費・NHK 受信料・新聞代等の公共料金、町内会費の支払い等を実施する。成年後見人は被後見人の住居用不動産を生活・介護に便利なように、改築を行うことが考えられる。浴室・便所・洗面所の改築等である。

被後見人の生活・財産状況、改築内容・費用に照らし、改築工事の必要性および相当性を検討する。バリアフリー化、ホームエレベーターの設置等の大規模リフォームは、家庭裁判所の許可（民 859 条の 3）を要する。

(3) 成年被後見人の関係者との交渉

例えば、対象家屋に係る固定資産税等が延滞して差押えの登記がなされているこ

---

13)　中山聡『空き家管理ビジネスがわかる本』（同文舘出版・2016）46 頁。

とがある。被後見人が住居を継続する場合、成年後見人は債権者（市役所の固定資産課等）と税金の分割払いなどの弁済方法を交渉することも考えられる。

　また、対象家屋が成年被後見人の兄弟姉妹と共有であり、庭木が隣地および道路に境界を越えて伸び放題となっていることがある。処分といえるくらいの大規模な伐採をする必要がある場合、共有者との過半数の同意を得て対処することになろう（民252条）。伐採に係る費用は、各共有者の持分に応じて管理の費用を支払う（民253条1項）。

(4) 不動産の売却と住所地

　成年被後見人が実家に住む可能性が低い場合、当該居住不動産を売却することが考えられる（売却の判断要素として、本章**第Ⅵ節4**参照）。売却には家庭裁判所の許可を要する。不動産売却は被後見人の身上面に与える影響が大きく、後見人の法律行為の代理権（民859条1項）に一定制限を加える必要があるためである。成年被後見人が高齢者入居施設に入り居住不動産の売却に際し、被後見人に届く郵便物の対処等と「住所地」が問題となる。高齢者入居施設に住所地を移すことが認められることもあるが、拒否されると後見人（士業関係者）の事務所を被後見人の住所地とすることがある。

(5) 成年被後見人の死亡時の対処

　成年被後見人が死亡した場合、後見人の代理権は消滅するが、後見人は次の行為が求められよう。

　①成年被後見人の相続人に相続財産を引き継ぐために必要範囲の事務の実施、②相続財産となった空き家に関し、急迫の危害を免れさせる等のための事務管理（民697条）、③相続人が相続財産を管理することができるに至るまで、当該空き家等の保存に必要な行為に加え、家庭裁判所の許可を得てその他相続財産の保存に必要な行為（民873条の2）、④成年被後見人の相続人が全く存在しない場合、後見人等の利害関係人による相続財産管理人の選任申立ておよび相続財産管理人の選任まで、空き家等の相続財産に関し保存に必要な行為である。

(6) 特定空家等の扱い

　被後見人が所有する自宅はすでに空家等対策特措法上の特定空家等となっており、市長から除却の指導を受けている場合、後見人は当該不動産の解体措置または売却等を検討する。被後見人の不動産の売却等に準ずる行為には、家庭裁判所の許可を要する（民859条の3）。対象不動産の解体費用は成年被後見人の財産からの支出によるが、解体費用の捻出が困難である場合、自治体等による老朽家屋の解体費用の

支援・助成制度が考えられる。解体が困難または助成制度が利用できないのであれば、対象不動産の売却が考えられる。[14]

5　他人による事務管理

　対象家屋が空き家であり、近隣住民に損害を与えるおそれが急迫している場合、事務管理として他人が一定の範囲で対象家屋の管理をすることが可能である（民697条・698条）。管理者は所有者である本人に管理の事実を通知する義務を負うが（民699条）、管理に要した有益な費用（空き家の修繕費等）を本人に請求することができる（民702条）。しかし、空き家の所有者・相続人と連絡が取れない場合、不在者財産管理人の選任申立てがなされることになろう。

●高齢者の住居の管理比較
ア）財産管理契約の締結

区　分	具体的内容	選　任	報　酬	費　用
住宅管理サービス機関と委託契約	委託契約による内部対応、外部対応、関連対応の実施	空き家の所有者が委託者となり、特定機関を選任	委託者と受託者の話し合いにより決定	委託者が費用の実費負担。長期の空き家状態による負担増
財産管理委託契約	委託契約による空き家の管理・処分の実施	空き家の所有者が委託者となり、受任者を選任	委託者と受任者の話し合いにより決定	委託者が費用の実費負担
任意後見人の管理	不動産の維持保全に関し業者と委託契約。被後見人の死後、一定の保存行為	任意後見の委任契約の定め	任意後見の委任契約の定め	任意後見の委任契約の定めによる。解体費用助成制度の利用等の検討

イ）関係者による管理

区　分	具体的内容	選　任	報　酬	費　用
親族の管理	親族の判断または親族と空き家の所有者の交渉で決定	親族の自主的判断、または空き家の所有者の依頼	無報酬、または親族と空き家の所有者の話し合いにより決定	親族または空き家の所有者が費用の実費負担

---

14)　後見人は管理する被後見人の対象家屋が原因で他人に損害を被らせた場合、責任を負うことがある（民717条・191条）。監督義務者としての責任もある（民714条）。修理費用の負担が困難であれば、売却の可能性を探ることになろう（松川正毅編『成年後見における意思の探求と日常の事務』（日本加除出版・2016）99～100頁〔田尻世津子〕）。

他人の事務管理	近隣住民への損害のおそれが急迫の場合、他人により管理	選任の前提なし	無報酬	空き家の所有者に有益な費用の請求可
任意遺産管理人の管理	空き家の所有者死亡後、全相続人の合意で管理の範囲を決定	相続人全員の合意により、中立的立場の第三者・相続人から選任	相続人全員の合意により中立的立場の第三者には報酬決定	相続人全員が費用の実費負担

ウ）裁判所が選任した者による管理

区　分	具体的内容	選　任	報　酬	費　用
法定後見人の管理	任意後見人の管理と同内容	家庭裁判所が選任	家庭裁判所が報酬額を決定	家庭裁判所が費用額を決定
一時的遺産管理人の管理	遺産の保存・管理行為。権限外行為は家庭裁判所の許可	紛争等により相続人が管理できない場合、家庭裁判所が選任	家庭裁判所が報酬額を決定	家庭裁判所が費用額を決定
相続財産管理人の管理	相続財産の保存・管理行為。権限外行為は家庭裁判所の許可	全相続人の不存在等の場合、利害関係人・検察官の申立てにより、家庭裁判所が選任	家庭裁判所が報酬額を決定	家庭裁判所が費用額を決定
不在者財産管理人の管理	不在者財産の保存管理行為。権限外行為は家庭裁判所の許可	不在者の生死不明時、利害関係人等の申立てから家庭裁判所が選任	家庭裁判所が報酬額を決定	家庭裁判所が費用額を決定

第Ⅳ節　▶実家の賃貸方法

1　前提となる事実

　Aには子X₁・X₂がいるが、A名義の土地・建物（実家）に一人で住んでいる。仮にAが認知症等に罹患して介護施設に入所または死亡すると、実家は空き家になる可能性が高い。実家は交通便利な場所にあり、長期の居住は可能である。実家を空き家として放置すれば老朽化が進むため賃貸を検討している。Aが亡くなり、遺言書等がない場合、X₁・X₂間で実家を含む遺産分割争いが生じるかもしれない。決着がつくまで実家の処分はできず、当該管理が問題となる。

2　実家の賃貸契約

(1)　親族等との使用賃貸契約

　実家の管理を兼ねて、親族等に無償で貸す（民593条）ことが考えられる。借主は借用物の通常の必要費を負担するため（民594条1項）、貸主Aの経済的負担は軽減される。使用貸借契約は、借主の用法違反による契約解除（同条3項）、契約期限または使用目的の終了等・借主の死亡（民597条）により終了する。

　賃貸借契約と異なり、使用貸借契約の解約は貸主の意思が優先され、当該契約は相続の対象とならない。また、固定資産税相当分の賃料で家屋を貸した場合、使用貸借とされることがある。課題として、例えば、①借主による用法違反となる範囲、②使用目的の未定、③貸主からの突然の解約申入れに対し、借主が困惑することがあり、トラブルとなる可能性がある。また、借主となる者は親族等であることが多く、適任となる者がいるか、等がある。

(2)　他者との普通建物賃貸借契約のリスク

　普通建物賃貸借契約は、当事者の合意により契約内容が定まるが、民法および借地借家法で借主の権利が保護される。貸主が返還を希望する時に実家が返還されない可能性（借地借家28条）、造作物の買取請求（同33条）、賃貸物の修繕負担（民606条）・賃借人による費用の償還請求（民608条）、退却後の修繕費負担、原状回復の困難性等のリスクが伴う。

(3)　定期建物賃貸借契約の意義

　定期建物賃貸借契約は、契約で定めた期間の満了により更新されることなく、賃貸借契約が終了する契約である。立退料を支払うことなく、建物の明け渡しが可能となる。再契約保証型の定期建物賃借として家賃相場より低い賃料設定とする。借主は賃料および賃借継続のメリットを享受できる。[15] 定期建物賃貸借契約では、①公正証書による等書面によって契約（借地借家38条1項）、②契約期間の定め（同項前段）、③賃借人による書面による説明義務（同条2項）、が必要となる。賃貸人から定期建物賃貸借契約を終了させるためには、期間満了の1年前から6ヵ月前までの間に賃借人に通知を要する（同条4項）。造作物の買取請求、賃貸物の修繕負担・賃借人による費用の償還請求、退却後の修繕費負担、原状回復の困難性などのリスクは普通建物賃貸借契約と同じである。

---

15)　定期借家研究会編『今こそ使おう「定期」借家契約』（中央経済社・2019）23頁参照。

(4) 敷地の公道との無接道

　建物の敷地は接道義務に基づき、原則として幅員4m以上の道路に2m以上が接することを要する（接道義務。建築基準42条・43条）。実家の敷地が公道に対し、建築基準法上の接道要件を満たしていない場合、対象不動産の売却は困難である。隣地所有者に売却ができないのであれば、なおさらである。当該事案では、実家を売却することよりも貸すことが向いているであろう。

3　民事信託による実家の賃貸

(1) 信託活用の意義

　空き家となった実家を民事信託（**第1編第3章**参照）により活用し、管理・処分（賃貸・売却等）を委ねることが考えられる。受託者に対し無条件の処分権限付与に懸念がある場合、「他の信頼できる第三者の許可を得る必要がある」とする旨を信託契約に規定する。手続が複雑になり、機動的処分が困難になるが、委託者保護に資する。

(2) 具体的な信託活用

　前記**1**事案の信託活用を検討する。Aを委託者兼第1次受益者、X₁を受託者、X₁・X₂を第2次受益者、X₁の子X₃を第3次受益者とする信託契約を締結する。信託契約の発動条件を、例えば、「Aが認知症等に罹患して社会福祉法人等の介護施設に入所した場合」とする。信託契約には、実家の賃貸に加え、売却が必要であればその旨を規定する。受益権は実家をYに賃貸（売却）して、Yからの賃料（または売却代金）であり、X₁によるAに対する長年の世話または介護費用を勘案し、第2次受益者X₁・X₂の受領割合として、X₁は5分の3、X₂は5分の2等とする。

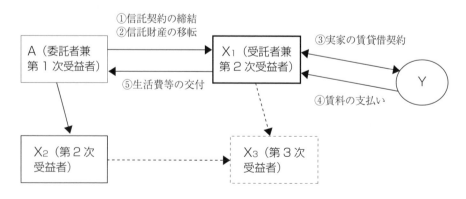

(3) 信託活用のメリット

　例えば、X_1 は A 名義の敷地内に自宅を建てて居住している場合、A 名義の土地を売却することは困難である。仮に売却できたとしても X_1 が当該土地に住むには購入者と借地契約等の締結が必要であり、条件交渉で揉めるかもしれない[16]。そのため、信託を活用して実家を他者に賃貸することは有益である。

　A の死亡後、信託契約により A 名義の不動産を長期的に有効活用（賃貸・売却）ができ、受益権に基づく金銭配当が可能である。賃借人 Y に対しては、定期建物賃借契約とすることが考えられる。

(4) 信託活用の留意点

　当該信託の留意点として、次のことが考えられる。X_1〜X_3 が第 1 次、第 2 次、第 3 次の各受益者として受益権を連続して取得し、X_3 に受益権が収れんするスキームは受益者連続信託として有効である。しかし、A の推定相続人に遺留分を配慮すべきであり、具体的な経済的利益のバランスが求められよう。遺留分侵害がある場合、信託財産の返還ではなく、遺留分侵害額の請求権行使が可能である。民事信託の利用に付随する留意点として、①信託設定・終了等の課税対応、②信託登記の内容、③信託契約の記載事項の確認（信託目的・受益債権の内容）、④任意後見人制度との併用検討、⑤信託監督人の選任、⑥受託者を一般社団法人とした場合、具体的運営の明確化、等がある。

第Ⅴ節　▶実家のテナント入居利用

1　前提となる事実

　X_1 の実家は親 A 名義の貸店舗兼住居用ビル P であり、A が一人で住んでいる。P ビルは築年数が古く、耐震改築工事の検討を要する。入居のテナントからは店舗フロアの改築希望が多く、現状ではテナントが出ていく可能性がある。A は高齢であり耐震を含む改築工事費用の円滑な融資および返済が不安であるが、X_1 は自身が債務者となり融資を受けることには躊躇している。

---

16)　杉谷範子『実家信託』（日本法令・2016）145 頁参照。

2 実家の建替えによるテナント入居信託

(1) 民事信託の活用検討

　本節前記 **1** 事案の信託活用を検討する。A を委託者兼第 1 次受益者、貸店舗の不動産管理会社 B 社を受託者、X₁ を B 社の代表取締役兼第 2 次受益者、X₁ の子 X₂ を第 3 次受益者、信託財産を P ビルおよび Q 銀行からの融資金とする。Q 銀行との間で、受益者 A を債務者、B 社を担保設定者として、金銭消費貸借契約・抵当権設定契約を締結する。

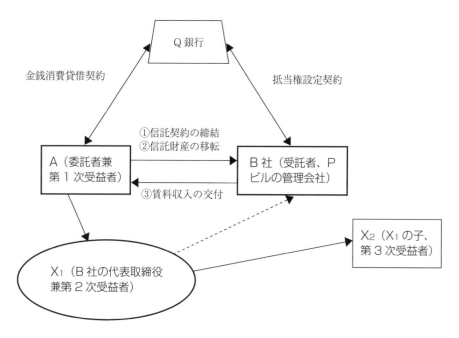

(2) 信託活用のメリット

　P ビルを管理する B 社が受託者となり、A に融資をする Q 銀行との間で、信託財産を担保として抵当権設定契約を締結する。B 社の代表取締役に X₁ が就任することで、Q 銀行との交渉および信頼関係を円滑にする。

　A の判断能力が低下する前に信託契約を締結することにより、P ビルの改築等および長期的活用が可能となり、テナントの継続利用が見込まれる。X₁ は A の死亡後、対 Q 銀行の債務を負うが、第 2 次受益者として P ビルからの賃料収入を得て、それをもって Q 銀行への借入金返済ができる。

(3) 信託活用の留意点

　本事案における信託活用の留意点として、次のことが考えられる。第1に、第1次受益者Aを対Q銀行の融資に係る債務者としている。受益権がX₁に承継されると当該債務も承継される。Pビルからの賃料収入額を長期にわたり検証する必要がある。第2に、A名義のPビルを信託財産として受託者B社に移転するため、信託契約に関するQ銀行の理解を要する。第3に、信託財産Pビルを担保にQ銀行から融資を受ける際に、Aが債務者であるため、Aの判断能力が適正なうちに迅速に複雑な手続を要する。

第Ⅵ節　▶実家の売却方法

1　前提となる事実

　両親A・Bは実家（A名義）で子X₁と別に暮らしているが、父Aは高齢かつ病気のため、社会福祉法人の介護施設に入所することになった。X₁は母Bを自宅に引き取り、Aの判断能力が低下する前に、実家を売却してAの介護費・医療費、およびBの生活費に充てたいと考えている。なお、実家の土地を調べると古い抵当権が残っており、隣地との境界が不明確である。

2　敷地等に抵当権が残っている場合
(1) 被担保債権の消滅確認

　ア）登記手続　　実家の売却に際し、敷地・建物に古い抵当権（民369条）が残っている場合、被担保債権が消滅していることを確認したうえで、抵当権抹消登記手続を要する。登記手続は、原則として登記権者である抵当不動産の所有者と登記義務者である抵当権者が共同して申請する（不登60条）。

　イ）抵当権者の探索　　抵当権者が個人の場合、抵当権者またはその相続人を探すには、戸籍情報、住民情報等の調査、住所地の現地調査、近隣での聞き込み等を実施する。抵当権者が法人の場合、現在の登記情報・閉鎖登記簿等の調査、登記された役員の住民票情報等の調査を実施する。

　被担保債権が消滅していながら、抵当権抹消登記手続の協力が得られない場合、訴訟を提起する。

(2) 抵当権者の所在不明

　抵当権者の所在不明であり、抵当権者と共同して抵当権抹消登記の申請ができな

い場合、次のいずれかにより登記権者が単独で抹消登記手続を行う。[17]

第1に、公示催告後に除権決定を得て、除権決定があったことを証する情報を提供する（不登70条1項2項、不登令7条1項6号（別表26ロ））。

第2に、抵当権の被担保債権消滅を証する情報として、政令で定めるものを提供する（不登70条3項前段、不登令7条1項6号（別表26ハ））。

第3に、被担保債権の弁済期から20年が経過し、かつ、期間経過後、被担保債権、利息および債務不履行による損害全額に相当の金銭供託を証する情報を提供する（不登70条3項後段、不登令7条1項6号（別表26ニ））。

第4に、公示送達の方法または不在者等の財産管理人の選任する方法等により、訴訟を提起して、勝訴の確定判決を提供する（不登63条1項、不登令7条1項5号ロ(1)）。

3　隣地との境界の確認

実家を売却するに際し、その土地と隣地との境界が不明確であることがある。境界には、公法上の境界（筆界）と私法上の境界（所有権界）がある。

公法上の境界は、登記制度に反映されている地番と地番の境であり、国が定めることから隣地当事者の合意により変更ができない。当該境界に争いがある場合、境界確定訴訟（筆界確定訴訟）を提起して、公法上の境界を裁判所が確定する。当事者の立証責任はなく、当事者の合意による和解はできない。境界確定判決により登記変更は可能であるが、公法上の境界が確定しても直ちに私法上の境界を確定することにはならない。

私法上の境界は、隣地同士の所有権の境目を意味し、隣地当事者間の合意で定めることができる。隣地との私法上の境界を明確にするため、協議により境界確定測量を行う。協議ができないまたは合意に至らない場合、筆界特定制度により筆界の明確化のため筆界特定登記官に申請をする（不登123条）。当該制度は筆界調査委員が調査を行い、意見書を提出する。筆界特定登記官は筆界調査委員の調査を斟酌して筆界特定書を作成する（同143条）。隣地同士で土地所有権の範囲確認のため、土地の所有権確認訴訟を提起する。[18]

---

17)　日本司法書士会連合会編著・前掲注12）87頁。
18)　公法上の境界を確定し、土地の所有権を確認するため、境界確定の訴えおよび土地の所有権確認訴訟を併合提起することがある（旭合同法律事務所編・前掲注5）55頁）。

4 成年後見人による売却

　成年被後見人に現預金等の流動資産が少なく、実家の修繕管理費を勘案すると、介護費・医療費の捻出に影響が大きいと判断されることがある。当該状況では、実家を所有維持する利益と売却換価する利益を比較検討することになる。成年後見人が対象家屋を売却する場合、家庭裁判所の許可を要する（民859条の3）。被後見人の意思尊重、身上配慮義務の観点からである。成年後見人は売却の判断において善管注意義務を尽くすことが求められる（民859条・644条）。

　成年後見人による対象家屋の売却は、次の要素が慎重に検討される。①被後見人の従前の意向、②被後見人の生活・身上監護の状況、③財産状況に照らした処分の必要性、④被後見人の症状の回復見込み、⑤対象家屋の処分価格・時期等の相当性・合理性、⑥推定相続人の処分に対する態度、等である。

　後見人は被後見人の財産管理・保護を使命とするため、被後見人の親族と意見対立する事案もある。[19]例えば、被後見人が所有する賃貸用不動産Pビルからの家賃収入が十分でも、後見人は「不動産価格の下落が予想される」旨の理由からPビルを売却するかもしれない。裁判所は財産価値が目減りしなければ否定をしないであろう。他方、後見人がPビルの耐震工事等の大規模修繕の多額借入れに関し、裁判所は否定的であれば、更地にして売却することがあろう。

5 実家の信託による売却

(1) 民事信託の活用検討

　本節前記**1**の事案における信託活用を検討する。Aの判断能力が低下する前に、Aを委託者兼第1次受益者、Bを第2次受益者、X₁を受託者兼第3次受益者、信託財産を実家とする。実家が空き家となり、Aの医療費・生活費等の必要が生じた場合、X₁は受託者として実家をYに売却する。信託契約書には、その旨を信託目的として記載する。X₁に対し無条件の売却権限付与に懸念がある場合、「他の信頼できる第三者X₂の許可を得る必要がある」とする旨を信託契約に規定する。これを登記すれば、不動産を売却する際に、X₂の許可書（印鑑登録証明書付き）が登記手続に必要となる（不登令7条5号ハ）。

---

19)　経済的に逼迫している状況になく時間的に余裕があれば、より高い価格で購入してくれる買主が現れるのを待つべきである。しかし、時間的に余裕がない場合、複数の業者の入札による売却等が考えられる（松川編・前掲注14）103頁〔田尻〕）。杉谷範子『認知症の親の介護に困らない「家族信託」の本』（大和出版・2018）49頁参照。

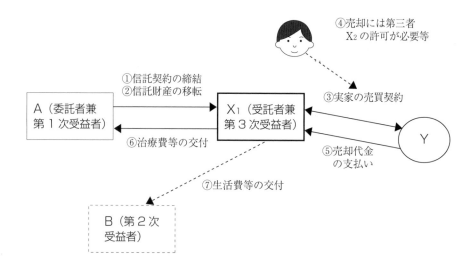

（2）信託活用のメリット

　本件では実家をB名義にせず信託財産として、Aを第1次受益者、Bを第2次受益者とすることで多額となる贈与税を回避できる。Xは親の状況により、実家を売却して空き家化の回避および医療費・生活費の捻出ができる。また、受益者連続信託（信託91条）とすることにより、①Aの判断能力の喪失時に対処が可能であり、②仮に実家がAおよびBの共有名義となっていた場合にはなおさらであり、資産凍結リスクを回避できる、等がある。

（3）信託活用の留意点

　本事案における信託活用の留意点として、①実家に住宅ローン残高がある場合、銀行の抵当権により、信託契約締結で実家が名義変更になると期限の利益が喪失する可能性があり、銀行の理解が必要、②受託者が全受益者になる場合、信託法163条2号の信託終了事由に該当しない方策が求められる。

6　債務弁済のための売却

（1）前提となる事実

　X₁の父Aは旧知のYに多額の負債があり、毎月返済をしている。Aの死後、全相続人が相続放棄をすれば、A名義の実家は財産管理人により売却が可能である。しかし、Yが対Aの貸付金を回収するまでに長期間を要するかもしれず、その間に不動産価値が下落する可能性がある。Aの相続人は相続放棄をしても実家の一定管

理が求められ（民940条1項）、Yには迷惑をかけたくない。

（2）実家を信託により相続放棄回避の一助

　前記 **6（1）** の事案における当該事案の信託活用を検討する。Aが高齢・病気等により判断能力が低下する前に、Aを委託者兼第1次受益者、B（Aの配偶者）を第2次受益者、X₁を受託者、X₁およびX₂（X₁の子）を第3次受益者、実家および預貯金等のAの資産を信託財産とする。Aの判断能力の喪失時または死亡時に、X₁は必要に応じ実家を売却できるとする。Yの抵当権が設定されている場合、Yの抵当権抹消を条件として実家を売却する。代金の一部を優先して、または全額をYに弁済する。

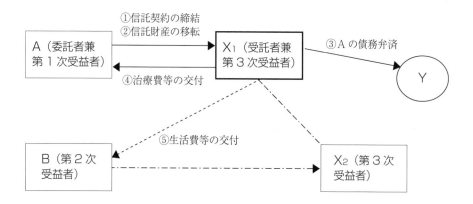

（3）信託活用のメリット

　X₁は受託者として信託財産からYに弁済を続ける。実家を売却した場合、一括してYに債務を弁済することにより、相続放棄を回避できる途がある。YはAに対する貸付金の全額を回収できなくても、Aの遺族から相続放棄されるよりは円滑に貸付金の回収が可能となろう。

（4）信託活用の留意点

　本事案における信託活用の留意点として、①Yによる抵当権の抹消およびA名義の実家を信託財産とすることに対するYの理解および協力、②実家の信託登記をはじめ、信託設定に係る諸費用の当事者負担、等が考えられる。

第Ⅶ節　▶実家の相続手続

1　相続手続放置の課題

　相続人が複数人存在すると遺産は共有状態となり、対象となった実家を処分する場合、相続手続（本編**第4章第Ⅸ節・第Ⅹ節**参照）が前提となる。しかし、相続手続を放置していると、次の課題が生じる可能性がある。

　第1に、空き家となった実家の老朽化進行である。その結果、①希望価格で売却できない、②買手が付かない、③空家等対策特措法上の特定空家等に認定される、等の事態になる。第2に、他の相続人の状況変化である。①遺産分割協議に非協力的になる、②高齢となり認知症等に罹患して遺産分割の判断ができず、成年後見制度および遺産分割調停の手続を要する、③所在不明となる、等の事態になる。第3に、税務徴収への影響である。固定資産税の徴収事務・滞納整理事務に多大の影響を及ぼす事態になる。[20]

2　協議未了における共有物の対処

（1）遺産共有

　空き家となった実家の所有者に相続が発生しながら、遺産分割協議が未了であれば、対象財産は相続人による遺産共有（民898条）となる。共有物となった実家の保存行為、管理行為、変更は、次の手続に従う。

　第1に、保存行為は、各共有者が単独で行うことができる（民252条但書）。保存行為として、修繕、雑草木伐採、塀の補修、耐震工事、固定資産税の納付、不法占有者に対する妨害排除請求等がある。第2に、管理行為は、各共有者の持分の価格に従い、その過半数で決する（同条本文）。管理行為として、占有使用者の選定、賃貸借契約・使用貸借契約の解除等がある。第3に、変更は、他の共有者全員の同意を要する（民251条）。変更として、売却、建物の解体、建物の増改築・大規模修繕、賃貸借契約の締結、担保権の設定等がある。

（2）共有持分の相続に対する遺留分侵害額請求

　従来、遺留分減殺請求がなされると、遺留分権利者は特定財産を任意に選択して

---

[20]　実家の所有者に相続が発生しながら、遺産分割協議が未了であれば、対象不動産に係る固定資産税は共有者が連帯して納付する義務がある（地税10条の2第1項）。相続手続の放置は課税当局が空き家の所有者である納税義務者の死亡、相続人の把握遅滞になる可能性があり、徴収事務・滞納整理事務に影響を及ぼす。

目的物とすることはできないため共有状態となった。[21]法的性質は物権共有とされる（最判昭50・11・7民集29-10-1525）。通常の共有と遺留分減殺請求の請求による共有が混ざった事案において、最高裁は「遺言者の財産全部についての包括遺贈に対して遺留分権利者が減殺請求権を行使した場合に遺留分権利者に帰属する者は、遺産分割の対象となる相続財産としての性質を有しない」と判示した（最判平8・1・26民集50-1-132）。

　しかし、遺留分減殺請求権の行使により共有関係が生ずることを回避するために、2018年改正相続法に基づき（本編**第4章第IX節**参照）、遺留分に関する権利行使により生ずる権利は金銭債権化された（改正民1046条1項）。

3　相続財産としての実家の扱い

(1) 遺産分割の方法

　相続財産としての実家をどのように遺産分割するのかについて、①現物分割、②換価分割、③代償分割の各方法が考えられる。

●実家の遺産分割方法

区　分	方　法	意　義	課　題
現物分割	例えば、相続人X₁は空き家となった実家を取得し、X₂は相続財産のうち現預金・有価証券を取得	複数の相続人が各相続財産の帰属に合意。複数かつ均衡な相続財産がある場合、合意が比較的容易	現物分割は、個々の相続財産の性質変更なく分割。各相続人が実家を相続する意思がなく、現預金・有価証券等の相続を望む場合、合意に時間が必要
換価分割	例えば、親が死亡後、相続人が誰も実家に居住する意思がない場合、共有物となった実家を第三者に売却して、売買代金を分配	各相続財産を処分により金銭換価して、それを相続人間で分配する。相続人間で衡平の維持が比較的容易	①実家に買手が付かない場合、空き家として放置の可能性、②売却までの管理維持の負担、③全相続人による実家の売却自体および売却価格の合意が必要
代償分割	例えば、相続人X₁が空き家である実家を取得することに合意。その経済的価値に照らして法定相続分を超えている場合、超過分の財産を他の相続人X₂に金銭等による支払い	特定の相続人が相続財産を単独で取得して、他の相続人に金銭等を支払うため、相続財産となった不動産の散逸等の防止可能	現物分割が困難な場合に行われる。他の相続人に支払う金銭・現物（株式、他の不動産等）に関し、その確保および超過分の評価をどのように行うかで争いの可能性

---

21)　三平聡史『共有不動産の紛争解決の実務』（民事法研究会・2017）280〜281頁。

(2) 実家の売却

　各相続人が実家を相続する意思がない場合、換価分割が相続人間で衡平が維持されやすいが、実家の売却に係る課題は少なくない。第三者に実家を売却する場合、その評価は時価（実勢価格）による。相続人間で当該評価に争いがある場合、国土交通省の土地総合情報システム、民間の住宅不動産サイト、不動産業者による複数の査定[22]、不動産鑑定士の鑑定評価、対象地域の人口推移[23]、などを参考として、売却価格の合意を得ることが求められる（耐震性のある空き家に係る譲渡所得の特別控除に関し、本章**第Ⅱ節3**参照）。

(3) 実家の更地化

　実家を更地にする手続として、①他の共有者全員の同意（民251条）、②解体費用の負担の確認、③建物に古い抵当権（民369条）が残っている場合、被担保債権が消滅したうえで抵当権抹消登記手続を行う、④解体後の建物滅失登記手続（不登57条）を行う、⑤古家を解体・更地化にすると、固定資産税の納税額が3〜4倍になる可能性がある等の留意点がある。

　更地にした際の活用として、売却、借地、駐車場経営等が考えられる。第1に、売却では売却価格の設定の同意、売却までの固定資産税の負担等が課題となる。第2に、借地活用には借地借家法の適用があり[24]、地上権を設定したときは登記協力義務が生じる。借地権の存続期間が重要な意味を有するため、定期借地契約の締結（一般定期借地権・事業用定期借地権・建物譲渡特約付借地権）[25]が多い。第3に、駐車場経営では、借地借家法の適用はないが、駐車場法等の適用を受ける。初期費用に加え、駐車場の運営会社の業務委託をする場合、委託手数料等の費用が生じる。

---

22)　不動産業者の査定方法には、不動産の用途に応じて、①取引事例比較法、②原価法、③収益還元法、④開発法がある。

23)　対象地域の人口が減少傾向にある場合、不動産に対する需要は低いとされ、売却価格を低く設定することが考えられる（服部真和監修『実家の空き家をめぐる法律問題と対策実践マニュアル』（三修社・2017）41頁）。

24)　借地権の特例として、借地権の存続期間（借地借家3条）、借地権の更新後の期間（同4条）、借地契約の更新請求権（同5条）、建物滅失後の再築による借地権の期間延長（同7条）、借地契約の更新後の建物滅失による解約（同8条）、借地権の対抗力（同9条）、借地権者または第三者の建物買取請求権（同13条・14条）、土地の賃貸権の譲渡・転貸の許可（同19条）、定期借地契約の締結（同22条）、事業用定期借地権（同23条）、建物譲渡特約付借地権（同24条）、がある。

25)　存続期間を50年以上として借地権を設定する場合、契約の更新（更新の請求および土地の使用の継続によるものを含む）および建物の築造による存続期間の延長がなく、建物の買取請求をしないことを定めることができる（借地借家22条）。

4 借地上の空き家の相続

(1) 空き家の売却・贈与

　相続した借地権付きの建物が空き家になっている場合、対象建物を売却または贈与等により譲渡することが考えられる。本件では、借地権に譲渡特約がなければ、①地主の承諾を前提とする譲渡、または、②地主の承諾を得ることができない場合には裁判所の許可申立てを経て譲渡する。なお、建物の相続人は、地主の承諾を得ることなく、対象建物を所有者として賃貸することができる。

(2) 借地契約の解除

　対象建物の売却または贈与等ができない場合、次の方法が考えられる²⁶⁾。

　第1に、対象建物の解体による土地の返還である。借地契約を地主と合意解除するとともに、建物を解体して借地を地主に返還する。合意解除の場合、対象建物の買取請求権は原則として、認められない²⁷⁾。

　第2に、対象建物の買取請求である。借地権の存続期間の満了とともに²⁸⁾、借地権設定者に対象建物を時価で買取請求する（借地借家13条1項）。第3に、対象建物の維持管理である。対象建物の処分が直ちに困難である場合、空き家を適切に維持管理して、空家等対策特措法上の特定空家等に認定されないようにする。

(3) 借地上の空き家と地主の対処

　借地上の空き家の所有者またはその相続人と連絡が付かない場合、空き家の放置により特定空家等に認定される可能性がある。借地上の建物は借地人の所有であり、地主は対象空き家の補修および除去を任意にはできない。特定空家等に対し市区町村長は立入調査、助言・指導、勧告・命令ができる。特定空家等の所有者である借地人、敷地の所有者の両方に立入調査の通知がなされ、かつ、助言・指導がなされる。

　また、借地人は特定空家等に関し、除去・修繕・立木竹の伐採その周辺の生活環境の保全を図るために必要な措置をとるように助言・指導、勧告を受ける可能性がある（空家14条。本章**第Ⅰ節1**参照）。地主は対象空き家の課題に係る対処として、建物収去土地明渡請求、不在者財産管理人との交渉による賃貸借契約の解除、等が考

---

26)　日本司法書士会連合会編著・前掲注12) 183頁。

27)　借地権の存続期間が満了した場合、契約の更新がないときは、借地権者は、借地権設定者に対し、建物その他借地権者が権原により土地に附属させた物を時価で買い取るべきことを請求できる（借地借家13条1項）。

28)　借地権の存続期間は原則30年（契約でより長期の設定可）である（借地借家3条）。借地契約を更新する場合、原則として、その期間は更新の日から10年である（同4条）。

えられる。

第Ⅷ節　▶実家の相続放棄

1　相続放棄者による実家の管理義務

　親が死亡後、空き家となった実家に関し、その処分・利用の計画的な検討機会が
ないと放置される可能性が高い。対象家屋の継続的な管理維持費の負担が求められ
るため、相続財産の中にみるべき資産がない場合、相続放棄となる事例は増加して
いる（本章**第Ⅰ節2**参照）。相続の放棄をしようとする者は、その旨を家庭裁判所で
自己のために相続の開始があったことを知った時から3ヵ月以内（熟慮期間の一定伸
長可）に申述をしなければならない（民938条・915条1項）。

　相続放棄をした者が被相続人の財産を管理している場合、他の相続人等に相続財
産の管理を引き継がせるまでは、相続放棄をした者は、自己の財産におけるのと同
一の注意をもって、相続財産の管理を継続することが求められる（民940条1項）。空
き家の放置または保存の瑕疵により他人に損害を被らせた場合、占有者は賠償責任
を負う（民717条1項）。相続人が全く存在していないため（相続人全員による相続放
棄を含む）、相続財産の管理を引き継ぐことができない場合、相続財産管理人の選任
申立て（民952条1項）が考えられる（本章**第Ⅹ節**参照）。

　相続財産となった実家が、空家等対策特措法上の特定空家等に認定されると、市
区町村長はその所有者等に対し、改善措置の助言または指導をすることができる
（空家14条1項）。しかし、相続放棄をした者は、その対象外となる。

2　実家の所有権放棄の可否

　相続した実家の管理維持費用が負担になりながら、老朽化して資産価値および利
用の意図がない場合、実家である不動産の放棄が考えられる。所有者のない不動産
は国庫帰属するが（民239条2項）、不動産の放棄に関する規定はない。

　「相続土地に固定資産税が課されるため、所有権を放棄したい」という問い合わせ
に関し、昭57年5月11日付民三第3292号民事局第三課長回答は、「土地の所有権
を放棄する者が単独でその登記を申請することはできない」と述べている[29]。根拠と
して、「土地の所有権の放棄を、それによって所有権を国庫に帰属せしめる行為であ

---

29)　本件では、土地放棄の登記申請に際し、登記官が放棄した場合の権利者は国になるから、国の委任
状添付が求められた。

ると解するならば、その放棄によって利益を受ける国は、不動産登記法上の登記権利者にあたる。そうであるとするならば、土地の所有権を放棄する場合に、その登記は放棄者の単独申請によることができないとする登記実務上の取り扱いには十分な根拠があるものと思われる」[30]とする。

　すなわち、所有権の放棄は相手方のない単独行為であっても、不動産登記法上、所有権放棄を原因とする登記手続は、所有権移転登記手続で行われることから、その事実を国が認めることがない限り、共同申請として登記手続が行われることは困難であるとされる[31]。

第Ⅸ節　▶心理的瑕疵がある不動産の扱い

1　心理的瑕疵の判断基準

　不動産の心理的瑕疵とは、「対象物件、周辺環境に問題はないが、目的物を使用するにあたり、心理的嫌悪感がある瑕疵」[32]をいう。本節対象の不動産の心理的瑕疵は、物件内またはその近くで自殺、孤独死・孤立死[33]、殺人等の死亡があった事案である。実家または被相続人の所有不動産において、所有者が自殺等の心理的瑕疵となる原因で死亡、または賃借人が当該原因で死亡することがある。心理的瑕疵と認められる判断基準として、次の内容が考えられる。

●判断基準の具体的内容

判断基準	具体的内容
事件原因・態様	自殺、孤独死・孤立死、殺人等
事件の当事者	対象不動産の所有者か、その親族か、賃借人か
事件発生の場所	事件発生が、建物内か、物置等の附属家か、敷地内か

---

30)　昭57年5月11日付民三第3292号民事局第三課長回答は、「一般に土地所有権を放棄せざるを得ない状況というのは売買や贈与のような手段では引取り手のないような、土地について生ずることが多いものと予想され、……その放棄が権利濫用や第三者の権利侵害に当たる可能性が強いと言うこともできる」とする。
31)　日本司法書士会連合会編著・前掲注12) 105頁。
32)　東京地判平9・7・7判時1605-71は、近隣に暴力団事務所があり、多数の組員が深夜まで出入りし通常人が住み心地の良さを欠く場合、心理的瑕疵にあたるとした。環境的瑕疵といわれるが、心理的瑕疵との区別は明確ではない（宮島裕二＝仲嶋保＝難波里美＝高島博『不動産取引における心理的瑕疵の裁判例と評価〔新版〕』（プログレス・2019）8頁）。
33)　孤独死とは、異状死（自殺、事故死、死因不明）のうち、一人暮らしによる自宅で死亡した事例である。孤立死とは、社会から孤立した結果、死後長期間放置された事例である。

現場の地域性	事件発生の地域が山間農村地か、都会の住宅地か、駅前商業地か、マンションの一室か
事件の経過年数	事件発生から、1年未満か、5年～10年前か、15年以上か
建物の存否	事件発生の建物が現存するのか、取り壊されているのか
不動産の扱い	事件発生の不動産の売却か、賃貸か、居住物件か、収益物件か

2 心理的瑕疵物件の対処

　心理的瑕疵となる原因が発生した場合、当該物件の対処として、①不動産業者による買取り、②一般顧客への流通、③賃貸、がある。

(1) 不動産業者による買取り

　不動産業者による買取りには、①特定の不動産業者が心理的瑕疵物件を所有者から買い取り、当該物件の取扱い業者に仲介する、②不動産業者が心理的瑕疵物件を直接に買い取り、最終的に一般顧客に供給する、という事案がある。

　不動産業者による買取りでは、市場価格の30～50％の減価率（値引率）で取引されるとされる。心理的瑕疵の程度に加え、物件の立地および周辺環境等の諸要素が影響する。例えば、死亡原因等の事件が長く記憶されているのか、対象不動産が駅前商業地にあるのか、住宅地にあるのか等により異なり、駐車場への転用可能か否かにより買取価格に変動がある。[34]心理的瑕疵の程度等の要素により、建物を取り壊して更地にして流通させようとしても、事件発生時点から10年以上、5年以上前と相当経過しても売却されていない物件がある。[35]

(2) 一般顧客への流通

　一般顧客への流通では、①不動産業者が心理的瑕疵物件を供給する、②所有者の相続人が不動産業者を通じて仲介に出す、ことがある。不動産業者は一般顧客に対し、インターネットを通じて「訳あり物件」、「事故物件」として仲介する事案が増加している。高齢の単身者が孤独死して発見が早期である心理的瑕疵の程度が低い物件では、所有者の相続人が仲介に出すことが少なくない。

　不動産業者が心理的瑕疵物件を所有者から直接に買い取り、最終的に一般顧客に供給する事案では、心理的瑕疵の原因となる事件（自殺等）があった建物に関し、不

---

34)　殺人等の事件性の強い物件では、建物を取り壊し、更地にして売り出す、または駐車場等として暫定利用することが多いとされる（宮島ほか・前掲注32) 226頁）。

35)　自殺した物件では、減価率（値引率）を50～60％にしても買手がつかない物件が少なくないとされる。大都市圏以外の地域、または中古マンション物件では周辺に数多くあるため、敬遠される傾向がある（宮島ほか・前掲注32) 222～223頁）。

動産業者が土地とともに取得して、①建物を新築して販売、②更地にして駐車場への転用をすることが考えられる。売出希望価格は減価率が取引相場の20〜70%（40〜50%が多い）と幅がある。自殺、殺人、焼死等の心理的瑕疵の重い物件は減価率を大きくしても敬遠される傾向があり、売出希望価格が75%の減価率であっても買手が見つからない事案もある。他方、最寄り駅から近い大都市圏であり、周辺は一戸建て・高級マンションが立ち並ぶ地域では、死亡事故原因にもよるが、減価率が20%台と低いこともある。

(3) 心理的瑕疵物件の賃貸

高齢の単身者の孤独死が増えているため、一般顧客が当該原因で死亡した物件を賃借りすることの敬遠は減少傾向にあるとされる[36]。自殺等により単身者の遺体が長期間放置されて白骨化した物件、または死臭が漂っていた物件に関し、賃貸人は賃借人に告知しているが、高齢の単身者の孤独死の事案では告知がなされないことがある。当該原因で死亡した場合でも、発生から3年間は重要事項として説明が求められよう。高齢の単身者の孤独死を原因とする心理的瑕疵物件の賃貸では、家賃を約1年間は半額にするが、2年目以降は定価に戻すことが少なくないとされる。

3　心理的瑕疵物件の説明義務の裁判例

判例を概観すれば、心理的欠陥が瑕疵担保責任の隠れた瑕疵といえるには、通常一般人において住み心地の良さを欠き、それが居住の用に適さないと感じることに合理性があると判断される程度に達していることが判断される（大阪高判昭37・6・21判時309-15、大阪地判平11・2・18判タ1003-218等）。

不動産売買の買主または賃借人は、心理的欠陥物件に係る契約解除または損害賠償等を請求することがある。裁判では、事件からの経過年数、死亡原因・態様、死亡場所、対象建物の存続または取壊しが前提か、地域性・地域住民の記憶、建物の利用目的[37]、等の様々な要素が考慮される。

賃借人は一時的な利用であることが多く、心理的瑕疵による被害は不動産売買と

---

36) 孤独死の大半が高齢の単身者の病死であり、やむをえない事象と捉えられる面がある（宮島ほか・前掲注32）226頁）。渡辺晋『不動産取引における心理的瑕疵・環境瑕疵対応のポイント』（新日本法規・2019）105頁参照。
37) 購入した建物で自殺等の事実が発覚した場合、当該建物を住居用として利用するのか、店舗として利用するのかにより心理的嫌悪の度合いは異なる。自殺等があった建物が現存していない、または自殺等があった建物を取り壊す前提の取引は、心理的瑕疵を認めないことの考慮要素となろう（宮島ほか・前掲注32）86〜87頁参照）。

比較して相対的に低いとされる。しかし、無断転貸を伴う賃貸借では、住居人が物件内で自殺しないための配慮義務を負うとして、賃借人は債務不履行責任を問われよう（東京地判平 22・9・2 判時 2093-87）。

●心理的瑕疵物件の裁判例一覧

判　例	事件原因	契約内容	判　決	理　由
横浜地判平22・1・28判タ1336-183	マンション内で賃借人が自殺（引渡日に発見）	賃貸用ワンルームマンション10室の売買契約（8,680万円）	価値棄損相当分に係る不当利得の返還（約372万円）	火災、地震等による滅失・棄損には自殺のような交換価値の減少行為を含む
大阪地判平21・11・26判タ1348-166	マンション内で他殺（8年前）	マンション1室の売買契約（2,800万円）	2,800万円の返還と登記抹消費用等280万円	不動産業者の説明義務違反
東京地判平22・9・2判時2093-87	マンション内で賃借人が自殺	賃貸マンションの無断転貸（月12万6,000円）	賃貸不能期間1年、賃料半額2年等の賃料収入減少361万円	無断転貸を伴う賃貸借では、住居人が物件内で自殺しないための配慮義務
東京地判平20・4・28判タ1275-329	マンションから飛降自殺（2年前）	マンション1棟の売買契約（1億3,000万円）	2,500万円の損害賠償	不動産業者の説明義務違反、8階・9階部分の賃料激減
大阪地判平11・2・18判タ1003-218	建物内で自殺後（2年前）	建物取壊し前提の土地建物の売買契約（1,600万円）	支払済みの手付金160万円の倍額と解体費用の各請求棄却	建物解体により、嫌悪すべき心理的欠陥対象は特定できない空間内に変容
東京地判平7・5・31判時1556-107	建物附属の物置で自殺（7年弱前）	山間農村の一戸建ての売買契約（1,400万円）	瑕疵担保責任に基づく売買契約の解除	自殺事実を知らされた全顧客が購入辞退

第Ⅹ節　▶相続財産管理人による管理

1　相続財産管理人の選任と権限

（1）選任目的

　不動産の所有者が死亡し、相続人のあることが明らかでないときは（相続人の存否不明）、相続人不存在の不動産となった空き家等の相続財産は法人となり（民951条）、利害関係人または検察官は、家庭裁判所に対し相続財産管理人の選任申立て（民952条1項）をすることが考えられる。選任目的は、被相続人が所有の不動産（空き家）

対策、債権回収、特別縁故者の財産分与、被相続人の登記未了（買受代金支払後の未登記、債務弁済後の抵当権設定登記の抹消等）、等である。相続財産の現状を維持するために必要な行為（民103条。空き家の管理等）を実施できる。

(2) 相続人の存否不明等と確認方法

相続人の存否不明とは、①戸籍簿に相続人が存在しない、②相続人全員が家庭裁判所に相続放棄の手続をしたため、相続人がいなくなった等である[38]。相続人となる者が行方不明・生死不明の事案は該当しない。相続人が存在していないと明白な状況でも、新たな相続人が出現する可能性があり、相続財産管理人は相続人捜索の公告を家庭裁判所に申し立てる。

存否不明の確認方法は、①戸籍の取得、②相続放棄の有無を、本人から聞き取り、または利害関係人が家庭裁判所に照会、③相続欠格の有無を関係者から聞き取り、等がある。他方、相続財産の確認方法は、①金融機関の通帳・取引口座の残高証明・取引口座照会依頼、②登記関係資料、③各種契約書、④被相続人宛ての郵便物、⑤株式配当通知書、⑥関係者から聞き取り、等がある。

2 相続財産管理人の選任手続

(1) 申立権者と選任候補者

相続財産管理人の選任申立てに際し、選任目的、相続人の存否不明・財産の調査、予納金の準備と選任による効果の比較検討をする。相続財産管理人の申立権者は、利害関係人または検察官である[39]。利害関係人とは、相続財産の帰属等に法律上の利害関係を有する者である。被相続人の死亡時の成年後見人、相続債権者、遺言執行者、被相続人からの物件取得者、租税債権を有する地方自治体、空家等対策特措法上の法的措置（助言・指導、勧告、命令、代執行）を実施する地方自治体[40]、マンションの管理組合等である。

相続財産管理人の選任には、申立人推薦方式・裁判所選定方式があるが、誰を選

---

38) 相続人の存否不明として、本文①・②に加え、③戸籍簿に相続人であった者が相続欠格、推定相続人の廃除処分、同時死亡により相続人がいなくなった、④相続人はいないが、被相続人の遺言書により、相続財産の一部を贈与したが、その他は遺贈していない（部分的包括遺贈）場合等を含む（谷口知平＝久貴忠彦編『新版注釈民法（27）〜相続（2）〔補訂版〕』（有斐閣・2013）674頁、681頁〔金山正信＝高橋朋子〕）。
39) 国もまた利害関係者であり、国の代表者として検察官を加えている（谷口＝久貴編・前掲注38）689頁〔金山＝高橋〕）。
40) 空き家の所有者が死亡し、相続人全員が相続放棄または相続人のあることが明らかでないときは、相続財産法人に固定資産税が賦課される。市区町村長が利害関係人として、家庭裁判所に相続財産管理人の選任を申し立てる。

任するかは家庭裁判所の裁量である。弁護士・司法書士等の法律士業関係者が就任することが一般的である。相続財産管理人が選任された場合、家庭裁判所はその旨の公告をする（民 952 条 2 項）。

（2）予納金の納付

　相続財産に現預金等の流動資産が少ない場合、相続財産管理人の選任に際し、家庭裁判所は申立人に予納金の納付を課す。予納金の額（数十万円から数百万円）、時期は事案により異なる。すべての事案で予納金が必要となるものではない。

　予納金は、①相続財産管理人の報酬、②官報公告の費用、③登記費用、④相続財産の調査・財産目録の作成費用、⑤財産の状況報告・管理費用に使われる[41]。このうち、①に占める割合が大きい。相続財産の換価により、相続財産の管理費用および相続財産管理人の報酬支払いが可能であれば、相続財産の管理・清算に支出された後、予納金の残金は払い戻される。

3　相続財産管理人の権限

　相続財産管理人の行為は、管理事務（民 103 条）および清算事務（民 957 条）に大別できる。管理事務とは、相続財産の保存行為・管理行為、財産目録作成、管理報告[42]、公告（相続財産管理人の選任公告、相続債権者・受遺者に対する請求申出の公告、相続人捜索の公告）等である。清算事務とは、相続人不存在の確定時の相続財産清算（弁済のための不動産の競売等）、残余財産の国庫帰属手続等である。

　相続財産管理人は前記のこれらを超える行為は、家庭裁判所の許可を要する。例えば、①不動産の処分、②動産の売却・廃棄等、③葬儀費用・永代供養料等の支払い、④登記手続等である。

4　相続財産管理人による空き家（実家）の対処

（1）空き家の管理

　ア）管理　　相続財産管理人は、相続財産の現状維持に必要な行為として、空き家（相続人不存在不動産）の保存・管理行為を実施する権限を有する。空き家を放置すれば保安上危険であり、①建物の現状維持のために修繕をする（保存行為）、また

41）　相続財産管理人が選任されるまでに、相続人が存否不明である空き家の修繕費用、除去費用を要した場合、予納金に加え、これら費用が申立人に請求されることがある。

42）　保存行為には損傷した物についての必要性が認められる修繕に加え、経済的価値の維持が含まれ、腐敗しやすい物を売却して金銭に替える等がある（於保不二雄=奥田昌道編『新版注釈民法（4）〜総則（4）』（有斐閣・2015）85 頁〔佐久間毅〕）。

は、②物の性質を変えない範囲で改良を目的とする行為（管理行為）に関し、相続財産管理人は家庭裁判所の許可なく実行できる。

　イ）解体　　建物の修繕が現状維持のためでなく、建物の性質を変える程度の工事、または、倒壊の危険がある空き家または特定空家の解体は、権限外行為として家庭裁判所の許可を要する（民953条・28条前段）。維持管理が困難であり、解体売却するため相続財産管理人が選任されることが少なくない。老朽化した建物を解体する場合、家屋内の家財道具を処分（廃棄・売却）することになる。無価値の家財道具を廃棄することは、相続財産管理人の権限内である。無価値か否かの境界は困難であり、家庭裁判所に打診すべきであろう。

(2) 空き家の換価手続

　倒壊の危険がある空き家・特定空家等は、解体後に相続財産を必要に応じて換価（売却）する。換価には競売または任意売却がある。空き家の競売は、相続財産管理人が申立人となる。弁済のための競売（民957条2項・932条）は清算行為であり、家庭裁判所が手続を進めるため、その許可は不要である。

　他方、空き家の任意売却は、相続財産管理人が買主と売買価格を決める。不動産鑑定士の鑑定は多額の費用を要するため、不動産業者の査定、路線価、固定資産税評価額等を参考とする。競売より手続が簡易迅速であり、概して高価で売却できるため、任意売却が多い。[43] 任意売却は家庭裁判所の許可を要する。空き家の換価後、所有権移転登記、家庭裁判所への報告、知れたる相続債権者・受遺者、請求申出をした相続債権者・受遺者に弁済等を行う（民957条2項・929条）。これら手続を経ても財産が残存する場合、最終的に国庫に帰属する。

5　相続財産管理人の選任課題と考慮基準

　相続財産管理人の業務は、相続財産の管理・清算である。その費用は、相続財産の中から支出し、相続財産がなくなれば業務ができなくなり終了する。相続財産管理人は空き家の保存行為・管理行為を原則としながら、現実には、空き家の取壊し、売却が中心になろう。取壊し自体にも費用を要する。そのため、長期間の保存行為等は困難である。

　申立人は相続財産に一定の金銭等がない場合、予納金の負担を要する。相続財産の換価により回収できる金銭が少ないのであれば、相続財産管理人の申立自体を躊

---

43)　正影秀明『相続財産管理人・不在者財産管理人に関する実務』（日本加除出版・2018）257頁。

躇する。申立人は経済的負担、空き家の売却可能性、解体後の更地売却可能性および売却価格等を考慮して相続財産管理人を選任することになろう。空き家（相続人不存在不動産）は売却困難が多く、国庫が当該不動産を引き継ぐ方針を示している（平29年6月27日付理財局国有財産業課長事務連絡参照）。

6　一時的な遺産管理人との相違

(1) 遺産管理人の選任目的

　相続財産管理人は相続人が存在しない等のため選任されるが、相続人の存在を前提として、一時的に遺産管理人が選任されることがある[44]。例えば、管理を担当する特定の相続人が相続財産を散逸させる、管理放棄、相続人間の紛争により適切な管理が期待できないこと、等があるためである。

　遺産管理人は、遺産の適切な管理および遺産散逸を防ぐため、被相続人の死亡後、遺産分割が終了し相続財産が対象者に帰属するまで管理をなす。遺産管理人には、①民法による遺産管理人、②家事事件手続法による遺産管理人、③相続人全員の合意に基づく遺産管理人、④財産管理委託契約に基づく任意の遺産管理人がある。①・②は家庭裁判所が選任し、その遺産管理人の権限は保存行為および管理行為であり、処分行為は家庭裁判所の許可を要する。

(2) 民法による遺産管理人

　民法に基づき遺産管理人の選任を、利害関係人（相続人を含む）または検察官が家庭裁判所に申し立てる（民918条2項）。相続の承認または放棄がなされるまでの間に、被相続人の権利義務を承継する相続人が誰になるのか確定せず、不安定な状態にあることから規定された[45]。

(3) 家事事件手続法による遺産管理人

　家事事件手続に基づき遺産管理人の選任を、遺産分割の審判または調停の申立てがある場合、審判前の保全処分として、家庭裁判所に申し立てる（家事200条1項）。「財産の管理のため必要があるとき」が要件である。遺産の管理ができず、遺産の管

---

44)　遺産分割の文脈では、相続財産は遺産分割の対象となる財産という意味で用いられる。相続の対象となる財産と一致するわけではない。遺産は相続財産と互換的な用語として用いられている（内田貴『民法IV　親族・相続〔補訂版〕』（有斐閣・2004）358頁）。

45)　遺産の一時的な管理人として、①推定相続人の廃除等に関する審判確定前の遺産管理（民895条、家事189条2項）、②相続の承認・放棄前の相続財産管理（民918条2項、家事201条1項）、③相続人が数人ある場合の相続財産管理（民936条1項、家事201条3項）、④相続放棄した者による相続財産管理（民940条2項、家事201条10項）、⑤財産分離の請求後の相続財産管理（民943条1項、家事202条3項）、がある。

理が不適切であるため、後日の審判が適正になされなくなり、強制執行による権利実現が困難となる事案等に対応するためである。例えば、①共同相続人が何らかの事情で遺産の管理をすることができない場合、②遺産を管理する共同相続人が他の相続人の同意を得ずに遺産を消費・廃棄・既存している場合、である。

(4) 相続人全員の合意に基づく遺産管理人

相続人全員の合意により、中立的立場の第三者または特定の相続人を一時的な遺産管理人として選任する。各相続人の相続分による多数決による選任ではないのは、少数者の管理権保護のためである。[46] 管理内容は相続人全員の合意により範囲を定める。外部の第三者に依頼では有償、特定の相続人を遺産管理人とする場合には無償とすることも考えられる。管理費用は、実費を支払う。

(5) 財産管理委託契約に基づく任意の遺産管理人

被相続人が財産管理委託契約を締結する際に、特約として自身の死後、受任者に任意の遺産管理人として遺産の管理・処分業務を規定しておく。受任者は遺言執行者になることも考えられる。内容として、①遺言執行者としての遺産承継、②遺産の管理・処分手続、③相続等に起因する債務整理・弁済等がある。

7 限定承認の相続財産管理人との相違

相続人が数人ある場合、相続人全員が共同してのみ限定承認をすることができる（民923条）。数人の限定相続人全員に相続財産の管理および清算をさせると責任の所在が不明確となり、事務処理が煩雑になるおそれがある。単一の管理人によって管理および清算をすべきものとして、[47]「限定承認の相続財産管理人」が必須の機関として選任される（民936条1項）。相続人が1名の場合、原則として限定承認した相続人が相続財産の管理および清算手続を行う。

複数の相続人全員が共同して限定承認の申述をした場合、家庭裁判所が受理をすると職権により相続人の中から「限定承認の相続財産管理人」を選任する（家事201条3項）。当事者の申立ては不要である。任務は相続財産を原資として弁済のためにする管理および清算である。[48]

46) 片岡武=金井繁昌=草部康司=川畑晃一『家庭裁判所における成年後見・財産管理の実務〔第2版〕』（日本加除出版・2014）278頁。
47) 谷口=久貴編・前掲注38）603〜604頁〔松原正明〕。
48) 一般社団法人日本財産管理協会編『相続財産の管理と処分の実務〔第2版〕』（日本加除出版・2018）322頁参照。

第XI節　▶不在者財産管理人による管理

1　不在者財産管理人の選任

(1) 選任目的

　従来の住所または居所を去った者（不在者）がその財産の管理人を置かなかったときは、家庭裁判所は、利害関係人または検察官の請求により、その財産管理について必要な処分を命じることができる（民25条1項）。家庭裁判所が不在者財産管理人を選任した場合、家庭裁判所の監督に基づき不在者の財産の保存に必要と認める処分を行う（民27条・103条）。

　不在者財産管理人の選任申立てをする理由として、次のことが考えられる。

　第1に、親が死亡し相続人の一人が不在者であり、連絡が全く取れないため遺産分割協議をすることができない場合、不在者財産管理人の選任申立てをする。

　第2に、隣地の所有者である高齢者が介護施設に入居または死亡し、その家屋が[49]空き家として放置され、壁・屋根瓦が落ちてきそうであるが、所有者の所在が不明である。当該事案では、不在者財産管理人の選任申立てをして、家庭裁判所の監督に基づき不在者の財産保存に必要と認める処分を行う。

　第3に、地主所有の土地に不在者の放置された家屋があるため、選任された不在者財産管理人と使用貸借契約を終了させて土地の返還を求める、等である。

●相続財産管理人と不在者財産管理人の相違

区　分	相続財産管理人	不在者財産管理人
管理対象	相続財産法人	不在者の財産
目　的	相続財産の管理・清算	不在者財産の保存行為
対象者の状況	全相続人の不存在・相続放棄等	不在者の生死不明
管理人の権限	相続財産の保存・管理行為、清算事務。権限外行為許可による不動産の処分等	不在者財産の保存行為。権限外行為許可による不動産の処分等
管理手続	相続目録作成・管理報告、公告、清算事務	財産目録の作成・財産状況の報告、公告は不要
終了事由	財産消失、相続人・特別縁故者・国庫への財産引継ぎ	不在者の帰来、失効宣告、死亡確認、財産消失

---

49)　重度の知的障害をもつ成年者が、面倒を見てくれる親が死亡したため、福祉事務所に入所を希望するが、遠距離にある関連施設に入居することになった。都内に親が遺した相当な財産があり、従来住んでいた不動産の管理が必要な場合、利害関係人が不在者財産管理人の選任申立てを可能とする説がある（谷口知平＝石田喜久夫編『新版注釈民法 (1) 総則 (1)〔改訂版〕』（有斐閣・2002）444頁〔田山輝明〕）。

(2) 不在者財産管理人の選任検討

ア）不在者の生死不明　不在者の生死不明が続いた場合、①失踪宣告制度（民30条）、②認定死亡制度（戸籍89条）の利用を検討する。①は、7年間の生死不明（普通失踪）・死亡原因となる危難に遭遇後1年間の生死不明（特別失踪）により、不在者は死亡とみなされる。②では、不在者の死体が発見されないが、周囲の状況から死亡が確実とみられる場合、死亡が推定される。[50]

イ）選任検討　不在者が自ら管理人を置かず、財産管理ができない場合、遺産分割協議、共有不動産の管理処分、空き家等が放置される。不在者の所在、財産・負債等を考慮して不在者財産管理人の選任申立準備とともに、普通失踪・特別失踪に該当する場合、失踪宣告申立てを検討し、認定死亡の要件を満たしている場合、認定死亡の申請を検討する。[51]不在者財産管理人の選任申立てにより、家庭裁判所が調査嘱託により、不在者の所在に関し照会・調査を実施する。

ウ）予納金の納付　不在者財産管理人の報酬は、管理財産のなかから家庭裁判所が適正な報酬額を決定する。不在者の管理財産に報酬を支出するものがない場合、家庭裁判所が申立人に予納金の納付を命じる。[52]相続財産管理人の申立時よりは、予納金の金額は低いことが多いとされる。不在者財産管理人は財産管理に係る経費を立て替えて、終了時に費用・報酬を予納金等から清算する。

(3) 申立権者と選任候補者

不在者財産管理人の申立権者は、利害関係人または検察官である。利害関係人とは、不在者の財産管理等に関し法律上の利害関係を有する者である。不在者とともに共同相続人である者、対象家屋の隣地所有者、債権者、配偶者、租税債権を有する国・地方自治体、空家等対策特措法上の法的措置を実施する地方自治体、マンションの管理組合等である。不在者財産管理人の選任には、申立人推薦方式・裁判所選定方式がある。誰を選任するかは家庭裁判所の裁量であるが、相続財産管理人と比較して、申立人推薦による候補者（法律士業関係者に加え親族を含む）が選任されることは多いとされる。[53]

---

50)　認定死亡制度では、不在者生存の証拠があれば、死亡認定の効果はなかったことになり、相続その他の法律関係は無効となる。他方、失踪宣告制度では、不在者生存の証拠があっても、失踪宣告の審判取消しを家裁裁判所に申し立てる必要がある。失踪宣告の審判取消しにより、相続は開始されないが、取消しにより返還する財産は現存利益の範囲である。

51)　失踪宣告申立・認定死亡の申請後に、不在者財産管理人の選任も考えられる。

52)　管理財産に報酬を支出できるものがなく、士業関係者以外の申立人が不在者財産管理人になる場合、報酬を事前放棄することが多い（旭合同法律事務所編・前掲注5）51頁）。

53)　空き家問題に対処するため、地方自治体と司法書士が不在者財産管理人を申し立て、候補者となる司法書士が不在者財産管理人に選任される事案が増加しているとされる（正影・前掲注43）488頁）。

2　不在者財産管理人の権限と職務

　不在者財産管理人は、不在者財産の保存行為および目的である物・権利の性質を変えない利用・改良は可能である（民 103 条）。これらを超える行為が必要であるときは、家庭裁判所の許可を得て実施する必要がある（民 28 条前段）。不在者財産管理人は、不在者の法定代理人として、不在者財産を管理し、不在者の出現時に当該財産を引き渡すことを任務とする。

　不在者財産管理人の権限として、①建物の修繕、変質・腐敗の防止行為、②賃料の徴収・債務弁済等の保存行為、③利用行為がある。職務として、不在者の財産調査、財産目録の作成と提出、財産状況の報告・管理計算がある（民 27〜29 条・644〜647 条、家事規 87 条・146 条）。例えば、金融機関の不在者名義の口座は解約し、不在者財産管理人名義の新口座で管理する。不在者の財産管理に必要な費用は当該財産から支出できる。固定資産税、家屋の鍵の取付代金、金融機関・公官庁までの交通費、等がある。

　不在者財産管理人は前記①〜③を超える行為は、家庭裁判所の許可を要する。具体的には、遺産分割協議、相続放棄、相続の承認、売却行為、登記手続、訴訟行為、不動産賃貸契約である。不在者財産管理人が不在者に代わり「相続財産の遺産分割協議」を行うには、家庭裁判所の許可を要する（民 28 条前段）[54]。許可申請に際しては、遺産分割協議書（案）を家庭裁判所に提出する必要があり、実質的に許可前に分割協議の終了を要するであろう[55]。

　なお、不在者財産管理人の職務は、①不在者の帰来による自身による財産管理、②不在者の失効宣告、③不在者の死亡確認、④不在者の財産消失（債権者への弁済等）により終了する。

3　不在者財産管理人による空き家（実家）の対処

(1) 空き家倒壊の危険と申立理由

　空き家倒壊の危険に対処するため、利害関係人は次の理由から不在者財産管理人

---

54)　名古屋高判平 26・9・18 裁判所ウェブサイトによれば、不在者を除く共同相続人の全員が相続放棄後、不在者財産管理人が被相続人の不動産に関し、不在者 Y への相続登記をしたうえで、家庭裁判所の許可を得て、第三者に売却した。その後、被相続人の債権者 X から帰来した Y に債務履行が求められた。Y は被相続人の相続について相続放棄の申述を行い、受理された。そのため、X は Y による相続放棄の申述の無効を主張する訴えを提起した。裁判所は、不動産の売却処分が Y にとり民法 921 条 1 号に該当するとし、相続の単純承認があったとみなされるため、Y による相続放棄は無効とした。
55)　正影・前掲注 43) 552 頁。

の選任申立てをすることが考えられる。第1に、不在者所有の不動産は空き家として放置され、倒壊による被害のおそれがあるため、対象家屋の隣地所有者は壁・屋根瓦が落ちて来ないようにブルーシート等を貼付した。当該事務管理に基づき、隣地所有者は費用償還の請求権を有するためである。第2に、地方自治体は空家等対策特措法に基づき特定空家等に対し法的措置を実施したいが、特定空家等の所有者が行方不明であるためである。

(2) 不在者の調査と空き家の解体

不在者財産管理人は、空き家の所有者を確定するため、例えば、次の方策を実施する。第1に、土地・建物の登記事項証明書等を取り寄せて、所有者名義を確認する。第2に、所有者名義人の住所を調査するため、住民票・戸籍の附票の各写し、戸籍謄本の交付を利害関係人として受ける。第3に、住民票の所在地に所有者名義人が住んでいるか否かを確認するため、「本人限定受取」の方法で手紙を郵送する[56]。第4に、親族等に、不在者の生活状況・交友関係、不在の経緯等を問い合わせる。

所有者不明の空き家の取り壊しが求められる場合、不在者財産管理人は家庭裁判所の許可を得る必要がある。建物の解体工事に際し、費用の公平性を担保するため、複数の業者から見積もりをとる。解体工事終了後、建物滅失登記を行う。

4 選任課題と考慮基準

不在者財産管理人の業務は、不在者財産の保存行為であり、利害関係人の利益保護ではない。しかし、利害関係人に被害発生または被害拡大の可能性がある場合、不在者財産管理人の選任申立てをすることが必要になろう。不在者財産管理人の報酬等の費用は、不在者財産の中から支出し、当該財産がなくなれば終了する。

不在者財産管理人が不在者の空き家を管理するとしても、長期間は困難である。申立人は不在者財産に一定の金銭等がない場合、予納金を負担する必要がある。申立人は経済的負担に照らし、不在者財産管理人の選任による利害関係人の被害発生または被害拡大の防止にいかに寄与するかが考慮される[57]。

---

56) 郵便局から名宛人に通知書が送られるが、通知書が名宛人に届かないときは、名宛人不在と表示された手紙は差出人に戻される(旭合同法律事務所編・前掲注5)50頁)。空き家の所有者が死亡していることが判明したときは、その相続人に同様の手続を行う(日本司法書士会連合会編著・前掲注12)199頁)。

57) 所有者不明土地の発生を予防するための仕組み(①不動産登記情報の更新を図る方策、②所有者不明土地の発生を抑制する方策)、および所有者不明土地を円滑・適正に利用するための仕組み(①共有関係にある所有者不明土地の利用、②所有者不明土地の管理の合理化、③隣地所有者による所有者不明土地の利用・管理)について必要な制度改正の実現が議論されている(法務省民事局「近時の所有者不明土地対策の状況」令和元年10月7日)。

第 3 章
高齢者入居施設による財産管理

　中小企業オーナーが高齢・認知症等になり高齢者入居施設に長期間入居する事案を考えたい。高齢者入居施設では、利用者である高齢者から依頼を受けて、預金通帳、現金等を管理することが少なくない。その際に、現実にトラブルが発生することがあり、施設と利用者間、施設と利用者家族間、利用者自体の各対応のあり方が問われる。中小企業オーナーは概して多額の現預金を有しているため、その懸念は小さくない。

　本章では、第1に、高齢者入居施設による財産管理として、利用者の金品管理の留意点、利用者の判断能力別の対処に関し、第2に、高齢者入居施設と後見人間の対応課題（保証要請等）に関し、第3に、利用者死亡における高齢者入居施設の対処に関し、それぞれ考察する。

●時系列

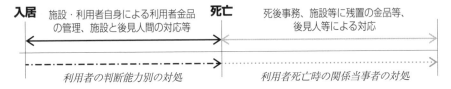

●施設による財産管理に係る検討課題

関係当事者	利用者の状況	検討課題
施設・利用者・利用者家族・後見人等	判断能力の低下・喪失	利用者金品の管理における、施設と利用者間・施設と利用者家族間・・、利用者自体の各問題、利用者による管理・外部機関との連携、金品取扱い規程の作成、利用者の判断能力別の対処、後見人に対する保証要請等
施設・利用者の相続人・後見人等	死　亡	施設等に残置の金品等の対処、施設への未払金の支払い、関連死後事務、後見人の対応

第Ⅰ節 ▶問題点の所在

1 施設による財産管理
(1) 管理対象の金品

　高齢者入居施設には、介護保険法上の施設サービスを行う施設（介護保険施設）、および高齢者向け住宅に大別できる。前者には、①介護老人福祉施設（介護保険8条27項）、②介護老人保健施設（同条28項）、③介護療養型医療施設がある。後者には、①老人福祉法上の施設（養護老人ホーム（老人福祉20条の4）、特別養護老人ホーム（同20条の5）、軽費老人ホーム（同20条の6））、②有料老人ホーム（同29条）、③サービス付き高齢者向け住宅（高齢者住まい5条）がある。[1]

　これら高齢者入居施設等（以下、「施設」）では、利用者である高齢者から依頼を受けて、預金通帳、印鑑、現金、キャッシュカード等を管理することが少なくない。金品管理に係る手数料として、月額1,000～3,000円を徴収しているようである。[2]

(2) 金品管理の課題

　施設のなかには、金品管理に関する利用者の依頼を拒絶することがある。理由として、①本来の業務範囲からの逸脱、②利用者からの理不尽な苦情、③高齢者自身または家族で管理できない場合、社会福祉関連団体の金銭管理サービスまたは成年後見制度の利用促進、④緊急時の施設による立替処理で対応、等を指摘できる。

　施設は利用者の金品管理に関与しないことが好ましいとされるが、施設による金品管理を完全に排除または中止することは利用者サービスの観点から現実的ではない面がある。そのため、金品管理システムの確立が求められる。

2 金品管理の法的根拠
(1) 利用者の判断能力

　施設による金品管理は準委任契約になるが、利用者から具体的依頼および指示を受けて、一定金額を預金口座等から引き出す行為、または特定の物品を購入する行為は代理契約になる。施設が利用者の金品保管をする場合、意思確認および意思表示が重要であり、利用者の判断能力の有無・程度は個別に判定することを要する。①金品管理契約の内容・難易度（管理方法、金額等）、②契約内容が利用者に過度に

---

1)　介護事業法務研究会編『高齢者・事業所の法律相談』（日本加除出版・2015）49～57頁。
2)　例えば、高知県社会福祉施設経営者協議会「社会福祉施設に望まれるガバナンスとは─利用者の金品管理のあり方を通じて」（2012年3月版）資料。

第3章　高齢者入居施設による財産管理　　**265**

不利ではないか（受益内容、費用等）、③契約の動機（自主的か強制的か）、等である。

　判断能力が十分でない利用者との金品管理契約は有効性が問われ、施設が多額の現損金、有価証券等の損かりは、できるだけ控えるべきであろう。利用者の判断能力が十分でなく、従前の意向が明確でない場合、成年後見人ではない者（例えば、身元引受人または親族）との金品管理契約は、法的根拠が疑問である。

　施設が利用者の家族から金銭等の保管を依頼された場合、家族に利用者の金銭等を預ける権限を有していることの確認が必要である。利用者と家族の資産は別であり、「家族の要求だから」という理由だけで、施設が管理している利用者の金品をその家族に渡すことは、家族による経済的虐待の側面があり、施設側の契約義務違反となる。

(2) 消費者契約法上の留意点

　高齢者福祉サービスは契約により提供されるが、利用権契約の内容および法的性質は必ずしも明確ではないため、当事者間で内容を事前に詰めておく必要がある。

　消費者契約法に基づき、次の契約内容は不当条項として無効となる。①事業者が一方的に責任を免除（全部免除、一部免除）する条項（消費者契約8条1項）、②利用者が契約解除に伴う損害賠償等の額を予定する条項（同9条1号）、③民商法その他の任意規定と比べて、利用者の権利を制限または義務を加重する条項であり、信義誠実の原則に反して利用者の利益を一方的に害する条項（同10条）、等である。

(3) 経営の原則

　施設を運営する社会福祉法人は、経営の原則に基づき、社会福祉事業の主たる担い手としてふさわしい事業を確実、効果的かつ適正に行うため、自主的にその経営基盤の強化を図るとともに、提供する福祉サービスの質の向上および事業経営の透明性の確保を図らなければならない（社会福祉24条）。

　施設が利用者の金銭管理に関与する場合、施設内の防犯管理強化、利用者自身が安全に保管できるシステム整備、利用者家族による経済的虐待の対処整備、施設および役職員の不祥事防止の体制構築を要する。これら整備が不十分な場合、行政指導・処分（改善勧告・命令・事業者指定の取消処分）の対象となろう。[3]

　社会福祉法人は法定監査に加え、外部専門家による金銭管理・支出額・支出内容等のチェックを受けることが望ましい。利用者に判断能力がなく、相談できる家族がいない年金受給者の年金管理は、特に厳格性を要する。

3）　行政による指導監査で多いのは、①金品取扱規程、委任状・同意書等の書類整備、②預金通帳と印鑑の分別保管、③責任者の配置、④保管内容の確認行為、⑤利用者・家族への定期的報告等である。

3 金品管理に係るトラブル

金品保管に関し、「施設と利用者は、経済的に利益相反の関係にある」という認識が施設に求められるが、その認識は概して両当事者に希薄である。多額の現預金等を施設が預かることはトラブルを生ずる結果となっている。例えば、次の事案がある。

(1) 施設と利用者間の問題

施設と利用者間の問題として、①施設が利用者の資産を強制的に管理し、かつ毎月一定額の管理料を徴収、②施設またはその役職員による利用者資産の私的流用[4]、③不十分な管理体制による頻発する現金盗難、④現金預かり証の残高が合わず、施設による弁償等がある。

施設の役職員等が利用者資産を違法に処分した事案では、高齢者虐待防止法により、「高齢者が経済的虐待を受けた」として、役職員の違法な財産処分の内容およびその後の対応を市町村に届け出る義務（高齢者虐待防止2条5項・21条1項）がある。対象施設は改善勧告、措置命令等の対象となる。

(2) 施設と利用者の家族間の問題

施設と利用者家族との問題として、①家族が利用者の金品に関し施設に管理を依頼しながら、家族に利用者の金品を預ける権限がない、②家族が施設に預けられた利用者の金品を、利用者の承諾なく強引に引渡しを要求して消費する（施設側では確認の取りづらい身内の慶弔、帰宅先のリフォーム、親族への見舞金に係る支出要求等）、③利用者の判断能力が低下している状況下で、家族が施設に預けられた利用者の金品に関し、施設に対し借入れを依頼する、④家族が利用者の年金等を費消して、利用者が日常の小遣い金にさえ困窮する、等がある。高齢者虐待防止法上、これらは家族による経済的虐待に該当する可能性がある。

(3) 利用者自身の問題

利用者自身の問題として、①利用者から施設への理不尽な苦情（事実に反し、金銭を返還されない・施設全体でだましている等の苦情）、②認知症の進行等に伴う金品授受に関する利用者の誤解、③利用者に現金を返還後に利用者間の貸借による紛失、等がある。

---

4) 施設の役職員等が利用者資産を違法に処分した場合、①職員自身に対し、不法行為（民709条）による民事責任、窃盗罪（刑235条）、業務上横領罪（刑253条）、詐欺罪（刑246条）の刑事責任、②施設に対し、使用者責任（民715条1項）に基づき、利用者に損害賠償責任が問われる。賠償額は違法に処分された財産および慰謝料、等である。

第Ⅱ節　▶利用者の金品管理の留意点

1　利用者による管理・外部機関との連携
(1) 施設の対応
　利用者自身が施設内で金品管理をする場合、施設の防犯管理の強化が求められる。利用者自身が安全に保管できるように、部屋および什器の鍵の設置、施設全体の防犯管理の強化、等である。利用者が多額の金銭を有する場合、法定後見人の選定が前提として後見制度支援信託の利用が考えられる。

(2) 金融機関と金品管理サービスの契約
　施設は、金融機関と連携した金品管理システムの整備構築が検討される。第1に、利用者自身または施設を通じ金融機関と金品管理サービスに関する契約を締結する。金融機関の担当者は入出金の手続、施設への経費支払い、有価証券・預金通帳等の保管を行う。
　第2に、金融機関との提携では、①施設が利用者から具体的依頼・指示を受けて、現金を利用者の預金口座から引き出す場合、金融機関に事前の説明および承諾を求める、②金融機関の担当者が施設に来訪して、利用者の現金引渡しを受ける、③施設内で、サービスを受ける金融機関は特定して、利用者に当該銀行で口座開設をしてもらい、日常に必要な金銭をあらかじめ入金してもらう、等である。

(3) 地域福祉権利擁護事業
　地域福祉権利擁護事業の利用が検討される。例えば、都道府県または政令指定都市の社会福祉協議会（社協）が実施する地域福祉権利事業を通じて、日常的金銭管理、有価証券・預金通帳等の保管を依頼する。金融機関からの金銭払戻しは社協が代理人となる。その際に、利用者が社協を代理人として定めた旨の届出書を金融機関に提出する。地域福祉権利擁護事業の利用者に判断能力がない場合には、利用ができない。

(4) 専門職・家族会・NPO法人の利用またはその設立
　専門職・家族会・NPO法人等の第三者との間で、利用者が任意の金品管理契約を締結することが考えられる。専門職・家族会・NPO法人には、利用者の金品の悪用防止に関する対策構築が求められる。信頼できる専門職・家族会・NPO法人が存在しない場合、地域の社会福祉施設業界内でNPO法人を設立し、当該NPO法人と金品管理契約を締結する。この場合、利用者とNPO法人との契約となる。NPO法人の運営コスト等は、単独の施設では困難であろう。

2 金品取扱い規程の作成

　施設が利用者の金品を管理する場合、管理方法等を明文化した規程（預かり金規程など）の作成を要する。金品管理契約には管理内容を明記し、利用者全員に手引きを配布する。全利用者に「画一的な」金品取扱い規程が前提である。新規定の採用および改定には、利用者および家族会等の意見を反映させることが求められる。

　金品取扱い規程には、①預かる金品の範囲、②金品管理の申出、③責任者の明示（保管・出納・購入等）、④入出金手続、⑤金銭以外の財産保管・返還手続、⑥帳簿等の照合手続、⑦管理確認の手続、⑧利用者への通知手続、⑨保管委員会の設置・運営、⑩手数料の徴収、その金額、⑪管理の解除規定、⑫秘密保持規定、⑬利用者の家族等による経済的虐待による市町村への通報、⑭利用者本人の管理、⑮損害賠償・免責規定、⑯個人情報の取扱規定、等の内容が含まれることが考えられる。

●利用者からの金銭徴収の具体例

項　目	具体的内容
手数料徴収の前提条件	施設による金品管理手数料の徴収に際し、厚労省通達（平12年3月31日老企第54号厚生省老人保健福祉局企画課長通知）が示す条件は、①責任者および補助者が選定され、印鑑および通帳が別々に管理されていること、②適切な管理が行われていることの確認が複数の者により常に行える体制で出納事務が行われること、③入所者等との保管依頼書、個人別出納台帳等、必要な書類を備えていること、④手数料の積算根拠を明確にして適切な額を定めること
日用品費の金銭徴収	利用者の日用品費、娯楽費、水道光熱費、介護者の交通費・宿泊料等、日常生活に通常必要であり、かつ利用者に負担させることが適当である金銭を施設が徴収する際には、使途および内訳を明示。前記の厚労省通達によれば、保険給付の対象であるサービスと明確に区別されない、あいまいな名目による費用の徴収は不可

3 金品管理方法の工夫

　施設が利用者の金品管理を行うにあたり、施設内部で工夫すべき対処方法として、①定期的な現在高の確認作業、②預かり金の保管から出金までの定型化、③利用者への現金引渡時の手続、④管理関係書類の整備、⑤金品取扱規程に明記する具体的内容の検討、等が考えられる。他方で、金品管理および出金までの工程があまりに複雑になると、他の業務に支障をきたすおそれがある。そのため、金品管理システムの構築は効率性が求められよう。なお、高齢者福祉サービスにおいては、利用者からの金銭の受領の記録等は、法定上の義務である（高齢者住まい19条、老人福祉29条4項等）。

●施設による利用者の金品管理方法

対処方法	具体的内容
定期的な現在高の確認作業	①預かり金は小口現金として管理保管し、残高を1ヵ月に1度、利用料支払時に利用者の家族に確認要請、②預かり金管理ソフトで毎日残高を確認できる体制の構築、③毎月1回、事務長が預金の一覧を通帳に記載、④利用者、その家族、施設長、後見人に定期的（2〜3ヵ月に1回等）に残高報告、⑤監査法人による外部監査、監事による内部監査の実施等
預かり金の保管から出金までの定型化	①利用者からの現金引出依頼と決済までのルート設定、②預金通帳と印鑑を異なる金庫で保管、③各責任者（預かり金の責任者、通帳・現金の保管責任者、印鑑保管・出金責任者）の任命、④通帳および印鑑を保管場所から出し入れする際に、誰がいつ持ち出し、返却したかを利用者毎に記録簿への記載等
利用者への現金引渡時の手続	①利用者への現金引渡時における複数職員の立合い、②引渡しの金銭が高額であれば領収書、少額であれば受取サインの各受領、③日常生活費と医療費の支出は別個に契約を締結等
管理関係書類の整備	①管理規程の作成、②預かり証に通し番号の記載、③預かり金引出申込書および現金交付票の発行、④預貯金管理規程に明示していない小遣い以外の出金について、その内容を明示して同意書を徴収、⑤利用者の通帳等を預かった場合、委任状・依頼書の受領義務化、⑥現金管理簿を家族への送付とその証拠書類の保管、⑦退所時の所持品受取書の作成、⑧預かりの金品内容（通帳・印鑑等）の明記等
利用者死亡時の対処	施設が預かっていた金品等の処分、利用者の遺体・遺骨の引取り、火葬等を行う者がないときの具体的対処の整備（本章**第Ⅴ節**参照）

第Ⅲ節 ▶利用者の判断能力別の対処

1 利用者の判断能力に問題はないが、金銭等の適切な管理ができない事案

　判断能力の低下が認めらない高齢者であっても、体力の低下または身体の障がい等のため、利用者による金品管理が困難である場合、利用者の依頼があれば、日常生活に必要な範囲内の現金に関し施設で預かることが考えられる。当該の状況において、日常生活に必要な範囲を超える多額の財産は、家族または士業関係者等の第三者との間で財産管理契約による管理依頼をする。受任する第三者が適切な金品管理をするように、定期的な管理報告を求める。

2 利用者の判断能力に問題があり、家族の協力が得られる事案

　利用者と施設が金品管理契約を締結できず、利用者の家族に金品管理を委ね、必要に応じて家族に金銭の支出を依頼する。利用者の家族の全面的かつ迅速な協力が

求められる。また、利用者の判断能力の低下に応じて、成年後見制度・保佐制度・補助制度の利用手続を要請することが考えられる。本人が後見開始等の審判を受けているかは成年後見に関する登記事項証明書で確認できるが、当該証明書は関係当事者に取り寄せてもらう。

　判断能力の程度に関しては医師の診断・検査によるが、判断能力に疑義があると考えた時点で、専門家に相談したうえで、利用者家族に成年後見人等の選任申立てを要請する。選任された成年後見人等との契約または同意により、成年後見人または施設が金品管理に関する内容を精査する。

3　利用者の判断能力に問題があり、家族の協力が得られない事案
(1) 事務管理契約

　事務管理契約に基づき、施設が金品を管理することが考えられる。事務管理契約は共同生活における相互扶助の理念に基づくものであり、管理者に義務がないことなどが前提である（民697条1項・700条但書）。他人の事務を処理し始めた場合、委任を受けたときと同じように、管理者は責任をもってその事務を処理しなければならない。

　事務管理においては、有益な費用は管理者に償還されるが、特別法に規定（遺失物28条1項2項等）がある場合を除き、管理者に報酬請求権はない。施設が事務管理契約に基づき利用者の金品を継続的に管理することは困難であろう。

(2) 後見人の選任申立て

　利用者の家族が成年後見人等の選任申立てをしない場合、①施設は利用者本人が住民登録をしている市区町村長に働きかけ、市区町村長による成年後見人等の選任申立てを要請する、または、②判断能力が低下した利用者が成年後見開始の審判を申し立てることが考えられる（本編**第1章第Ⅲ節**参照）。受任した成年後見人との契約または同意により、成年後見人および施設が金品管理に関する内容を精査する。

(3) 日常生活自立支援事業の利用

　日常生活自立支援事業は、都道府県社会福祉協議会等が実施している（社会福祉81条参照）。当該事業は、判断能力が不十分であるが、本事業の契約内容を判断できる能力を有し、在宅で生活している高齢者を対象としているため、利用者が施設を退所する際に利用が検討される。

---

5)　事務管理の成立要件は、①他人の事務の管理を始めること、②他人のためにする意思があること、③義務がないこと、④本人の意思に反しまたは本人に不利であることが明らかでないこと、である。

具体的な支援サービスは、預金の払戻し・解約・預入れ等の日常生活費の管理を含む。適正な運営を確保するため、都道府県社会福祉協議会に運営適正化委員会の設置等が講じられている（社会福祉 83 条・84 条参照⁶⁾）。

4　脳梗塞等の後遺症で、契約書に署名できない事案

　利用者本人の判断能力に問題がなければ、家族に本人名義で代筆してもらうことにより、施設との金品保管契約は有効であろう。利用者本人の判断能力に問題がある場合、契約書に家族が本人名義で代筆をしても、施設との金品保管契約は有効とはならない。当該状況において成年後見制度を利用しないのであれば、第三者のためにする契約（民 537 条）として、家族が自身名義で施設と契約を締結して、施設が利用者のために金品管理を行うことが考えられる⁷⁾。利用者本人の希望の意思確認が前提となる。

第Ⅳ節　▶後見人に対する保証要請

1　施設の要請理由

　施設と本人（被後見人）との利用契約の締結に際し、後見人が保証人となることを要請されることがある。その理由として、①施設が施設費用の支払請求先および入金を確保するため、②施設の費用請求において、支払手続の実行者を確保するため、③被後見人の症状・容態が急変した場合、連絡先を確保して、治療・処遇の方針を相談するため、④被後見人が死亡した場合、被後見人が施設に預けていた金品、遺留品、遺体を引き取る人を確保するため、等である。

2　保証人就任の課題

　後見人は施設に対し被後見人の生活費・治療費等の支払権限を有するが、それは被後見人の財産から支出するべきものであり、後見人が個人として保証する義務はない。仮に後見人が被後見人の債務について保証人となり、当該債務を弁済すると、後見人は被後見人に求償権を有する。その権利行使は被後見人との利益相反行為と

---

6)　介護事業法務研究会編・前掲注 1）385 頁。
7)　利用者が第三者として施設から金品金銭に係るサービス提供を受ける権利を取得するためには、利用者本人の希望を確認することが求められる。意思確認ができないのであれば、家族は第三者のためにする契約を施設と締結はできないであろう（日本弁護士連合会高齢者障害者の権利に関する委員会編『高齢者・障害者施設での金銭管理 Q&A』（あけび書房・2006）26 頁）。

なる。

3 後見人の対処方法

　後見人は施設等に対し、次の対処により保証人就任の要請を回避すべきであろう。①施設費用の支払いは被後見人の預貯金等の資産で賄えること、②相続人と死後の事務について話し合っていること、③死後事務委任契約を被後見人と後見人がすでに締結しており、施設等が預かる遺留品等を円滑に引き取ることができること、④施設費用の支払請求書の単なる送付先および支払手続者として後見人を登録することを伝えて、取り決めることが求められよう。

第Ⅴ節　▶利用者死亡の対処

1　施設等に残置の金品等
(1) 関係者への連絡

　施設で利用者が死亡した場合、遺体・遺骨の引取りに加え、施設等が預かっていた金品および遺留品（以下、「金品等」）の処分、利用料・医療費等の未払金の支払いの対応が問題となる（本編**第4章第Ⅴ節・第Ⅵ節**参照）。施設等の入所契約では、概して利用者の死亡後、住居空間の速やかな明渡し、預かった金品等の引取りを求める旨の記載があり、受取人を指定する。受取人の未指定または死亡の場合、利用者の推定相続人、身元引受人・身元保証人または遺言執行者等に連絡をする。これらが不明のときは後見人または市町村に連絡をする。

　市町村は利用者の親族とトラブルになることを懸念して金品等および遺体・遺骨の引取りには消極的であり、対応は迅速ではないことが多いため、施設は利用者が遺した金品等の処分に関する対策が求められる。

(2) 引渡しの対象者

　ア) 指定された受取人　　施設の入所契約により指定された受取人に、施設が預かった金品等の引取りを求める。利用者の後見人が入所契約の締結を代理して行う場合、受取人として後見人を指定されることがある。後見人は利用者死亡により委任契約は終了するが、被後見人の相続人に相続財産を引き継ぐために必要な範囲で事務を行う（本編**第1章第Ⅵ節**参照）。被後見人の家庭状況に照らし、一時的にせよ

---

8)　赤沼康弘＝鬼丸かおる編著『成年後見の法律相談〔第3次改訂版〕』（学陽書房・2014）88頁〔土肥尚子〕。

後見人が金品等の引取人にならざるをえないことがある。

イ）相続人の代表者　　受取人の未指定または死亡の場合、利用者の相続人のなかから代表者を選定してもらい、代表者に金品等を引き渡すことが考えられる。しかし、施設は相続人間の紛争に巻き込まれるリスクを回避するため、①他の全相続人から代表者に引き取りを委任する旨の委任状の提出依頼、②委任状の提出が困難である場合、代表者に受取書に相続人の代表である旨を記載させる。

ウ）遺言執行者等　　公正証書遺言または検認手続済の自筆証書遺言（自筆証書遺言を遺言書保管所で保管の場合、検認不要）で遺言執行者が指定されている場合、利用者の金品等は遺言執行者に引き渡す。①遺言執行者は、遺言の内容を実現するため、相続財産の管理その他遺言の執行に必要な一切の行為をする権利義務を有し、かつ、②遺言執行者が権限内において遺言執行者であることを示した行為は、相続人に対し直接に効力を生じる（改正民 1012 条 1 項・1015 条）。遺産分割審判前の保全処分として家庭裁判所が遺産管理者を選任している場合、その管理者に利用者の金品等を引き渡す。

(3) 相続人不明時の財産処分

施設等の利用者に身元引受人がおらず、かつ相続人が不存在または不明である場合には、後見人は利用者が遺した金品等を利用者の居住地の市町村に引き渡すことが考えられる（老人福祉 27 条 2 項参照）。市町村が施設に葬儀を委託した場合、利用者が遺した金品等はその費用に充当される。しかし、市町村は引取りには消極的であり、対応は迅速ではないことが多い。

他方、家庭裁判所が相続財産管理人（民 952 条 1 項）を選任した場合、次の対処が考えられる。①利用者が施設に遺した金品等を相続財産管理人が引き取る、②施設に費用未払いがあり、債権者として法定期間中に申出があれば、相続財産管理人は施設に弁済手続を実施する、③相続人捜索の公告等を経て、相続人不存在が確定した場合、家庭裁判所は特別縁故者に対する分与を認めて、残余の遺産は国庫に引き渡される（本編**第 2 章第Ⅹ節・第Ⅺ節**参照）。

2　死後事務委任契約

疎遠であった相続人等は死亡した利用者の遺体を引き取り、利用者が希望する葬儀・納骨等の手続を実行してくれるのか不明である。士業関係者または信頼できる第三者に対し、遺した金品等の扱い、遺体の引取り、葬儀等の死後事務に関する委任契約を締結することが検討される（遺体の引取り・葬儀等は本編**第 4 章第Ⅵ節**参照）。

委任者は、相続人等が死後事務委任契約を解除しない旨の特約を付けておくことが考えられる。死後事務委任契約を締結している場合、利用者は施設にその旨を伝えておくべきであろう。

3　後見人の対応

　施設の入所契約に、後見人が金品等の受取人指定をしている場合、または、死後事務委任契約を事前に被後見人と後見人が締結していた場合、当事者の各対応が求められる。しかし、次の事由から後見人が金品等の引取人にならざるをえないことがある。第1に、相続人の迅速な協力が得られない場合、事務管理として、後見人は任意で金品等を一時的に預かる。第2に、委任契約では委任者側が事務処理を引き継げるよう、急迫の事情があり、必要な処分に関し、契約終了後も受任者は応急処分義務を負う。相続人が直ちに事務を引き継ぐことが困難な状況では、金品等を一時的に預かることが考えられる。

　施設等と本人（被後見人）との関係は、一般的に本人の死亡と同時に契約は終了する。施設利用権においても、本人が死亡するまでの居室および共用施設の利用ができる権利であり、それは相続対象とはならない。死亡した被後見人が施設に入所していた場合、後見人は施設との解約手続は不要である。

4　施設等への未払金の支払い

(1)　任意契約による対応

　被後見人の相続人が不存在または連絡が困難な場合、施設等利用料・医療費等の未払金に関し相続人による適時の支払いが期待できないことがある。後見人が施設の支払請求に応じてきたが、被後見人の死亡により、施設が相続人を探し出して請求を要するのは現実的ではない。そのため、任意契約による対応として、①施設の協力を得て、預託金を施設等に納め、被後見人の死亡後に精算、②死後事務委任契約により、当該未払金の支払いの代理権を委任者に付与する。

(2)　民法規定による対処

　民法873条の2第2号に基づき、後見人は相続人が相続財産を管理することができるまで、相続財産に属する債務弁済として、施設等への未払金の支払いが可能である。債務弁済のために、本人名義の預貯金の払戻し（振込みによる払戻しを含む）をする場合、家庭裁判所に「成年被後見人死亡後の相続財産の保存に必要な許可申立書」を提出する。添付書類は、申立事情説明書、戸籍謄本、死亡診断書の写し、預

金通帳、請求書である。

　相続財産が債務超過の場合、施設への支払いは相続の単純承認（民921条）に該当する可能性があり、家庭裁判所と相談して対処すべきという指摘がある[9]。

---

9)　相続財産が債務超過の場合、一部の債権者への支払いは、他の債権者の権利侵害となり、相続財産の処分として相続の単純相続に該当する可能性がある。施設の支払いにおいても、家庭裁判所と相談しながら、慎重になることが要請される（一般社団法人日本財産管理協会『Q&A成年被後見人死亡後の実務と書式』（新日本法規・2013）165頁）。

第 4 章

オーナー死後の関連事務と相続手続

　中小企業オーナーが死亡すると、多岐にわたる死後の関連事務、遺産分割協議を含む相続手続が危急の問題となる。祭祀の承継に加え、墓の管理に悩むことが少なくない。しかし、①オーナーに相続人その他親族がいない、または疎遠である場合、②相続人間で紛争が生じている場合、死後の関連事務の執行自体またはオーナーが意図する死後の関連事務が実現するとは限らない。また、改正相続法により、従来とは異なる対処が求められる。本章では、死後の関連事務、葬儀・祭祀に係る課題、相続手続・相続放棄の留意点を各考察する。

●時系列　　　　　　　（祭祀の承継、墓じまいと改葬等）

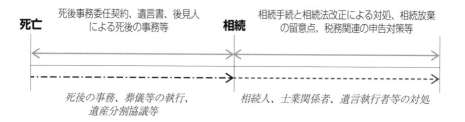

死亡　　死後事務委任契約、遺言書、後見人　　　　相続　　相続手続と相続法改正による対処、相続放棄
　　　　による死後の事務等　　　　　　　　　　　　　　　の留意点、税務関連の申告対策等

死後の事務、葬儀等の執行、　　　　　　相続人、士業関係者、遺言執行者等の対処
遺産分割協議等

●オーナー死後の関連事務と相続手続の概要

関係当事者	対象事案	具体的内容
相続人、士業関係者、後見人等	早期に求められる死後の関連事務	死亡直後の手続、税務関連の申告対策、できるだけ早期が望ましい手続
士業関係者・後見人等	死後事務委任契約に基づく死後の関連事務	死後事務委任契約の具体的内容、相続人による契約の解除権、財産管理委託契約との関係
相続人、士業関係者、後見人等	遺言書・事務管理・応急処分義務による死後事務	遺言書による死後事務の定め、事務管理・処分義務による対処と課題
後見人	後見人による死後の関連事務	民法873条の2に基づく死後の事務、対金融機関手続、遺留品保管契約、居住地の明渡し等

祭祀主宰者、相続人、士業関係者、後見人等	遺体・遺骨の引取り	遺体帰属者と引取義務者、遺言書、後見人対応
	火葬・葬儀等の執行	葬儀等の執行と費用負担、死後事務委任契約等
	祭祀の承継	祭祀財産の範囲、祭祀承継者の指定と権利等
	墓じまいと改葬等	墓じまいの方法、改葬と分骨の手続、離檀等
相続人、士業関係者、遺言執行者、相続財産管理人等	相続手続と相続法改正	自筆証書遺言の保管制度、遺言執行者の権限、遺産分割協議、預貯金の払戻し、被相続人の配偶者居住権、遺留分算定、特別寄与者等
	相続放棄の留意点	放棄者の管理義務、遺産分割手続との関係等

第Ⅰ節　▶早期に求められる死後の関連事務

　死後の関連事務として、死亡直後の手続（金融機関への届出・迅速な手続、7日以内または14日以内の手続）、税務関連の申告対策、できるだけ早期が望ましい手続等がある。[1]とりわけ、遺産分割前後における被相続人である中小企業オーナーの預貯金に係る払戻請求に関しては注意を要する（本章**第Ⅸ節5**参照）。

　オーナーの死亡後、「保険金受取」請求に際し、指定された受取人は保険会社への請求書に署名捺印をする必要がある。当該受取人が認知症等により判断能力を喪失している場合、法定後見人を申し立て、当該後見人が代わりに署名捺印をする（実際は親族の代筆等による対応が少なくないが、信頼できる親族がいない場合がありうる）。このような混乱を避けるためにも、保険契約者が存命中に、保険金受取人の判断能力に問題があれば、受取人の変更等の対処が必要となる。

　これら内容は、オーナーの相続人が相続手続過程で行うことが多い。しかし、死後の関連事務の執行自体またはオーナーが意図する死後の関連事務が実現するとは限らない。そのため、円滑な死後関連事務の執行として次が考えられる。第1に、オーナーが生前に財産管理委託契約の条項として、または死後事務委任契約を締結して意図する当該事務の執行を第三者に委任する。第2に、オーナーの意思能力が適正なときに民事信託契約を締結し、死後関連事務および財産承継を関係当事者および金融機関等の関係各所と調整を行うなどである。

---

1)　死後の関連事務に関し、各種手続の実務書は多い（曽根恵子監修『身内が亡くなった後の手続きがわかる本』（扶桑社・2019）10頁以下、児島明日美=福島真弓=酒井明日子『身内が亡くなった後の手続のすべて〔新版〕』（自由国民社・2017）12頁以下等）。

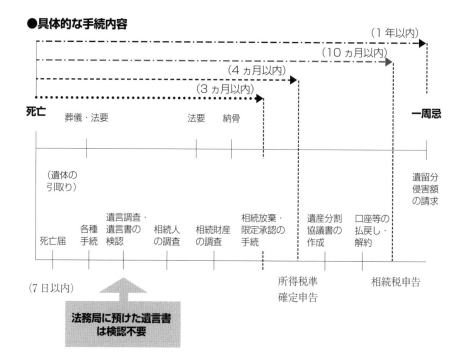

●具体的な手続内容

（1 年以内）

（10 ヵ月以内）

（4 ヵ月以内）

（3 ヵ月以内）

死亡　　　葬儀・法要　　　　　　法要　　納骨　　　　　　　　　　　　　　　　　　　　一周忌

（遺体の
引取り）

遺言調査・　　　　　　　　　　相続放棄・　　遺産分割　　口座等の　　　　　　　遺留分
遺言書の　　相続人　　相続財産　限定承認の　協議書の　　払戻し・　　　　　　　侵害額
死亡届　　各種　検認　　の調査　　の調査　　手続　　　　作成　　　　解約　　　　　　の請求
　　　　　手続

（7 日以内）　　　　　　　　　　　　　　　　　　所得税準　　　　相続税申告
　　　　　　　　　　　　　　　　　　　　　　　確定申告

法務局に預けた遺言書
は検認不要

1　死亡直後の手続

（1）金融機関との対処

ア）遺産分割前後の払戻請求

項　目	具体的手続
払戻制度・遺言執行者の権限（相続法改正）	遺産分割前に、①各共同相続人は法定相続分につき、各預貯金債権の３分の１の範囲で、他の共同相続人の同意なく金融機関から預貯金の払戻しが可能（改正民909条の２。同一金融機関で１人150万円上限）、②相続財産に属する債務弁済、相続人の生活費支弁等、預貯金債権の行使では、遺産に属する特定預貯金の全部・一部の仮取得が可能（改正家事200条３項）
	預貯金債権について特定財産承継遺言の目的である場合、遺言執行者は預貯金の払戻し・解約の権限あり（改正民1014条３項）
事後または事前の対処	①本人（被相続人）Ｙ死亡の連絡により口座凍結、②Ｙの死期が近い場合、相続人が他の相続人の承諾を前提として、Ｙ口座から払い戻して各種債務の資金に充当、③金融機関による便宜払い（葬儀費用等の相当額の引出しの話し合い）、④被相続人が生前に金融機関との間で葬儀費用等の支払いに充てるため、事前指定した者に預貯金の一部を払い戻す契約を締結

遺産分割前後の 払戻手続	死亡後、遺産分割前に預貯金を引き出す場合、原則として、①相続人全員の合意（払戻請求書等に署名捺印）、②被相続人の全部事項証明書（戸籍謄本）、③相続人全員の全部事項証明書・印鑑登録証明書、④相続関係図、⑤預金通帳、⑥払戻請求書等を金融機関に提出
	遺産分割後では、前記の内容に加え、相続人全員が署名捺印した分割協議書（遺産分割の調停調書・審判の謄本も可）を提出
相続人の個別払 戻しの可否	相続人 X_1 が本人 Y 口座から他の相続人 X_2〜X_4 に無断で預金を払い戻した場合、① X_1 が Y の入院費用・葬儀費用等に費消した場合、遺産分割協議で当該費用を遺産から差し引いて計算、② X_1 による費消内容が不明（自己使用を認めない）であれば、不当利得返還請求の可能性

イ）留意点

項　目	具体的手続
被相続人の預金 の帰属	被相続人 Y の預金は、遺産分割を経て承継されるため、遺産分割前に各相続人が個別に相続割合に応じて払戻請求は不可（最決平 28・12・19 民集 70-8-2121）
法定相続情報証 明制度	相続に伴う預金の煩雑な払戻手続の対処として、「法定相続情報証明制度」を利用。被相続人・相続人全員の戸籍謄本、相続関係図等を一度、法務局に提出し、登記官の確認を経て、相続関係図に認証文を付した写しの交付

ウ）各種手続・請求

項　目	具体的手続
金融関連の各種 手続	①預貯金の相続手続、②貸金庫の解約、③信金・生協等の出資金の払戻し、④公共料金の引落とし口座変更・利用廃止手続、⑤借入金・カードローンの対処、⑥生命保険付住宅ローンの対処、⑦家屋の火災保険の名義変更、⑧証券会社・信託銀行に対する上場株式・投資信託・債券・単元未満株等に係る引継手続（遺産分割協議成立後）等
貸金庫の開扉	貸金庫契約に基づく賃借権は相続人に承継され、各相続人の準共有になる。貸金庫の開扉に関し、①内容物の確認は保存行為として、相続人が単独で可能、②内容物の持出しは処分行為として相続人全員の同意が必要、③実務上、開扉を求める相続人は全相続人の承諾書を金融機関に提出、④他の相続人の協力が得られない場合、公証人に事実実験公正証書の作成を委嘱し、公証人の立会いにより貸金庫を開扉
保険金・返戻金 支払請求	①生命保険金・入院給付金（死亡後 3 年以内）の請求、②簡易生命保険金（死亡後、原則 5 年以内）の請求、③保険解約返戻金の支払請求は、可分債権として、各相続人が法定相続分に応じて権利の承継、④団体信用生命保険によるローン完済手続（死亡後 3 年以内）

（2）迅速な手続

手　続	書　類	留意点
死亡直後の入手書類	死亡診断書の手配	自宅・病院での死亡による医師からの交付
	死体検案書の手配	不慮の事故による医師からの交付

（3）7日以内

手　続	書　類	留意点	提出者	提出先
死亡届・火葬許可申請書の提出	死亡届、死亡診断書	死亡届（亡くなった事実を知った日から7日以内）の記載事項証明の提出の要請あり	①同居の親族、②その他の同居者、③家主、地主、家屋・土地管理人は、死亡届出義務者。①同居の親族以外の親族、②後見人・保佐人等は、届出資格者	死亡届・火葬許可申請書の提出は、①故人の死亡地、②届出者の所在地または故人の本籍地のいずれかの市区町村役場
	火葬許可申請書	①市区町村役場に火葬許可申請書の提出		
		②火葬場に火葬許可証の提出		
		③火葬場から記載済の火葬許可証が返戻		

（4）14日以内

ア）世帯主の変更届・年金関連

手　続	書　類	留意点	提出者	提出先
世帯主の変更届の提出	世帯主の変更届（住民異動届）	残った世帯員が2名以上いて、誰が世帯主となるのか不明の事案では、届出が必要	新世帯主・世帯員・代理人。届出人の身分証明書を持参	故人が世帯主であった場合、故人が住んでいた市区町村役場の窓口
年金の受給停止と未支給年金の請求	故人の年金証書、死亡事実を確認できる書類	年金受給者が死亡した場合、①国民年金は14日以内、②厚生年金は10日以内に、各受給停止手続	未支給年金の請求は、故人と生計をともにする遺族に限定	年金事務所または年金相談センター

イ）公的保険関連

手　続	書　類	留意点	提出者	提出先
国民健康保険等の資格喪失手続	国民健康保険資格喪失届出、被保険資格喪失届	故人が自営業者の場合、国民健康保険資格喪失届出、または後期高齢者医療喪失届（75歳以上）＝死亡後14日以内	故人が自営業者の場合、世帯主等	故人が住んでいた市区町村役場の窓口

		故人が会社員等の給与所得者の場合、健康保険資格喪失届出＝死亡後5日以内、家族は国民健康保険等への加入手続	故人の家族	会社員等の場合、会社担当者が手続を実施
介護保険の保険証の返却手続	介護保険資格喪失届出、戸籍謄本等	65歳以上の第1号被保険者の死亡後、介護保険料額が精算され、還付または納付手続	故人の家族	故人が住んでいた市区町村役場の窓口

2 税務関連の申告対策

日 程	関連事項	留意点
相続の開始	遺言書の有無、相続財産の調査（遺産・債務・生前贈与の算定）、遺産分割協議の準備	葬式費用の受領書の整理・保管、遺言書の検認手続等
3ヵ月以内	限定承認または相続放棄	家庭裁判所に申述、熟慮期間の伸長申立
4ヵ月以内	被相続人に係る所得税の申告・納付（準確定申告）	相続人全員が被相続人の死亡年分の所得税を申告・納付
6ヵ月以内	根抵当権の設定物件の登記	相続開始後6ヵ月以内に登記しないときは、担保すべき元本は相続開始時に確定とみなす（民398条の8第4項）
8ヵ月以内	経営承継円滑化法の適用に係る納税猶予の申請	相続開始の翌日から8ヵ月以内に、特例承継計画の事前提出・確認審査（**第1編第3章**参照）
10ヵ月以内	相続税の申告・納付（申告期限までに遺産分割が調わない場合、民法上の相続分割合で取得したものとして申告）	基礎控除額（3,000万円＋（600万円×法定相続人の数））の超過部分が課税遺産総額。申告期限までに遺産分割が調わない場合、原則、税制上の軽減措置の対象外

3 できるだけ早期が望ましい手続

（1）重要事項の手続

手 続	種 類	留意点	提出先
携帯電話・インターネットの解約	除籍謄本などの故人の死亡事実を確認できる書類、契約解約届等	携帯電話の機種代金、通話料の精算手続、承継する場合、その手続	契約各社の代理店、サポートセンター
NTTの固定電話の承継・解約	相続関係のわかる戸籍等（戸籍謄本等）、電話勧誘権等承継・改称届出書、死亡記載の戸籍等	電話加入権は相続財産となるため、権利承継には相続手続が必要	NTTの窓口

公共料金の契約者変更・利用廃止	必要書類の提出。公共料金の支払いが口座振替を利用し、その口座名義が故人であれば、引落とし不能となり、口座変更の手続が必要	公共料金の契約者変更手続は、電話またはインターネットで可能。口座変更の手続が完了するまでは、ATMまたはコンビニ等で支払手続	口座開設の金融機関、利用廃止の場合、電力会社・ガス会社・水道局・NHKの各窓口
クレジットカード	各社所定の届出書類、クレジットカード、死亡記載の戸籍謄本・除票等	解約後、故人の未払金は、原則として相続人による支払義務	電話または必要書類の郵送
運転免許証・パスポート	故人の運転免許証・パスポート、相続関係のわかる戸籍等（戸籍謄本等）、届出人の身分証明書	更新手続をしないと自動的に失効。形見として残したい場合、悪用されるおそれを防止する処理（穴あけ・無効証明印）が必要	運転免許証は警察署・運転免許センター、パスポートはパスポートセンターに返却

(2) 対象別の手続

項　目	具体的手続
日常生活関連の手続	①自動車・軽自動車の名義変更、②自動車税の納税義務者の変更、③自動車保険の名義変更、④墓地・墓地利用権の名義変更・管理者変更、⑤衛星テレビ等の解除・継続手続、⑥ゴルフ会員権の名義変更、⑦特許権・実用新案権の移転登録、⑧著作権の引継手続、⑨各種会員（ジム、互助会等）の退会手続、⑩リース・レンタルサービスの解約・継続手続、等
会社への手続	①故人である役員が法人に貸し付けた金銭債権の引継ぎ、②故人保有の自社株の名義変更・権利行使者の通知、③死亡退職金・最終給与の受取り、④健康保健証の返却、⑤団体弔慰金の受給、⑥故人（役員）が会社に貸し付けた金銭債権の引継ぎ、⑦故人が会社役員の場合、役員変更登記（死後2週間以内）、⑧持分会社の出資持分払戻請求、等
行政機関への手続	①印鑑証明カードの返却、②住民基本台帳カードの返却、③高齢者福祉サービスの停止、④高額療養費・高額介護サービス費の払戻請求（診療月翌月の1日から2年）、⑤シルバーパスの返却、等

(3) 期限が異なる行政機関への手続

項　目	具体的手続
任意（期限の定めなし）	①復氏届（旧姓に変更）の提出、②婚姻関係終了届（配偶者親族との婚姻関係終了）の提出、③改葬（お墓の移動）許可申請書の提出、等
請求内容による期限の差異	①未支給年金の請求（死亡から10日以内、国民年金は14日以内）、②寡婦年金（死亡から5年以内）・死亡一時金（死亡から2年以内）、③遺族基礎年金、遺族共済年金、遺族厚生年金の各請求（死亡から5年以内）、④国民健康保険加入に係る葬祭費（死亡した日の翌日から2年以内）・埋葬料の各請求（埋葬を行った日の翌日から2年以内）、⑤業務事故による被災労働者の葬祭料・遺族補償年金の請求（死亡の日の翌日から5年以内）、等

第Ⅱ節 ▶死後事務委任契約に基づく死後の関連事務

Ⅰ 死後事務委任契約の内容

　死後事務委任契約とは、本人（委任者）の生存中に代理権を受任者に付与し、死後の一定分野に限定した事務を委託する準委任契約である。本人が生前中に締結した死後の事務処理に関する契約は、本人が死亡後も有効である（最判平4・9・22金法1358-55[2]）。

　本人死亡後に効力が生じ、①短期的、または②長期的な死後事務がある。①には早急な対処内容、精算関係が多い。**第Ⅰ節**で例示した早期に求められる死後の関連事務の内容が重複する。死後事務委任契約書には処理内容・委任事務の範囲、費用の上限金額等を明確にする。

●死後事務委任契約の具体的内容

区　分	具体的内容
短期的な死後事務	①遺体の引取り、②施設・医療・介護費用等の支払い、③葬儀・納骨の施行（葬儀費用等のため、指定した者に預貯金を払い戻す旨の契約を金融機関と生前に締結）、④遺した金品（生活用品、家財道具を含む）の整理・処分、⑤相続人・利害関係人等への相続財産・遺品の引継ぎ、相続財産管理人の選任申立てに関する事務、⑥行政官庁等への届出、⑦親族・関係者等に死亡の連絡、⑧施設・借家等の居住空間の明渡し、⑨関係者への応分の謝礼、⑩ペットの施設入所手続、等
長期的な死後事務	①永代供養、②年忌法要、③墓石建立に関する事務、等
預託金・費用負担・報酬	①契約時に預託金を受任者に授受とその保管方法の明記、預託金の清算・返還方法、②費用を預託金から支出すること、および不足時の対処方法、③受託者が受ける報酬額・算定方法、支払方法、等
事務処理の報告	①死後事務の処理内容・予定内容、②支出費用の金額・内訳、③預託金の保管状況・清算結果、④報酬の収受状況・算定方法、等
契約の終了	終了事由は、①受任者（自然人）の死亡、資格喪失、業務停止処分、②受任者（法人）の破産手続開始決定、解散、業務停止処分、等

2 死後事務委任契約の意義

（1）活用意義と契約締結の真実性担保

　民法873条の2に基づく後見人の死後事務は、内容および期間が限定されている。

---

2)　最判平4・9・22金法1358-55および差戻審である高松高判平5・6・8（平4（ネ）339）は、入院中の諸費用支払い、葬儀・法要の施行と費用支払い、入院中に世話になった家政婦・友人等への謝礼金支払い等の死後の事務が問題になった。

事務管理・応急処分義務による対処は行うべき範囲が明確ではない。葬儀・納骨等の死後事務の多くが法定遺言事項ではないため、遺言執行者に法的な強制力を及ぼすことができない。本人と士業関係者が死後事務委任契約を締結し、詳細な死後の事務内容を依頼することが考えられる[3]。契約締結時に本人に十分な判断能力が必要であり、法定後見では死後事務委任は困難であろう。死後の事務処理を信頼できる第三者（任意後見受任者、他の士業関係者等）に委任するニーズは高い。

　死後事務委任契約は、受任者と相続人との紛争回避のため、公正証書による作成が求められよう。しかし、本人の疾病その他の事由により、死亡の危急に迫っている状況でなされることがある。公正証書による作成が困難である場合、契約締結の真実性を担保する方式（民976条参照）が求められよう。

(2) 遺言と抵触する内容の扱い

　遺言と死後事務委任契約の内容が抵触する場合、いずれが優先するのか。死後事務委任契約は相続財産の処分よりは、各種費用の支払い・葬儀等の短期迅速に対処すべき内容が中心である。しかし、委託者の遺産から金銭支出を伴うことが多く、相続人利益と衝突する懸念がある。遺言が死後事務委任契約より後になされた場合、遺言の内容が優先される。死後事務委任契約が遺言より後に締結された場合でも、遺言の内容は遺言によらなければ撤回できないため、遺言が優先される。死後事務委任契約では遺言の内容と抵触する事項の定めは避ける、または慎重になされるべきであろう。

3　相続人による契約の解除権

(1) 相続制度等との抵触

　例えば、Y（受任者）はX₁（委任者）と死後事務委任契約を締結して、葬儀納骨・永代供養を執り行った。その後、X₁の相続人X₂は、「X₂の自宅近くにあるお寺の墓地でX₁の供養をしたい」と言って、Yに死後事務委任契約の解除を申し出た。Yは当該解除に応じる必要があるのかが問題となる。

　死後事務委任契約は委任者が存命中に葬儀供養等に関する事務を委託し、委任者の死亡により契約が終了（民653条）しないとする附款がある契約とする。しかし、

---

3)　他の方法として遺言、死因贈与、条件付契約、信託が考えられる。遺言は法定事項に限られ、死因贈与・条件付契約は包括事務処理の義務が発生しない。信託は委託者の特定財産の管理処分であり、長期の永代供養料の支払いに適するが、葬儀・施設利用の支払い等に適さない指摘がある（一般社団法人日本財産管理協会編『Q&A　成年被後見人死亡後の実務と書式』（新日本法規・2013）16頁〔田島誠〕）が、信託契約の内容によるであろう。

このような契約を無制限に認めることは、相続制度、遺言制度、遺留分制度と抵触する懸念があり、相続人の利益をいかに図るかが問題となる。

(2) 解除が制限される根拠

本人（委任者）は、相続人等が死後事務委任契約を解除（民651条1項）しないように、解除権を放棄する旨の特約を規定することが考えられる。死後事務委任契約を委任者の相続人が、受任者の事務処理前に常に解除をできるとすれば、契約の趣旨が無意味になる。死後事務委任契約は相続人と協力が得られない、または迅速に連絡をとることができない場合に締結することも少なくないため、委任者の意図が相続人によって適切に実現されるとは限らない。相続人による解除が制限される根拠として、次が指摘できる。[4]

第1に、委任者の地位の承継者が委任契約を解除・終了させることを許さない旨の当事者合意である。第2に、死後事務委任契約は委任者の死亡後における一定の事務処理（葬儀・供養等）を想定しており、委任者の意思は尊重され、死亡による契約終了を前提としていない。第3に、事務処理の内容は、委任者の死亡と直接的に関係し、概して一定事項に限定されている。第4に、短期的な死後事務は、相続人に対し、経済的に過度な負担とはならないであろう。

(3) 解除が許容される事案

相続人は、死後事務委任契約のいかなる内容を解除できるかを検討する。

第1に、短期的な死後事務は、原則として相続人による解除ができないであろう。葬儀・施設費の支払い、各種届出等は時間的に切迫し、本人の意思が最大限に尊重されるべきである。葬儀・納骨等の方法が実際的ではなく経済的合理性を欠く場合、解除は認められるであろう（祭祀承継者の解除権行使に関し、本章**第Ⅷ節**参照）。

第2に、長期的な死後事務は、相続人による解除が可能であろう。永代供養・年忌法要等は相続人に対し、長期間かつ多額の費用負担を生じさせる。死後事務委任契約によって相続人の不利益が一般的な受忍限度を超えて、合理的妥当性を欠き不当に拘束する場合、解除が認められるであろう。[5]

---

4) 被相続人の意向に沿った死後事務委任契約が相続人の意向に必ずしも一致しないものであっても、相続人は正当な理由がない場合、契約の解除はできないであろう（日本財産管理協会編・前掲注3）18頁〔田島〕）。

5) 東京高判平21・12・21判タ1328-134によれば、死後事務委任契約の内容が不明確・実現困難であり、履行負担が過重であるなど契約を履行させることが不合理と認められる特段の事情がある場合、委任者の地位の承継人が委任契約を解除終了されることができる。

4 財産管理委託契約との関係

(1) 財産の引継ぎまでの事務

　財産管理委託契約は、本人（委任者）の死亡により終了するため、管理終結時の財産目録および管理経過報告書を作成し、管理財産とともに本人の相続人に交付する（本編**第1章第Ⅰ節**参照）。相続人が被相続人の財産管理をできるまで、受任者（財産管理人）は財産管理を継続する。本人の財産が預貯金等であれば銀行に死亡した事実を届け出て、相続人が引き継ぐまで通帳を保管する、等が考えられる。

(2) 財産管理人の選任

　例えば、本人が不動産を賃借している場合、債務が日々生じる。受任者（財産管理人）は財産を本人の関係者に引き継ぐまでは善管注意義務を負っていると考えれば、債務増大に一定の対処を要し、放置すれば賃貸人から明渡訴訟を提起され、強制執行の対象となりかねない。しかし、賃貸借契約の解除は、受任者の死後事務を超える内容であろう。相続人が全く存在しない等の場合（存否不明）、受任者は利害関係人として家庭裁判所に相続財産管理人の選任申立てをする。

　相続人間の争いにより円滑な財産引渡しが困難である場合、受任者は財産管理の継続が負担となり、管理費用の増大により管理財産が減少していく。当該状況に対処するため、相続人の一人に遺産分割審判の申立てを依頼し、家庭裁判所に保全処分として財産の管理者を選任してもらう。共同相続人中に行方不明者がいて遺産分割協議ができない場合、不在者財産管理人の選任申立てをする（本編**第2章第Ⅹ節**・**第Ⅺ節**参照）。

第Ⅲ節　▶遺言書・事務管理・応急処分義務による死後事務

1 遺言書による死後事務の定め

　遺言書による死後事務の対応として、①遺言書による死後事務の内容を記載し、遺言執行者を定めて執行してもらう、②負担付遺贈または条件付遺贈により受遺者に死後事務を執行してもらうことが考えられる。

　①の課題として、指定された者が遺言執行者に就任しない、または死後事務の多くが法定遺言事項ではなく遺言執行者に法的な強制力を及ぼすことができない等がある。他方、②の課題として、受遺者が負担または条件を履行しない場合、遺言執行者が負担付遺贈に係る遺言の取消しを家庭裁判所に請求することができる（民1027条後段）。遺言執行者による履行承認を受けることを停止条件とする方法がある。

これら対処に関し、受遺者が放棄をして死後事務の負担を免れる可能性は否定できない。[6]

2 事務管理による対処と課題

（1）事務管理による対処

例えば、後見人には被後見人が死亡時まで入所していた施設に遺した金品等を引き取る義務はない。財産的価値が低いものでも被後見人の所有物は相続人が承継をするため、当該金品等は相続人が引き取る。後見人が相続人を兼ねていないのであれば、相続人に金品等の引取りに関する連絡をする。

高齢者入居施設の入所契約等では、被後見人の死亡後、住居空間の速やかな明け渡し、遺した金品等の引取りを求める旨の記載があることが多い。後見人が入所契約の締結を代理して行う場合、引取人として後見人を指定されることがある。相続人の迅速な協力が得られない等、被後見人の属性（家庭環境・相続人の有無等）に照らし、後見人は事務管理（民697条）として一時的にせよ金品等の引取人にならざるをえないことがある。[7]

（2）事務管理の課題

事務管理の課題として、第1に、その範囲は明確ではなく、対処および費用確保に懸念がある。被後見人と死後事務に関する明確な取決めがないと、相続人に可能な限り権利侵害および経済的損失が生じないように最小限の行為しかできない。葬儀費用の支出に関し、相続人の同意があれば被後見人の相続財産から支出依頼ができる。相続人がいない、または協力が得られない場合はどうか。生活保護の葬祭扶助費同等の葬儀、または本人の資産・生活状況に照らし社会通念に従った葬儀が考えられるが、本人の意思が実現されない可能性がある。また、社会通念に従った葬儀の範囲が明確ではない。

第2に、後見人は自身の財産により事務管理に係る費用を立て替えて、被後見人

---

6) NPO法人遺言・相続リーガルネットワーク編著『お墓にまつわる法律事務』（日本加除出版・2016）32～33頁。

7) 管理者は、善管注意義務、管理継続義務、自己執行義務、忠実義務等、受任者と同様の義務を負うため、管理者は相続人等が管理することができるまで、事務管理を継続しなければならない（民700条）。本人の意思に反し、または本人に不利であることが明らかであるときは管理を継続すべきではない。なお、管理者は、有益費用を本人に償還請求（民702条1項）ができる（野澤正充『事務管理・不当利得・不法行為〔第2版〕』（日本評論社・2017）5～9頁、松川正毅編『成年後見における死後の事務』（日本加除出版・2011）52～53頁〔田中利勝〕）。

の相続人に費用返還請求をすることが考えられるが、専門職後見人の経済的負担となり、相続人から支払拒否の可能性はある。現実には償還請求の債権と相続人の引渡請求権（後見人が所持する被後見人の金銭等）を相殺することになろうが、相続人が相続放棄をすることもある。

第3に、事務管理において、管理者の名でなされた法律行為は、代金債務について、本人に自己に代わって弁済請求することができる（民702条2項）にとどまる。管理者が無権代理人として本人の名で法律行為をしたときは、当該行為が本人の意思に反せずに利益となり、事務管理に当たるとしても当然には本人に効果を生じない。本人の追認を要する（最判昭36・11・30民集15-10-2629）。

3 応急処分義務による対処と課題

(1) 契約終了後の善処義務

委任契約は契約終了により完全消滅するのではなく、委任者側が事務処理を引き継げるよう、契約終了後も受任者は一定の善処義務を負う。これが応急処分義務（応急善処義務）である。委任が終了した場合に、「急迫の事情」があるとき、受任者は委任者（またはその相続人もしくは法定代理人）が委任事務を処理することができるようになるまで、「必要な処分」を行うことを要する（民法874条による同654条の準用）。

急迫の事情とは、①委任の趣旨に従い善処しなければ委任者側（相続人等）の不利益（遅延損害金の発生、時効による消滅等）になる、②調査により相続人不存在と判明したが、相続財産管理人が未選任、③相続人が、住所不明、直ちに事務の引継ぎが困難、意思無能力である等である。他方、必要な処分とは、相続人等が対象事務の執行を求められ、利害関係人である相続人の利益が考慮される。医療費・施設費等の債務は後見人時に発生し、その後に金額変動が生じない。これは必要な処分と考えられる。

(2) 事務管理との相違

後見人は従前の委任関係の継続として応急処分義務に基づき事務処理を行う。当該範囲を超えると事務管理の法理により死後の事務を行う。後見人は応急処分義務

---

8) 専門職後見人は事務管理における報酬までは請求できない。しかし、学説上、事務管理が通常有償でなされる管理者の職業または営業内の行為であれば、報酬は費用（民702条1項）に含まれ、報酬請求が可能とされる（四宮和夫『事務管理・不当利得・不法行為 上巻』（青林書院・1981）34頁）。

9) 契約関係が形式的な契約終了により消滅するのではなく、契約前の権利義務とあわせて、契約の効力が単に当事者の合意の成立と解消に尽きることなく、当事者の間に成立する関係そのものに由来する。契約の余後効と呼ばれる効果の一例である（内田貴『民法Ⅱ債権各論〔第3版〕』（東京大学出版会・2011）108頁、300頁）。

の範囲内で被後見人の生前と同一の地位権限（代理権、財産管理権等）が認められよ
う。この結果、後見人が事務処理を行った場合、相続人が効果帰属主体となる。[10] 後
見人は受任者として委任者側に費用の償還請求権に加え、有償委任では報酬請求権
を有する。

　被後見人に身寄りがない、または身寄りが被後見人と疎遠である場合、後見人は
多大の労力、多額の費用を伴う葬儀等の実施まで応急処分義務を負うかは疑問であ
る。応急処分義務では相続人のために事務をする。相続財産から費用を支出するた
め、相続人に不測の損害とならないことが求められる。

第Ⅳ節　▶後見人による死後の関連事務

1　民法 873 条の 2 に基づく死後の事務
（1）後見人による死後事務の権限規定

　被後見人の死亡により後見人の任務は終了し、法定代理権等の権限は喪失する
（民 111 条 1 項・653 条 1 号参照）。後見人は被後見人の相続人、受遺者または相続財産
管理人等の正当な権利者に被後見人の財産を引き渡す義務を負う。後見申立時の親
族関係図に基づき親族を把握できるが、それが直ちに相続人に該当すると限らず、
後見人は被後見人の相続人が確定するまで、一定の財産管理が求められる。そのた
め、後見人は被後見人に関する様々な死後の事務を行うことが期待され、拒絶が困
難なことがある（本編**第 1 章第Ⅵ節**参照）。任意の死後事務委任契約では、契約締結
時に委任者の十分な判断能力を要し、遺言の内容と抵触する事項の定めは避けるこ
と等の留意点がある。また、事務管理および応急処分義務による対処では、その範
囲が明確ではない等がある（本章**第Ⅱ節・第Ⅲ節**参照）。

　成年後見の事務の円滑化を図るための民法及び家事事件手続法の一部を改正する
法律（2016 年 10 月 13 日施行）は、死後事務に係る後見人の権限を規定した。①相続
財産に属する特定財産の保存に必要な行為、②相続財産に属する債務弁済、③火
葬・埋葬の契約締結その他相続財産の保存に必要な行為、である（民 873 条の 2）。民
法 873 条の 2 の規定を前提としつつ、後見人の事務管理または応急処分義務による

---

10)　任意後見では、死後の事務を応急処分義務として任意後見人が処理することができるか否かは、任
　意後見契約において、任意後見人にどのような範囲の代理権（包括的代理権か、限定的代理権か）が与
　えられていたかによる（田山輝明編著『成年後見　現状の課題と展望』（日本加除出版・2014）174 頁〔黒
　田美亜紀〕）。

対処は否定されるものではない。[11]

(2) 民法 873 条の 2 の要件

後見人が民法 873 条の 2 に基づく死後事務を行うためには、①必要性、②期間、③相続人の意思尊重の各要件が求められる。

第 1 に、「必要があるとき」である。被後見人が利用した医療費・施設利用料等の支払請求がありながら、相続人の所在が不明である場合、後見人が迅速に支払いをしないと遅延損害金の発生が考えられる。第 2 に、本条の死後事務は、「相続人による相続財産管理ができるに至るまでの期間」に可能である。後見人は従前の財産管理事務任務が終了したときは、後見の計算をして相続人に財産引渡義務を負う（民 870 条）。死後事務は相続人に財産を引き渡すまでの権限となろう。第 3 に、本条の死後事務は、「相続人の意思に明確に反するときは行うことができない」。相続人の所在が不明または連絡がとれない場合、相続人の意思に明確に反するとはいえない。[12]

本条に基づく死後事務は後見人のみが可能であり、保佐人・補助人は対象外である。保佐人等が死後事務に関する権限を有すると、被保佐人等の生前時より強い権限を有することになるためである。

2 民法 873 条の 2 各号の行為

(1) 特定財産の保存に必要な行為

相続財産に属する特定の財産の保存に必要な行為（民 873 条の 2 第 1 号）とは、財産の現状維持のために必要な行為である。①相続財産に属する債権に時効完成が迫っている場合に行う時効の中断（民 147 条 1 項）、②相続財産に属する建物修繕（雨漏りの対策等）等がある。「特定の財産」の保存に必要な行為であり、相続人の意思にも反しないものであろうことが推定されるため、家庭裁判所の許可を要しない。[13]

(2) 相続財産に属する債務弁済

弁済期が到来した債務の弁済（民 873 条の 2 第 2 号）とは、被後見人が利用していた高齢者入居施設・病院等の利用料・治療費、公共料金の支払い等がある。被後見人の相続人に迅速な連絡が困難である場合等では、被後見人の生活に密着した債務

---

11) 東京家庭裁判所後見センター・円滑化法運用検討プロジェクトチーム「『成年後見の事務の円滑化を図るための民法及び家事事件手続法の一部を改正する法律』の運用について」家庭の法と裁判 7 号 92 頁。

12) 大塚竜郎「『成年後見の事務の円滑化を図るための民法及び家事事件手続法の一部を改正する法律』の逐条解説」家庭の法と裁判 7 号 79 頁。本条 3 号に係る行為許可の審判では、相続人の陳述を聴くことは不要である（家事 120 条参照）。

13) 民法 873 条の 2 第 1 号の行為をするにあたり、預貯金口座から払戻しを受ける場合、同条 3 号の家庭裁判所の許可を要する。同条 2 号の行為についてもいえる（大塚・前掲注 12) 82 頁）。

に係る早期の支払いは未払期間の短縮となり、遅延損害金の発生を防止できる。相続人の管理処分権を害するおそれが少なく、弁済期が到来した債務である場合、家庭裁判所の許可を要しない。なお、実務上、被後見人の死亡前に預金の払戻しを受けて、予測される費用に関し現金として管理する。支出した費用は事務管理における費用償還請求権により、相続人の預金債権を相殺する。[14]

(3) 火葬・埋葬に関する契約締結その他相続財産の保存に必要な行為

「火葬又は埋葬に関する契約の締結」（民873条の2第3号）とは、①被後見人の遺体の引取り、②火葬・埋葬（死体を土中に葬ること）に関する葬儀業者との契約締結、等である。相続人と連絡が取れない、または相続人が遺体の引取りを拒否している場合、後見人が遺体の引取りおよび火葬・埋葬手続の必要に迫られることがある。公衆衛生上・社会通念上、適切な方法で遺体を保管することが求められる一方、火葬・埋葬は相続人等との間で紛争を生じることがあり、相続財産からの支出を伴うため、家庭裁判所の許可を要する。

また、「その他相続財産の保存に必要な行為」（民873条の2第3号）とは、後見人が管理していた被後見人の動産の寄託契約締結、被後見人の居室に係る電気ガス等の契約解除、債務弁済のため被後見人名義の預貯金口座からの払戻し、等である。支払遅延により結果的に相続財産が減少するが、後見人に対し無制限に認めることは相当ではなく、家庭裁判所の許可を要する。

なお、本条3号の行為を後見人が家庭裁判所の許可を得ることなく行った場合、後見人の無権代理行為となる。要許可行為の性質上、急を要した等の理由から、事後的な許可申立ては可能である。①事務管理・応急処分に該当する場合、または②任意の死後事務委任契約の締結がある場合、等が考えられる。

●家庭裁判所への申立て

要　件	疎明資料
本人死亡の事実	死亡診断書の写し、または死亡の記載がある戸籍謄本
後見人による要許可行為の必要性	要許可行為の種類により異なる。例えば、①施設等に残置した動産の寄託契約では寄託契約書、②債務弁済による預貯金の払戻しでは、預貯金通帳の写し、債務の内容に係る費用明細・請求書等
相続人意思に反しない、相続人が財産を管理できないこと	特段の疎明資料は不要。特段の事情がない限り、家庭裁判所による相続人の陳述聴取なし

---

14) 松川編・前掲注7) 115頁〔安井裕子〕。

3　民法 873 条の 2 と葬儀納骨・供養に関する契約

　被後見人の葬儀に関する契約締結は、民法 873 条の 2 第 3 号の対象外である。葬儀は遺体の引取り、火葬・埋葬と異なり、公衆衛生上、不可欠ではなく、法律上の義務ではない。葬儀は宗教・宗派、形態等により対相続人と争いが生じやすいため、本号に基づき葬儀契約はできないとされる。[15]

　後見人が納骨堂への焼骨の収蔵または焼骨を墓地の墳墓への埋蔵（納骨）は、火葬・埋葬の契約締結に準ずるものとして、家庭裁判所が民法 873 条の 2 第 3 号に基づき許否を判断する。他方、永代供養は対相続人と争いが生じやすく、概して高額であり、本号の対象外である。

4　後見人による対金融機関の手続

　預貯金口座を有する本人の死亡に関し金融機関に連絡がなされると、口座は凍結される。口座からの出金・入金または両手続ができなくなる。入金もできないとなると、被後見人に不動産の家賃収入・貸付金等がある場合、賃借人または債務者は振込みができず、相続人にとり金銭回収が困難になることがある。そのため、相続人は、金融機関と緊急の対処、遺産分割前後の払戻手続、個別払戻制度（改正民 909 条の 2）による対処等が求められる（本章**第Ⅰ節 1（1）**参照）。

　他方、後見人の対処として、①金融機関に対し口座名義人が死亡した旨を通知する[16]、②後見人は口座名義人が死亡した旨を通知せず、被後見人の家族（相続人）に任せる等が考えられる。後見人は、被後見人の死亡時の預金債権を相続財産として確定させなければならない。預金債権に関し、通帳・印鑑を相続人の一人に渡し、他の相続人にその旨を通知することにより、財産の引渡しをする必要がある。後見人は相続争いに巻き込まれることを避けるため、金融機関に被後見人が死亡した旨の通知はなされるべき、という考えが多い。

---

15)　相続人が関わりを拒んでいる場合、直葬または火葬式（通夜告別式等の宗教儀式を行わない火葬だけの葬儀形態）の契約締結の許可申込みがなされることがある。東京家庭裁判所は、火葬に関する役務提供等を含む契約である限り、1 個の「火葬に関する契約」として締結許否を判断している（日景聡「『成年後見の事務の円滑化を図るための民法及び家事事件手続法の一部を改正する法律』の施行から 1 年を経て」実践成年後見 71 号 66 頁）。

16)　通知の方法は金融機関により異なり、後見人が被後見人の除籍謄本および後見人の届出印を一緒に書面提出が求められることがある（日本財産管理協会編・前掲注 3）195 頁〔橋本健司〕）。

5 遺留品の保管の寄託契約

後見人は被後見人が高齢者入居施設等に遺していた動産を相続人にすぐに引き渡せない場合、被後見人の遺留品の保管のため、トランクルームを運営する業者と寄託契約を締結することが考えられる。当該事案は「相続財産の保存に必要な行為」として、家庭裁判所の許可を要する（民873条の2第3号）。要許可行為に際しては、遺留品の内容、状態、財産的価値から保存のために必要である旨、相続人にすぐに引き渡せない事情を説明する。寄託契約書（案）を添付する。他方、廃棄する場合、廃棄業者との契約書・見積書（案）を添付する。

6 居住地の明渡し

(1) 被後見人の所有不動産

被後見人の相続人がいる場合、後見人は、①被後見人の相続人に相続財産である不動産を引き継ぐために必要な範囲での事務、②対象不動産に急迫の危害を免れさせる等のための事務管理、③家庭裁判所の許可を得てその他相続財産の保存に必要な行為をする（民873条の2）。他方、被後見人の相続人がいない場合、家庭裁判所に相続財産管理人の選任申立てを行い（民952条1項）、それまでは対象不動産の保存に必要な行為をする。

(2) 借家契約の対応

被後見人が借地または借家に居住している場合、借地権・借家権には財産的価値があるため、被後見人の死亡に際し、後見人は次の対処が求められる。

賃借人（被後見人）の死亡は賃借権の終了事由ではない。借地権・借家権は相続の対象となるため、後見人は被後見人の相続人にその対応について連絡をする。相続人が複数存在する場合、共同相続人のうちの1名に連絡をする。共同相続人が借地権・借家権を準共有する（民264条）。賃貸借契約の解除は管理行為であり、各共有者の持分の価格に従い、その過半数で決する（民252条）。

相続人が対応を怠り、家賃を滞納したとしても、後見人は賃貸人に状況を説明すればよく、家賃を代わりに支払う必要はない。被後見人の相続人との連絡が困難または相続人調査に一定期間を要することがある。当該事案では、家賃を滞納すると賃貸借契約が解除されるため、後見人が「応急処分義務」として、解除されない程度に賃料を支払うことが考えられる。相続人の所在および意思確認ができた後、賃貸人に相続人が契約解除等の行為を促すことが考えられる。

なお、被後見人の相続人が存在せず、かつ賃借権を承継すべき同居人（借地借家

36条）もいない場合、後見人は利害関係人として家庭裁判所に相続財産管理人の選任申立てをして、相続財産管理人に対応を委ねる。後見人は相続財産管理人に引き継ぐまでの対応が求められる。

第Ⅴ節　▶遺体・遺骨の引取り

1　遺体の引取り

（1）遺体の帰属者と引取義務者

　中小企業オーナーが親族と疎遠であるまたは身寄りがいないため、遺体・遺骨の引取りを拒否されることがある。また、オーナーの遺体・遺骨の引取りをめぐり親族間で争われることがある。遺族（相続人等）は遺体・遺骨の引取りに関し権利者かつ義務者と考えられているが、遺体・遺骨の引取義務者に係る明確な法令上の規定はない。

　他方、遺体の帰属者は、相続人承継説、喪主帰属説、および祭祀主宰者承継説がある。各説は遺体の所有権者を論ずるものであり、遺体の引取り義務者を指すものではない。判例上、遺体・遺骨は祭祀主宰者に帰属するとされる（最判平元7・18家月41-10-128）。祭祀主宰者は、①被相続人の指定、②指定がないときはその地方の慣習、③指定および慣習が明らかでないときは家庭裁判所が定める（民897条）が、一般的に配偶者または子が認定されている。

　喪主または祭祀主宰者が遺体の帰属者としても、①喪主が存在しない、②火葬段階では祭祀主宰者が誰かは判明していない等の課題がある。後見人がいる場合には、連絡が付く相続人から事前に火葬・納骨等の同意を得ることが好ましい。

（2）遺体の対処

　遺体および遺骨は、それを一括して所有権の客体性・帰属者等を論じられることが多い。しかし、両者には質的な違いがあり、個別の検討が求められるという指摘

17）　被後見人が内縁の配偶者・事実上の養子等、相続人以外の者と借家に同居していた場合、原則としてその権利義務を承継する。後見人に対し、賃貸人から家賃の請求があれば、同居人が賃借権を承継している旨を伝える（松川編・前掲注7）102頁〔山岸憲一〕）。

18）　①相続人承継説とは、遺体は相続財産に含まれ、相続により相続人に承継されるとする説である（大決大10・7・5民録27-1301）、②喪主帰属説とは、遺体は被相続人の所有権の客体ではないため、相続による承継ではなく、慣習法に基づいて定まる喪主に原始的に帰属するとする説であり、通説とされる（東京地判昭62・4・22判タ654-187）、③祭祀主宰者承継説とは、遺体を祭祀財産に準じて、祭祀主宰者が承継するとする説である（高知地判平8・10・23判時1624-126、最判平元・7・18家月41-10-128）（松川編・前掲注7）136頁〔高雄佳津子〕）。

¹⁹⁾がある。遺体は腐敗が急激に進行し、公衆衛生上、迅速に火葬等を行う、または社会通念上、適切な方法で遺体を保管することが求められるため、葬送を行う親族に委ねることが必要である。

しかし、①本人に相続人、身元引受人・身元保証人がいない、②相続人と連絡が取れない、または、③相続人が遺体の引取りを拒否していることがある。このような場合、市区町村または後見人に高齢者入居施設が連絡をすることになる。死亡した被後見人に相続人を含む親族が存在せず、または親族による遺体の引取りが困難である場合、市区町村長に遺体を引き取り埋葬・火葬する義務がある。しかし、市区町村は本人の親族とのトラブルを懸念して遺体・遺骨の引取りに消極的であり、対応は迅速ではないことが多い。

2 遺骨の引取り

遺骨の帰属者に関し、最判平元・7・18 家月 41-10-128 は、相続人が祭祀主宰者として菩提寺に納骨するため、遺骨の引渡しを求めた事案であるが、「慣習に従って祭祀を主宰すべき者とみられる相続人に帰属する」とした原審を正当とした。最高裁判例によれば、遺骨は祭祀主宰者に帰属することになる。

下級審を概観すれば、遺骨は所有権の客体になるとしても、祭祀財産の承継と同様に相続対象とはせず、「夫婦・親子関係を主とする近親者に帰属させる」ことが多い。東京家審平 21・3・30 家月 62-3-67 によれば、遺骨は相続財産に属するものではなく、祭祀財産にも直接に該当しない。遺骨についての権利は埋葬や供養のために支配・管理する権利しか行使できない。しかし、被相続人の指定・慣習がない場合、家庭裁判所が祭祀に関する権利承継の規定（民 897 条 2 項）を準用して、遺骨の取得者を指定することができるとした。遺骨は相続財産を構成せず、祭祀財産に準じて扱われる。²¹⁾

なお、故人を偲ぶ家族または特別に関係にあった者から分骨請求があれば、相当と思われる事情があれば、分骨して管理することが考えられる。²²⁾

---

19) 谷口知平＝久貴忠彦編『新版注釈民法（27）相続（2）〔補訂版〕』（有斐閣・2013）88 頁〔小脇一海＝二宮周平〕。

20) ①配偶者の遺骨は祭祀主宰者である生存配偶者に帰属し、次いでその子に承継されるとした事例（東京高判昭 62・10・8 判時 1254-70）、②内縁の妻 X が亡夫 Y の意思に基づき遺骨を管理し、墓地を購入して埋葬したところ、Y の妻子が遺骨の引渡しを求めたが、Y の意思を優先して引渡を否定した事例がある（高知地判平 8・10・23 判時 1624-126）。

21) 梅澤彩「遺骨の取得者を祭祀財産に準じて指定することの可否」金判 1436 号 68 頁参照。

22) 谷口＝久貴編・前掲注 19）90 頁〔小脇＝二宮〕。

3 具体的対応

(1) 遺言書の定め

遺体・遺骨の帰属者、遺体の対処等に関し、遺言書に、①遺体・遺骨の引取りを含む死後事務の内容を記載し、遺言執行者を定めて執行、②負担付遺贈または条件付遺贈により受遺者に死後事務を執行してもらうことが考えられる。課題として、①では、指定された者が遺言執行者に就任しない、または死後事務の多くが法定遺言事項ではなく遺言執行者に法的な強制力を及ぼすことができない等がある。②では、受遺者が負担または条件を履行しない場合、遺言執行者が負担付遺贈に係る遺言の取消しを家庭裁判所に請求することができる（民 1027 条後段）。遺言執行者による履行承認を受けることを停止条件とする方法があるが、受遺者は放棄をして死後事務負担を免れる可能性は否定できない。[23]

(2) 後見人の対応

後見人には被後見人の遺体・遺骨を引き取る義務はないが、相続人と連絡が取れない場合または相続人が遺体の引取拒否をした場合、後見人が遺体・遺骨の引取りに迫られることがある。その際には、公衆衛生上あるいは社会通念上、適切な方法で遺体・遺骨を保管することが求められる。例えば、具体的対処として、遺体・遺骨の引取りのため、①民法 873 条の 2 第 3 号に基づく家庭裁判所に許可申立て、②事務管理・応急処分義務による対処をして、急を要したとして事後的に家庭裁判所に許可申立て、③任意の死後事務委任契約の締結がある。[24]

第VI節　▶葬儀・火葬等の執行

1 葬儀の執行

(1) 葬儀費用の範囲・負担

葬儀費用は、死者を弔うために直接に必要な儀式費用である。通夜および葬式当日の葬式場設営、僧侶・神主等の読経費用、参列者への酒食接待、墓標の費用等が対象となる。一周忌等の法要費用および石碑建立等の費用は含まれないとされる（東京地判昭 61・1・28 判時 1222-79）。

葬儀費用の負担に関し、裁判例では、①死者の属する親族団体内の慣習による負

---

23)　NPO 法人遺言・相続リーガルネットワーク編著・前掲注 6）32〜33 頁。
24)　遺体を引き取る親族等が身近にいない場合、「急迫の事情」として後見人が遺体を引き取ることは応急処分義務に該当するのかという議論はある（松川編・前掲注 7）148 頁〔高雄〕）。

担（甲府地判昭31・5・29下民7-5-1378）、②共同相続人による負担（福岡高決昭40・5・6家月17-10-109）、③相続財産による負担（盛岡家審昭42・4・12家月19-11-101）、④喪主（葬祭主宰者）による負担（東京地判昭61・1・28判時1222-79、東京地判平6・1・17判タ870-248）、に区分される。このうち、④が有力である。

　葬儀費用は相続債務とみるべきではなく、葬儀を自己の責任と計算において手配等して挙行した喪主負担とする裁判例がある（神戸家審平11・4・30家月51-10-135）。他方、被相続人の生前の社会的地位に応じた葬儀費用は、相続財産からの支弁が許容されるとする裁判例もある（東京地判昭59・7・12判時1150-205）。被相続人の葬儀費用は喪主（相続人であることが一般的）が負担すべきものである。しかし、相続人間で葬儀の方法、費用について合意がなされていない場合がある。喪主に葬儀費用を立て替えてもらい、相続人間で葬儀費用の精算をする協議に委ねる。

(2) 遺言または死後事務委任契約による葬儀の定め

　ア）遺言による定め　　遺言に死後事務の内容として、遺言執行者を定めて、①遺言執行者に葬儀納骨を執行してもらう、②負担付遺贈または条件付遺贈により受遺者に執行してもらうことが考えられる（本章**第Ⅵ節3**参照）。遺言で葬儀・法要等の方法を指定することは、法定の遺言事項ではなく、付帯事項となる。

　イ）死後事務委任契約による定め　　中小企業オーナーが親族とは疎遠または身寄りがいない場合、信頼できる者との間で、死後事務委任契約を締結して葬儀法要に関する事項を定めておくことが考えられる。委任事務の範囲として、①親族・知人等への連絡、②通夜、告別式、火葬・埋葬、納骨に関する事務、③永代供養に関する事務、等が考えられる。死亡届は死亡届出義務者または届出資格者が提出する。例えば、死亡したオーナーが入っていた高齢者入居施設の施設長等が「家屋の管理人」と記載して死亡届を提出することも考えられるが、提出先の市区町村役場への窓口持参は葬儀社の代理届出が多い。死後事務委任契約により、特定の宗教施設への納骨、永代供養料の金額とその支払い等を明記する。[25]

(3) 後見人による葬儀

　ア）葬儀の費用支出　　被後見人に身寄りがいない、または親族がいても疎遠であり葬儀を執り行う者がいない場合、後見人が主宰して葬儀を行うことが考えられる。葬儀費用の支出は、相続人の同意があれば、被後見人の相続財産から相続人に

25）　本人の死亡に際し、公的医療保険等による葬祭関係費用の給付がある。国民健康保険・後期高齢者医療制度では葬祭費、労災保険では葬祭料・葬祭給付、生活保護では葬祭扶助と呼ばれる。給付は葬祭・納骨を行う者に対して行われる。

支出依頼ができる。また、後見人が葬儀費用を立て替えて、費用を負担すべき者に償還請求することが考えられる。葬儀費用は死者を弔うために直接に必要な儀式費用であり、法事および石碑建立等の費用は含まれない（東京地判昭61・1・28判時1222-79）。後見人は家庭裁判所に対し、葬儀を執り行う経緯、規模・内容、費用、被後見人の財産から支出すること等の事前相談をすることが求められよう。[26]

イ）葬儀の規模　　後見人が執り行う葬儀の規模・内容は、被後見人と死後事務に関する取決めがあれば、それに従う。当該取決めがない場合、①生活保護の葬祭扶助費同等の葬儀、または、②被後見人の資産、生活状況、社会的地位、本人・祭祀承継者・親族の意向等に照らし社会通念に従った葬儀が考えられる。[27]葬儀は被後見人または祭祀承継者・親族の宗教に関わるため、生前の被後見人の意思を確認しておくことが望まれる。

ウ）民法873条の2第3号との関係　　後見人による葬儀に関する契約締結および葬儀費用の支払いのための預貯金払戻しは、民法873条の2第3号の対象外である。葬儀は遺体の引取りおよび火葬と異なり、公衆衛生上、不可欠ではなく、法律上の義務として課されてはいない。葬儀は宗教・宗派、形態等により、相続人との間で紛争が生じやすいためである。[28]

エ）納骨　　相続人から遺骨（焼骨）の受取りを拒否され、後見人が遺骨の取扱いに苦慮することがある。納骨堂への焼骨の収蔵または焼骨を墓地の墳墓に埋める埋蔵（納骨）は、火葬・埋葬に関する契約締結に準ずるものとして、家庭裁判所が民法873条の3号に基づき、許否を判断することになろう。

オ）永代供養　　相続人が不存在または疎遠であるため、後見人は被後見人の永代供養に関する契約締結の許可を家庭裁判所に基づき申し立てることがある。しかし、永代供養は葬儀と同様に宗教・宗派、形態等により、相続人との間で紛争が生じやすく、永代供養料は高額であることがあるため、民法873条の2第3号の対象

---

26)　後見人が主宰して葬儀を執り行う法的根拠は、①事務管理（東京家裁後見問題研究会編著「東京家裁後見センターにおける成年後見制度運用の状況と課題」判タ1165号118頁）、または、②応急処分義務（田山編著・前掲注10）185頁〔黒田〕）と考えられる。

27)　被後見人の葬式を相続人または親族が行わず、後見人がやむをえず執り行う場合、遺体を放置できないという事情で執り行うにすぎないため、葬式は最低限のものにすべきである。葬式費用を本来権限のない相続財産から支出することからも、できるだけ費用のかからない方法を選択すべきという考え方がある（松川編・前掲注7）158頁〔田尻世津子〕）。

28)　相続人が関わりを拒んでいるような事案では、直葬または火葬式（通夜や告別式等の宗教儀式を行わない火葬のみの葬儀形態）にかかる契約締結の許可申込みがなされることがある。東京家庭裁判所では、火葬に関する役務の提供等を含む契約である限り、1個の「火葬に関する契約」として締結の許否を判断している（日景・前掲注15）66頁）。

外である。被後見人を供養する相続人等がいない場合、①相続財産管理人（民918条2項・952条1項）に引き継ぐ、②被後見人が後見人に永代供養を委ねる意思があれば、委任関係を認める、③死後事務委任契約を生前に締結する、④無縁仏を弔う施設等に依頼すること、等が考えられる。

2　火葬埋蔵の執行

　火葬埋蔵（墓地、埋葬等に関する法律（以下、「墓地埋葬」）2条）は、通常、本人の親族・身寄りが行う[29]。しかし、中小企業オーナーが親族等と疎遠であるため、または身寄りがいないため、高齢者入居施設等で本人が死亡しながら、火葬埋蔵を行う者がいないまたは判明しない（相続人等による遺体引取りの拒絶を含む）ことがある。当該事案では次の対処が考えられる。第1に、死後事務委任契約に指定された者が火葬埋蔵を執行する。

　第2に、後見人が主宰して行うことが考えられる。後見人は被後見人の火葬等に関する葬儀業者との契約締結は、家庭裁判所の許可を得ることで可能である（民873条の2第3号）。火葬の許可は、本人死亡後、直ちに申し立てる。休日が重なる場合、火葬後に申し立てることになる。

　第3に、死亡地の市町村長が火葬を行う。その費用は行旅病人および行旅死亡人取扱法の規定が準用される（墓地埋葬9条1項2項）。すなわち、①死亡者の遺留の金銭または有価証券を充当、②足りない場合、相続人、死亡者の扶養義務者の順で負担、③これをもっても足りない場合、遺留物品を売却、④最後は火葬等を行った地の都道府県の負担となる[30]。市町村では、①戸籍上、被後見人の相続人が全く存在しないことが証明され、かつ成年後見人がいないときに対応、②相続人が存在しても遺体を引き取る親族が身近にいないときに対応等が考えられる。実際に市町村が火葬等を行う例は少なく、自治会がそれを担うことが一般的とされたてきた。自治会等の地域コミュニティの変化により、死後事務委任契約または成年後見人等の役割は大きい。

---

29)　火葬は火葬許可証を持って、火葬場に遺体を運び行うことである（墓地埋葬2条2項）。火葬を求めた者は火葬場で火葬許可証（同14条1項）に火葬の日時等を記載してもらい、それを持って墓地に焼骨を埋蔵（焼骨を土中に葬ること）する。焼骨は墓地への埋蔵が義務ではなく、自宅で保管することができる（手元供養）。ただし、墓地ではない自宅の庭等に埋蔵することは禁止される（同4条1項）。他方、埋葬は、死体を土中に葬ることである（同2条1項）。土葬がこれに当たる。墓地の管理者は埋葬許可証を受理後に、埋葬をさせる。

30)　死亡者が墓地を有していないまたはその所在が明らかでない場合、各都道府県または市町村が管理する共同墓地に納骨する。

第Ⅶ節 ▶祭祀の承継

1 祭祀財産

　祭祀財産とは、祭具（位牌、仏壇、仏具、神棚等）、系譜（家系図、過去帳等）、墳墓（墓石、墓碑、墓地等）である。墳墓には、墓石等が所在する土地（墓地）の所有権および墓地使用権が含まれる（大阪家審昭 52・1・19 家月 30-9-108、大阪高決昭 59・10・15 判タ 541-235）。

　祭祀財産に含まれる墓地使用権は、永続的に承継され、容易には移動しないため、永続性および固定性がある。墓地の範囲は、墓石などが存在する墳墓と密接不可分なものに限定される（広島高判平 12・8・25 判時 1743-79）。墓地使用権に関し、①墓地区画の所有者と墳墓の所有者が同じ場合、または、②各所有者が異なる場合、が考えられる[31]。墓地の使用契約書または約款では、①墓地使用者の条件（寺院墓地では檀家が条件等）、②墓地使用権の内容（親族の焼骨を対象、永代または一定有期の使用等）、③墓地使用者の義務（使用料・管理料の支払い等）、④地位承継の手続、⑤契約解除の要件（改葬、離檀料、使用料・管理料の残高支払い等）、⑥契約終了後の措置（墳墓・焼骨の撤去、区画整理等）、等を定める。

　墓地使用権の法的性質は、慣習法上の物権、無名契約に基づく永代借地権、使用貸借が考えられる。墓地使用権は慣習法上の物権または物権類似の権利と構成する裁判例がある（仙台高判平 7・11・27 判時 1565-115、福岡高判昭 59・6・18 判タ 535-218）。墓地使用権が墓地管理者により二重に設定された場合、権利者を公示する方法がない。先に墓石を建立して外形上認識できる占有をしている者が優先されるであろう。墓地使用権に抵当権を設定することは可能である[32]。理論的には対抗力を具備した抵当要件が実行された場合、抵当権が優先される。

　被相続人が有していた祭祀財産の所有権は相続対象ではない。相続分および遺留分には関係がなく、相続の放棄・承認の規定は適用されない。祭祀財産の所有者は自らの意思により、公序良俗に反しない限り、自由に祭祀財産の処分ができる（大判昭 12・12・7 法律新聞 4223-7、広島高判昭 26・10・31 高民 4-11-359）。

---

31)　墓地区画の所有者と墳墓の所有者が異なる場合が一般的であり、それには、①寺院営墓地使用権、②集落営墓地使用権、③公営墓地使用権、④霊園墓地使用権、がある（NPO 法人遺言・相続リーガルネットワーク編著・前掲注 6）63〜66 頁）。

32)　墓地使用権と抵当権の優劣関係では、理論的には対抗力を具備した抵当要件が実行された場合、抵当権が優先される。しかし、実務上、信義則または墓地使用権の物権的性格から、墓地使用権が保護されるとの考えがある（NPO 法人遺言・相続リーガルネットワーク編著・前掲注 6）73〜74 頁）。

2 祭祀承継者

(1) 祭祀承継者の指定

　祭祀財産の承継者は、①被相続人の生前中または遺言等により指定がある場合、指定を受けた者、②慣習に従い祖先の祭祀を主宰すべき者、③被相続人の指定がなく、慣習が明らかでないときは、家庭裁判所の指定する者（民897条1項2項）、④相続人全員の協議により定めた者（東京地判昭62・4・22判夕654-187）、である。第1順位の承継者は、被相続人の指定に従って祭祀を主宰すべき者である。次順位は慣習によるが、地域的な慣習を認めた裁判所の決定はほとんど存在しないとされる。[33]祭祀承継者が定まらない場合、家庭裁判所の決定による。長い年月の経過により相手方とすべき者が不明である場合、相手方を指定しないで家庭裁判所に申立てをする（松江家審平24・4・3家月64-12-34）。実務上は関係者の合意・協議により決められることが少なくない。

　相続人が調停・審判を申し立て（家事245条・190条）、家庭裁判所が祭祀承継者を決定するに際し次の要素を勘案する。承継候補者と被相続人との身分関係、事実上の生活関係、承継候補者と祭具との場所的関係、祭具等の取得目的・管理の経緯、承継候補者の祭祀主宰の意思・能力、利害関係人の生活状況・意見等を考慮し、被相続人が生存していたのであれば指定したであろう者を承継者とすべきとされる（東京高決平18・4・19判夕1239-289）。[34]

(2) 祭祀承継者の資格・地位・人数

　一般的に被相続人の配偶者または子が祭祀承継者に認定されているが、祭祀承継者の資格に制限はなく、必ずしも相続人である必要はない。被相続人と内縁関係にあった者（大阪高決昭24・10・29家月2-2-15）、相続放棄をした者であってもよい。[35]宗教・宗派の異なる者であってもよいが（大阪高決昭59・10・15判夕541-235）、寺院はその宗派に応じた遺骨埋蔵の典礼施行を自由に決定できる（最判平14・1・22判時1776-58）。

　祭祀承継者として指定を受けた者は、祭祀財産の承継を放棄または辞退をすることはできないと解される。しかし、祭祀承継者は祭祀主宰の義務を負うわけではな

---

33)　被相続人の住所地の慣習または生前の職業等による特有の慣習があれば、それに従うことも考えられる。しかし、大阪高決昭24・10・29判夕3-54以降においても、何らかの地域的な慣習を認めた決定はほとんど存在しないとされる（谷口=久貴編・前掲注19）85頁〔小脇=二宮〕）。

34)　大阪高決昭59・10・15判夕541-235は、被相続人との血縁関係、過去の生活関係、被相続人の意思、祭祀主宰者の意思・能力・生活状況等を総合して判断されるとする。

35)　墓地の管理規則等により、被相続人の親族を墓地承継者の資格としていることがある。

い。また、祭祀承継者であることをもって、他の相続人より多くの遺産の分配が付与されるものではない。特別の事情がある場合、複数の者が祭祀財産を分割承継・共同承継することが可能である。被相続人の養女が墓地を、甥が系譜・祭具を承継する、等である（東京家審昭42・10・12家月20-6-55）。2ヵ所の墓地使用権に複数の承継者を定めることも考えられる（仙台家審昭54・12・25家月32-8-98）。

(3) 成年被後見人を祭祀承継者に指定

後見開始の審判を受けている者が、被相続人の祭祀承継者となることができるのか。被相続人の親族らが祭祀に対する消極的意向および従前の生活関係から、被後見人の意思尊重とともに、祭祀主宰者の能力から慎重な検討が求められる。

東京家審平21・8・14家月62-3-78は、成年後見人が成年被後見人Xを代理してした被相続人Yの祭祀承継者と定める申立てを認容した。本件は、被相続人との関係性、他の親族の祭祀承継に対する消極的意向等を考慮して、成年被後見人を祭祀承継者とした。祭祀承継者たる成年被後見人にかわり成年後見人が具体的な事務にあたる場合、履行補助者等と位置付けて、成年被後見人を祭祀承継者と指定することが必要であるとの指摘がある。[37]

(4) 祭祀承継者による手続と檀家契約

祭祀承継者は、寺院または霊園等と使用継続のための手続を行う。提出書類として、①使用者の死亡記載の戸籍謄本類、②所定の名義変更申請書、③遺言書で祭祀承継者を定めている場合、遺言書等の原本、④前記③を定めていない場合、遺産分割協議書または所定の同意書・誓約書等である。祭祀承継では、概して先祖供養を依頼している寺院と檀家になることを求められる。祭祀承継者の信仰上、対象寺院と檀家になることができない場合、墓地使用権が当然に剥奪されるものではない（津地判昭38・6・21判時341-19）。他方、寺院はその宗派・宗教に基づく典礼を行うことができ、寺院との友好関係が祭祀継続に重要である。

3 祭祀承継者の権利と死後事務委任契約

本人が生前に締結した死後事務委任契約に関し、祭祀承継者は、本人の死亡後、死後事務委任契約を解除することができるのかが問題となる。

例えば、本人 X_1 が死後事務（葬儀・法要）を知人の僧侶Yに委任して、生前に事

---

36) 例えば、東京高決昭28・9・4高民6-10-603は、遺産分割の審判に際し、遺産中から将来の祭祀料として金５万円を控除したことは不当とした。
37) 佐々木健「祭祀承継者の指定と成年被後見人」金判1436号66頁。

務処理費を支払った。X₁は遺言に、相続人である甥X₂に自己の葬儀および祭祀承継者に指定した。X₁の死亡後、X₂はYに対し死後事務委任契約の無効または解除を主張し、死後事務に係る費用の返還を求めた。当該事案では、東京高裁は「YはX₁の依頼に従って永代供養を継続しており、X₂が祭祀主宰者に指定されたとしても、特段の事情がない限り、死後事務委任契約の解除を許さない合意が包含している」旨を述べた（東京高判平21・12・21判時2073-32）。

　本人が生前に締結した死後事務委任契約は、本人の死亡によっても当該契約を終了させない旨の合意を含むとされる（最判平4・9・22金法1358-55）。祭祀承継者は、特段の事情がない限り、死後事務委任契約を解除することはできないであろう。

第Ⅷ節　▶墓じまいと改葬等

1　墓じまいの方法
(1)　具体的方法
　遠方にある先祖代々のお墓を管理することが困難、または子にお墓の管理をさせることは多大の負担となることが予想され、いわゆる終活の一環として「墓じまい」が増えている。それには、お墓に納められている遺骨の取出しおよび墓所の区画整理がある。遺骨の取出しは、法令および墓地・霊園の使用規約等の手続を要する。遺骨全部を新たに他の墓地・納骨堂に納める場合、改葬手続（墓地埋葬2条3項）に従う。遺骨を手元に置いて供養（手元供養）することは改葬には該当せず、市町村長の許可は不要である。遺骨をお墓から取り出して手元供養をする場合、改葬手続に従う。

　遺骨を取り出した後、墓石を撤去し、更地にして墓地・霊園管理者に返還する。当該手続においても、墓地・霊園管理者の手続に従うことになる。なお、墓地・霊園管理者から古い墓地区画を整理するため、新たに造成した墓地区画への移転打診に際しては、墓地移転の必要性に照らし、墓地使用者は移転拒否の合理的な理由がない限り、改葬の承諾が求められるであろう（東京地判平21・10・20判時2067-55）。

(2)　離檀と費用
　墓地等の管理者は、埋葬、埋蔵等の求めを受けたときは、正当の理由がなければこれを拒むことができない（墓地埋葬13条）。当該規定を受けて、先祖代々の寺院にお墓を有する檀家は離檀して、他の墓地に納骨することが可能である。当該改葬元の寺院への丁寧な説明とともに、檀家契約書または墓地使用契約書・約款を確認し

て手続に従うことになる。[38] 離檀料（事案により数十万円の請求）の明示・黙示の内容を確認する必要がある。

2 改葬と分骨の手続

改葬とは、埋葬した死体を他の墳墓、遺体に移し、または埋蔵・収蔵した焼骨（全部）[39] を、他の墳墓・納骨堂に移すことである（墓地埋葬2条3項）。他方、分骨とは、①すでに埋蔵・収蔵されている焼骨の一部を他の墳墓・納骨堂に移すこと、②まだ埋蔵・収蔵されていない焼骨を分けて個々に埋蔵・収蔵すること、である（同施規5条参照）。分けた焼骨の一部を埋蔵・収蔵せずに、手元に置いておくことは手元供養になる。改葬・分骨のいずれにおいても、遺骨の所有者（通常は、祭祀主宰者）またはその同意を得た者が、遺骨の管理処分権者となる。

改葬をする場合、国民の宗教的感情に適合し、かつ公衆衛生その他公共の福祉の観点から、自由な埋葬等が禁止され、市町村長の許可を要する[40]（墓地埋葬5条1項）。その際、一定事項（改葬の理由等）を記載した申請書および添付書類（同施規2条1項2号）を提出する必要がある。お墓の改葬では、現寺院との離檀手続、現墓地の管理者による納骨証明書、現墓地を所管する市区町村による改葬許可証、新墓地による利用許可書・受入許可書等の各発行を受け、現墓地および新墓地に改葬許可証をそれぞれ提出する。

他方、祭祀承継者またはその同意を得た者は、分骨請求ができる[41]。遺骨は祭祀主宰者に帰属するからである。他の墓地・納骨堂に分骨しようとする場合、墓地等の管理者から、焼骨の埋蔵・収蔵の事実を証する書類（分骨証明書）を取得して、分骨の移動先の墓地等の管理者に提出する（墓地埋葬施規5条1項2号）。火葬場で分骨する場合、火葬場の管理者に焼骨の火葬の事実を証する書類を請求する（同条3項）[42]。

---

38) 寺院は墓地使用権者が当該宗派から離脱して、その典礼の方式と異なる宗教的方式による墓石の設置を拒むことができる（最判平14・1・22判時1776-58）。

39) 墳墓とは、死体を埋葬し、または焼骨を埋蔵する施設（墓石、墓碑、埋棺等）である。墓地とは、墳墓を設けるために、墓地として都道府県知事の許可を受けた区域である（墓地埋葬2条4項5項）。

40) 生活衛生法規研究会監修『新訂 逐条解説墓地、埋葬等に関する法律〔第3版〕』（第一法規・2017）20頁。

41) 遺骨を埋葬保管している祭祀主宰者が、他の親族から遺骨の一部引渡しの要求を受けた場合、遺骨の引渡しに応じるかは祭祀主宰者の意思による（NPO法人遺言・相続リーガルネットワーク編著・前掲注6）182頁）。

42) 手元供養していた焼骨を後日に埋蔵・収蔵する場合、分骨証明書が必要となる。

ア）墓じまいと改葬等の概要

区　分	具体的内容	作業内容	各種手続	留意点
墓じまい	遺骨の取出し	改葬または手元供養	改葬では市町村長の許可	祭祀承継者またはその同意を得た者
	墓所の区画整理	墓石の撤去、墓地の更地化	墓地等の管理者による手続	墓地区画所有者の類型毎の対応
	離檀の手続	墓地等の管理者への届出	檀家契約書、墓地使用契約書等の手続	離檀料の内容
改　葬	遺骨の取出し、埋葬死体・埋蔵した焼骨の全部を他の墳墓に移行	元の墓地・墳墓等を使用しない場合、墓所の区画整理および離檀	現寺院との離檀手続、市町村長への改葬許可手続、新墓地の利用・受入許可書の入手	祭祀承継者またはその同意を得た者
分　骨	他の墓地・納骨堂への分骨	遺骨の取出し、埋蔵した焼骨の一部を他の墳墓に移行	墓地等の管理者から分骨証明書の取得、分骨の移動先の墓地等の受入証明書等	祭祀承継者またはその同意を得た者
	火葬場で分骨	焼骨の一部を他の墳墓に移行	火葬場の管理者から分骨証明書の取得	

イ）手元供養・散骨の概要

区　分	具体的内容	作業内容	各種手続	留意点
手元供養	焼骨の全部を手元供養	焼骨の全部を手元供養、または後日に焼骨の埋蔵	焼骨を埋蔵の場合、未使用の火葬許可証を墓地等の管理者に提出	火葬許可証を紛失した場合、市町村長に再発行の手続
	焼骨の一部を手元供養	同じ墓地等に焼骨を埋蔵	火葬許可証のコピー等を墓地等の管理者に提出	
		別の墓地等に焼骨を埋蔵	分骨に該当するため、当該手続の必要	分骨証明書の事前取得が円滑
散　骨	海または山等に遺灰を撒く	死体損壊罪、埋葬の遵守（墓地埋葬4条）に抵触しないこと	散骨場所での不評被害、宗教的感情に配慮し、近隣トラブル防止策が必要	条例で散骨を禁止していないかを確認

第Ⅸ節　▶相続手続と相続法改正

1　改正相続法の概要

　民法及び家事事件手続法の一部を改正する法律（以下、「改正相続法」）は、配偶者

居住権の創設、遺産分割・遺言制度・遺留分制度・相続の効力等の各見直し、相続人以外の者の貢献を考慮するための方策の6項目の内容からなる[43]。相続手続は、遺産の経済的価値の維持、不動産の所有者・管理責任および処分権者を明確にさせる。配偶者保護、死後事務の効率化等が求められ、改正相続法の実務影響は大きい。

2 自筆証書遺言の保管制度と様式緩和

(1) 保管制度の意義と要件

　自筆証書遺言は、作成後の紛失、相続人による隠ぺい・偽造のおそれがあり、その真正および遺言内容をめぐる紛争が少なくない。「法務局における遺言書の保管等に関する法律」（以下、「遺言書保管」）の成立により、遺言者の住所地もしくは本籍地または遺言者が所有する不動産の所在地を管轄する法務局（遺言書保管所）[44]に保管する制度が設けられた（2020年7月10日施行）。

　自筆証書遺言の保管制度は、次の手続がある（遺言書保管4条以下）。①遺言保管の申請に際し遺言者本人による遺言書保管所への出頭義務・本人確認、②遺言書保管官による遺言書の外形的な審査（日付、遺言者氏名の記載、押印、本文部分の手書き、相続財産の目録が自書以外の方法で記載された頁における署名・押印等。外国語による遺言は可能）、③無封の遺言書であること、④遺言書の画像情報等を磁気ディスクにより遺言書保管ファイルに記録する。遺言者は保管された自筆証書遺言に関し、①遺言書閲覧（同6条2項）、②遺言書の保管申請撤回により遺言書の返還等ができる（同8条）。遺言書の保管申請および保管申請撤回は遺言者のみが行うことができ、代理人によって行うことはできない。遺言者の意思に反した申請等を防止するためである[45]。

(2) 相続開始後の対処

　遺言書に係る相続人、受遺者および遺言執行者（以下、「相続人等」）は、次の方法により遺言書保管の有無・内容を知ることができる。①遺言者による伝達、②相続開始後、遺言書保管所に遺言書保管事実証明書（保管の有無）および遺言書保管情報証明書（遺言書の内容）の交付・閲覧請求、③証明書の交付または遺言書閲覧後、相続人等への通知がある（遺言書保管9条5項）。これら手続に際し、相続人全員を特

---

43)　改正相続法は、原則として2019年7月1日から施行されたが、自筆証書遺言の方式緩和は2019年1月13日施行、配偶者居住権は2020年4月1日施行、自筆証書遺言の保管制度は2020年7月1日施行である。

44)　遺言書の保管は、全国の法務局のうち、法務大臣の指定する法務局が遺言書保管所として、その事務をつかさどる（遺言書保管法2条）。保管申請は、自筆証書遺言に限定される。

45)　堂薗幹一郎＝野口宣大編著『一問一答　新しい相続法―平成30年民法等（相続法）改正、遺言書保管法の解説』（商事法務・2019）214頁。

定する書面の提出が求められる。遺言書保管所に保管の遺言書は、偽造・変造等のおそれがなく、家庭裁判所による自筆証書遺言の検認は不要である（同11条）。

遺言書保管所が保管する遺言書は遺言者の遺言能力まで確認するものではなく、自筆証書遺言の有効性を認定するものではない。有効性の判断は別途必要となる[46]。

(3) 自筆証書遺言の様式緩和

自筆証書遺言の本文と一体のものとして添付される「財産目録」は自筆でなくてもよい。例えば、①遺言者本人がパソコン等を用いて作成する、②遺言者以外の者が作成した財産目録を添付する、③不動産の登記事項証明書、預貯金通帳の写し等を財産目録に添付する等がある。自筆証書遺言の本文に、自筆によらない財産目録を添付する場合、遺言者は当該目録の毎葉に署名押印を要する。自筆によらない記載が目録の片面にしかない場合、当該用紙のいずれかの面に署名押印すれば足りる。

課題として、相続財産の目録は、遺言本文に比較して重要性が低いとはいえない。例えば、「配偶者には目録（一）を、長男には目録（二）を、長女に目録（三）をそれぞれ相続させる」という形式の遺言本文の場合、目録は目録以外の本文と同等の重要性がある。別紙の目録を変更することにより、誰に何を相続させるかを容易に変更できる[47]。

3 遺言執行者の権限等

(1) 法的地位

改正相続法は遺言執行者の権限を明確にした。遺言執行者は遺言内容の実現のため遺言執行に必要な一切の行為をする権限を有し（改正民1012条1項）、遺言執行者がその権限内において遺言執行者であることを示してした行為は、相続人に対して直接にその効力を生ずる（改正民1015条）。遺言執行者は遺言内容の実現を職務とし、必ずしも相続人の利益のために職務を行うのではない[48]。

遺言執行者がいる場合、相続人による遺言執行を妨げる行為は無効である（改正民1013条2項本文）。その取引の相手方には善意者保護が適用される（同条但書）。善

---

46) 例えば、特定の財産を「相続させる」旨の遺言は、遺産を相続させるものとされた推定相続人が遺言者の死亡前より先に死亡した場合、遺言者が推定相続人の代襲者その他の者に遺産を相続させる旨の意思を有していたとみるべき特段の事情のない限り、効力を生ずることはないと解される（最判平23・2・22民集65-2-699）。特段の事情として、遺言書に推定相続人が先死した場合、その代襲者に財産を承継する条項の明示が必要であろう（浦野由紀子「本件判批」ジュリ1440号89頁）。
47) 稲田龍示『令和の遺言と相続』（展転社・2019）30頁。
48) 日本弁護士連合会『改正相続法のポイント―改正経緯をふまえた実務の視点』（新日本法規・2018）118頁〔大森啓子〕。遺言執行者は遺言者の意思の実現を任務とするものであり、遺言の執行阻止は遺言執行者を被告とすることが考えられる（最判昭31・9・18民集10-9-1160参照）。

意者とは、財産の管理処分権限が遺言執行者にあることを知らなかった者である。[49]
遺言執行者は就任した場合、遅滞なく、遺言内容を相続人に通知する義務を負う（改正民1007条2項）。相続財産の目録作成・交付義務に加え、遺言内容の「通知義務」が新設された。遺言の内容実現は遺言執行者がすべきことになり、その存否は相続人に重大な利害関係を有するからである。

(2) 遺言執行者の権限の具体化

第1に、遺言執行者がある場合、遺贈の履行は、遺言執行者のみが行うことができる（改正民1012条2項）。当該遺贈には特定遺贈および包括遺贈を含む。遺言執行者は、①遺贈の目的が特定の物・債権その他の財産権である場合、受遺者が対抗要件を備えるために必要な行為、②遺贈の目的が不特定物である場合、その物の給付に必要な行為をする権限を有する。

第2に、特定財産承継遺言（相続させる旨の遺言）がされた場合、遺言執行者は、共同相続人が対抗要件を具備するために必要な行為をすることができる（改正民1014条2項）。例えば、不動産を目的とする特定財産承継遺言がされた場合、遺言執行者は単独で相続による権利の移転登記申請が可能である。[50]

第3に、特定財産承継遺言の対象財産が預貯金債権である場合、遺言執行者は預貯金債権の払戻しの請求および解約申入れをする権限を有する（改正民1014条3項）。遺言執行者に預貯金債権の払戻し等の権限を明確化にして、金融機関との事務を円滑にする。[51]預貯金債権の一部が特定財産承継遺言の目的となっているにすぎない場合、受益相続人以外の相続人の利益を害するおそれがある。そのため、解約の申入れは、預貯金債権の全部が特定財産承継遺言の目的となっている場合に限定される（同条3項但書）。

第4に、遺言執行者は、他の法定代理人の場合と同様の要件で、復任権を有する（改正民1016条1項）。遺言内容によっては遺言執行者の職務が広範に及ぶことがあり、複代理を許諾すべき本人がいないため、遺言執行者は自己の責任で第三者に任務を行わせることができる。

---

49) 相続債権者・相違人の債権者が相続財産に差押え等の権利行使をした場合、遺言執行者の有無という相続債権者等が知りえない事情により権利行使の有効性が左右されないように、改正民法1013条3項が設けられた（堂園＝野口編著・前掲注45) 174頁）。

50) 堂園幹一郎＝神吉康二編著『概説 改正相続法―平成30年民法等改正、遺言書保管法制定』（きんざい・2019) 96頁。

51) 預貯金債権以外の金融商品に係る権利を特定の相続人に相続させる旨の遺言がされた場合、遺言執行者に解約権限があるかは、改正法では明文化されていない。遺言者が明示または黙示に意思表示をして、遺言執行者に当該解約の権限を付与することは可能である（堂園＝野口編著・前掲注45) 119頁）。

4 遺産分割協議

(1) 遺産分割協議と証明書

　遺産分割協議は、相続人の確認、遺言の有無・有効性の確認、相続財産の範囲・[52]評価、各相続人の取得額、遺産分割方法の確定、遺産分割協議書または遺産分割協[53]議証明書の作成が求められる。相続人が多い場合、一堂に会することが困難であり、遺産分割協議書を持ち回りで署名押印にも時間を要する。そのため、相続登記のための「相続を証する書面」として、遺産分割がなされた旨の証明書（遺産分割協議証明書）を作成する。証明書は各共同相続人から個別に取得して登記申請書に添付する。簡便に相続登記申請をすることができる。[54]

(2) 共同相続人間の協議による一部分割

　共同相続人間の協議により、遺産の一部について分割することができる（改正民907条1項）。また、当該協議が調わないまたは協議をすることができないときは、各共同相続人は他の共同相続人の利益を害するおそれがある場合を除き、家庭裁判所に対し遺産の一部について分割請求ができる（同条2項）。遺産の一部分割請求は、①相続人間で争いのない遺産に関し、先に分割をしたい、②遺産の不動産の帰属は争いがあるが、預貯金については法定相続分で分割したいという希望がある、等の事案が考えられる。

　しかし、一部分割により、他の共同相続人の利益を害するおそれがある場合、家庭裁判所は分割請求を却下する（改正民907条2項但書）。当事者に対する生前贈与の有無および額などの特別受益の内容、代償金の支払いによる解決の可能性・資力の有無等から、遺産の一部分割をすることにより、適正な分割を達成することができない事案等が該当する。[55]

(3) 遺産分割協議に係る代理人の選任

　相続人が代理人を選任して、代理人が遺産分割協議を行い、代理人が協議書に署名捺印をする場合、次の方法に大別される。[56]

　　ア）1名の相続人がその代理人を選任　　例えば、Ａには意思能力はあるが病気等のため遺産分割協議に参加できないため、配偶者ＢがＡの代理人として遺産分割

---

52)　相続人は、戸籍謄本等で確認する。養子縁組等の有効・無効は人事訴訟等による。
53)　相続人に寄与分または特別受益が認められる場合、各相続人の取得額を修正する。
54)　遺産分割協議証明書には、「Ｘ不動産は遺産分割協議の結果、Ｙが取得したものであることを証明する」旨を記載し、相続人が署名押印（実印）して、印鑑証明書を添付する。（東京弁護士会法友会編『所有者不明の土地取得の手引―売買・相続・登記手続〔改訂版〕』（青林書院・2019）85頁）。
55)　堂薗=神吉編著・前掲注50）90頁。
56)　東京弁護士会法友会編・前掲注54）86頁。

協議に参加して協議書を作成する。Bが協議書に署名押印（実印）して、印鑑証明書を添付する。また、AからBに対する委任状にはAが署名押印（実印）して、印鑑証明書を添付する。

イ）複数の相続人が代表者を選任　相続人が多数にのぼり、相続人全員の協議により協議書を作成することが困難な場合、相続人の代表者数名を選任して、代表者間の協議により協議書を作成する。相続登記では、代表者の署名押印（実印）のある遺産分割協議書に代表者の印鑑証明書に加え、代表者に対する委任状に相続人が署名押印（実印）して印鑑証明書を添付する。[57]

5　遺産分割前の預貯金の払戻し

(1) 平成28年最高裁決定の影響

　被相続人の預金は、遺産分割協議を経て取得者が決まるまで相続人全員の準共有となる。相続人は他の相続人の同意なく所持できず、遺産分割前に相続分相当額の金銭交付が要求できない（最判平4・4・10判時1421-77）。相続人による現金費消のおそれがある場合、遺産管理人の選任を申し立てる。

　預貯金債権は遺産分割の対象となり、相続開始により当然に分割されるものではなく、遺産分割前に各相続人が相続割合に応じて払戻請求はできない（最決平28・12・19民集70-8-2121）。金融機関は遺産分割前に相続人全員の同意がない場合でも、葬儀費用の払戻しに応じることがあるが（金融機関の便宜払い）、共同相続人は相続債務の弁済・生活費の支出等に支障をきたすことがある。

(2) 預貯金の払戻制度の創設

　ア）計算式　遺産分割前における預貯金の払戻制度が創設された。家庭裁判所の判断を経ないで、預貯金の払戻しができる。遺産分割前に、各共同相続人は、（相続開始時の預貯金債権の額）×（3分の1）×（払戻しを求める共同相続人の法定相続分）の計算により、他の共同相続人の同意なく、金融機関から預貯金の払戻しが可能である（改正民909条の2前段）。

　イ）上限額　預貯金の払戻しは、各預貯金債権の額の3分の1を範囲とする。[58]同

---

57)　双方代理に対処するため、代表者が複数の相続人を代理して遺産分割協議を行う場合、委任する内容を明確（誰が、どの不動産を取得するのか等）にした委任状を作成する。登記官が双方代理に違反しないと認定されれば登記申請が受理される。

58)　例えば、遺産のうち、A銀行の普通預金に300万円、同行の定期預金に240万円（満期到来）がある場合、法定相続分が2分の1である相続人が単独で権利行使をすることができるのは、普通預金のうち50万円、定期預金のうち40万円である。前記普通預金だけから90万円の払戻しを受けることはできない（堂園＝神吉編著・前掲注50）53頁）。

一の金融機関に対し権利行使ができる金額は、法務省令により上限（150万円）が定められている。上限額の設定は、公平な遺産分割の実現および他の共同相続人の利益を害しないためである。

ウ）清算義務　　預貯金の払戻しがなされた場合、遺産の一部分割により取得したものとみなされる（改正民909条の2後段）。一部の共同相続人が払戻しをした預貯金の額が、その者の相続分を超過する場合、当該共同相続人は超過部分の清算義務を負う。

6　他の未分割遺産の取扱い

（1）預貯金債権の仮分割の仮処分

　家庭裁判所は、相続財産に属する債務弁済、相続人の生活費の支弁等、遺産に属する預貯金債権を行使する必要があると認めるときは、他の共同相続人の利益を害しない限り、遺産に属する特定預貯金の全部・一部を申立人に仮に取得させることができる（改正家事200条3項）。預貯金債権の一部を仮取得させても、遺産分割の調停・審判では仮分割された預貯金債権を含めて本分割がなされる。当該仮分割の仮処分を認める要件は、①遺産分割の審判または調停の申立てがあり（本案係属要件）、②仮払いの必要性があると家庭裁判所が判断し（必要性の要件）、③他の共同相続人の利益を害しない場合（相当性の要件）、④預貯金債権の仮払いという仮分割がなされる。

　遺産分割前に預貯金債権の行使を希望する相続人は、定型的かつ迅速な払戻しとして「預貯金の払戻し制度」（改正民909条の2）を利用することができる。他方、その上限額を超えて預貯金債権を行使する必要がある場合、仮分割の仮処分制度の活用が考えられる。

---

59)　上限額は150万円である（民法909条の2に規定する法務省令で定める額を定める省令）。
60)　死後の預貯金の払戻しが問題となった場合の進め方に関し、東京家庭裁判所第5部編著『東京家庭裁判所第5部（遺産分割部）における相続法改正を踏まえた新たな実務運用』（日本加除出版・2019）24頁以下。
61)　相続人AとBの法定相続分は各50％である。Aは被相続人から生前贈与として1,000万円を受けていた。銀行預金が1,000万円であり、Aは新制度により50万円の預金の払戻しをしていた。遺産分割審判では、AはBに50万円に代償金の支払いが命じられる（堂園=神吉編著・前掲注50）75頁）。
62)　他の共同相続人の利益を害する場合として、申立てをした相続人の金額が、相続開始前の特別受益、預貯金の払戻し制度を利用して、具体的相続分を超えている、等がある。
63)　仮分割の仮処分の申立に際し、申立書、戸籍関係書類・住所関係書類、遺産関係書類、直近の預貯金残高の証明書の提出を要する。
64)　日本弁護士連合会編・前掲注48）90頁〔倉持政勝〕。

(2) 遺産分割前の財産処分

　遺産分割前に遺産に属する財産が処分された場合でも、共同相続人全員の同意により、当該処分された財産を遺産分割の対象に含めることができる。遺産分割前に共同相続人の一人が他の共同相続人の同意を得ずに遺産に属する財産の処分をした場合、処分がなかった事案と比べて多くの利得になる不公平が生じなくするためである。[65] 当該処分を認める要件は、①相続開始時に遺産に属する財産が、遺産分割前に処分されたこと、②共同相続人全員の同意があることである（改正民906条の2）。共同相続人の一人または数人が遺産分割前に遺産に属する財産の処分をした場合、処分をした共同相続人は前記の同意を得ることを要しない（同条2項）。

(3) 名義財産の扱い

　名義財産とは、預貯金口座・株式・不動産等の名義人と真実の所有者が異なるものであり、相続税・贈与税申告で問題となる。例えば、本人X（被相続人）が自身の資金を、金融機関においてX以外の名義（配偶者、子・孫等）で預貯金口座を開設する（名義預金）。Xによる意図的な相続税・贈与税逃れの事案が多い。税務調査では預貯金等が名義財産か否かは、次の要素が考慮される。①財産の購入原資の出捐者、②財産の管理および運用の状況、③財産から生じる利益の帰属者、④被相続人と名義人・財産の管理運用者との関係、⑤名義人が名義を有することとなった経緯、等である。[66]

(4) 賃貸不動産の賃料債権

　ア）相続開始から遺産分割まで　　遺産は相続人が数人あるときは、相続開始から遺産分割までの間、共同相続人の共有に属する。この間に遺産である賃貸不動産を使用管理したことにより生ずる金銭債権たる賃料債権は、遺産とは別個の財産であり、各共同相続人がその相続分に応じて分割単独債権として確定的に取得するものと解する（最判平17・9・8民集59-7-1931）。[67]

　イ）相続開始前の賃料債権　　相続開始前の賃料債権は、相続分に応じて分割され、各共同相続人が分割単独債権として取得する。しかし、当該賃料が被相続人の

65）　従来の判例（最判昭54・2・22判時923-77、高松高判平11・1・8家月51-7-44）および実務により承認されてきた考え方を明文化するものである（堂薗=神吉編著・前掲注50）76頁）。
66）　安部和彦『相続税調査であわてない「名義」財産の税務〔第2版〕』（中央経済社・2017）97頁。
67）　最判平17・9・8によれば、遺産の果実はその後に発生した財産だから、遺産には属しないという発生時期を論拠とする理屈によっているのではない。遺産に属する不動産は「相続開始から遺産分割までの間、共同相続人の共有に属する」というのが理由であり、賃料債権は分割債権として各共同相続人に法定相続分の割合で帰属した状態で発生したものであるという、原始的権利者は誰かということを論拠とする理屈によっている（道垣内弘人「本件判批」ジュリ臨時増刊1313号91頁）。

金融機関口座に預貯金となっているのであれば、相続分に応じて分割されず、遺産分割の対象となる。

7 被相続人の配偶者居住権

(1) 配偶者居住権の内容

　配偶者（長期）居住権とは、生存配偶者の居住保護のために設けられた一身専属的な権利である（改正民1028条1項。2020年4月1日施行）。中小企業オーナー X_1 の配偶者 X_2 が X_1 の親族と不仲ということがある。X_1 の死後、生存配偶者 X_2 が従前居住していた建物に住み続けたい場合、従来は対象建物の所有権を取得する、または建物の所有権を取得した他の相続人と賃貸借契約を締結する等の調整をしてきた。[68]

　高齢の生存配偶者は住み慣れた居住環境で生活を維持したい思いがあり、配偶者居住権は住居建物の無償使用権限を付与するものである。成立要件は、①配偶者（事実婚配偶者を除く）が相続開始の時に、被相続人所有の建物（以下、「居住建物」）に居住していたこと、[69]②建物に関し配偶者に配偶者居住権を取得させる旨の遺産分割・遺贈または死因贈与がされたことである。配偶者居住権の譲渡はできない。

　配偶者居住権は、原則として生存配偶者の終身の間存続する（改正民1030条）。遺産分割・遺贈または死因贈与の際に、存続期間を定めることができる。存続期間を定めた場合であっても、延長・更新はできない。

(2) 配偶者居住権と相続分への影響

　配偶者居住権の成立により、生存配偶者は無償で居住建物に原則として終身、住居が可能となる。遺産分割では配偶者居住権の相当価値を相続したものと扱われる（改正民1028条1項3項）。配偶者居住権の評価次第により、居住権以外の財産分割に影響を及ぼす。当事者間の協議による評価額の合意または鑑定・審判の判断に委ねることになる。生存配偶者が配偶者居住権の評価により、他の相続人の遺留分侵害が生じる可能性がある。

(3) 配偶者居住権の留意点と登記

　配偶者居住権の消滅事由は、①存続期間の満了、②所有者による消滅請求、③配偶者の死亡、④居住建物の全部滅失、等がある。配偶者居住権の課題として、①婚姻期間が短い配偶者が長期間の居住権の取得、②事実婚配偶者への非適用、③配偶者居住権の登記による不動産流通の阻害、④配偶者居住権の価値評価と遺留分侵害、

---

68)　東京家庭裁判所第5部編著・前掲注60）62頁。
69)　被相続人が賃借りの建物に配偶者が居住していた場合、配偶者居住権は成立しない。

等がある。なお、配偶者が配偶者居住権を第三者に対抗するためには、権利設定の登記（改正民1031条1項）を要する。[70] 相続債権者または居住建物の抵当権者との優劣が問題となるからである。[71] 配偶者が対抗要件を取得した後、居住建物の所有権を譲り受けた者等の第三者は、存続期間中、建物使用の対価すら取得できないため、公示すべき必要性が高いからである。

(4) 配偶者短期居住権の内容

配偶者（内縁の配偶者を除く）が居住建物に無償で居住している状態で、被相続人が死亡した場合、遺産分割の成立時まで等の期間（最低6ヵ月）、配偶者に居住権を認める。判例法理に照らし、相続開始前から被相続人の許諾を得て建物に同居していた相続人に遺産分割終了時までに使用貸借契約の存在が推認される（最判平8・12・17民集50-10-2778）。居住権要件は、「配偶者が居住建物に無償で居住」していた場合である。被相続人の意思表示等は不要である。生存配偶者が相続開始時に被相続人と同居しているかは要件ではない（生存配偶者が相続人の欠格事由・廃除に該当する場合、不成立（改正民1037条1項但書））。

存続期間は相続開始の時から、次の日までの間である。①遺産分割により居住建物の帰属が確定した日（相続開始の時から最低6ヵ月は存続）、または、②居住建物の所有権を取得した者が配偶者短期居住権の消滅の申入れをした日から6ヵ月を経過する日までの間、である。

配偶者短期居住権の終了事由は、①存続期間の満了、②配偶者の義務違反による消滅請求（改正民1038条3項）、③配偶者による配偶者居住権の取得（改正民1039条）、④配偶者の死亡、⑤居住建物の全部滅失、である。終了により、配偶者は居住建物の返還義務を負う（改正民1040条）。

(5) 配偶者短期居住権と相続分への影響

配偶者短期居住権によって生存配偶者（相続人）が得た利益は、配偶者の具体的相続分には含まれない。配偶者居住権は財産的価値に相当する金額を相続分の一部として取得したものと扱われるため、評価次第では遺留分侵害請求の対象となるとされる。他方、配偶者短期居住権は価値の僅少性から、利益を配偶者の相続分に含めなくても、共同相続人間の平等を害するとは考えにくい。[72]

---

70) 設定登記は生存配偶者と居住建物の所有者が共同申請する（不登60条）。登記申請に協力しない場合、生存配偶者は所有者に登記義務の履行を求める訴えを提起する。
71) ①居住建物および敷地所有権の譲受人との関係、②配偶者居住権と居住建物の譲受人との関係に関し、日本弁護士連合会編・前掲注48）180〜181頁参照〔加藤祐司〕。
72) 日本弁護士連合会編・前掲注48）218〜219頁参照〔稲村晃伸〕。

(6) 事実婚配偶者への配慮

　配偶者居住権および配偶者短期居住権は、事実婚配偶者（内縁の配偶者）に適用されない。しかし、事実婚配偶者が遺産である家屋に同居していた場合、その居住権に配慮が求められる。裁判例によれば、①被相続人と事実婚配偶者間の無償使用の合意（名古屋地判平23・2・25判時2118-66）、②相続人による建物明渡請求が権利濫用（最判昭39・10・13民集18-8-1578）、③内縁関係にある夫所有の建物（両名同居）について、内縁の妻が死亡するまで無償で使用させる旨の使用貸借契約が黙示的に成立（大阪高判平22・10・21判時2108-72）、等により事実婚配偶者による占有使用を認められることがある。

8　相続人の属性別の課題
(1) 相続人の判断能力の喪失

　相続人が認知症等に罹患して判断能力を喪失した場合、当該相続人は遺産分割協議を行うことができない。当該相続人のために成年後見開始の審判申立てを行うことが必要であり、家庭裁判所により選任された成年後見人は、遺産分割協議に参加する。例えば、成年後見人 X₁ は判断能力を喪失した相続人 X₂ の親族であり、かつ、X₁ 自身が相続人でもある場合、X₁ と X₂ の利益が相反することがある。当該事案では、①成年後見監督人が選任されている場合、成年後見監督人が遺産分割協議に参加、②成年後見監督人が選任されていない場合、成年後見人は家庭裁判所に、遺産分割協議をするための特別代理人の選任の請求を行う必要がある（民860条・826条）。

(2) 相続人の行方不明

　相続人の中に行方不明者がいる場合、自らの財産の管理人を置いていないのであれば、利害関係人または検察官の請求により、家庭裁判所に不在者財産管理人の選任を申し立てることが考えられる(民25条)。行方不明の相続人は相続財産を共有するからである（本編**第2章第XI節**参照）。

(3) 相続人の生活保護申請と遺産分割協議の未了

　相続人が仮に生活に困窮している場合、生活保護の申請を受けた福祉事務所（生活保護19条1項）は、要保護者の資産収入状況の調査を行う（同24条1項・29条1項）。要保護者（相続人）に保有資産等があれば、生活保護申請者または要保護者に対し生活費への充当を指導する。しかし、対象資産が被相続人の名義または遺産分割協議が未了の状態である場合、福祉事務所は要保護者の相続に係る進捗、相続財

産の売却・貸与等を指導することになる。

　対象資産が処分等により換価できて収入を得た場合、被保護者は保護費用の返還義務（生活保護63条）を負う。生活保護の申請時に、要保護者が共有名義となっている実家（空き家）の処分等がなされておらず、保護を受けるべき急迫した事由（同4条3項）がある場合、保護費用の返還処理の事務手続がなされることを前提に、生活保護の審査・給付（同36条）がなされる。

9　遺留分制度と改正相続法

(1) 遺留分制度の意義と課題

　遺留分制度は、被相続人の財産の処分自由原則という私的自治の尊重、遺族の生活保障の調整[73]、遺産形成に寄与した相続人の潜在的持分の清算、相続人の権利・平等を一定範囲で保障する。生活保障に必要な遺留分の付与を認め、被相続人の専横または特定の者に対する偏愛による不公正な財産配分から相続人間の平等性を一定範囲で保護するといえる[74]。しかし、遺留分制度の根拠とされてきた理由に関し、様々な批判がある[75]。

(2) 金銭債権化の影響

　相続人は、遺留分侵害を伴う法律行為に対し、遺留分侵害額の請求権の行使（改正民1046条1項）ができる。改正法により、遺留分侵害の原因となった遺贈または贈与の効力は維持したうえで、遺留分に関する権利行使により生ずる権利は金銭債権化された[76]。遺贈等の目的財産が事業用資産である場合、従来は遺留分権利者の潜在的持分の清算が求められた。他方、金銭債権化は事業承継に際し、遺留分請求者に事業経営に差し障りの少ない物件を渡すことができたが、金銭で渡す必要が生じたため資金手当が求められる。

---

73)　永石一郎『判例からみた遺留分減殺請求の法務・税務・登記〔第2版〕』（中央経済社・2016）9～10頁。

74)　川阪宏子『遺留分制度の研究』（晃洋書房・2016）109頁参照。

75)　例えば、①被相続人の平均寿命が伸長し、相続人である子は概して一定以上の年齢であり、②社会保障の変化および充実等に鑑みて、遺留分は遺族の生活保障という機能を必ずしも果たしていない、③遺留分の公平性維持機能では、婚外子などの相続の形式的平等を一定程度、維持することに意味はあるが、それ以外には被相続人により図られた、家族内の財産関係調整による家族の実質的平等が妨害される短所がある（青竹美佳「遺留分制度の機能と基礎原理（二）」法学論叢155巻3号34～36頁）。

76)　最判平12・7・11民集54-6-1886は、贈与・遺贈の目的物が複数の財産からなる場合、減殺請求権者からの現物返還請求に対し、価額弁償をして返還義務を免れることができるとする。同判決に対し、「価額弁償義務は任意債務としての性質を強め、受遺者は対象が経営的資産か否かに関係なく、その保持の必要性の有無を問うことなく、価額弁償制度の活用によって、取得したいと思う減殺弁物を確保できるようになった」という指摘がある（泉久雄「贈与等の目的である各個の財産についての価額弁償」民商124巻6号44頁）。

改正相続法は旧法の「減殺」という用語を廃止し、「遺留分侵害額の請求権」とした。遺留分侵害額の請求権は、遺留分権利者が相続の開始および遺留分を侵害する贈与・遺贈があったことを知った時から1年以内の行使を要する（改正民1048条）。相続人は被相続人の死亡後に遺留分放棄ができるが、被相続人の生前に遺留分を放棄するには家庭裁判所の許可を要する（改正民1049条1項）。

(3) 遺留分の算定方法の見直し

改正相続法は遺留分の計算方法を次のように明確にした（改正民1042～1044条）。

ア）遺留分の計算　遺留分＝（遺留分を算定するための財産の価額）×（2分の1）[77]×（遺留分権利者の法定相続分の割合）

イ）遺留分算定の財産価額　遺留分を算定するための財産の価額＝（相続開始時における被相続人の積極財産の額）＋（相続人に対する生前贈与の額（原則10年以内））＋（第三者に対する生前贈与の額（原則1年以内））－（被相続人の債務の額）

ウ）生前贈与の価額限定　受贈者等の法的安定性と相続人間の実質的公平という相反する要請の調和から、相続人に対する生前贈与の範囲が規律され、相続開始前の10年間になされたものに限定された（改正民1044条3項）。

●遺留分算定の財産価額

区　分	具体的な内容
加算額	①被相続人の積極財産の額
	②被相続人が相続開始前の1年間にした（第三者に対する）全贈与（改正民1044条1項）
	③相続開始前の1年前の日より前になされた贈与でも、被相続人と受遺者の双方が遺留分権利者に損害を加えることを知って行われた贈与（同項）
	④被相続人が相続開始前の10年間にした相続人に対する全贈与（同条3項）
	⑤相続開始前の10年前の日より前になされた贈与であっても、被相続人と受贈者である相続人の双方が遺留分権利者に損害を加えることを知って行われた贈与（同条1項3項）
	⑥実質的に贈与（不当に廉価でなされた売買等）となる場合で、当事者双方が遺留分権利者を害することを知ってなされたもの（同条2項）
控除額	被相続人の債務の額

(4) 遺留分侵害額の計算

遺留分侵害額の計算＝（遺留分額）－（遺留分権利者が受けた特別受益の額）－（遺

77）　直系尊属のみが相続人である場合、3分の1である。

産分割の対象財産がある場合には遺留分権利者の具体的相続分に相当する額）＋（被相続人に債務がある場合、その債務のうち遺留分権利者が負担する債務の額）、である。生前贈与または遺贈等により、遺留分権利者が取得する相続財産の額が遺留分額に達しない場合、遺留分権利者およびその承継人は受遺者または受贈者に対し、遺留分侵害額に相当する金銭の支払請求ができる。改正法は生前贈与または遺贈が複数ある場合、遺留分侵害額の請求順番を定めている（改正民 1047 条 1 項 1〜3 号）。

(5) 遺留分侵害額請求の権利濫用

遺留分侵害額の請求（遺留分減殺請求行使）が権利濫用に該当することがある。例えば、被相続人と遺留分権利者につき、①家族関係が形骸化していること、②信頼関係が破壊され離縁請求または相続廃除を求めるのに相当するような重大な事情があるときは、権利濫用法理の適用があると考えられる[78]。

名古屋地判昭 51・11・30 判時 859-80 は、養子 A が音信不通であったため、他方の養子 B が老親の介護を行い、財産を守ることにも寄与してきたことなどから、「A が B に遺留分減殺請求をしたことは権利濫用に該当する」とした。裁判例を概観すれば[79]、遺留分侵害額の請求行使の濫用に関し、様々な認定要素が形成されてきた。身分関係が形骸化し、遺留分侵害額の請求に対し、正義衡平の観点に照らし不当と認められる事情がある場合（東京地判平 15・6・27 金法 1695-110 等）、権利濫用にあたることがある。

(6) 遺留分の特例による対処

中小企業オーナーが後継者に生前贈与された自社株等につき、その価額が相続時までに増加して、遺留分侵害額が想定外に高額になる可能性がある。そのため、「遺留分に関する民法の特例」による対処が可能である（経円 4〜6 条）。先代代表者から推定相続人および後継者への自社株等の贈与につき、遺留分権利者の全員との間で、遺留分に係る一定の合意（除外合意、固定合意、追加合意）をすることができる（**第 1 編第 3 章第Ⅷ節**参照）。

10　特別寄与者の拡充

(1) 請求者の範囲拡大

被相続人に対して無償で療養看護その他の労務の提供をしたことにより、被相続

---

78)　二宮周平『家族法〔第 4 版〕』（新世社・2013）456 頁。
79)　東京高判平 4・2・24 判時 1418-81 は、約 21 年間、被相続人と同居して世話をした弟 X に対し、遺産の土地を取得させる旨を同意していた兄 Y が、相続開始後、「遺留分減殺請求をしたことは、権利濫用に該当する」とした（永石・前掲注 73）276 頁参照）。

人の財産の維持または増加について、特別の寄与⁸⁰⁾をした被相続人の親族⁸¹⁾（以下、「特別寄与者」）は、相続の開始後、相続人に対し、特別寄与料の支払請求ができる（改正民1050条1項）⁸²⁾。内縁の配偶者または同性カップルのパートナーは対象とはならないため、当該者に財産を譲りたい場合、遺言により財産の遺贈を行うことを要する。

(2) 寄与行為と請求

　特別の寄与制度の適用対象は、被相続人に対して無償で療養看護、または被相続人の事業を無償で手伝ったなどに限定される。被相続人の事業に資金提供をするなどの財産上の給付は、返還の要否の取決めをすることが比較的容易であるため、除外される。「無償性」の要件は、個別具体的事情に基づいて判断される。例えば、被相続人が労務の提供をした者の生活費を負担していた場合はどうか。被相続人が要介護状態になる前から被相続人と同居しており、被相続人が生活費を負担していたのであれば、直ちに無償性が否定されない。

　相続人が複数いる場合、特別寄与者は相続人の一人または数人に対し特別寄与料の請求ができる。全相続人に請求しなければならないとすると、行方不明の相続人がいる場合、権利行使できなくなるからである。また、各相続人は特別寄与料の額にその相続人の相続分を乗じた額を負担する（改正民1050条5項）。

第X節　▶相続放棄の留意点

1　相続放棄の選択検討

　中小企業オーナーは事業に係る個人的負債を多く抱え、その相続財産が空き家となった実家だけである場合、相続人は管理維持費の負担を考慮して相続放棄が検討されよう。相続人は家庭裁判所に「自己のために相続の開始があったことを知った時」から3ヵ月以内に、相続放棄の申述をすることができる（民938条）。当該期間に判断できない場合、家庭裁判所に熟慮期間の伸長を求めることができる（民915条1項但書）。3ヵ月以内に限定承認または相続放棄をしなかったのが、被相続人に相

---

80)　例えば、精神的な疾患を抱えている高齢者に長期間付き添いながら精神的な援助をした場合、長期間の付添いという労務提供により、被相続人は本来負担すべきであった看護委託費用の出費を免れたものと評価される（堂薗＝神吉編著・前掲注50）164頁）。

81)　後見に報いるのが相当と認められる程度の顕著な貢献である。被相続人に対し必要とされる継続的な療養看護が現実に行われた等である（堂薗＝神吉編著・前掲注50）165頁）。

82)　従来、相続人の配偶者が被相続人の療養看護に努め、被相続人の財産・維持に寄与したとしても遺産分割手続において財産分配を請求することができず、不公平であった。

続財産が全く存在しないと信じたため等である。[83] 長期にわたる熟慮期間の伸長、伸長の度重なる要求は困難である。[84]

2　相続放棄者の管理義務

　相続放棄をした者が被相続人の財産を管理している場合、他の相続人または相続放棄により新たに相続人となった者に対し、相続財産の管理を引き継がせる。それまでは、相続放棄をした者は、自己の財産におけるのと同一の注意をもって、相続財産の管理を継続することが求められる（民940条1項）。

　相続放棄者の当該管理義務は、他の相続人に対する義務であり、第三者に対する義務ではない。相続財産（空き家となった実家等）の放置または保存の瑕疵により他人に損害を被らせた場合、占有者は賠償責任を負う（民717条1項）。

　相続人が存在していないため（相続人全員による相続放棄を含む）、相続財産の管理を引き継ぐことができない場合、利害関係人または検察官は、相続財産管理人の選任申立て（民952条1項）をすることが考えられる。相続放棄をした者がいつまでも相続財産（空き家となった実家等）を管理するのではない。

3　相続放棄と遺産分割手続

　相続放棄が家庭裁判所で受理されると、家庭裁判所は相続放棄申述受理通知書を放棄者に交付する。放棄者または利害関係者の請求により相続放棄申述受理証明書が交付され、相続人が確定する。

　放棄者は相続人の地位を失うため、相続放棄申述受理証明書を添付することにより、放棄者以外の相続人で遺産分割手続を行うことができる。同様に、放棄者以外の相続人で登記申請を行うことができる。[85] 遺産分割協議後に相続放棄が認められるのか。大阪高判平10・2・9判タ985-257は「多額の相続債務の存在を認識しておれ

---

83)　最判昭59・4・27民集38-6-698は、3ヵ月以内に限定承認または相続放棄をしなかったのは、被相続人に相続財産が全く存在しないと信じ、かつ、このように信ずることに相当な理由があると認められる場合、熟慮期間は相続人が相続財産の全部または一部の存在を認識した時、または通常これを認識しうる時から起算するのが相当とした。

84)　熟慮期間の起算点に関し、相続実務研究会編『Q&A 限定承認・相続放棄の実務と書式』（民事法研究会・2018）53頁以下参照。

85)　放棄者は、初めから相続人とならなかったものとみなされるため、他の共同相続人らとともに、対象不動産を共同相続したものとしてなされた代位による所有権移転登記は実体にあわない無効のものとなる（最判昭42・1・20民集21-1-16）。放棄者の債権者が放棄者に代位して仮差押登記をしても、その登記は実体上の権利の裏付けのない無権利者の登記となる（山本敬三「本件判批」民法判例百選III親族・相続〔第2版〕148頁参照）。

ば、当初から相続放棄の手続を採っていたものと考えられ、……本件遺産分割協議が要素の錯誤により無効となり、ひいては法定単純承認の効果も発生しない」と述べる。

事項索引

判例索引

今川　嘉文（いまがわ・よしふみ）
1962年　大阪府生まれ
龍谷大学法学部教授
博士（法学）神戸大学

［主要著書］
『中小企業の戦略的会社法務と登記』（中央経済社・2016年）
『投資取引訴訟の理論と実務〔第2版〕』（中央経済社・2014年）
『企業法務ガイド―判例活用編』（日本加除出版・2014年）
『保険法 Map―解説編』（編著、民事法研究会・2013年）
『保険法 Map―判例編』（編著、民事法研究会・2013年）
『会社法にみる法人役員の責任』（日本加除出版・2012年）
『誰でも使える民事信託〔第2版〕』（編著、日本加除出版・2012年）
『事業承継法の理論と実際』（信山社・2009年）
『実務家の疑問にこたえる新会社法の基本 Q&A100〔第2版〕』（中央経済社・2006年）
『過当取引の民事責任』（信山社・2003年）
『相場操縦規制の法理』（信山社・2001年）

中小企業オーナーのための財産・株式管理と承継の法律実務

2020（令和2）年3月30日　初版1刷発行

著　者　今　川　嘉　文
発行者　鯉　渕　友　南
発行所　株式会社　弘　文　堂　　101-0062　東京都千代田区神田駿河台1の7
　　　　　　　　　　　　　　　TEL 03(3294)4801　　振替 00120-6-53909
　　　　　　　　　　　　　　　https://www.koubundou.co.jp
装　丁　笠井亞子
印　刷　三報社印刷
製　本　井上製本所

ISBN978-4-335-35814-2